Im Spiegel der Seele
Die Quellen der Mystik

Im Spiegel der Seele

Die Quellen der Mysik

Ausgewählt und eingeleitet von
Elisabeth Hense

Herder
Freiburg · Basel · Wien

Umschlaggestaltung: Finken & Bumiller, Stuttgart
Umschlagmotiv:
Paul Klee, Zwei Vögel stoßen zusammen, 1925, 18 (U8); 28 x 21,3 cm;
Bauhaus-Archiv, Museum für Gestaltung, Berlin.
© VG BILD-KUNST, Bonn 1997

Druck und Bindung: Clausen & Bosse, Leck
Gedruckt auf umweltfreundlichem,
chlorfrei gebleichtem Papier
ISBN 3-451-26183-9

Inhalt

Wer dies liest oder hört, der soll's machen wie das Eichhörnchen:
Das kaut die Schale der Nuß, und es kommt an den Kern.
So soll man dieses Wort mit dem Zahn des Verständnisses kauen,
und man kommt in den Genuß der göttlichen Geheimnisse,
so soll man dieses Wort lesen.
Wer den Honig essen will, der muß ihn aus dem Wachs nehmen.
So muß man aus den Worten die göttliche Süße
und die göttliche, honigsüße Gnade ziehen. [1]

DAVID VON AUGSBURG

Zu diesem Buch

Dieses Kompendium bringt Texte von mehr als 130 Autorinnen und Autoren, Mystikerinnen und Mystikern der christlichen Tradition, die in unterschiedlichen Zeiten und Kulturen lebten, die von verschiedenen Konfessionen und spirituellen Strömungen geprägt wurden, die von ihrer je eigenen Sprache Gebrauch machten und ihren persönlichen Stil entwickelten, Menschen mit sehr verschiedenen Gesichtern: originelle Persönlichkeiten, die abwichen von religiöser und gesellschaftlicher Uniformität, Frauen und Männer, die aus der Tiefe ihres Selbst lebten, weil Gott ihnen begegnet war und sie ganz unmittelbar und unvergeßlich berührt hatte.

Authentisch und unkonventionell sprechen sie über ihre Erfahrungen mit Gott; sie beschreiben, was mit ihnen geschehen ist, was dies zu bedeuten hat, wie es ihr Leben veränderte. In Briefen, Tagebuchaufzeichnungen, Gedichten, Gebeten, Romanen, Abhandlungen, Traktaten oder Predigten formulierten sie für sich selbst und andere, was sie im Umgang mit Gott entdeckt haben.

Das Kompendium präsentiert die wichtigsten Themenspektren mystischer Äußerungen in sieben Kapiteln und möchte in einer möglichst heterogenen Textauswahl die Vielfalt der Akzente zeigen, die christliche Mystik in ihrer zweitausendjährigen Geschichte gesetzt hat.

Das große durchgehende Thema der Mystik ist die Liebe zwischen Gott und dem Menschen, endlos und in unzähligen Variationen immer wieder neu mit Worten umspielt. Darum bilden die Kapitel *Gott und Mensch* und *Die Liebe* gleichsam das Band, das alles, was von der Mystik und mit mystischen Worten sonst noch gesagt werden kann, umfaßt und zusammenhält.

Mystik wurzelt in der *Erfahrung*, formuliert sich in *Sprache*, entwickelt sich auf einem *Weg*, orientiert sich in der *Einübung* und stabilisiert sich in einer *Lebensform* – das sind die fünf roten Fäden, die mystisches Leben durchziehen und darum hier die Kapitelüberschriften des mittleren Teils bilden. Es sind gleichsam die tragenden Fäden eines Spinnennetzes, das in alle Richtungen kunstvoll von zahlreichen feineren Linien, den Kapitelunterteilungen, durchzogen und von kurzen Fädchen, den einzelnen Texten, zu einem Gewebe zusammengeflochten wird.

Die meisten Texte ließen sich an verschiedenen Hauptsträngen dieses Netzwerkes mystischer Aussagen festmachen und könnten daher auch in verschiedenen Kapiteln stehen. In einem Buch, in dem das eine hinter dem anderen stehen muß, kann das aber so nicht dargestellt werden, und es wird der Leserin und dem Leser überlassen, selbst weitere Verbindungssträhnen zwischen den Texten zu knüpfen.

Nebeneinander stehen sich ergänzende, aber auch zuwiderlaufende Texte. Jedes Item wird von verschiedenen Seiten beleuchtet. Teilaspekte fügen sich zusammen, korrigieren sich gegenseitig. Einführungen zu jedem Kapitel helfen bei einer systematischen Ortung der einzelnen Items sowie der konturenhaften Konstruktion einer Gesamtsicht des Phänomens Mystik.

Mystische Literatur ist nicht elitär, nicht nur von großen Geistern und wortgewaltigen Dichterinnen und Dichtern für spirituell Fortgeschrittene geschrieben, sondern jeder Mensch, der auf dem Weg ist zu Gott und zu sich selbst, hat das Seine zu sagen und kann sich die geistigen Worte anderer zunutze machen, um die eigene Erfahrung besser verstehen und entfalten zu lernen. Mystik beginnt oft im Kleinen, Alltäglichen, wenig Spektakulären und will zu ganzheitlichem Leben aus Gottes Geist ermutigen.

Das Buch wendet sich an alle, die an einer Dokumentation christlicher Mystik interessiert sind, die wissen möchten, was christliche Mystik ist und womit sie sich beschäftigt. Darüber hinaus sind solche Leser angesprochen, die nach eigener spiritueller Tiefe und einer

Interpretationshilfe für eigene spirituelle Erfahrungen suchen. Die tief durchspürte Komposition dieses Buches möchte Sprache und Muster darreichen, die eigene Erfahrungen entschlüsseln und auf den Weg bringen helfen.

Viele Quellen mystischer Literatur sind für dieses Buch herangezogen worden, wobei der Schwerpunkt auf der europäischen Tradition liegt. Nicht immer war es möglich, fremdsprachliche Autor-(inn)en in brauchbaren deutschen Übersetzungen ausfindig zu machen. Manchmal gab es noch gar keine, manchmal waren die Übersetzungen veraltet und von vergangenen Ideologien überkrustet, so daß hier und da neu übersetzt wurde.

Nicht nur die großen Namen, die der mystischen Literatur wichtige neue Impulse gaben, sind in diesem Buch vertreten, sondern auch Namenlose und weniger bekannte oder in Vergessenheit geratene Namen. Etwa ein Drittel der Texte ist von Frauen verfaßt, die leider im Laufe der Geschichte oftmals zu wenig Raum bekamen, ihre Erfahrungen zu formulieren und zu tradieren.

Kurze Texte, die sich auch unverbunden, kreuz und quer oder von hinten nach vorn lesen lassen, ermöglichen dem Leser, an Stellen einzusteigen, wo er sich gerade jetzt angesprochen fühlt. Das Autorenregister und das Quellenverzeichnis eröffnen gezielte Ansatzmöglichkeiten.

ELISABETH HENSE

Gott und Mensch

Die primäre Beziehung zwischen Gott und dem Menschen ist die des Schöpfers zum Geschöpf. »Da formte Gott, der Herr, den Menschen aus Erde vom Ackerboden und blies in seine Nase den Lebensatem. So wurde der Mensch zu einem lebendigen Wesen« (Genesis 2,7). Am Ursprung steht Gott, der mit schöpferischer Kraft ein Abbild seiner selbst formt und dieses mit Leben beschenkt. Weil Gott sich auf den Menschen bezogen hat, ist dieser lebendig geworden.

Aus der Beziehung des Schöpfers zu seinem Geschöpf ist als Gegenbeziehung die des Glaubenden zum Bewahrer des Lebens hervorgegangen. »Verbirgst du dein Gesicht, sind sie verstört; nimmst du ihnen den Atem, so schwinden sie hin und kehren zurück zum Staub der Erde« (Psalm 104,29). Der Mensch bezieht sich seinerseits auf Gott, glaubt und vertraut ihm. Urbild des Glaubens ist nach dem Zeugnis des Alten und Neuen Testamentes Abraham, der sich auf Gottes Wort hin aus familiären Banden löste und mit seiner unfruchtbaren Frau in ein fremdes Land zog. Er tat dies, weil Gott für ihn die einzig relevante Wirklichkeit war, nicht nur der Ursprung, aus dem er erschaffen wurde, sondern auch das Ziel, auf das hin er erschaffen wurde. »Abraham glaubte dem Herrn, und der Herr rechnete es ihm als Gerechtigkeit an« (Genesis 15,6). So wurde Abraham zum Vater aller Glaubenden (vgl. Römer 4,11). Er ist der Prototyp all derer, die ihr Leben nicht nur in Gott beginnen, sondern es auch in ihm enden lassen.

Gott selbst ist derjenige, der den Menschen anruft und auf den Weg des Glaubens bringt. »Niemand kann zu mir kommen, wenn nicht der Vater, der mich gesandt hat, ihn zu mir führt«, sagt Jesus im Johannesevangelium (6,44). So ist Gott die bewegende Kraft in beide

Richtungen: von sich ausgehend zum Menschen hin und vom Menschen zurückkehrend zu sich selbst. Der Mensch ist das bewegte Wesen, das aus Gottes schöpferischer Liebe wird und in der Rückkehr in diese Liebe ent-wird.

In vier Schritten soll gezeigt werden, wie Mystiker dieses Grundmuster ihrer Beziehung zu Gott beschreiben. Ausgangspunkt ist die Erfahrung des nahen Gottes, der vom Himmel herabkommt, um bei seinem Geschöpf zu sein. Die Gegenwart Gottes öffnet dem Mystiker die Augen, er erkennt in sich selbst göttliche Züge und entdeckt am eigenen Leib und an der eigenen Seele, daß er ganz so, wie er ist, ein Bild Gottes ist. Diese Entdeckung erschüttert sein altes Selbstbild und führt zu einem neuen Nachsinnen über sich selbst. Es ist ein Nachsinnen in gesunder Selbstliebe, welches schließlich zum Schlüssel einer vertieften Gotteserkenntnis in gegenseitiger göttlich-menschlicher Liebe wird.

(1) Die Gegenwart Gottes ist allumfassend wie die Luft, die wir atmen. Jeder Mensch, ganz gleich, ob er darum weiß oder nicht, wird immer und überall von Gott umfangen. In seiner Schöpfung ist Gott gleichsam *vom Himmel herabgestiegen* und läßt sich als ein Gott der Nähe und Gegenwart erkennen: »Du umschließt mich von allen Seiten und legst deine Hand auf mich« (Psalm 139,5). Über diese ökologische Präsenz hinaus hat Gott seine Gegenwart geschichtlich im Bundesschluß verankert: »Ich bin Jahwe, dein Gott, der dich aus Ägypten geführt hat, dem Sklavenhaus« (Exodus 20,1). Gott zieht mit seinem Volk durch die Wüste und führt es ins gelobte Land. Unterwegs sorgt er für sein Volk, als es hungrig (vgl. Ex 16) und durstig (vgl. Ex 17) ist und läßt es auch dann nicht fallen, als es sich anderen »Göttern« zuwendet (vgl. Ex 32).

Über die Propheten ist der Glaube an den nahen Gott bis ins Neue Testament bewahrt worden, wie u. a. Matthäus bezeugt, der Jesaja zitiert: »Seht, die Jungfrau wird ein Kind empfangen, einen Sohn wird sie gebären, und sie wird ihm den Namen Immanuel geben, das heißt übersetzt: Gott ist mit uns« (Mt 1,23).

Es hilft aber wenig, diese Aussagen der Schrift zu kennen, wenn der Mensch Gott in seinem persönlichen Leben in die Ferne rückt. Mystiker sind Menschen, denen die Nähe Gottes biographisch bewußt wird. Ganz unmittelbar, aus einer verborgenen Nähe heraus wissen sie sich von Gott berührt, begleitet, umhegt. Sie begegnen dem Gott Abrahams, Isaaks und Jakobs, nicht der unnahbaren, abstrakten Existenz eines Gottes von Philosophen. Sie beschreiben diese Begegnung als ein intimes, inneres Erkennen, als ein zärtliches, sehnsüchtiges Ineinanderfließen oder als eine unwiderstehliche Eruption Gottes im menschlichen Herzen und in der menschlichen Gemeinschaft.

(2) In sich selbst erkennen Mystiker dann *Gottes Bild.* Es ist, als ob Gott in ihrer Seele geboren wird, als ob er ganz intim und neu Gestalt annimmt. Umrisse werden sichtbar, ein Profil zeichnet sich ab, Gott verkörpert sich aufs neue im Innern eines Menschen.

Zeichen dafür, daß dies wirklich geschieht und nicht etwa phantasiert oder irrigerweise angenommen wird, ist die Unmöglichkeit, seinen Blick von diesem göttlichen Bild abzuwenden. Keine einzige Kreatur kann ablenken von Gottes Bild im eigenen Innern, ja, im Gegenteil scheinen alle Dinge auf Gott hinzuweisen, und der Mensch hat nichts anderes mehr im Sinn als Gott.

Umgekehrt wird auch der Mensch in Gott neu geboren. Gott ist geistiger Vater oder geistige Mutter; der Mensch erhält seine Statur und seinen Zuschnitt entsprechend dieser geistigen Elternschaft, das heißt: Er tritt hervor in seiner Ebenbildlichkeit zu Gott, schaut Gott in sich und sich in Gott wie in einem Spiegel. Es wird ihm klar, daß Gott für ihn das Muster ist, nach dem er sich vergöttlichen soll, und daß er selbst das Muster ist, nach dem Gott sich vermenschlicht hat.

Gleichzeitig bleibt Gott in seinem Anderssein auch der Fremde, der nicht auf das eigene Ich zu reduzieren ist. Gott ist keine Projektion menschlicher Bedürfnisse und kein Gespinst menschlicher Phantasie, er ist auch keine Prothese für eigene Unzulänglichkeiten, sondern ein wirkliches Gegenüber, ein Eigener, der sich jeder Vereinnahmung widersetzt und dessen man sich unmöglich bemächtigen kann.

(3) Auch das Selbst ist ein uneinnehmbar Eigenes, dem willentlichen Zugriff des Bewußtseins entzogen, und man kann es weder mit physischer noch mit psychischer Gewalt bezwingen. Gott hat das Selbst wie einen Funken entzündet und hütet das Feuer im Verborgenen. Das *Nachsinnen über sich selbst* hat dann auch nicht zum Ziel, etwas Unbewußtes ans Licht zu zerren oder ein eigenes Feuer zu schüren. Der Mystiker möchte den kostbaren Schatz des eigenen Lebens nicht zerpflücken, sondern will ihn gewinnen, gemäß dem Wort im Matthäusevangelium: »Was nützt es einem Menschen, wenn er die ganze Welt gewinnt, dabei aber sein Leben einbüßt?« (Matthäus 16,26). Gewinnen läßt sich das eigene Selbst nur dadurch, daß der Mensch bei sich bleibt. Wer mit seinen Gedanken und Wünschen außerhalb seiner selbst lebt, zerstreut sich in viele kleine Brocken und Bröckchen, die er – so von sich abgelöst – nicht mehr als sein Selbst erkennt.

Bei sich sein heißt: leben als eine seltsame Mischung von göttlichem Funken und menschlicher Schwerfälligkeit. Auf der einen Seite erkennt derjenige, der sich auf sich selbst besinnt, seine menschliche Unzulänglichkeit, seine Dunkelheit und Trübung: Kein Mensch hat sich selbst geschaffen oder vermag sein Leben aus eigener Kraft zu erhalten; und keiner lebt nur im Hellen ohne Schattenseiten. Auf der anderen Seite erblickt, wer sich selbst anschaut, göttliche Schönheit und erkennt seinen ursprünglichen Adel: Er ist seinem Wesen nach »capax dei«, d. h. empfänglich für das Göttliche, geschaffen, um teilzuhaben an Gottes Leben.

Diese doppelte Besinnung auf sich selbst ist das Tor zu echter Weisheit, deren Fundament beides meint: nüchterne, ungeschminkte Selbsteinschätzung bei gleichzeitiger hochfliegender Gewißheit der eigenen göttlichen Berufung. Wer beide Seiten seines Wesens lebt, erlangt Demut ohne Depressivität und Selbstvertrauen ohne Hochmut.

Die Besinnung auf sich selbst ist die gesunde Form der Selbstliebe. Sie hat befreiende Auswirkungen, macht den Menschen innerlich weit und geräumig und läßt ihn fühlen, daß er endlich ganz in sein Element gelangt: Wie der Fisch im Wasser oder der Vogel in der Luft, so gedeiht der Mensch in der Weite göttlicher Liebe.

(4) Und diese *Liebe* ist es auch, die ihn *Gott erkennen* läßt. Mystiker haben immer wieder betont, daß man noch so viel lesen, nachdenken, studieren kann, daß man noch so viel mit den äußeren Sinnen erforschen und erfahren mag – und Gott doch nicht erkennen wird. Verstand, Sinne und Gefühle sind nicht das geeignete Instrumentarium, um Gott zu erkunden. Selbst die Schriftlesung und das Hantieren mit Schriftzitaten führen nicht zu Gott.

Erst wenn der Mensch erkennt, daß sein Wissen nur Nicht-Gott weiß und sein Fühlen nur Nicht-Gott fühlt, und daß seine Sinne nur wahrnehmen können, was Nicht-Gott ist, beginnt er, Gott zu erahnen. Das Eingeständnis des eigenen Nichtwissens und der Ohnmacht der Sinne ist die Vorraussetzung für jede wahre Gotteserkenntnis. Gott paßt nicht in die natürliche Erkenntniskapazität des Menschen: Er ist der je Größere, verborgen in einer Wolke des Nicht-wissens.

Aber auch außernatürliche Weisen der Erkenntnis wie Visionen, Auditionen, Levitationen usw. führen den Menschen nicht zu Gott, sondern sind eher als zufällige und nicht wesentliche Begleitumstände tatsächlicher Gotteserkenntnis aufzufassen oder aber sogar als ablenkende und irreführende Hindernisse für eine echte Gotteserfahrung.

Einzig die Liebe als eine über die natürlichen Fähigkeiten hinausgehende Verfaßtheit des Menschen kann den ganzen großen Gott erfassen. Indem der Mensch liebt und immer mehr Liebe zuläßt und selbst ganz und gar zum Liebenden wird, erkennt er das Wesen Gottes: vorbehaltlose, uneigennützige, freigebige Liebe.

Die Beziehung zwischen Gott und dem Menschen steht in der Dynamik des geistigen Reifungsprozesses des Menschen: Dieser entwickelt sich sozusagen vom Säugling, der abhängig ist von der spürbaren Zuneigung eines anderen, hin zum erwachsenen Liebespartner.

Gott kommt vom Himmel

Ein unerhörtes Wunder im Himmel und auf Erden: Gott ist auf Erden, und der Mensch ist im Himmel. [2]

THALASSIOS DER LIBYER

Ich weiß, daß hinabsteigt, der unbewegt ist. Ich weiß, daß von mir geschaut wird, der von Natur unschaubar ist. Ich weiß, daß er, der aller Kreatur weit entrückt ist, mich in sich aufnimmt und mich in seinen Armen verbirgt, und ich finde mich außer der ganzen Welt. Hinwieder schaue ich Sterblicher und in der Welt Geringer den ganzen Schöpfer der Welt in mir: Und dieweil ich im Leben bin, umfange ich in mir das ganze blühende Leben und weiß, daß ich nicht sterben werde. In meinem Herzen ist er und wohnt im Himmel: Hier und dort sehe ich ihn in gleichem Leuchten. [3]

SYMEON DER NEUE THEOLOGE

Eines Nachts erhob sich der heilige Benedikt schon vor der Zeit des nächtlichen Chorgebetes. Am Fenster stehend und zum allmächtigen Gott betend, sah er plötzlich vom Himmel her ein Licht herabfluten, das alle Finsternis der Nacht verscheuchte und so strahlend glänzte, daß es noch heller leuchtete als das Tageslicht. Dann aber folgte bei dieser Schau etwas höchst Staunenswertes: Es wurde dem Heiligen, wie er selbst später erzählt hat, die gesamte Welt wie in einem einzigen Sonnenstrahl zusammengepreßt vor Augen geführt.

Du fragst: In welcher Weise kann es denn geschehen, daß das ganze Universum von einem einzigen Menschen gesehen werden kann? Was ich auf diese Frage erwidere, halte fest im Gedächtnis: Einer Seele, die den Schöpfer sieht, schrumpft die ganze Schöpfung zusammen. Wenn die Seele auch nur ein wenig vom Licht des Schöpfers erblickt, wird ihr alles Geschaffene winzig. Denn durch das Licht der tief innerlichen Schau wächst der Fassungsraum des Geistes und wird so sehr in Gott geweitet, daß er über die Welt erhaben ist. Die Seele des Schauenden gelangt sogar über sich selbst hinaus. Und sooft sie im Licht Gottes über sich hinaus fortgerissen wird, wird sie in ihrem Innern geweitet. Und während sie in diesem Zustand ihr eigenes Ich unter sich erblickt, begreift sie, wie klein dasjenige ist, was sie in ihrem Tiefstand nicht zu erfassen imstande war.

Was Wunder also, wenn Benedikt die Welt vor sich zusammen-gepreßt sah, da er doch, im Licht des Geistes erhoben, außerhalb der Welt war? Wenn es aber heißt, die Welt sei vor seinen Augen zusam-mengepreßt worden, so wurden nicht Himmel und Erde ineinan-dergezwängt, sondern die Seele des Schauenden wurde geweitet. In Gott emporgerissen konnte sie mühelos alles sehen, was unter Gott ist. Mit jenem Licht also, das den äußeren Augen aufstrahlte, war ein inneres Geisteslicht verbunden, das die Seele des Schauenden nach droben emporriß und ihm dabei zeigte, wie hienieden alles so win-zig eng ist. [4]

GREGOR DER GROSSE

Darin liegt ein großes Übel, daß der Mensch sich Gott in die Ferne rückt; denn, ob der Mensch nun in der Ferne oder in der Nähe wande-le: Gott geht nimmer in die Ferne, er bleibt beständig in der Nähe; und kann er nicht drinnen bleiben, so entfernt er sich doch nicht weiter als bis vor die Tür. [5]

MEISTER ECKHART

Du hast mir gezeigt, daß deine Liebe zu uns dich vom Himmel auf die Erde, ja sogar in die Hölle geführt hat, auf daß wir deine Herrlichkeit schauen. Du erbarmtest dich meiner und zeigtest mir dein Angesicht, und nun dürstet meine Seele nach dir, o mein Gott. Wie ein Kind, das seine Mutter verlor, weint sie nach dir, Tag und Nacht, und findet keine Ruhe. [6]

STAREZ SILUAN

Weg also bist du, Liebe. Was für ein Weg? Der aufragt, der aufrecht hält, der Richtung weist und zum Ziele führt. – Wessen Weg? Der Weg des Menschen zu Gott und Gottes Weg zu den Menschen. Glückseliger Weg, du weißt allein um die Austauschgaben unseres Heiles. Du führtest Gott zu den Menschen herab und geleitest den Menschen zu Gott. Er steigt herab, wenn Er zu uns kommt, wir steigen hinauf, wenn wir zu Ihm gehen. Aber weder Er noch wir können anders als durch dich hinüber zueinander kommen. Du bist der Mittler, der die Feinde versöhnt, die Getrennten eint, und, sind sie auch verschieden, in gewisser Weise einander ähnlich macht: Gott erniedrigt, uns erhöht, Ihn nach unten zieht, uns nach oben reißt. Doch so, daß Seine Herablassung keine gemeine, sondern eine heilige ist, und unsere Erhöhung keine vermessene, sondern eine verklärte ist. Große Kraft hast du darum, Liebe, du allein hast Gott vom Himmel auf die Erde ziehen können. O wie stark ist dein Band, durch das sogar Gott gebunden werden kann. [7]

HUGO VON ST. VIKTOR

Wenn er es jedoch für würdig hält, auch zu meiner Seele als seiner Braut zu kommen, ›wie schön‹ muß sie dann sein, daß sie ihn zur Erde herabsteigen läßt, so daß er zu der Geliebten kommt. Mit welcher Schönheit muß sie sich schmücken, in welcher Liebe muß sie glühen, so daß er zu ihr das sagt, was er zur vollkommenen Braut gesagt hat: ›Dein Hals, deine Augen, deine Wangen, deine Hände, dein Leib, deine Schultern, deine Füße?‹ (Cant 1,10). [8]

ORIGENES

Obgleich der göttliche Bräutigam häufig bei mir eintrat, hat er sein Eintreten nie durch irgendein Zeichen verraten: mit keinem Wort, keiner Erscheinung, keinem Geräusch seiner Schritte. Kurz und gut: Keine seiner Bewegungen verriet ihn mir, durch keinen meiner Sinne schlich er ein. Nur weil mein Herz bewegt war, wußte ich, daß er da war; weil meine Fehler wichen und das Zugetan-Sein des Fleisches bezwungen wurde, bemerkte ich die Macht seiner Kraft; weil meine geheimen Gedanken entdeckt oder mir vorgehalten wurden, bewunderte ich die Tiefe seiner Weisheit; weil mein Leben sich besserte, wie gering auch immer, erfuhr ich seine Güte und Milde; weil der Geist meiner Gesinntheit, d. h. meines Innern, umgeformt und erneuert wurde, nahm ich irgendwie den Glanz seiner Schönheit wahr. All dies betrachtend, schauderte ich vor Gottes gewaltiger Größe. [9]

BERNHARD VON CLAIRVAUX

Ich bin so groß wie Gott, Er ist wie ich so klein:
Er kann nicht über mir, ich unter Ihm nicht sein. [10]

ANGELUS SILESIUS

Gott ist unser Gewand, das uns aus Liebe umhüllt, uns umgreift und umfängt und vor allem uns ermuntert; in zärtlicher Liebe umkreist Er uns, um uns niemals zu lassen. [11]

JULIANA OF NORWICH

Soviel die Seele in Gott ruht, soviel ruht Gott in ihr; ruht sie nur ein Teil in ihm, so ruht auch er nur ein Teil in ihr; ruht sie ganz und gar in ihm, so ruht auch er ganz und gar in ihr. [12]

MEISTER ECKHART

Nachdem du einige Zeit im inneren Gespräch mit Gott, der sich in seine heiligen Geheimnisse inkarniert hat, verbracht hast, gehst du zum inneren Gespräch mit dem unerschaffenen Gott über. In einem einfachen Blick des Glaubens wirst du begreifen, daß er in allem und viel inniger in dir ist, als du selbst es bist, so daß du dir Gott weder im Himmel noch auf Erden, sondern in dir selbst vorstellen mußt, dir näher, als du dir selbst bist.

Wenn du dies glaubst, soll deine Übung darin bestehen, zwischen dir und Gott ein Gespräch zu entwickeln wie zwischen einem guten Sohn und seinem Vater oder zwischen zwei treuen Freunden, die im selben Zimmer leben, essen und schlafen und immer beieinander sind. Ihr Gesprächsstoff wird immer ihre Liebe sein und das gegenseitige Verlangen nacheinander und die Sehnsucht, nie vom Freund getrennt zu werden und sich gegenseitig Freude zu machen. [13]

Dominique de Saint-Albert

Das, was der Bleistift für mich ist, wenn ich geschlossenen Auges mit seiner Spitze den Tisch abtaste – dies für Christus sein. Wir haben die Möglichkeit, Mittler zu sein zwischen Gott und jenem Teil der Schöpfung, der uns anvertraut ist. Es bedarf unserer Einwilligung, daß er durch uns hindurch seine Schöpfung wahrnehme. Mit unserer Einwilligung wirkt er diese Wunder. Es genügte, daß es mir gelungen wäre, mich aus meiner eigenen Seele zurückzuziehen, damit diesem Tisch hier vor mir das unvergleichliche Glück widerführe, von Gott gesehen zu werden. Gott kann in uns nichts lieben als diese Einwilligung, uns zurückzuziehen, um ihn hindurchzulassen, wie er selbst, als Schöpfer, sich zurückgezogen hat, um uns ein Sein zu lassen. Diese doppelte Operation hat keinen anderen Sinn als die Liebe. [14]

Simone Weil

Mystik ist eine besondere Vereinigung Gottes mit dem Menschen, in der dieser sich der Gegenwart Gottes bewußt wird und sich auch seinerseits mit Gott vereinigt. Die Mystik hat also einen zweiseitigen Charakter. Die besonders innige Vereinigung Gottes mit dem Menschen kann man das göttliche Wesenselement der Mystik nennen. Das Göttliche verbirgt sich hier nicht länger, sondern wird dem Menschen bewußt. Die Empfänglichkeit des Menschen für Gott, die Fähigkeit des Menschen, Gott erfahren zu können und das eigene Leben von ihm prägen zu lassen, ist das menschliche Gewand der Mystik. [15]

Titus Brandsma

Es ist ein Leben, das sehr erhaben scheint und doch ganz einfach ist. In unserem tiefsten Wesen reichen wir an das Wirken Gottes, das uns erhält, uns führt und uns Richtung gibt. Bis zum tiefsten Ursprung müssen wir gehen, um in Gott uns selbst wiederzufinden. Im Innersten unserer Seele stoßen wir auf den Grund, in dem unser Wesen wurzelt. Auf diesem Grund, der nichts anderes ist als das Erkennen unseres Verbundenseins mit Gott, müssen wir leben, da ist unsere Heimat, da kommen wir in Gottes Reich, das uns verheißen wurde und in das wir eingeladen wurden, in dem Gott uns schon hier auf Erden einen Platz bereitet hat. Im Innersten unseres Geistes müssen wir Gott anbeten, mit ihm sprechen, uns selbst mit Gott vereinigen, uns selbst in Gott verlieren und in ihm aufgehen, um unser Wesen ganz nach Gott neu zu formen und zu bilden, ganz in Übereinstimmung mit Gottes Bild von uns. Dabei müssen wir uns ganz in Gottes Hand geben, weil er mehr als wir selbst diese Erneuerung in uns bewirken kann. [16]

Titus Brandsma

Das Vermögen, Gott und das Göttliche zu suchen und ihm nachzuforschen, ist der menschlichen Natur vom Schöpfer gleich bei ihrem Eintritt ins Dasein als Wesenszug eingepflanzt worden; das Offenbarwerden des Göttlichen aber bewirkt gnadenhaft die von oben her kommende Kraft des Heiligen Geistes ...

Weder haben die Heiligen ihre Erkenntnis ohne die Gnade des Heiligen Geistes erlangt, allein aus ihrer eigenen Kraft, noch bewirkt die Gnade des Heiligen Geistes in den Heiligen die Weisheit ohne die aufnehmende Fähigkeit des Geistes, noch den Glauben ohne die feste Überzeugung des Verstandes und des Geistes von dem Kommenden und noch nicht Offenbaren, noch die Gnade des Heilenkönnens ohne das dem Menschen wesensgemäße Wohlwollen gegen den Mitmenschen, noch irgendeine der übrigen Gnadengaben ohne die Fähigkeit und das Vermögen, die Gnade aufzunehmen und sich anzueignen, so wie umgekehrt keine dieser aufgezählten Gaben dem Menschen kraft seines bloßen, natürlichen Vermögens zuteil wird, ohne die göttliche Kraft, die ihm dies alles verleiht. [17]

MAXIMOS DER BEKENNER

Gott lebt in uns. [...] Unsere Natur ist empfänglich für die göttliche Einwirkung, die sie so in sich aufnimmt, daß sich das Göttliche nicht länger hinter dem Menschlichen verbirgt, sondern aus ihm herausstrahlt und in der inneren oder äußeren Erfahrung eine neue, noch reichere Mitteilung der göttlichen Gaben aufzeigt. Das ist eine so überwältigende Gnadenerfahrung, daß die Fähigkeiten der Seele und nahezu ihr ganzes Wirken dadurch beherrscht werden und sie sich weder durch den Verstand noch durch die Offenbarung, sondern durch die eigene innere oder äußere Erfahrung mit Gott vereint sieht oder versteht. Gott beansprucht die Seele oder besser den Menschen und läßt ihn seine Nähe fühlen oder verstehen; er erfüllt sein Wesen und überströmt ihn mit Licht und Glut. [18]

TITUS BRANDSMA

Wir sind davon überzeugt, daß Gott auf dem lateinamerikanischen Erdteil in den letzten Jahren beinahe wie ein Vulkan ausgebrochen ist. Dabei bevorzugt er die Armen als das Sakrament seiner Selbstmitteilung. In den Armen läßt er seine Forderungen nach Solidarität, Identifikation, Gerechtigkeit und Würde verlauten. [19]

LEONARDO BOFF

Der Mensch ist Bild Gottes

Der Vater gebiert seinen Sohn in des Geistes Innigstes, und dies ist die innere Welt. Hier ist Gottes Grund mein Grund und mein Grund Gottes Grund. Hier lebe ich aus meinem Eigenen, wie Gott aus seinem Eigenen lebt. Wer in diesen Grund je nur einen Augenblick lang lugte, dem Menschen sind tausend Mark roten, geprägten Goldes soviel wie ein falscher Heller. Aus diesem innersten Grunde sollst du alle deine Werke wirken ohne Warum. [20]

MEISTER ECKHART

Nicht nur der Sohn des himmlischen Vaters wird in dieser Finsternis, die sein Eigen ist, geboren: Auch du wirst da geboren als desselben himmlischen Vaters Kind und keines anderen. [21]

MEISTER ECKHART

Könnte ich dafür ein Zeichen haben, woran ich erkennen könnte, daß diese Geburt wirklich in mir geschehen wäre? Ja, gewiß ...
Wenn diese Geburt wirklich geschehen ist, dann können dich alle Kreaturen nicht mehr hindern; sie weisen dich vielmehr alle zu Gott und zu dieser Geburt... Ja alle Dinge werden dir lauter Gott, denn in

allen Dingen hast du nichts im Auge als nurmehr Gott. Recht, wie wenn ein Mensch die Sonne lange ansähe: Was er danach ansähe, darin erschiene das Bild der Sonne. Wo dir dies gebricht, daß du in allem und jedem Gott suchst und im Auge hast, da fehlt dir auch diese Geburt. [22]

MEISTER ECKHART

Das ist ein gerechter Mensch, der in die Gerechtigkeit eingebildet und übergebildet ist. Der Gerechte lebt in Gott und Gott in ihm, denn Gott wird geboren in dem Gerechten und der Gerechte in Gott; und darum wird Gott durch eine jegliche Tugend des Gerechten geboren und wird erfreut durch eine jegliche Tugend des Gerechten. Und nicht nur durch eine jegliche Tugend, sondern auch durch jegliches Werk des Gerechten, wie gering es auch sein mag, das durch den Gerechten und in der Gerechtigkeit gewirkt wird, durch das wird Gott erfreut, ja durchfreut; denn nichts bleibt in seinem Grunde, was nicht von Freude durchkitzelt würde. [23]

MEISTER ECKHART

Wer die Schönheit des ursprünglichen Adels in sich nicht zurückgewinnt, nicht wieder die Züge dessen erneuert, der ihn nach seinem Bild geschaffen, wie kann der mit jenem vereinigt werden, von dem er sich durch Unähnlichkeit geschieden hat? Wie kann, wer das Licht in sich ausgelöscht und Dunkelheit angenommen hat, mit jenem verbunden werden, der das Licht ist? Hat er sich aber nicht mit jenem vereinigt, von dem er den Grund seines Wesens empfing, durch den er aus Nichtsein ins Leben trat, wird er dann nicht zurückgewiesen, weil er durch Unähnlichkeit von seinem Schöpfer getrennt ist? Das ist Klarsichtigen verständlich, auch wenn ich schweige. [24]

NIKETAS STETHATOS

Aus Gott bin ich geboren: ist's ohne Deutelei;
So frage mich nur nicht, wer meine Mutter sei. [25]
ANGELUS SILESIUS

Ich bin Gottes anderer, in mir find' Er allein,
Was Ihm in Ewigkeit wird gleich und ähnlich sein. [26]
ANGELUS SILESIUS

Jesus Christus ist es, der den Kampf des Guten mit dem Bösen führte,
und so ist er unsere wahre Mutter. In ihm haben wir unser Leben. Er
ist der Grund aller Mütterlichkeit, und er bewahrt uns holdselig in seiner Liebe. So wahr also Gott unser Vater ist, so wahr ist Gott auch
unsere Mutter. [27]
JULIANA OF NORWICH

Er ist der wahre Vater und die wahre Mutter aller Geschlechter; und
alle Geschlechter, die er geschaffen hat und die von ihm ausströmen,
um seinen Willen zu tun, die werden wieder erhoben werden und wieder zu ihm gebracht werden durch das Wirken der Gnade. [28]
JULIANA OF NORWICH

Vielfach selig, wer immerdar aus Gott geboren wird. Denn ich sage
nicht, der Gerechte werde nur einmal aus Gott geboren, sondern in
jedem Werke der Tugend wird der Gerechte geboren, denn in ihm
gebiert Gott den Gerechten ...

Denn glaube nicht, daß eine, wie man sagt, einmalige Lebenser-
neuerung genügt; vielmehr ist immerdar und jeden Tag, wenn man so
sagen kann, die Neuheit selbst zu erneuern. Denn also spricht der
Apostel: ›Wenn auch der äußere Mensch zugrunde geht, so wird doch

der innere von Tag zu Tag erneuert.‹ Wie nämlich der alte mehr und mehr veraltet, so verjüngt sich dieser neue immerdar. [29]

ORIGENES

Wie ist meins Gott Gestalt? Geh, schau dich selber an.
Wer sich in Gott beschaut, schaut Gott wahrhaftig an. [30]

ANGELUS SILESIUS

Die göttliche Ebenbildlichkeit wird uns durch die Schau verliehen, die uns nicht zeigt, ›was Gott ist‹, sondern ›wie er ist‹. Dieses Schauen bringt uns die Ebenbildlichkeit, durch die wir Gott ähnlich sein werden. Für den Vater bedeutet, den Sohn zu schauen, das zu sein, was der Sohn ist und umgekehrt. Für uns heißt Gott-Schauen, ihm ähnlich sein. In dieser Einheit, in dieser Ebenbildlichkeit besteht der Himmel, weil Gott in uns wohnt und wir in Gott wohnen. [31]

WILHELM VON SAINT-THIERRY

O Bild Gottes, erkenne deine Würde, laß in dir das Bild deines Schöpfers aufleuchten. Du bist dir selbst minderwertig, doch du bist ein kostbares Ding. In dem Maß du von ihm abgefallen bist, dessen Bild du bist, in dem Maß bist du von fremden Bildern erfüllt. Wenn du jedoch in dem Geist, in dem du geschaffen worden bist, zu atmen beginnst, wenn du die Zucht fest ergreifst (Psalm 2,12), wirst du die Trugbilder, die nicht lange bleiben, rasch ablegen, rasch wirst du ihnen entfliehen. Sei also ganz bei dir und gib dir Mühe, dich zu erkennen und zu erkennen, wessen Bild du bist, um zu unterscheiden und zu verstehen, was du bist, was du vermagst in Ihm, dessen Bild du bist. [32]

WILHELM VON SAINT-THIERRY

Seele, suchen sollst du dich in Mir,
und Mich sollst du suchen in dir.
So gelang es der Liebe,
o Seele, in Mir dich abzubilden,
daß nicht ein einziger Maler
mit all seiner Geschicklichkeit
solch ein Bild prägen könnte.

Du wurdest erschaffen aus Liebe,
schön, anmutig und so
in mein Innerstes gezeichnet,
daß, wenn du dich selbst verlierst, meine Geliebte,
Seele, du dich suchen sollst in Mir.

Ich weiß, wenn du dich finden wirst,
in meiner Brust abgebildet,
und so lebendig herausgebildet,
daß, wenn du dich siehst, dich freuen wirst,
dich so gut gezeichnet zu sehen.

Und wenn du vielleicht nicht weißt,
wo du Mich finden wirst,
geh nicht hierhin und dorthin,
sondern, wenn du Mich finden willst,
sollst du Mich suchen in dir.

Denn du bist mein Obdach,
du bist mein Haus und meine Wohnung,
und deshalb rufe Ich immer,
wenn Ich in deinen Gedanken
die Tür verschlossen finde.

Außerhalb von dir brauchst du Mich nicht zu suchen,
denn um Mich zu finden,
genügt es, Mich nur zu rufen,
damit Ich ohne Zögern zu dir gehe,
und Mich mußt du suchen in dir. [33]

Teresa von Avila

Man sagt, daß Gott und Mensch füreinander Muster sind. Gott ist um des Menschen willen in seiner Güte soweit Mensch geworden, als sich der Mensch um Gottes willen in Liebe vergöttlichen kann. Und der Mensch wird von Gott soweit zur geistlichen Erkenntnis fortgerissen, als er den von Natur aus unsichtbaren Gott durch die Tugenden offenbart. [34]

Maximos der Bekenner

Seele ist ein Weg, durch den Gott aus seiner Tiefe in seine Freiheit fährt. Und Gott ist ein Weg, durch den die Seele in ihre Freiheit fährt. Das ist: in seinen Grund, der nicht erreicht werden kann, sie erreiche ihn denn mit ihrer eigenen Tiefe. Und gehörte Gott ihr nicht ganz, es wäre ihr nicht genug. [35]

Hadewijch

Wie nun diese, die ›wesentliche Weisheit‹ [...] ein Abglanz des ewigen Lichts und ein ohne irgendeinen Flecken bestehender [...] Spiegel der Einwirkung Gottes und ein Ebenbild seiner Gottheit ist, so erlangt auch ein jeder, der von ihr eingezogen und bewegt wird – denn Gott liebt keinen, als der mit der Weisheit bewohnt ist –, ihre hohen Eigenschaften, ihre allerhellsten Spiegel der Majestät Gottes; den neuen Namen teilt sie den Ihrigen mit, und sie verteilt sich doch nicht, sondern bleibt in sich selbst und in allen eins. Und eben weil sie in allen eins bleibt und gleichwohl aber auch in allen von einem Ende zum anderen kräftig reicht und alles sänftiglich ordnet – weil ein jedes von ihr ausgeteiltes Maß ihres Wesens [...] alles in sich hat, was sie selbst hat –, so heißt ein jedes solches Maß des Geistes ein Zentrum, ein kleines Alles, ein Alles in Einem, wie wenn ein Spiegel in tausend Stücke zerbrochen ist und ein jedes Teil wieder ein ganzes Zentrum macht. Und die Erkenntnis, so von ihr herkommt, heißt eine Zentralerkenntnis, womit man nicht eins nach dem anderen erkennt, wie die blöde Vernunft durch Schlüsse, sondern wo man nach der Weise der Welt der Engel erkennt, wie man von Gott erkannt ist. In Gott ist nichts, das sich nicht selbst sieht, selbst empfindet; nichts, das nicht zugleich der Spiegel seiner selbst sei. [36]

FRIEDRICH CHRISTOPH OETINGER

Wie also will *der* Gott werden, der noch nicht einmal Mensch geworden ist? Wie will der voll-kommen sein, der eben erst angekommen ist? Wie unsterblich, der in sterblicher Natur dem Schöpfer nicht gehorchte? Zuerst mußt du Rang und Weg des Menschen wahren, und dann erst teilhaft werden der Glorie Gottes. Denn nicht du machst Gott, sondern Gott macht dich. Bist du also ein Gebilde Gottes, so warte ab die Hand deines Bildners, der alles zur rechten Zeit tut, zur rechten Zeit nämlich für dich, der du gebildet wirst. Du aber bring Ihm ein weiches und biegsames Herz entgegen, bewahre in dir die Gestalt, in welcher der Künstler dich formte, behalte die Feuchte, damit du nicht verhärtet die Spuren Seiner Finger verlierst.

Hüte so das Gefüge, dann wirst du auch zum Vollendeten aufsteigen; denn der Kunstgriff Gottes ist es, an dir verbergen zu können, was Ton ist: Dein Sein hat Seine Hand gezimmert, doch von innen wie von außen wird Sie dich mit reinem Gold und Silber überziehen und so sehr dich schmücken, daß es ›den König selbst nach deiner Anmut verlangt‹. Wenn du dich aber sogleich verhärtest und Seine Kunst verschmähst und undankbar wirst gegen Ihn, weil du nur zum Menschen geworden bist, so hast du in diesem Undank gegen Gott zugleich Seine Kunst und das Leben verscherzt. Schaffen nämlich ist das Eigenste der Güte Gottes, geschaffen werden aber ist das Eigenste der Menschennatur. Übergibst du Ihm also das Deine, das heißt den Glauben an Ihn und den Gehorsam, dann wirst du Sein Wirken an dir erfahren und ein vollkommenes Werk Gottes sein. Glaubst du Ihm aber nicht und entwindest du dich Seinen Händen, so liegt der Grund deiner Unfertigkeit in dir selber. [...] Das Licht wird ja nicht schwächer wegen derer, die sich selber geblendet; es selbst verharrt, wie es ist; die sich blendeten aber sitzen durch ihre Schuld in der Finsternis. Das Licht zwingt auch niemand gewaltsam, sich ihm zu unterwerfen, und auch Gott zwingt keinen, der sich sträubt, Seine Kunst an sich wirksam werden zu lassen. [37]

IRENÆUS VON LYON

Die Seele und der Geist mögen je ein Teil des Menschen sein; keineswegs aber sind sie der Mensch schlechthin. Der vollkommene Mensch aber ist Mischung und Einigung der Seele mit dem von ihr aufgenommenen Geist des Vaters und die Mischung beider mit jenem Fleische, welches gemäß dem Bilde Gottes geformt wurde ...

Wenn nämlich jemand die Wirklichkeit des Fleisches aufhebt, das heißt des Tongebildes, und nur den Geist gleichsam nackt bestehen lassen will, dann ist das nicht mehr der ›geistige Mensch‹, sondern nur noch ›der Geist des Menschen‹ oder ›der Geist Gottes‹. Erst wenn dieser Geist, vermischt mit der Seele, dem Tongebilde sich eint, entsteht durch die Ausgießung des Geistes ein ›geistiger‹ und vollkommener Mensch, und der ist es dann, der sowohl nach ›Bild‹ wie nach ›Ähnlichkeit‹ Gottes geschaffen ist.

Fehlt aber der Seele der Geist, so ist ein solcher Mensch in Wahrheit nur ›animalisch‹, d. h. erdhaft gesinnt, und indem er fleischlich geblieben ist, wird er auch unvollkommen bleiben: Das ›Bild‹ wird er zwar im Tongebilde haben, aber die ›Ähnlichkeit‹ durch den Geist nimmt er nicht an. Wie aber dieser unvollkommen bleibt, so wird auch der, welcher das ›Bild‹ aufhebt und das Tongebilde verachtet, nicht mehr den Menschen selbst besitzen, sondern entweder nur einen Teil des Menschen oder etwas außer dem Menschen. Denn weder ist das Tongebilde des Leibes für sich selbst der vollkommene Mensch, sondern nur der Körper des Menschen, ein Teil des Menschen; noch ist die Seele für sich allein der Mensch, sondern sie ist des Menschen Seele und ein Teil des Menschen; noch ist der Geist der Mensch, wird er ja doch Geist und nicht Mensch genannt. Nur die Durchdringung und die Einigung all dieser Teile ergibt einen vollendeten Menschen. [38]

Irenæus von Lyon

Wem werde ich gleichen?
Den Vögeln im Nest.
Wenn Vater und Mutter keine Nahrung bringen,
sterben sie vor Hunger.
So ist meine Seele ohne Dich, Herr;
sie bekommt keine Nahrung, sie kann nicht leben.

Wem werde ich gleichen?
Dem Samenkorn, das auf den Boden geworfen wurde.
Wenn der Tau nicht fällt, wenn die Sonne es nicht erwärmt,
schimmelt das Korn.
Doch wenn Du Tau und Sonne gibst,
wird das Korn bewässert und erwärmt;
es wird Wurzeln schlagen
und zu einer schönen Pflanze werden mit vielen Körnern.

Wem werde ich gleichen, Herr?
Der Rose, die man pflückt
und in der Hand vertrocknen läßt.

Sie verliert den Duft; doch wenn sie
am Strauch bleibt, ist sie immer frisch und schön,
und behält ihren vollen Duft.

Bewahre mich in Dir, Herr, und gib mir Leben.
Wem gleichst Du, Herr?
Der Taube, die den Jungen Nahrung gibt,
einer zärtlichen Mutter, die ihr Kind nährt. [39]

MARIAM BAWARDY

Das Nachsinnen über sich selbst

Das innere Selbst ist so verborgen wie Gott und entzieht sich wie Gott
jedem besitzergreifenden Zugriff. Es ist ein Leben, das nicht ergriffen
und wie ein Objekt analysiert werden kann; denn es ist kein ›Ding‹.
Nichts unter der Sonne, auch nicht die Meditation, kann es fassen und
aus der Verborgenheit herauszerren. [40]

THOMAS MERTON

Deine Besinnung muß bei dir selbst beginnen, damit du dir selbst
nicht gleichgültig geworden, dich vergeblich anderen zuwendest. Was
nützt es dir, wenn du die ganze Welt gewinnst und einzig dich verlierst? Denn wärest du auch weise, so würde es dir doch an Weisheit
fehlen, solange du über dich selbst nicht Bescheid weißt. Wieviel dir
wohl fehlte? Nach meinem Empfinden alles. Du könntest alle
Geheimnisse kennen, du könntest die Weite der Erde kennen, die
Höhe des Himmels, die Tiefen des Meeres: Wenn du dich selbst nicht
kennst, glichest du jemandem, der ohne Fundamente eine Ruine statt
eines Gebäudes errichtete. Alles, was du außerhalb deiner selbst auf-

richtest, wird wie ein Staubhaufen sein, der dem Wind preisgegeben ist. Keiner ist also weise, der nicht über sich selbst Bescheid weiß. Ein Weiser wird in Weisheit über sich selbst Bescheid wissen und trinkt als erster aus dem Quell seiner eigenen Wassergrube.

Fang mit deiner Besinnung also bei dir selbst an, und nicht nur dies: Laß sie auch bei dir enden. Wohin dein Sinn auch schweifen mag, rufe ihn zu dir zurück, und du erntest Früchte des Heils. Beginne und ende bei dir selbst. Nimm dir als Beispiel den höchsten Vater aller, der sein Wort aussendet und zugleich bei sich behält. Dein Wort, das ist dein Nachsinnen. Wenn es Fortschritte macht, soll es sich nicht von dir entfernen. Es soll sich so vorwärts bewegen, daß es sich nicht von dir wegbewegt. Es soll so aufbrechen, daß es dich nicht im Stich läßt. Wenn es um dein Heil geht, hast du keinen besseren Bruder als dich selbst. Verschließe dich gegen alle Gedanken, die gegen dein eigenes Heil gerichtet sind. Was sage ich ›gegen‹? Ich hätte besser sagen sollen: die abseits von deinem Heil liegen. Was immer sich dir zum Nachsinnen anbietet, weise es zurück, wenn es nicht auf irgendeine Weise deinem Heil dient. [41]

Bernhard von Clairvaux

Die Seele soll vor allem zunächst einmal über sich selbst Bescheid wissen, im eigenen Interesse soll sie das, und so ist auch die richtige Reihenfolge. Es ist die richtige Reihenfolge: Denn was uns zuallererst vorgegeben ist, sind wir selbst. Es ist ihr eigenes Interesse, weil ein solches Wissen nicht aufbläht, sondern den Menschen niedrig macht und auf den Boden stellt und ihn so wahrlich zum Aufbau seiner selbst rüstet. Nur wenn einer niedrig mit beiden Beinen auf dem Boden steht, ist das Fundament so tragfähig, daß ein geistiges Gebäude darauf stehen kann. Um niedrig Kontakt zu halten mit dem Boden, kann die Seele kaum etwas Beherzteres und ihr Angemesseneres erfahren, als daß sie sich selbst in der Wahrheit auf die Spur kommt. Die Voraussetzung dafür ist, daß sie sich selbst nichts vormacht, kein Trug in ihrem Geiste wohnt (Psalm 31,2), sie sich selbst vielmehr ins Gesicht schaut und sich nicht von sich ablenken läßt.

Wenn sie sich so im klaren Licht der Wahrheit sieht, muß sie da nicht unvermeidlich erkennen, daß sie sich im Land der Unähnlichkeit aufhält? Muß sie da nicht angesichts ihrer Erbärmlichkeit, die sie nicht länger überspielen kann, mit dem Propheten zum Herrn rufen: In deiner Wahrheit hast du mich niedrig auf den Boden gestellt! (Ps 118,75). Denn wie sollte sie nicht in dieser wahren Selbsterkenntnis auf den Boden der Niedrigkeit gestellt werden, wenn ihr aufgeht, wie sie von Sünden belastet, von der Schwere ihres sterblichen Leibes niedergedrückt, in irdische Sorgen verwickelt, vom Schmutz fleischlicher Sehnsüchte befleckt, blind, gebeugt, schwach, in vielen Irrtümern verfangen, tausend Gefahren ausgesetzt, in tausend Ängsten zitternd, von tausend Schwierigkeiten in die Enge getrieben, tausenderlei Argwohn verfallen, von tausend Nöten gepeinigt, zu Fehltritten geneigt und zu Tugenden unfähig ist? Aus welchem Grund könnte sie da noch die Augen stolz erheben, aus welchem Grund den Kopf hochtragen? Wird sie da nicht eher durch ihr Elend umkehren, wenn so der Stachel in sie eindringt (Ps 31,4)? Sie wird umkehren, sage ich, zu den Tränen, umkehren zum Weinen und Seufzen, umkehren zu Gott und auf dem Boden der Niedrigkeit stehend ausrufen: Heile meine Seele, denn ich habe gesündigt! (Ps 40,5). Und wenn sie sich zum Herrn hinkehrt, wird sie Trost empfangen, weil er der Vater der Erbarmungen ist und der Gott allen Trostes (2 Korinther 1,3).

So ist es auch bei mir: Solange ich auf mich selbst schaue, weilt mein Auge in Bitterkeit (Ijob 17,2). Wenn ich aber aufblicke und meine Augen zu dem erhebe, der mir in göttlichem Erbarmen hilft, dann mildert alsbald der fröhliche Anblick meines Gottes meinen bitteren Blick, und ich sage zu ihm: Meine Seele ist angesichts meiner selbst bedrückt, und deshalb denke ich hier im Jordanland an dich (Ps 41,7). Gott so erblicken zu dürfen ist nicht unerheblich: erfahren zu dürfen, wie zugeneigt und ansprechbar er ist, wie wirklich gütig und barmherzig und wie unerschütterlich er trotz meiner Schlechtigkeit ist. Das liegt daran, daß seine Natur Güte ist und daß es seine Art ist, sich immer zu erbarmen und immer zu verschonen.

In solcher Erfahrung und in dieser Reihenfolge tut sich Gott zu unserem Heil kund: Zunächst erkennt der Mensch, daß er bedürftig in die Welt gestellt ist; dann ruft er zum Herrn; der Herr erhört ihn und sagt zu ihm: ›Ich will dich herausziehen, und du wirst mich ehren‹ (Ps 49,15). Auf diese Weise wird aus deiner Selbsterkenntnis ein erster Schritt zur Erkenntnis Gottes. Gott erneuert dann in dir sein Bild, in dem du ihn selbst sehen kannst, wenn du mit enthülltem Angesicht voll Zuversicht die Herrlichkeit des Herrn schaust und durch den Geist Gottes von Klarheit zu Klarheit in das gleiche Bild umgeformt wirst (2 Kor 3,18). [42]

Bernhard von Clairvaux

Dieses *läuternde und liebende Erkennen oder das göttliche Licht,* von dem wir hier sprechen, geht bei der Läuterung des Menschen und dessen Vorbereitung auf die vollkommene Einung mit sich genauso um, wie das Feuer mit einem Holzscheit, das es in sich überformt. Das erste, was echtes Feuer mit einem Holzscheit macht, ist, es allmählich auszutrocknen, indem es alle Feuchtigkeit heraustreibt und alles Wasser, das es enthält, herausweinen läßt; dann macht es das Holzscheit schwarz, dunkel und häßlich und gibt ihm dazu noch einen üblen Geruch. Durch die allmähliche Austrocknung befördert und treibt es alle häßlichen und dunklen Bestandteile, die dem Holzscheit im Gegensatz zum Feuer anhaften, heraus ans Licht. Und indem das Feuer das Holz allmählich von außen her entflammt und erhitzt, überformt es dieses in sich selbst und macht es so schön wie das Feuer. In dieser Schlußphase gibt es für das Holzstück kein Erleiden und keine Eigenwirkung mehr außer seiner Schwere und Masse, die noch dichter ist als die des Feuers. Es hat jetzt die Eigenschaften und die Wirkungen des Feuers in sich: Es ist trocken und macht trocken, es ist warm und macht warm, es ist licht und macht licht, und es ist viel leichter als vorher, weil das Feuer in ihm diese Eigenschaften und Wirkungen hervorruft.

Genauso müssen wir uns dieses göttliche Liebesfeuer der Kontemplation vorstellen. Bevor es den Menschen mit sich eint und in sich überformt, läutert es ihn zuerst von allen gegensätzlichen Bestandteilen. Es läßt seine häßlichen Züge herauskommen und macht ihn schwarz und dunkel, so daß er sich schlechter vorkommt als vorher und häßlicher und abscheulicher als sonst. Während diese göttliche Läuterung nach und nach alle bösen und üblen Launen entfernt, die er nicht bemerkte, da sie sich sehr tief in ihm verwurzelt und eingenistet hatten, so daß er nicht verstand, daß er so viel Böses in sich hatte, werden sie ihm jetzt vor Augen geführt, damit sie ausgetrieben und zunichte gemacht werden. Erleuchtet durch dieses dunkle Licht der Kontemplation, sieht er sie nun sehr deutlich (obwohl er nicht schlechter ist als vorher, weder in sich, noch vor Gott), da er nun in sich sieht, was er vorher nicht sah. [43]

Johannes vom Kreuz

Welche Schönheit muß ich in mir selbst erkennen! O die Schönheit einer Seele! Wer würde sich nicht in sie verlieben? O großartige, unerklärliche Schönheit!

Die Erkenntnis ihrer Großartigkeit gibt der Seele ruhige und fortwährende Einheit und Frieden im Herzen und eine angenehme Milde den Mitmenschen gegenüber.

Selig und glücklich ist die Seele, der du, o mein Gott, dies zu erkennen gibst, denn sobald sie ihre Großartigkeit begriffen hat, betrachtet sie gleich wieder, wie nichtig sie in sich selbst ist. [44]

Maria Maddalena de Pazzi

Der Bräutigam sagt: ›Entweder wirst du dich selbst erkennen‹, denn du bist die Braut des Königs, ›du bist schön und von mir schön gemacht‹, denn ›ich habe mir die herrliche Kirche zugeführt, ohne Makel und Runzeln‹ (Epheser 5,27), oder wisse, weil du dich nicht selbst erkannt hast und deine Würde nicht erfaßt hast, deshalb wirst du das folgende erleiden. Was ist das? ›Wenn du dich nicht selbst erkennst, o Schöne unter den Frauen, so gehe du den Spuren der Herden nach, und weide dann nicht die Herde der Schafe, nicht der Lämmer, sondern deine Böcke‹ (vgl. Cant 1,8). [...] Wenn du begreifen willst, o Braut, wie du dich selbst verstehen mußt, dann erkenne, mit wem ich dich verglichen habe. Dann wirst du sehen, daß du so bist, daß du dich nicht zu schämen brauchst, wenn du deine Schönheit wahrnimmst. [45]

ORIGENES

Denn, was ist zum Schluß der Mensch in der Welt? Ein Nichts vor dem Unendlichen, ein All gegenüber dem Nichts, eine Mitte zwischen Nichts und All. Unendlich entfernt von dem Begreifen der Unendlichkeiten, sind ihm das Ende aller Dinge und ihre Gründe undurchdringlich verborgen, unlösbares Geheimnis; er ist gleich unfähig, das Nichts zu fassen, aus dem er gehoben, wie das Unendliche, das ihn verschlingt. [46]

BLAISE PASCAL

Weil ich weder wußte, wie das mir aufgetragene Werk beginnen, noch überhaupt, was ich sagen sollte, bat ich inständig unseren Herrn, daß er durch mich sprechen möge. Da fiel mir ein guter Ausgangspunkt ein, nämlich daß wir uns die Seele vorstellen als eine kristallene oder diamantene Burg mit vielen Wohnungen, so wie ja auch der Himmel viele Wohnungen hat. Recht betrachtet, liebe Schwestern, ist ja auch die Seele im Gnadenstand nichts anderes als ein Paradies, in dem der

Herr, wie er selbst sagte, seine Freude hat. Wie meint ihr wohl, muß eine Wohnung beschaffen sein, an der ein so mächtiger, weiser, reiner und alles Gute in Fülle besitzender König sich erfreut? Ich finde nichts, womit ich die große Schönheit und Weite der Seele vergleichen könnte, reicht doch auch unser noch so scharfer Verstand nicht aus, sie zu begreifen – so wie ja auch Gott unerkennbar ist. Sagte er doch, daß er uns schuf nach seinem Bild und Gleichnis.

Es wäre aber kein geringer Schaden und höchst bedauerlich, wenn wir versäumten, uns selbst zu erkennen und nicht wüßten, wer wir sind. Was sollte man denn von jemandem halten, meine Töchter, der befragt nicht angeben könnte, wer sein Vater und seine Mutter sind und aus welcher Heimat er kommt? Wenn das schon menschenunwürdig wäre, wieviel mehr dann unsere Einstellung, wenn wir uns nicht um Selbsterkenntnis bemühen, sondern einzig an unserem leiblichen Wohl interessiert sind; wenn wir nur vom Hörensagen und durch die Übereinkunft des Glaubens wüßten, daß wir eine Seele haben, so daß uns weder ihr Wert bewußt ist, noch wen sie im Innersten birgt. –

Erinnern wir uns also der vielen Wohnungen dieser Burg, einige oben, einige unten, andere seitlich. Ganz in der Mitte aber, in ihrem Zentrum liegt die Wohnung, auf die alles ankommt und wo höchst geheimnisvolle Dinge zwischen Gott und der Seele geschehen. Dieses Gleichnis müßt ihr euch gut merken. [47]

Teresa von Avila

Seele: Ich bin eine vollerwachsene Braut,
ich will geh'n zu meinem Traut.

Sinne: O Herrin, kommt Ihr so einher,
müssen wir erblinden sehr.
Denn die Gottheit ist ein heißer Brand,
wie es dir ja gut bekannt.

Alle die Feuer und alle die Gluten,
die Himmel und Heilige entflammen und durchfluten,
alles ist ausgeflossen aus seinem göttlichen Atem
und aus seinem menschlichen Munde
nach dem Rate des Heiligen Geistes;
wie kannst du da verbleiben nur eine Stunde?

Seele: Der Fisch kann im Wasser nicht ertrinken,
der Vogel in den Lüften nicht versinken,
das Gold ist im Feuer nie vergangen,
denn es wird dort Klarheit und leuchtenden Glanz empfangen.
Gott hat allen Kreaturen gegeben,
daß sie ihrer Natur gemäß leben.
Wie könnte ich denn meiner Natur widersteh'n?
Ich muß von allen Dingen weg zu Gott hingeh'n,
der mein Vater ist von Natur,
mein Bruder nach seiner Menschheit,
mein Bräutigam von Minnen
und ich die seine ohne Beginnen. [48]

Mechthild von Magdeburg

Und wie der Fisch, der in der Weite der Flut schwimmt und in der
Tiefe ruht, und wie der Vogel, der in der Geräumigkeit und in der
Höhe der Luft fliegt, so fühlt der Mensch, wie sein Geist sich frei
bewegt in der Tiefe und in der Geräumigkeit und in der Höhe der
Liebe. [49]

Beatrijs van Nazareth

So kam einer des Abends zu einem großen Wald.
Da stand eine verlassene Hütte,
und der Tag war schon weit fortgeschritten.
So ging er hinein
und entschloß sich, dort zu bleiben.
Er war allein mit sich selbst
und kannte sich nicht.
Aber in der Stille des Abends fühlte er:
›Ich muß wach bleiben;
es ist eine Stunde der Erwartung.‹
In dieser Nacht schlief er nicht.
An der Tür der verlassenen Hütte saß er;
die Sonne sah er untergehen
und die Sterne kommen;
und den Wind hörte er
tief im dunklen Wald.
Diese Nacht war sehr einsam
mit der guten Frage in seinem Herzen.
Und der Erwartung in seinen Augen,
womit er die Sterne sah
und den dunklen Schatten des Waldes.
So kam der Morgen.
Und siehe:
Ein kleiner Vogel wachte auf
und erhob sich
und flog fort aus dem Wald
in die Ferne des Morgenhimmels.
Er sah es,
und eine große Bewegung kam in sein Herz
und ein neues Licht in seine Augen.
Und es war, als ob es sein Innerstes aufwühlte.
Er sah den Vogel,
der aus dem frühen Wald flog

in die Ferne des Morgenhimmels.
Und er wußte:
›So ist mein Selbst.‹
Seine Seele schwang sich auf
wie der Vogel, der da flog.
Und ein wunderbarer Friede
erfüllte ihn. [50]

HERMAN ANDRIESSEN

O getreuer Diener! Wenn es Gott gefallen hat, meinen Leib wie auch meine Seele zu [prophetischer] Schau zu erheben, so könnte doch nicht die Furcht aus meinem Geist und meinem Herzen weichen. Denn ich weiß, daß ich ein Mensch bin, obgleich ich von meiner Kindheit an eingeschlossen bin. Viele Weise wurden so von Wundern durchströmt, daß sie sehr viele Geheimnisse kundtaten. Doch aus eitler Ruhmsucht schrieben sie diese sich selbst zu und kamen deshalb zu Fall. Diejenigen hingegen, die im Aufstieg der Seele die Weisheit aus Gott schöpften und sich für nichts erachteten, wurden Säulen des Himmels. So geschah es bei Paulus, der die anderen Jünger im Predigen überragte und dennoch sich selbst dem Nichts gleich achtete. Auch der Evangelist Johannes war erfüllt von zarter Demut, weshalb er so vieles aus dem göttlichen Quell zu schöpfen vermochte.

Wie wäre es also zu verstehen, wenn ich Armselige mich nicht erkennen würde? Gott wirkt, wo Er will, zur Ehre Seines Namens und nicht zur Ehre des erdhaften Menschen. Ich aber bin ständig von zitternder Furcht erfüllt. Denn keine Sicherheit irgendeines Könnens erkenne ich in mir. Doch strecke ich meine Hände zu Gott empor, daß ich von Ihm gehalten werde, wie eine Feder, die ohne jedes Gewicht von Kräften sich vom Wind dahinwehen läßt. [51]

HILDEGARD VON BINGEN

Nur die Minne erkennt Gott

Mag ein Mensch noch so viel geistliche Einsicht im Erkennen von allen geschaffenen geistlichen Dingen haben, er kann doch nie durch das Wirken seines Verstandes zur Erkenntnis eines ungeschaffenen geistlichen Dinges gelangen; denn ein solches ist nichts anderes als Gott. Aber durch das Versagen der geistlichen Sinne mag es gelingen; denn das Ding, demgegenüber die Sinne versagen, ist nichts anderes als Gott allein. Und deshalb sagte der Heilige Dionysius: ›Das göttlichste Wissen von Gott ist das, das in Unwissenheit erkennt‹. [52]

Wolke des Nichtwissens

Deshalb laß ab von deinen äußeren Sinnen und wirke nicht mit ihnen, weder innerlich noch äußerlich. Denn alle jene, die sich vornehmen, geistlich und innerlich zu wirken, und die wähnen, in ihrem Innern oder äußerlich geistliche Dinge hören, riechen, sehen, schmecken oder fühlen zu sollen, sind sicherlich getäuscht, und ihr Wirken ist falsch und kehrt sich gegen den Lauf der Natur. Denn von Natur sind die Sinne so beschaffen, daß die Menschen mit ihnen alle äußeren Dinge erkennen, aber in keiner Weise durch sie, das heißt durch ihr Wirken, zur Erkenntnis geistlicher Dinge gelangen. [53]

Wolke des Nichtwissens

Die Ohnmacht bringt den Menschen weiter als seine Vernunft. Die Vernunft kommt weiter zu Gott durch das, was Gott nicht ist. Die Minne stellt hintan, was Gott nicht ist, und freut sich über ihre Ohnmacht gegenüber dem, was Gott ist. Die Vernunft ist eher zufriedengestellt als die Minne, aber die Minne hat mehr Wonne und Seligkeit als die Vernunft. Doch helfen die beiden einander sehr, denn die Vernunft lehrt die Minne, und die Minne erleuchtet die Vernunft. Wenn die Vernunft sich dann dem Verlangen der Minne hingibt und die Minne sich zwingen und in den Rahmen der Vernunft binden läßt, so vermögen sie sehr große Dinge. Das kann aber niemand außer durch Erfahrung. [54]

HADEWIJCH

Überwesentliche, übergöttliche und übergute Dreifaltigkeit, Leiterin und Hüterin der Theosophie [des Wissens um Gott] der Christen, führe uns auf den über-unerkennbaren, über-leuchtenden höchsten Gipfel der mystischen Sprüche Gottes, wo die einfachen, (von aller Umkleidung) losgelösten, unwandelbaren Mysterien der Theologie in dem überlichthaften Dunkel des mysterienverbergenden Schweigens verhüllt sind [nach anderen Lesarten: aus dem Dunkel des mysterien-verbergenden Schweigens enthüllt werden], die in ihrem Finstersten das Überhelle überstrahlen und in dem ganz Unfaßbaren und Unsichtbaren mehr als der überschönste Glanz die augenlosen [nicht mit leiblichen Augen sehenden] Geister erfüllen. [55]

DIONYSIUS AREOPAGITA

Unter allem jedoch, was ich hervorgebracht habe, sind die Worte, die ich mit meinem Munde geredet, das Edelste, wie das Gold unter den übrigen Metallen das edelste ist. Deshalb haben meine Diener, durch welche ich mein Gold auf der Erde umher versende, drei Stücke zu beobachten.

Zuerst sollen sie nicht denen mein Gold anvertrauen, welche keine hellen und klaren Augen haben. Fürwahr, derjenige sieht klar, welcher göttliche Weisheit samt Liebe hat. Wer nach dem lebt, was er versteht, wer sich der Eitelkeit der Welt und der Neugierde entzieht, wer nichts so sehr sucht wie seinen Gott, der hat klare Augen, und ihm soll mein Gold anvertraut werden. Derjenige aber, welcher zwar die Wissenschaft hat, aber nicht die göttliche Liebe, um zu tun, was er versteht, der gleicht einem Blinden, welcher zwar Augen zu Gott zu haben scheint, aber sie doch nicht hat; denn er wendet sich der Welt zu, Gott aber seinen Rücken.

Zweitens darf mein Gold dem nicht überlassen werden, welcher kein Gewissen hat. Wer anderes hat ein Gewissen, als wer dieses Zeitliche und Vergängliche gewissenhaft für das Ewige verwendet? Wer den Geist im Himmel und den Leib auf Erden hat, wer täglich darüber nachdenkt, wie er von der Erde scheiden und Gott von seinen Taten Rechenschaft geben müsse, diesem soll mein Gold anvertraut werden.

Drittens soll er mein Gold feil haben um zehn Pfund zweimal gewogen. Die Waage, auf welcher das Gold gewogen wird, bedeutet das Gewissen; die Hände, welche wägen müssen, bedeuten den guten Willen und die gute Absicht; die aufzusetzenden Gewichte endlich bedeuten die leiblichen und geistlichen Werke. [56]

BRIGITTA VON SCHWEDEN

Erkennt der Mensch etwas von Gott, so ist er es selbst, das er erkennt, er erkennt Gott nicht. Christus sagt: Das ist das ewige Leben, daß sie Gott den Vater erkennen und Christus, den du gesandt hast.

Wer Gott erkennt und Christus erkennt – das ist ewiges Leben. Und Christus wird nicht erkannt, es sei denn mit nichts. Wo nichts erkannt wird, da wird Gott erkannt; das heißt: wo einem Menschen alles entfällt, so daß er nichts hat und nichts erkennt. Dieses Erkennen kann weder in den Verstand noch in den Begriff kommen; der Begriff ist viel zu grob dazu. Dieses Erkennen ist vielmehr ein Sich Niederbeugen unter Gott. [57]

CLAESINNE VAN NIEUWLANT

Was in uns hineinkommen kann, dem sollen wir entfliehen und es nicht wollen, weil es zu klein ist. Was etwas ist, ist nichts. Was unser Verstand oder unsere Vernunft auch verstehen oder begreifen, zu Gott gelangen sie nicht. Der Verstand und die Vernunft sind zu grob dazu; Gott wird nur empfangen in einem Sich Niederbeugen unter Gott.

Lassen wir alle Gaben fallen, dann wird Gott des Menschen mächtig und begreift ihn in sich; alle Gaben die Gott gibt, sind dem Menschen zu klein, und er begehrt die Gaben nicht, er entflieht ihnen, denn sie können ihm nicht gefallen. Er kann sich nicht darauf einlassen, denn er will allem entsinken, was Gott nicht ist, damit Gott sich dieses Menschen bemächtigt.

Und von Gott weichen ist ein Näherkommen, ja eine Vereinigung mit Gott, so daß der Mensch Gottes mächtig wird etc. [58]

CLAESINNE VAN NIEUWLANT

Gott bleibt der *Unbekannte*, den wir nicht kennen, obwohl wir an ihn glauben. In der Dichte der menschlichen Erfahrungen und unserer Beziehungen hört er nicht auf, fremd zu bleiben. Auch ist er der *Verkannte*, den wir ja gar nicht kennen wollen, und der – wie Johannes sagt (1,11) – in seinem Eigentum, von den Seinen, nicht ›aufgenommen‹ wird. Danach aber werden wir im letzten beurteilt werden, darin liegt die äußerste Bewährung des wahrhaften christlichen Lebens: ob wir den Fremden ›aufgenommen‹, den Gefangenen besucht, den anderen empfangen haben (vgl. Matthäus 25,35-36). [59]

MICHEL DE CERTEAU

Wenn sich der Mensch auf die Vermessenheit des natürlichen Verstandes verstünde, würde er zweifellos nicht viel Notbehelf suchen in einem aus der Schrift gestohlenen Glauben, der keine innere Erfahrung hat, wie es die Gelehrten mit einzelnen Zitaten tun. Sondern er würde bald die Wirkung des göttlichen Wortes empfinden, das aus seinem Herzen quillt. Ja, er dürfte die faulen Wasser im Brunnen nicht ertragen, wie es jetzt unsere Gelehrten tun. Sie verwechseln die Natur mit der Gnade ohne jeden Unterschied. Sie behindern den Lauf des Wortes, das vom Grund der Seele herkommt, wie Mose sagt: ›Das Wort ist nicht weit von dir. Sieh, es ist in deinem Herzen.‹ (Deuteronomium 30,14).

Nun fragst du vielleicht, wie das Wort dann ins Herz kommt. Antwort: Es kommt von Gott von oben her in einem hohen Erschrecken. Dieses Erschrecken, ob es Gottes Wort sei oder nicht, hebt an, wenn jemand ein Kind von sechs oder sieben Jahren ist, wie es im vierten Buch Mose dargestellt ist. Darum führt der heilige Paulus Mose und Elia im Römerbrief an und redet da vom Hören des innerlichen Wortes Gottes im Seelengrund durch die Offenbarung Gottes (Röm 3, 21-22). Und welcher Mensch dieses nicht gewahr und empfänglich geworden ist durch das lebendige Zeugnis Gottes, der weiß von Gott nichts von Grund auf zu sagen, wenn er gleich hunderttausend Bibeln gefressen hätte. [60]

Thomas Müntzer

Niemand soll denken, daß man zu diesem wahren Licht und vollkommener Erkenntnis kommen könne oder zu Christi Leben mit vielen Fragen oder vom Hörensagen oder mit Lesen und Studieren noch mit hoher Kunst und großer Meisterschaft oder mit natürlicher Vernunft. Ja, solange der Mensch von einem etwas hält oder etwas in seiner Liebe, Begierde oder Meinung oder Gesuch handelt oder zu Händen[1] hat, das dies oder das ist, es sei der Mensch selber oder die Kreatur, es sei, was es sei, so kommt er hierzu nicht. Dies hat Christus selber gesprochen.

Er spricht: Willst du mir nachfolgen, so verleugne dich selbst und folge mir nach; und wer nicht sich selbst und alle Dinge verläßt und aufgibt, der ist nicht würdig und kann auch mein Jünger nicht sein.

Damit meint er: Wer nicht alle Dinge verläßt, der kann mich, die ewige Wahrheit, nimmer erkennen noch zu meinem Leben kommen. [61]

Theologia Deutsch

1   vor sich, verfügbar

Ich naht' mich
dem Lamme.
Da ward ich
zur Flamme,
ward eine einige Lohe
mit ihm. [62]

M. Assumpta Schenkl

Frag nicht, was Göttlich ist: Denn so du es nicht bist,
So weißt du es doch nicht, ob du's gleich hörst, mein Christ. [63]

Angelus Silesius

Gott ist mein Stab, mein Licht, mein Pfad, mein Ziel, mein Spiel,
Mein Vater, Bruder, Kind und alles, was ich will. [64]

Angelus Silesius

Des Schöpfers höchste Macht, Weisheit und Güte leuchtet in den
geschaffenen Dingen auf ... Wer darum durch solchen Glanz der
Geschöpfe nicht erleuchtet wird, ist blind; wer durch dies laute Rufen
nicht aufwacht, ist taub; wer wegen derartiger Werke Gott nicht lobt,
ist stumm; wer aus solch deutlichen Zeugnissen den Urgrund nicht
erkennt, ist ein Tor. – Darum öffne deine Augen, neige dein Ohr, löse
deine Zunge und erschließe dein Herz, auf daß du in allen Geschöpfen
deinen Gott siehst, hörst, lobst, liebst und anbetest, verherrlichst und
verehrst, damit sich nicht etwa der ganze Erdkreis gegen dich erhebe.
[65]

Bonaventura

Soll die Erhebung zu Gott vollkommen sein, so muß alle Geistestätigkeit zurücktreten und das tiefste Fühlen des Gemütes ganz in Gott aufgehen und umgewandelt werden. Das aber ist etwas Geheimnisvolles und ganz Verborgenes. Niemand kennt es, der es nicht empfangen hat; niemand empfängt es, der es nicht ersehnt; niemand ersehnt es, den nicht das Feuer des von Christus auf diese Erde gesandten Heiligen Geistes bis ins Innerste durchglüht. [66]

Bonaventura

Obwohl kein Gespür einer Seele oder eines Geistes Dich irgend begreifen könnte, so erfaßt Dich doch, wie groß Du auch seist, die Liebe des Liebenden ganz, der Dich Ganzen liebt, so groß Du auch bist – denn ist nicht Ganzheit da, wo keine Teilung ist, Allheit, wo kein Maß ist, Begreiflichkeit, wo all das aussteht! Lieben wir Dich, dann wird unser Geist von Deinem heiligen Geist ergriffen, Er wohnt uns ein, und wir haben die Liebe Gottes als ausgegossen in unseren Herzen. [67]

Wilhelm von Saint-Thierry

Und dann denkt man richtig von Gott, nach menschlichem Maß, wenn man freilich das noch Denken [cogitatio] nennen darf, wo nichts zwingt [cogit] und nichts gezwungen wird [cogitur], sondern wo es in der Erinnerung an die Fülle der Süßigkeit Gottes (Psalm 144,7) nur Frohlocken und Jubel gibt und wo der eine wirkliche Erfahrung vom Herrn in seiner Güte macht, der ihn in der Einfalt des Herzens gesucht hat (Weisheit 1,1).

Aber diese Weise, von Gott zu denken, liegt nicht im Ermessen des Denkenden, sondern in der Gnade des Schenkenden, wenn nämlich der Heilige Geist diesem Menschen seinen Hauch mitteilt. [68]

Wilhelm von Saint-Thierry

Wie nun der Geist Dinge, die körperlich sind, durch die Sinne des Körpers unterscheidet, so kann er die Dinge, die vernunftgemäß oder geistig sind, nur durch sich selbst unterscheiden. Was aber die Dinge Gottes angeht, kann er ein Verstehen nur bei Gott suchen oder erwarten. Freilich ist es bei manchen Dingen, die Gott betreffen, dem Menschen, der einen Verstand hat, erlaubt oder möglich, manchmal an sie zu denken und sie zu erforschen, wie die Süßigkeit seiner Güte, die Größe seiner Macht und anderes dieser Art. Er selbst aber, der selbst ist, was er ist, kann überhaupt nicht gedacht werden, außer insoweit er mit dem Sinn der erleuchteten Liebe berührt werden kann. [69]

Wilhelm von Saint-Thierry

Durch den Heiligen Geist wird dem Geist des Menschen und dem Sinn der erleuchteten Liebe, wenn er manchmal unversehens dorthin gelangt, eine gewisse Süße zuteil, die den Liebenden ganz erfaßt. Diese Süße wird eher geliebt als gedacht, eher verkostet als erkannt. [70]

Wilhelm von Saint-Thierry

Was nämlich die Seele mit ihrer natürlichen Erkenntnis versteht, das kann sie begreifen; jenes [übernatürliche Licht] kann die Seele weniger begreifen, als sie vielmehr von ihm ergriffen wird. [71]

Wilhelm von Saint-Thierry

Jene Gnade der Gotteserkenntnis, die, wie gesagt, dem Sinn oder Verstand der erleuchteten Liebe zuteil wird, bereichert mit sich und beseligt den, der erkennt, mehr als alle Gedanken über andere Dinge; sie steigt zu ihm nieder und hebt ihn zu sich empor. Und ihm wandelt sich in um so süßerer Weise die göttliche Hoheit und Macht im vertrauten und freundschaftlichen Liebeserweis und in Erfahrung der göttlichen Milde und Güte, je wahrer und aufrichtiger der selige

Mensch, mit dem der Heilige Geist oft zu reden pflegt, arm im Geist, demütig, ruhig, zitternd vor dem Wort Gottes, einfachen Sinnes, vorher seine Ehrfurcht vor solcher Erkenntnis und Einsicht bezeugt und die Schwäche seiner Armut, Niedrigkeit und Einfalt bekannt hat; sein innerer Sinn wird dies um so klarer erkennen, je einfacher er ist, und je weniger er sich auf Buchwissen stützt, sondern vielmehr auf Gottes Macht und Gerechtigkeit allein. [72]

WILHELM VON SAINT-THIERRY

Dem Liebenden ist das, was er liebt, im Geiste gegenwärtig, denn die Liebe in Gott ist auch seine Erkenntnis. Gott wird nur erkannt, wenn er geliebt wird, und nur geliebt, wenn er erkannt wird. Nur soweit wird er erkannt, wie er geliebt wird, und nur soweit geliebt, wie er erkannt wird. [73]

WILHELM VON SAINT-THIERRY

Zwei Augen hat die Beschauung: den Verstand und die Liebe, und wie der Prophet sagt: Die Reichtümer des Heiles sind Weisheit und Wissenschaft (Jesaja 33,6). Das eine Auge erforscht nach der Regel der Wissenschaft, was des Menschen ist, das andere aber erforscht nach den Regeln der Weisheit, was Gottes ist. Da sie aber durch die Gnade erleuchtet werden, helfen sie einander viel, da die Liebe den Verstand belebt und der Verstand die Liebe erleuchtet. Und so wird der Blick der Seele wie der Blick einer Taube, einfach, um zu schauen, klug, um sich zu hüten. Diese beiden Augen werden oft zu einem Auge, da sie in Treue zusammenwirken. In der Schau Gottes, in der am meisten die Liebe wirkt, geht der Verstand in Liebe über, und er wird zu einer geistlichen oder göttlichen Erkenntnis umgestaltet, die jeglichen Verstand übersteigt und in sich aufnimmt. [74]

WILHELM VON SAINT-THIERRY

Aus allem spricht die Liebe; und wenn einer für das, was hier zu lesen ist, Verständnis erlangen will, muß er lieben. Wer nicht liebt, der wird umsonst ans Hören oder Lesen des Liebesliedes herangehen: Denn keinesfalls kann ein kaltes Herz die feurige Rede (Psalm 118,140) fassen. Denn wie einer, der kein Griechisch kann, einen griechisch Sprechenden nicht versteht, und kein Nichtlateiner einen lateinisch Sprechenden und so fort, so wird die Sprache der Liebe für den, der nicht liebt, fremd bleiben, sie wird dröhnendes Erz oder lärmende Pauke sein (1 Korinther 13,1) ...

Doch die, welche vom Geist die Gabe der Liebe erhalten haben, wissen, was der Geist spricht; ihnen entgeht die Stimme der Liebe nicht, und unmittelbar antworten sie in der gleichen Sprache, das heißt mit Liebesverlangen und einer Dienstbereitschaft voller Zuneigung. [75]

Bernhard von Clairvaux

In Armut, ungeschützt und ungestützt durch irgendwelche Wahrnehmungen meinerseits – das heißt, mein Erkenntnisvermögen war im Dunkeln, mein Empfindungsvermögen in Bedrängnis und mein Erinnerungsvermögen in Trübsal und Angst –, überließ ich mich dem Dunkel in purem Glauben, der für die erwähnten natürlichen Seelenvermögen dunkle Nacht ist. Nur in meinem Empfindungsvermögen war ich von Schmerz, Trübsal und brennender Liebessehnsucht nach Gott berührt. So ging ich aus mir selbst heraus, d.h. aus meiner unzulänglichen Weise zu verstehen, aus meiner lauen Art zu lieben und aus meiner dürftigen und armseligen Weise, Gott zu schmecken, ohne daß meine Sinnenwelt oder der Böse mich dabei störten.

Das bedeutete großes Glück und gutes Geschick für mich, denn da meine Seelenvermögen und Leidenschaften, meine Strebungen und Neigungen, womit ich Gott auf unzulängliche Weise spürte und schmeckte, nun endgültig zunichte geworden und beruhigt waren, trat ich aus meinem Umgang und Wirken nach menschlicher Art heraus, hin zu einem Wirken und Umgang nach der Art Gottes. Das bedeutet: Mein Erkenntnisvermögen trat aus sich heraus und wurde aus einem menschlich-natürlichen zu einem göttlichen; denn da es sich mit Gott durch diesen Läuterungsprozeß einte, versteht es nun nicht mehr dank der eigenen Lebenskraft und des eigenen natürlichen Lichtes, sondern dank der göttlichen Weisheit, mit der es geeint wurde.

Auch mein Empfindungsvermögen trat aus sich heraus und wurde göttlich, denn geeint mit der göttlichen Liebe liebt es nicht mehr auf laue Weise mit seiner natürlichen Kraft, sondern mit der Kraft und Lauterkeit des Heiligen Geistes. Das Empfindungsvermögen wirkt also in Bezug auf Gott nicht mehr auf menschliche Weise; und nicht anders hat sich mein Erinnerungsvermögen in ewige Wahrnehmung der Herrlichkeit gewandelt.

Schließlich werden alle meine Kräfte und Affekte durch diese Nacht und durch die Läuterung des alten Menschen in göttlichen Stimmungen und Wonnen erneuert. [76]

Johannes vom Kreuz,

Im Augenblick ist die Menschheit wie ein Mädchen von 13 Jahren, das noch keine Sehnsucht nach Vereinigung hat; sie denkt, sie kann allein leben, sie hat kein Bedürfnis nach einem Gefährten. Aber wenn die Menschheit volljährig wird, wenn der soziale Organismus reif ist, dann fühlt sich die Menschheit vereinsamt und sehnt sich nach Begleitung. Und dann kommt der Bräutigam.

Jetzt sind wir, die Menschen, in einem Stadium, in dem wir die Notwendigkeit eines Liebhabers noch nicht spüren. Die Kontemplativen sind wie Hormone, die den Reifungsprozeß fördern. Sie lassen den Organismus reifen und erinnern den Körper daran, daß eines Tages die Vereinigung, die Ehe, stattfinden wird. Im Augenblick ist es das wichtigste, daß die Gesellschaft heranreift, sich entwickelt, daß sie zu einem Leib wird. [77]

Ernesto Cardenal

Die mystische Erfahrung

Wenn christliche Mystiker/innen von »Erfahrung« sprechen, dann meinen sie damit nicht eine Reihe von dingfest gemachten Daten. Mystische Erfahrung ist kein Befund, der sich nachprüfen läßt; sie kann nicht von jedem beliebigen Menschen nach Wunsch ausprobiert werden, ist nicht willentlich wiederholbar, läßt sich nicht unverkürzt mit sprachlichen Mitteln darstellen und kann anderen nicht vorgemacht oder demonstriert werden. Sie ist nicht verallgemeinerungsfähig und läßt sich also nicht unter ähnlichen Bedingungen in gleicher Weise bewerkstelligen.

Der experimentell, instrumental und funktional verengte Erfahrungsbegriff eignet sich nicht zur Beschreibung jener Erfahrungsqualität, die außerhalb der »normalen« Erfahrung und Erkenntnis liegt. Außerhalb jeder Methode, außerhalb jeden Instrumentariums und außerhalb jeder Manipulation offenbart sich dem Mystiker das göttliche Objekt seiner Erfahrung. Daß dieses sich gerade nicht in einem künstlich gesetzten Rahmen festhalten läßt, ist die Grundlage allen Sprechens von mystischer Erfahrung.

Das heißt aber nicht, daß mystische Erfahrung als rational nicht faßbare Größe notwendigerweise in eine vage Irrationalität oder eine verschwommene und unberechenbare Emotionalität abrutschen müßte. Subjektivistische Sondererfahrungen werden weder von den Mystiker/innen selbst noch von der Glaubensgemeinschaft vorbehaltlos als authentisches Zeugnis echter Gotteserfahrung akzeptiert. Wer solche »Offenbarungen« unkritisch bejahen wollte, müßte jeder beliebigen Ideologie Tür und Tor öffnen, sofern sie sich nur auf irgendwelche, weiterhin nicht mehr hinterfragte transzendentale Erfahrungen berufen kann.

Maßgeblich für die christliche Mystik ist immer die Frage, ob eine bestimmte Erfahrung dem Prüfstein der Heiligen Schrift und der Überlieferung standhält. Erfahrungen, die offenkundig im Widerspruch zu den Grundaussagen der Heiligen Schrift und der Glaubenstradition stehen, können keine mystischen Erfahrungen sein. Origenes beschrieb mit dem Adjektiv »mystikós« eine bestimmte Erfahrungserkenntnis göttlicher Geheimnisse, die wesentlich mit der Schriftexegese verbunden war. Nur wer im Tiefsten eins geworden ist mit der Wirklichkeit, von der die Heilige Schrift spricht, sammelt mystische Erfahrungen, d. h. besitzt ein lebendiges Erkennen jener überlieferten Wahrheiten. Dionysius der Areopagit sprach vom mystischen Schauen der Schrift, das nicht so sehr durch die Fähigkeit des Verstandes, sondern vielmehr durch eine tiefe Sympathie des Lesers für den Schrifttext bewirkt wird.

Der Mystiker, die Mystikerin will die ganze ungeschmälerte Wirklichkeit in ihrem letztendlichen Sinn erkunden: »Was kein Auge gesehen und kein Ohr gehört hat, was keinem Menschen in den Sinn gekommen ist: das Große, das Gott denen bereitet hat, die ihn lieben« (1 Korinther 2,9). Dieses Große kann der Mystiker anderen gegenüber nicht aufweisen, ja nicht einmal für sich selbst als einen Erfahrungsinhalt vergegenständlichen, sondern nur immer wieder neu aus Gottes Hand empfangen. In seiner Unabgeschlossenheit bleibt der mystische Erfahrungsprozeß Schwankungen unterworfen und ist aufgrund seines fortwährenden Wandels immer vieldeutig. Darum muß mystische Erfahrung stets auf ihre Mitte hin begriffen werden: die liebevolle Begegnung mit dem lebendigen Gott. »Wir sind zum Glauben gekommen und haben erkannt: Du bist der Heilige Gottes« (Johannes 6,69).

Wann kann man davon ausgehen, daß eine solche Erfahrung echt ist? Und was sind die Kriterien, die hierbei eine Rolle spielen? – Mystiker/innen haben sich immer bemüht, sich selbst und anderen Rechenschaft abzulegen von dem, was sie spirituell erfahren haben. »Wir können unmöglich schweigen über das, was wir gesehen und gehört haben« (Apostelgeschichte 4,20). Instinktiv spüren sie die Gewichtigkeit einer solchen Erfahrung, die nicht einfach im Sande verlaufen darf. Sie versuchen deshalb, ihre Erfahrungen zu beschreiben, sie mit Worten, mit Musik, mit Linien, Formen und Farben festzuhalten und für sich selbst und andere zugänglich zu machen.

Dabei erweist sich folgendes Muster als kennzeichnend für mystisches Erfahren: In einer *fundamentalen Entdeckung* (1), die der Mystiker in der Regel datieren und lokalisieren kann, *erwacht sein tiefstes Selbst* und erkennt eine *letztendliche Wirklichkeit*, eine *unaussprechliche Gegenwart* (2), die für seine »normale« Sinneswahrnehmung nicht zugänglich ist. Diese Wirklichkeit berührt den Mystiker *ganz unmittelbar* und macht ihn *eins mit sich selbst* (3), er kann sich ihr nicht entziehen. Sein bisheriges Leben wird auf den Kopf gestellt und gerät in den unausweichlichen Sog einer *leidenschaftlichen Wende* (4), die ihn in einer *ruhelosen Suche* nach neuen Ausdrucksmöglichkeiten immer tiefer in die Mitte dieser Erfahrung mitnimmt. – Diese vier konstanten Elemente mystischer Erfahrung sollen im folgenden kurz erläutert werden.

(1) Immer berichten Mystiker von einer *fundamentalen Entdeckung*, die ihr ganzes Leben in einem neuen Licht erscheinen läßt. Das ist eine Entdeckung, die den Rahmen des bisher Bekannten und Bewußten sprengt und eine tiefere Schicht im eigenen Innern freilegt. Das eigene Selbst wird auf überwältigende Weise als eine offene Tür wahrgenommen, die einen inneren Aufbruch ermöglicht, in eine andere als die geordnete, alltägliche Wirklichkeit. Der alte Horizont ist gleichsam zerbrochen, und eine neue Weite tut sich auf.

In ein und derselben Bewegung zerfällt das alte Interpretationsmuster einer Realität, in der man bis dahin wie selbstverständlich zu Hause war, und es kommen *völlig neue, ungeahnte Erkenntnisse* zum Durchbruch. Das kann in einem sehr heftigen und imposanten Augenblick geschehen und dann zu erheblicher Verwirrung und Desorientierung führen. Es kann sich aber auch in beträchtlicher Ruhe und Gelassenheit ganz allmählich vollziehen, wenn sich die Veränderungen unbemerkt unter der Haut bereits anbahnen, aber erst in dem Moment wirklich bewußt werden, wo das Puzzle plötzlich zusammenpaßt.

Nicht immer sind es außergewöhnliche Umstände, die zu einer solchen Entdeckung führen. Oft ist alles so wie immer: die bekannten Dinge, die vertrauten Verhältnisse, der ganz banale Alltag mit seinen kleinen und großen Problemen – und doch ruft das alles plötzlich etwas Neues wach. Manchmal offenbart sich die Tiefendimension des Lebens in einem besonderen Naturerlebnis, manchmal in einer liturgischen Feier oder einem kulturellen Eindruck, manchmal auch in einer sozialpolitischen Beobachtung oder einer Besinnung auf das eigene Handeln. – Ganz gleich, wann und wie das geschieht: Was in einem solchen Augenblick zählt, sind nicht die Umstände, sondern einzig das, was sich da so tief im Innern enthüllt.

(2) Immer geht es bei dieser Entdeckung um *eine letztendliche Wirklichkeit*, die unvergleichlich evident gegenwärtig ist. Sie besitzt solche Gültigkeit, daß sie das ganze Leben neu ausrichtet und als absolute Orientierungsgröße die Frage nach dem Sinn des Lebens mit letzter Gewißheit beantwortet.

Diese Wirklichkeit wird zum Kern- oder Schwerpunkt eines neuen Lebens. Sie ist solider als alle Vernunft, beeindruckender als alle Emotionen. Diese Wirklichkeit wird gesehen ohne Augen, verstanden ohne Verstand, gefühlt ohne Gefühl und geschmeckt ohne Geschmack. Diese Wirklichkeit ist nicht abhängig von dem, was menschliche Fähigkeiten erfassen können, vielmehr erfaßt sie ihrerseits den Menschen und inspiriert ihn zu einem neuen Verstehen und Fühlen über alles Verstehen und Fühlen hinaus.

Gott wird nicht länger auf das menschliche Fassungsvermögen reduziert, sondern die menschlichen Kapazitäten geraten in die Ekstase der Teilhabe an Gott. Die überwältigende Gegenwart Gottes verdrängt jede Selbstbespiegelung und überhaupt jede ich-zentrierte Aktivität. In einer tiefen Selbstvergessenheit tut sich der Raum auf, wo Gott Gott sein kann und sich auf seine Weise zu erkennen gibt.

(3) Eine solche Erfahrung wird in der christlichen Mystik immer als *unmittelbare Begegnung* beschrieben. Das menschliche Ich begegnet dem göttlichen Du, und diese Begegnung wird von keinem einzigen »Mittel« eingegrenzt oder kanalisiert, sondern füllt den ganzen Horizont eines solchen Augenblicks aus. Es gibt nichts anders mehr, nichts, das ablenkt, aber vor allem auch nichts, das im Wege steht. Kein einziges Mittel, d. h. kein bemittelndes Wort, kein bemittelndes Bild stehen zwischen Gott und dem Menschen. Nicht mit etwas anderem, sondern mit sich selbst, mit seiner Gottheit berührt Gott den Menschen, und dieser erfährt die Berührung, als ob er erst jetzt wirklich zum Leben erwacht. Erst jetzt empfängt er sein wahres Ich, erst jetzt wird sein tiefstes Wesen lebendig.

Diese göttliche Berührung wird mit den extremsten Termen beschrieben, deren die menschliche Sprache fähig ist. Als Einswerdung, Verschmelzung, Verschlungensein erfährt der Mensch die beglückende Seite der unmittelbaren Gegenwart Gottes. So sehr geht der Mensch in dieser unmittelbaren Begegnung auf, daß er sich nicht mehr von dem unterscheiden kann, was ihm widerfährt. Er läßt sich ganz los und gibt sich seinem Gegenüber ganz und gar hin. Solche Momente schenken das höchste Glück, dessen der Mensch fähig ist.

Auf der anderen Seite wird das Wegfallen aller Mittel wie eine Nacht, Wüste oder Einsamkeit erfahren, wenn der Mensch die Gottheit nicht »spürt«. Denn weil der Mensch mit seinen menschlichen Augen nichts anderes sehen kann als Bilder und Zeichen, mit seinen menschlichen Ohren nichts anders hören kann als Laute und mit seiner menschlichen Seele nichts anderes fühlen kann als das, was ihm seine Emotionen ver-mitteln, sieht, hört und fühlt er aus sich selbst nichts mehr, wenn ihm alle Mittel entfallen.

(4) Weil mystische Erfahrung immer jenseits der Grenze des Aussagbaren geschieht, muß sie sich notwendigerweise in einer scheinbaren Widersprüchlichkeit dokumentieren, sobald sie ausgedrückt wird. Nicht mit den Mitteln menschlicher Fähigkeiten wird Gottes Gegenwart wahrgenommen, sondern in einer *leidenschaftlichen Wende* des

alten Menschen zum neuen Menschen wird sie auf unbegreifliche Weise von Gott selbst aufgedeckt. Ihrer Struktur nach ist mystische Erfahrung paradox, weil sie in einem Nicht-Kennen zur Erkenntnis führt und in einem Nicht-Fühlen das Wesentliche aufspürt. Auch in ihrer Manifestation ist mystische Erfahrung paradox, weil sie den dies betreffenden Menschen in seiner konkreten Situation mit einer göttlichen Perspektive konfrontiert, die sich per Definition niemals in die menschliche Perspektive einordnen läßt. So kommt es, daß der mystische Mensch nun möglicherweise verneint, was er vorher bejahte, daß er in ungereimten Bildern redet, während er genug logischen Verstand besitzt, daß er schweigt, obwohl er eine Stimme besitzt, daß er sich merkwürdig verhält, obwohl er eine überwältigende Klarheit gewonnen hat. Die alte Welt mit ihren üblichen Konventionen und verständlichen Verhaltensmustern ist zerbrochen. Ein adäquater Ausdruck für das, was dem Mystiker hier und jetzt widerfährt, ist (noch) nicht möglich. Sprachlos steht er da mit einem Feuer im Innern, das er nicht beherrschen kann. Unkontrolliert bricht es aus ihm hervor und drückt sich in ebenso wunderlichen Formen aus wie die Lava, die aus dem Erdinnern an die Oberfläche gelangt.

Mystische Erfahrung apelliert nicht so sehr an den Verstand oder die Emotionen als vielmehr an den Geist Gottes im Innern eines jeden Menschen, der allein zu einer umgreifenden Daseinsauslegung und Lebensweisheit zu führen vermag.

Eine fundamentale Entdeckung oder:
Das Erwachen des Selbst

Ich war siebzehn. Eines Tages lief ich durch eine Provinzstadt, im Juni, morgens. Plötzlich erschien mir die Welt wie verherrlicht, so daß mich eine überwältigende Freude ergriff und ich zu mir sagte: Was auch immer geschieht, jetzt weiß ich es. Und ich werde mich immer an diesen Moment erinnern. Ich werde dann auch nie mehr ganz verzweifelt sein. Ich kann Ihnen nicht sagen, was es war, weil es nicht gesagt werden kann. Es war so etwas wie eine Veränderung im Anblick der Stadt, der Welt, der Menschen. Der Himmel schien ganz nahe, beinahe spürbar. Das einzige, was ich sagen kann: Intensität, Gegenwart, Licht. Mit diesen Worten kann man es mehr oder weniger wiedergeben. Aber eine Definition ist nicht möglich. [78]

Eugène Ionesco

Werde ich je wieder so wunderbare Träume haben wie manchmal in früheren Tagen? Einst hatte ich sie in meiner Jugend, als ich beim Sonnenaufgang in den Ruinen des Schlosses von Faucigny saß. Dann wieder im Gebirge zur Zeit der Mittagssonne oberhalb von Lavey, als ich unter einem Baum lag und drei Schmetterlinge mich umspielten. Und noch einmal in der Nacht an der sandigen Küste des Ozeans, als ich am Strand auf dem Rücken lag und mein Auge die Milchstraße verfolgte. Großartige, weite, unsterbliche kosmogonische Träume: Man reicht bis zu den Sternen und ist im Besitz des Unendlichen! Göttliche Augenblicke, Stunden des Entzückens, in denen unsere Gedanken von einer Welt zur andern fliegen und das große Rätsel durchdringen, da unser Sinnen so ruhig und tief ist wie das Meer und so still und endlos wie das blaue Firmament ... Augenblicke eines unmittelbaren Anschauens, in denen man sich so groß wie das Universum und so erhaben wie ein Gott fühlt. .. Was für Stunden! Was für Erinnerungen! Die

Spuren, die sie hinterlassen, genügen, um uns mit Glauben und Begeisterung zu erfüllen. Es ist, als ob der Heilige Geist uns heimgesucht hätte. [79]

HENRI FRÉDÉRIC AMIEL

Ich betastete die Oberfläche der Säulen, fühlte überrascht ihren kühlen, harten Widerstand und sah ganz aus der Nähe, wie das Grau durchadert war mit dünnem Blau, Gelb und Rot. Ein Schimmern durch die Fenster vorn, Licht durch die Fenster hinten. Dazwischen der Raum, in dem man von nichts abgelenkt wird. Es gibt Orte, die einem Menschen nichts anderes geben als das Gefühl, daß er jetzt ganz da ist. Auf der Schwelle dieser Kirche, überrascht von nichts anderem als Stille und Leere, habe ich alle Zufälligkeiten vergessen. Den Tag mit seinen Eventualitäten gibt es nicht mehr. Alle Worte und Gedanken fließen zusammen in ein tiefes Zentrum, wo ich nur noch da bin. Ich werde willkommen geheißen, aufgenommen in einem Schweigen außerhalb der Welt, außerhalb der Zeit. [80]

TON VAN DER STAP

Ich hatte nicht nur die Überzeugung, daß da ein Etwas war, sondern mit einem allgemeinen Glücksgefühl verband sich das Bewußtsein, daß dies Etwas ein unbeschreiblich Gutes sei. Und zwar war es kein unbestimmtes Gefühl, nicht der Erregung vergleichbar, wie sie durch ein Gedicht, einen schönen Anblick, eine Blume oder durch Musik hervorgerufen werden kann, sondern es war das sichere Bewußtsein von der Gegenwart irgendeiner machtvollen Person, und nach ihrem Verschwinden blieb die Erinnerung in der Form der Vorstellung von etwas Wirklichem. Alles könnte ein Traum sein, dies nicht. [81]

ANONYM

Gerade in dem Augenblick, wo sich der Schluck mit den Krümeln des Plätzchens vermischte und meinen Gaumen berührte, erschauderte ich, weil ich die seltsamen Dinge bemerkte, die in mir geschahen. Ein herrliches Wohlbehagen hatte mich überwältigt, ganz durch sich selbst, ohne irgendeine Ahnung seiner Ursache. Sofort machte es die Wechselfälle des Lebens unwichtig, die Schicksalsschläge unschädlich, die Flüchtigkeit zu einer Illusion, genauso wie die Liebe es macht, die mich mit einer kostbaren Wesenheit erfüllt, oder besser: Diese Wesenheit war nicht in mir, sie war ich selbst. Ich fühlte mich nicht mehr mittelmäßig, zufällig und sterblich. Woher hatte diese heftige Freude zu mir kommen können? Ich fühlte, daß sie in Zusammenhang stand mit dem Geschmack des Plätzchens, doch daß sie diesen unendlich weit überstieg und nicht von derselben Art sein konnte. Woher kam das? Was bedeutete es? Wie sollte ich es auffassen? [82]

Marcel Proust

Seit meiner Kindheit Tagen habe ich, wenn ich ganz allein war, oft eine Art wachen Trance-Zustandes gehabt. Er überkam mich, wenn ich mir selbst meinen Namen so lange leise vorsprach, bis schließlich, gleichsam durch die Intensität des Ichbewußtseins, das Ich selbst sich aufzulösen und in das unbegrenzte Sein zu verlieren schien. Das war kein wirrer, sondern ein durchaus klarer, aber ganz unbeschreiblicher Zustand. Der Tod erschien mir als eine fast lächerliche Unmöglichkeit, denn der Verlust der Persönlichkeit erschien nicht als Vergehen, sondern als das einzig wahre Leben. Ich schäme mich meiner matten Schilderung; aber ich habe ja gesagt, der Zustand sei ganz unbeschreiblich.

Beim allmächtigen Gott, es gibt keine Täuschung darüber! Es ist keine nebelhafte Ekstase, sondern ein Zustand ehrfürchtigen Erstaunens, verbunden mit absoluter Verstandesklarheit. [83]

Alfred Tennyson

Ich war an einer schönen Fichte stehengeblieben, große Schnee-flocken begannen zu fallen... Ich hatte meinen Blick auf eine unge-wöhnlich schöne Schneeflocke gerichtet, die auf einer Fichtennadel sanft gelandet war. Plötzlich geschah etwas mit der Fichtennadel, sie wurde in flimmernden Wellen von Licht aufgelöst, einem Licht, das unendlich intensiver als die Sonne war, jedoch nicht blendend. Die Lichtwellen schienen sich unerhört schnell in einer Art Spiralform in der Fichtennadel zu bewegen, die aber die ganze Zeit ihre Form und ihren Charakter als Fichtennadel behielt. Es war, als hätte ich vor mei-nen Augen ein Vergrößerungsglas, das eine Million Mal vergrößerte. Ich kommentierte laut das, was ich sah: ›Unglaublich, wie hätte ich geglaubt, daß eine kleine Fichtennadel so merkwürdig geartet ist, ein tanzendes kleines Abenteuer – wenn Materie eine Form von Energie ist, wie man sagt, dann muß es gerade so aussehen!‹

Eine Fichtennadel nach der anderen wurde von den flimmernden Lichtquellen angezündet, und bald war die ganze Fichte eine einzige Feuersäule. Eine Sekunde lang bekam ich furchtbare Angst – war mein Kopf irgendwie verwirrt?

Bald war die ganze Welt ein einziges Meer vom selben Licht, lebend auf eine Weise, gegen die das gewöhnliche irdische Leben fast leblos erscheint. Ich selbst war auch zu einer Lichtgestalt geworden, ich sah auf meine Hände, die um die Zweige der brennenden Fichte greifen konnten, meine Hände waren vom selben durchsichtigen Licht. [84]

Anonym

Wenn ich irgendwelche Sorgen hatte, besonders, wenn ich mit ande-ren in Konflikt geraten war, im Hause oder im Beruf, wenn ich in gedrückter Stimmung oder über irgend etwas in Angst war, so weiß ich jetzt, daß ich dann Erleichterung zu suchen pflegte in meiner Beziehung zu diesem allem zugrunde liegenden kosmischen Etwas. In besonderer Not war es mir oder war ich ihm zur Seite (wie man es auch ausdrücken mag), und es stärkte mich immer, und ich fühlte mich wie von neuem Lebensmut durchdrungen, wenn ich seine tragende und stützende Gegenwart empfand. Es war für mich tatsächlich eine nie versagende Quelle lebendiger Gerechtigkeit, Wahrheit und Kraft, an die ich mich in Zeiten der Schwachheit instinktiv wandte, und die mich stets emporhob. Ich weiß jetzt, daß ich zu diesem Etwas in persönlicher Beziehung stand. [85]

ANONYM

Unvergeßlich bleibt für mich die Geburt unserer Tochter Dorothea. Es war zunächst die große Nähe, die ich zwischen mir und meiner Frau unmittelbar vor der Geburt und im Moment der Geburt erlebte. In ihrem Ringen und meiner Begleitung dabei, unser Kind zur Welt zu bringen, in diesen heiligen Momenten totaler Offenheit und Verwundbarkeit, begegnete ich meiner Frau auf einer Ebene und einer Tiefe ganz ungewöhnlicher Art, die mich zutiefst berührte und den Augenblick transzendierte. Und dann ist sie da, Dorothea. Ich sehe, wie Arzt und Hebamme sie aus dem Leib meiner Frau ziehen. Unfaßbar. Unfaßbar für mich und wohl noch unfaßbarer für meine Frau, die noch viel mehr an dem Geschehen beteiligt ist und es daher noch viel tiefer erlebt. [86]

WUNIBALD MÜLLER

Nach meinem Jahr in der Fabrik und ehe ich meinen Unterricht wieder aufnahm, hatten meine Eltern mich nach Portugal mitgenommen, und dort trennte ich mich von ihnen, um ganz alleine ein kleines Dorf zu besuchen. Ich war seelisch und körperlich gewissermaßen wie zerstückelt. Diese Berührung mit dem Unglück hatte meine Jugend getötet. Bis dahin hatte ich keinerlei Erfahrung des Unglücks besessen, außer meines eigenen, das, weil es das meinige war, mir von geringer Wichtigkeit schien und das überdies nur ein halbes Unglück war, da es biologische Ursachen hatte und keine sozialen. Ich wußte wohl, daß es in der Welt sehr viel Unglück gab, die Vorstellung dessen peinigte mich unaufhörlich, aber ich hatte es niemals durch eine längere Fühlungnahme erfahren. Während meiner Fabrikzeit, als ich in den Augen aller und in meinen eigenen mit der anonymen Masse ununterscheidbar verschmolzen war, ist mir das Unglück der anderen in Fleisch und Seele eingedrungen. Nichts trennte mich mehr davon, denn ich hatte meine Vergangenheit wirklich vergessen, und ich erwartete keine Zukunft mehr, da mir die Möglichkeit, diese Erschöpfungszustände zu überleben, kaum vorstellbar erschien.

Was ich dort durchgemacht habe, hat mich so unauslöschlich gezeichnet, daß ich noch heutigen Tages, wenn ein Mensch, wer es auch sei, unter gleichviel welchen Umständen, ohne Brutalität zu mir spricht, mich des Eindrucks nicht erwehren kann, daß hier ein Mißverständnis vorliegen müsse und daß zweifellos dieses Mißverständnis sich leider zerstreuen werde. Dort ist mir für immer der Stempel der Sklaverei aufgeprägt worden, gleich jenem Schandmal, das die Römer den verachtetsten ihrer Sklaven mit glühendem Eisen in die Stirn brannten. Seither habe ich mich immer als einen Sklaven betrachtet.

In dieser Gemütsverfassung und in einem körperlich elenden Zustand betrat ich eines Abends jenes kleine portugiesische Dorf, das ach! auch recht elend war; allein, bei Vollmond, eben am Tage des Patronatsfestes. Es war am Ufer des Meeres. Die Frauen der Fischer zogen, mit Kerzen in den Händen, in einer Prozession um die Boote und sangen gewiß sehr altüberlieferte Gesänge, von einer herzzerreißenden Traurigkeit. Nichts kann davon eine rechte Vorstellung vermitteln. Niemals habe ich etwas so Ergreifendes gehört, außer dem Gesang der Wolgaschlepper. Dort hatte ich plötzlich die Gewißheit, daß das Christentum vorzüglich die Religion der Sklaven ist, und daß die Sklaven nicht anders können, als ihm anhängen, und ich unter den übrigen. [87]

SIMONE WEIL

Ich hatte bohrende Kopfschmerzen; jeder Ton schmerzte mich wie ein Schlag; und da erlaubte mir eine äußerste Anstrengung der Aufmerksamkeit, aus diesem elenden Fleisch herauszutreten, es in seinen Winkel hingekauert allein zu lassen und in der unerhörten Schönheit der Gesänge und Worte eine reine und vollkommene Freude zu finden. Diese Erfahrung hat mich auch durch Analogie besser verstehen lassen, wie es möglich sei, die göttliche Liebe durch das Unglück hindurch zu lieben. [88]

SIMONE WEIL

Am 6. August 1868 wurde ich geboren. Meine Bekehrung vollzog sich am 25. Dezember 1886. Ich war also achtzehn Jahre alt. Damals fing ich zu schriftstellern an, und ich hatte die Vorstellung, als könnte ich in den katholischen Zeremonien, die ich mit dünkelhaftem Dilettantismus betrachtete, ein geeignetes Reizmittel und den Stoff für ein paar dekadente Übungen finden. In dieser Verfassung wohnte ich, von der Menge gestoßen und gedrückt, dem Hochamt bei, ohne sonderlich Gefallen daran zu finden. Dann, da ich nichts Besseres zu tun hatte, kam ich zur Vesper wieder hin. Die Knaben der Singschule in weißen Gewändern sangen gerade, und die Schüler des kleinen Seminars Saint-Nicolas-du-Chardonnet assistierten ihnen dabei; wie ich später erfuhr, war es das Magnifikat, das sie sangen.

Ich selbst stand unter der Menge, nahe beim zweiten Pfeiler am Choranfang, rechts auf der Seite der Sakristei. Da nun vollzog sich das Ereignis, das für mein ganzes Leben bestimmend sein sollte. In einem Nu wurde mein Herz ergriffen, ich glaubte. Ich glaubte mit einer so mächtigen inneren Zustimmung, mein ganzes Sein wurde geradezu gewaltsam emporgerissen, ich glaubte mit einer so starken Überzeugung, mit solch unerschütterlicher Gewißheit, daß keinerlei Platz auch nur für den leisesten Zweifel offen blieb, daß von diesem Tage an alle Bücher, alles Klügeln, alle Zufälle eines bewegten Lebens meinen Glauben nicht zu erschüttern, ja auch nur anzutasten vermochten. Ich hatte plötzlich das durchbohrende Gefühl der Unschuld, der ewigen Kindschaft Gottes, das Gefühl einer unaussprechlichen Offenbarung. Tränen und Schluchzer überkamen mich, und der liebliche Gesang des Adeste trug noch das seinige zu meiner Erregung bei. Eine recht sanfte Erregung übrigens, der sich dennoch ein Gefühl des Schauders, ja beinahe des Schreckens zugesellte! [89]

Paul Claudel

Es geschah im Jahre 1141 nach der Menschwerdung des Gottessohnes Jesus Christus, als ich 42 Jahre und 7 Monate alt war. Aus dem offenen Himmel fuhr blitzend ein feuriges Licht hernieder. Es durchdrang mein Gehirn und setzte mein Herz und die ganze Brust wie eine Flamme in Brand; es verbrannte nicht, war aber heiß, wie die Sonne den Gegenstand erwärmt, auf den ihre Strahlen fallen. Und plötzlich erhielt ich Einsicht in die Schriftauslegung, in den Psalter, die Evangelien und die übrigen katholischen Bücher des Alten und Neuen Testaments. Doch erhielt ich keine Kenntnis vom wörtlichen Sinn ihrer Texte, noch über die Silbentrennung, die grammatischen Fälle und die Zeiten. Die Kraft und die geheimnisvolle Bedeutung der wundersamen Geschichte aber erfuhr ich auf eine wunderbare Weise seit meiner Kindheit, d. h. vom fünften Lebensjahr an, so wie auch heute noch. Ich erzählte jedoch keinem Menschen davon, außer einigen wenigen Gottesfürchtigen, die, wie ich, im Ordensstand lebten. Bis zu der Zeit, da Gott es durch seine Gnade kundtun wollte, begrub ich alles in tiefem Schweigen. Die Gesichte aber, die ich sah, empfing ich nicht im Traum, nicht im Schlaf oder in Geistesverwirrung, nicht durch die leiblichen Augen oder die äußeren menschlichen Ohren, auch nicht an abgelegenen Orten, sondern ich erhielt sie in wachem Zustand, bei klarem Verstand, durch die Augen und Ohren des inneren Menschen, an zugänglichen Orten, wie Gott es wollte. Wie das geschieht, kann der fleischliche Mensch schwer begreifen. [90]

Hildegard von Bingen

Es genügt nicht zu vermuten, du mußt durch Erfahrung wissen, daß die Seele Ihn anschaut, der alles – Vergangenheit, Gegenwart und Zukunft – in einem Blick sieht, und daß Er zu dir sagt:»Sieh, all deine Wege liegen offen vor meinem Angesicht« (Psalm 139,3), wie es auch um dich gestellt ist, ob du nun vor mir stehst und mit vollkommenem Herzen wandelst (vgl. Genesis 17,1) oder ob du unruhig umherziehst und dich wie ein Wetterhahn mit den wechselnden Geschehnissen drehst. Ich stehe und bleibe unveränderlich. Könntest du doch sehen, wie»Ich immer unveränderlich bleibe« (Psalm 102,28; Hebräer 1,12), wie es bei mir kein Erstes und Letztes gibt, sondern nur ›Ein und Dasselbe‹, das Ich allein bin! Dann könntest auch du erlöst werden von deiner Ungleichheit[1] und deiner verhängnisvollen Veränderlichkeit und mit Mir in gewissem Sinn ›Dasselbe‹ sein.

So heftig und stark ist diese Offenbarung, daß der ganze innere Mensch nicht nur in seinem Herzen, sondern auch in seinem Körper auf wunderliche Weise getroffen und erschüttert und von sich selbst entledigt wird. Er kann es vor der Offenbarung nicht aushalten. Sein innerer Blick wird dadurch hell und wolkenlos und seinem eigenen Maß entsprechend Ihm gleichförmig, den er sieht. Alle Aufgeblasenheit, alles, was fremd[2] ist und was ›Dasselbe‹ nicht ist, schrumpft weg und »verschwindet wie Rauch vor einem kräftigen Wind« (Weisheit 5,14). [91]

GERLACH PETERS

Ich kann hier unmöglich als Lehrer sprechen, wenn es um Erfahrungen gehen soll. Indes wage ich ebensowenig zu sagen, ich spräche hier als Zeuge. Denn was ist schließlich ein Zeuge? Einer, der von anderen so bezeichnet wird. Wenn es um Gott geht, ist der Zeuge durch den bestimmt, der ihn sendet, aber er ist dann auch schon ein Schwindler;

---

1 Mangel an Ähnlichkeit mit Gott
2 Alles, was von Gott ablenkt und verfremdet.

er weiß ja genau, daß er, ohne anders sprechen zu können, als er es tut, gerade den, von dem er spricht, verrät. Das, was er bezeugt und nicht verleugnen könnte, übersteigt ihn unablässig und straft ihn Lügen. So verfehlt er gerade die Wahrheit, wenn er sich mir nichts dir nichts als Zeuge vorstellt. Ich bin nur ein Reisender. Nicht nur weil ich über längere Zeit die mystische Literatur durchreist habe (und eine derartige Reise bringt einem Bescheidenheit bei), sondern auch weil ich als Historiker und Anthropologe eine Reihe Pilgerfahrten durch die Welt unternommen habe und dabei, inmitten so vieler Stimmen, gelernt habe, daß ich nur ein einzelner unter vielen anderen sein kann, der ein paar jener Wege beschreibt, die in so vielen verschiedenen Gegenden und Bereichen, in der Vergangenheit wie in der Gegenwart, von der geistlichen Erfahrung vorgezeichnet worden sind. [92]

MICHEL DE CERTEAU

Eines Tages, als ich ins Oratorium eintrat, fiel mein Blick auf ein Bild, das man wegen eines Festes im Haus herbeigeschafft und aufgestellt hatte. Es war ein Schmerzensmann, übersät mit Wunden und Mitleid erregend. Als ich ihn sah, wurde ich innerlich aufgewühlt, ihn in einem solchen Zustand zu sehen, denn man konnte nachempfinden, was er für uns litt. Der Schmerz, den ich empfand, weil ich mich für jene Wunden nur in so geringem Maß dankbar zeigte, war so groß, daß mir das Herz zu zerreißen schien. Aufgelöst in Tränen warf ich mich vor ihm nieder und bat ihn, mir ein für allemal die Kraft zu geben, ihn nicht mehr zu beleidigen. [93]

TERESA VON AVILA

Als er eines Tages innig zum Herrn betete, wurde ihm [Franziskus] geantwortet: »Franziskus, alles, was du fleischlich geliebt und zu haben gewünscht hast, mußt du verachten und hassen, wenn du meinen Willen erkennen willst. Hast du damit begonnen, wird dir das, was dir bisher angenehm und süß erschien, unerträglich und bitter sein.«

Durch diese Worte zugleich auch in Gott stark geworden, begegnete Franziskus eines Tages, als er nahe bei Assisi einen Ritt unternahm, einem Aussätzigen. Und während er sonst gewohnt war, vor Aussätzigen große Abscheu zu haben, tat er sich jetzt Gewalt an, stieg vom Pferd, reichte dem Aussätzigen ein Geldstück und küßte ihm die Hand. Dann empfing er von ihm den Friedenskuß, stieg wieder zu Pferd und setzte seinen Ritt fort. Seitdem begann er, immer mehr sich selbst zu verachten, bis er durch die Gnade Gottes zu einem vollkommenen Sieg über sich selbst gelangte.

Wenige Tage danach nahm er eine große Summe Geldes und begab sich zum Aussätzigenhospital. Nachdem er alle um sich versammelt hatte, gab er jedem von ihnen ein Almosen und küßte ihnen die Hand. Als er wegging, war ihm wirklich das, was ihm früher bitter gedünkt, nämlich die Aussätzigen zu sehen und zu berühren, in Süßigkeit verwandelt. Denn so widerwärtig war ihm, wie gesagt, der Anblick von Aussätzigen, daß er sie nicht nur keinesfalls sehen, sondern noch viel weniger ihrer Behausung nahe kommen wollte. Und wenn es einmal geschah, daß er an ihren Häusern vorbeiging oder sie sah, wandte er das Gesicht stets ab und hielt sich mit seinen Händen die Nase zu, obschon er sich von Mitleid bewegen ließ, ihnen durch eine Mittelsperson Almosen zukommen zu lassen.

Aber durch die Gnade Gottes wurde er so sehr ein Vertrauter und Freund der Aussätzigen, daß, wie er selbst in seinem Testament bezeugt, er unter ihnen lebte und ihnen demütig diente. [94]

Franz von Assisi

Als ich ihn suchte, damit mein erstarrter und erschöpfter Geist sich bei ihm wärmen und ausruhen konnte, und er sich nirgends zeigte, um mir zu helfen, er, der die eisige Kälte, die meine inneren Sinne befangen hatte, auftauen konnte und den zärtlichen Frühlingswind und die geistliche Vergnüglichkeit zurückrufen sollte, da wurde meine Seele immer erschöpfter, widerwilliger und schläfriger von Widerwillen, ich war traurig und nahezu verzweifelt und grollte: »Wer wird im Angesicht dieser Kälte aushalten?« (Psalm 147,17). Doch da konnte es geschehen, daß mich plötzlich ein geistlicher, reifer Mensch ansprach, oder daß ich ihn nur sah. Oder zuweilen erinnerte ich mich lediglich an einen solchen, der schon verstorben oder doch abwesend war: Da wehte der Geist und flossen die Wasser; und diese Tränen waren mein Brot bei Tag und bei Nacht. [95]

Bernhard von Clairvaux

Ich trat in mein Innerstes. Ich vermochte es, denn du warst mein Helfer. Ich trat ein und sah mit dem Auge meiner Seele, so schwach es war, über diesem meinem Seelenauge, über meinem Geiste ein unwandelbares Licht. Es war nicht das gewohnte, allem Fleisch sichtbare Licht, auch nicht von seiner Art, nur gewaltiger, wie wenn dies Licht heller und immer noch heller leuchtete und mit seiner Strahlenmacht alles erfüllte. Nein, so war es nicht, sondern anders, ganz anders als all das. Nicht so war es über meinem Geiste wie das Öl über dem Wasser oder wie der Himmel über der Erde, sondern darum höher, weil es mich schuf, und ich darum niedriger, weil ich sein Geschöpf. Wer die Wahrheit kennt, der kennt es, und wer es kennt, kennt die Ewigkeit. Die Liebe kennt es. O ewige Wahrheit, wahre Liebe, liebe Ewigkeit! Du bist mein Gott, zu dir seufze ich Tag und Nacht. Und als ich dich zum erstenmal erkannte, zogst du mich an dich heran, daß ich sähe, da sei etwas zu sehen, aber ich sei noch nicht so, es sehen zu können. Mit Macht drangen deine Strahlen auf mich ein, mein schwacher Blick prallte zurück, und ich erbebte in Liebe und Angst. Ich begriff, daß ich fern war von dir. [96]

Aurelius Augustinus

Ich weiß nicht, wer – oder was – die Frage stellte. Ich weiß nicht, wann sie gestellt wurde. Ich weiß nicht, ob ich antwortete. Aber einmal antwortete ich *ja* zu jemandem – oder etwas.

Von dieser Stunde her rührt die Gewißheit, daß das Dasein sinnvoll ist und daß darum mein Leben, in Unterwerfung, ein Ziel hat. [97]

Dag Hammarskjöld

Jetzt. Da ich die Furcht überwunden –
vor den anderen, vor mir, vor dem Dunkel darunter:
an der Grenze des Unerhörten:
Hier endet das Bekannte.
Aber vom Jenseits her erfüllt etwas mein Wesen
mit seines Ursprungs Möglichkeit.
Hier wird Begehren zu Offenheit gereinigt:
jedes Handeln Vorbereitung,
jede Wahl ein Ja dem Unbekannten. [98]

Dag Hammarskjöld

Es war an einem Pfingsttag. Ich empfing den Heiligen Geist, so daß ich den ganzen Willen der Minne in allem verstand. [...] Früher wollte ich bei allem, was ich tat, immer etwas wissen. Ich dachte nach und sagte immer: Was ist Minne und wer ist Minne? Zwei Jahre lang war ich damit beschäftigt.

Danach, an einem Ostertag, ging ich zu Gott. Er umfing mich im Innern, in meinem Sinn, und nahm mich auf im Geist. Und er führte mich vor das Antlitz des Heiligen Geistes, der *ein* Wesen ist mit dem Vater und dem Sohn. Von diesem Antlitz – ganz und gar göttliches Wesen – empfing ich alle Einsicht und las ich alle Bestimmungen über mich ab. Und aus diesem Antlitz erklang eine Stimme, so furchtbar, daß sie über alles hinaus gehört wurde. Sie sprach zu mir: Schau hier, du, die du alt bist in Gott, du hast nach Mir gerufen und gefragt, was und wer die Liebe ist, die Ich bin, bereits tausend Jahre, bevor der Mensch geboren wurde. Schau und empfange meinen Geist und entdecke in allem, wie Ich Liebe darin bin. Und wenn du dich Mir ganz gibst – purer Mensch wie ich selbst –, indem du alle Wege der vollkommenen Liebe gehst, dann wirst du Mich genießen, indem du erfährst, wer Ich bin, der Ich die Liebe bin. Bis zu dem Tag sollst du lieben, was Ich bin, der Ich die Liebe bin. Und dann wirst du Liebe sein, so wie Ich Liebe bin. Du sollst, nicht weniger als Ich, ein Leben führen, das Liebe ist, und dies all deine Tage bis an deinen Tod, damit du lebendig wirst. Ich habe Mich mit dir vereinigt, und so hast du Mich empfangen und Ich dich. Geh und lebe, was Ich bin, und komm zurück und bringe Mir die ganze Gottheit und genieße, wer Ich bin. [99]

Hadewijch

Wo du mir auf dieser Leiter, darauf ich in die Tiefe Gottes steige, nachsteigst, so wirst du wohl gestiegen haben. Ich bin nicht durch meine Vernunft oder durch meinen vorgesetzten Willen auf diese Meinung oder in diese Arbeit und Erkenntnis gekommen. Ich habe auch diese Wissenschaft nicht gesucht, auch nichts davon gewußt. Ich habe allein das Herz Gottes gesucht, mich vor dem Ungewitter des Teufels darein zu verbergen.

Als ich aber dahin gelanget bin, so ist mir diese große und schwere Arbeit aufgeleget worden, der Welt zu offenbaren und anzukündigen den großen Tag des Herrn [...], daß es die Morgenröte des Tages sei ... [100]

Jakob Böhme

Eine letztendliche Wirklichkeit oder:
Die Präsenz Gottes

Da die Hand des Herrn über eine heilige Person nach der öffentlichen Messe in der Kirche kam, begann sie, süß an Kräften zu verlieren, und, innerlich in ein unaussprechliches Licht entrafft, sah sie im göttlichen Licht den Mann, schön vor den Menschensöhnen, und in jenem Manne jenes Licht. Und in dem Manne und in dem göttlichen Licht sah sie die Elemente und Geschöpfe und die daraus gemachten Dinge, sowohl die kleinen als auch die großen, unterschieden in großer Helligkeit, daß ein jedes, wie klein auch immer, hundertmal heller als die Sonne erschien. So wie hier die Sonne leuchtet, so dort sogar das kleinste Korn oder Steinchen, und die Helligkeit der Sonne, die hier ist, würde im Vergleich zu jener Helligkeit dunkel eingeschätzt werden, so wie der Mond, wenn er von einer dunklen Wolke verdeckt wird. Es waren auch die geschaffenen Dinge so verschieden in der Helligkeit, daß jedes einzelne sich nach seiner Art unterschied, also das grüne Korn von der roten Rose, und so war es auch mit den übrigen Dingen.

Unter allen Elementen und geschaffenen Dingen war die Erde besonders hell, und das daher, weil Gott den Leib von der Erde genommen und weil die Leiber der Heiligen aus Erde sind und weil bei der Passion des Herrn die Erde getränkt worden ist mit dem Blute des Heilands und der Heiligen. Dies alles war in jenem Manne, d. h. in Christus.

…In der vorher genannten Vision und im Licht sah sie die Behausungen und den Ruhm der Erwählten im Vaterlande, nämlich, wie alle in Gott bestehen und bleiben; und wiewohl alle in Gott bestanden, waren die einen dennoch mehr als die anderen Gott nahe gemäß der Stärke ihrer Liebe. [101]

AGNES BLANNBEKIN

Soll ich mein letztes End' und ersten Anfang finden,
So muß ich mich in Gott und Gott in mir ergründen.
Und werden das, was Er: Ich muß ein Schein im Schein,
Ich muß ein Wort im Wort, ein Gott im Gotte sein. [102]

ANGELUS SILESIUS

Die göttliche Gnade bewirkt in uns eine solche Einfachheit und Stille
des Herzens, des Gemüts und des Geistes, daß ich wie ohne Gedanken
bin, als ob ich weder die Geschöpfe noch mich selbst kenne – auch
außerhalb des Betens...
Ich weiß nicht, wie ich es sagen soll. Alle Kräfte der Seele scheinen
auszusetzen; sie behalten zwar die Fähigkeit zu wirken, doch fühle
ich, daß sie von jemandem aufgehalten werden, der ihr natürliches
Wirken behindert oder zurückhält. Die Seele fühlt, daß sie von einem
lauteren, einfachen und schlichten Erkennen des bildlosen, unerschaffenen, höchsten Gutes erfüllt ist, ohne daß sie weiß, wie oder was
sie erkennt. Sie fühlt auch, daß ein süßes Liebesfeuer in ihr brennt und
Funken sprüht, ohne darauf achten zu können oder zu wissen, wie
und auf welche Weise dies geschieht. Es scheint, daß sie sozusagen verschlungen und entrückt ist in einem schauenden Genießen des
unendlichen, unermeßlichen und unaussprechlichen Wesens, das zu
genießen – sie fühlt es mit Gewißheit – ihre Seligkeit ist, jetzt und in
Ewigkeit.
Es ist ein Wunder, wie dies geschieht: Der Mensch erkennt, er
schaut, er liebt und er genießt, ohne verstehen zu können oder zu wissen, wie oder was er erkennt, wie oder was er liebt, wie oder was er
genießt und schaut usw., d. h. deutlich unterschieden. Mehr noch: Der
Mensch steht hier vor Gottes Antlitz von Angesicht zu Angesicht, in
lebendigem, klarem Schauen und scheint zugleich vor dem Antlitz
Gottes zu schlafen oder zu ruhen. Wie kann das gleichzeitig möglich
sein? [103]

MARIA PETYT

Danach blieb ich wach und lag still, und da öffnete unser Herr meine geistlichen Augen und zeigte mir meine Seele in der Mitte meines Herzens. Ich sah, daß meine Seele so groß war, als wäre sie ein Königreich, und an den Dingen, die ich darin wahrnahm, dünkte es mich, daß sie eine ehrwürdige Stadt sei. In der Mitte dieser Stadt sitzt unser Herr Jesus, wahrhaft Gott und wahrhaft Mensch, ein edler Mann von hohem Wuchs, voller Würde, der höchste Herr und Gebieter. Und ich sah, daß Er feierlich und mit Ehren bekleidet war und mit den Zeichen Seiner Macht. Er sitzt aufrecht, friedlich und ruhig in der Seele. Und Er waltet über der Ordnung von Himmel und Erde und allem, was da ist. Seine Menschheit mit der Gottheit sitzt und ruht. Und die Gottheit waltet und ordnet ohne Werkzeug und ohne Geschäftigkeit. [104]

Juliana of Norwich

Brüder, jede geistige Schau muß angeführt sein vom Glauben, von der Hoffnung und von der Liebe, am meisten von der Liebe. Die beiden ersten lehren uns, das sichtbare Gut zu verachten. Die Liebe aber verbindet die Seele selbst mit den Tugenden Gottes und läßt sie mit dem geistigen Sinn dem Unsichtbaren nachjagen.

Wer in der Empfindung des Herzens Gott liebt, der ist von Gott erkannt worden. Denn so wie einer in der Empfindung der Seele die Liebe Gottes empfängt, so sehr steht er in der Liebe zu Gott. Deshalb lebt ein solcher Mensch hinfort in ungestümem Verlangen nach erleuchteter Erkenntnis, bis er deren Empfindung in seinen Knochen spürt; dann kennt er sich selbst nicht mehr, sondern wird durch die Liebe zu Gott ganz verwandelt. Ein solcher Mensch ist in diesem Leben, und er ist nicht mehr darin. Er wohnt zwar in seinem Leib, zieht aber aus ihm aus durch die Liebe in der unaufhörlichen Bewegung seiner Seele zu Gott hin. Rastlos brennt hinfort sein Herz im Feuer der Liebe, und mit unwiderstehlichem Verlangen hängt er an Gott; denn er ist ein für allemal aus der Liebe zu sich selbst herausgerissen durch die Liebe zu Gott. »Sind wir von Sinnen gekommen«,

sagt der Apostel, »dann für Gott; sind wir vernünftig, dann für euch«
(2 Korinther 5,13). [105]

Ich sehe ohne Augen, verstehe ohne Verstand, fühle ohne Empfinden und koste ohne Geschmack; ich habe nicht Gestalt noch Maß, da ich, ohne zu sehen, ein solches Wirken sehe, solche göttliche Kraft, daß all die Worte von Vollkommenheit, Lauterkeit, Reinheit, die ich früher gesagt habe, mir jetzt wie lauter Lügen, wie Fabeln vor der Wahrheit und Wahrhaftigkeit erscheinen. Die Sonne, die mir vorher so hell schien, scheint mir jetzt dunkel; was mir süß schien, scheint mir bitter; denn alle Schönheit, alle Süßigkeit ist durch die Beimischung des Geschöpflichen verdorben. Wenn dann das Geschöpf sich rein und gereinigt und in Gott verwandelt sieht, so sieht es das Wahre und Reine: Doch von solcher Schau, die doch nicht Schau ist, kann man weder sprechen noch denken. [106]

KATHARINA VON GENUA

Als er mich mit himmlischer Freude erfüllt hatte, entflog er und nahm meinen Geist, meinen Sinn und aller irdischer Dinge Begier mit sich. Und ihm folgend verlangte mein Geist den geschauten Glanz zu umfassen, aber er fand ihn nicht als Kreatur, und es geriet ihm nicht, aus den Kreaturen zu gehen, daß er jenen unerschaffenen und unerfaßten Glanz umfange. Dennoch umzog er alles und strebte, jenen zu schauen. Er durchforschte die Luft, er umwandelte den Himmel, er überschritt die Abgründe, er durchspähte, wie ihm schien, die Enden der Welt. Aber in alledem fand er nichts, denn geschaffen war alles. Und ich klagte und trauerte und brannte im Kerne, und wie ein im Geiste Entrückter, so lebte ich.

Er aber kam, als er wollte, und wie eine lichte Nebelwolke niedersteigend, schien er mein ganzes Haupt zu umlagern, daß ich bestürzt

78   *Die mystische Erfahrung*

aufschrie. Er aber, wieder entfliegend, ließ mich allein. Und als ich ihn mühevoll suchte, erfuhr ich jählings, daß er in mir selber war, und in der Mitte meines Herzens erschien er wie das Licht einer kreisrunden Sonne. Als er so sich offenbarte und ich ihn erkannte und empfing, trieb er den Wirbel der Dämonen in die Flucht, stieß die feige Scheu zurück, gab die Stärke ein, entblößte mein Gemüt von irdischem Sinn und umkleidete mich mit dem Sinne des Geistes. Von den Dingen, die gesehen werden, schied er mich ab, und mit denen, die nicht gesehen werden, verband er mich. Er gewährte mir, das Unerschaffene zu schauen, und mich dessen zu erfreuen, daß ich vom Erschaffenen, vom Sichtbaren, vom Schnellvergänglichen gesondert war und vereinigt dem Unerschaffenen, dem Unsterblichen, das des Anfangs bar ist und von keinem erblickt werden kann. Solcher Art ist das Erbarmen.

[107]
SYMEON DER NEUE THEOLOGE

Was muß ich doch mit all dem Überfluß?
›Dies ist mein Leib, dies ist mein Blut‹:
Von aller Fülle bleibt nur die Oblate;
beinahe unsichtbar, geruch-, geschmacklos
verändert sich durch mich hindurch der wahrgenommene Zauber,
verbleicht zu kleinstem weißen Licht die rote Glut,
entledigt aller Eigenschaften, makellos.

Wie kann ich atmen in der all zu sauberen Luft,
wo alle Menschenwärme stirbt,
wie wage ich zu sprechen, habe keine Worte
und wage nichts zu sagen als in Seufzen?

Von Vögeln nur die Federn, nur der feinste
Schliff vom Singen, oder das Geräusch
trockner Füße unter dunklem Dach.

Wie stark die Wirklichkeit, wie schwach
mein Instrument, das alles deutet
und zu fassen sucht. Aber es weicht
zurück, und klein wie Sterne beben
die großen Wahrheiten des Lebens.

In Angst glaub' ich dem Gotte zu begegnen,
ohne Gesicht, der mich versengen muß,
und ohne Hände, die mich fassen, ohne Füße,
die ich an mich drücken kann; der, nicht schlecht noch gut,
seine Kreatur vernichtet, da ich näher komme.
So unbarmherzig und so wahr, so wenig Vater. [108]

M. VASALIS

Gott wohnt in einem Lichte, zu dem es keinerlei Zugang gibt (1 Timotheus 6,16). Er ist ein Einwohnen in seiner eigenen lauteren Wesenheit, in der es nichts Anhaftendes gibt. Was »Zufall« hat, das muß hinweg. Er ist ein lauteres In-sich-selbst-Stehen, wo es weder dies noch
das gibt; denn was in Gott ist, das ist Gott. [109]

MEISTER ECKHART

In der Verzückung hab' ich einen Berg gesehen,
das ist sehr plötzlich geschehen.
Denn es könnt' kein Leib ertragen,
daß die Seele eine Stunde dort wäre.

Der Berg war unten wie die Wolken weiß
und oben auf der Höhe sonnenklar und heiß.
Sein Ende und Anfang konnt' ich nicht finden,
und er spielte in sich selber mitten drinnen
von fließendem Gold in unsäglichem Minnen.

Da sprach ich:»Herr, selig sind die Augen,
die das Minnefließen ewig schauen
und dieses Wunder hier erkennen;
ich kann es nicht benennen.«

Da sprach der Berg:»Deine Augen,
wollen sie mich so schauen,
müssen verklärt sein mit sieben Dingen,
denn anders kann es nie gelingen.

Diese heißen also: Nur aus Zwang leihen, mit Freuden entgelten
und nichts für sich selbst behalten.
Edel sein gegen Gehässigkeit und liebevoll gegen Bosheit,
rein sein von Schuld und bereit, alle Gnade zu empfangen.« [110]

MECHTHILD VON MAGDEBURG

Es gibt keinen Namen, kein Gefühl, keine Wahrnehmung, die mehr
oder genauso dem Ewigen entspricht, das Gott ist, als das, was gefaßt,
gesehen und gefühlt werden kann im blinden und liebevollen Wahrnehmen des Wortes IST. Denn ob du nun sagst »gut« oder »Lieber
Herr« oder »süß«, »barmherzig« oder »gerecht«, »weise« oder »all-
wissend«, »mächtig« oder »allmächtig«, »Wissen« oder »Weisheit«,
»Macht« oder »Kraft«, »Liebe« oder »Caritas«, oder was du auch immer
von Gott sagen kannst, es ist alles verborgen und enthalten in dem Wort
IST. Denn nur zu sein ist für ihn dasselbe wie all dies zu sein. [111]

THE BOOK OF PRIVY COUNSELING

In den letzten Jahren bin ich mir in zunehmendem Maß der gefährli-
chen Möglichkeit bewußt geworden, das Wort Gottes sensationell auf-
zumachen. Wie Menschen gebannt einem Artisten im Zirkus zu-
schauen können, der sich in einem glitzernden Kostüm durch die Luft

schwingt, so können sie auch einem Prediger zuhören, der das Wort Gottes dazu benützt, um die Aufmerksamkeit auf sich zu lenken. Aber einer, der sensationell predigt, erregt die Sinne und rührt nicht an den Geist. Statt daß er den Weg zu Gott eröffnet, verstellt er mit seinem »Anderssein« diesen Weg.

Der monastische Weg zur Erfahrung ist das gerade Gegenteil dieser Art, die Aufmerksamkeit auf sich zu lenken. Er verlangt vom Menschen, die Dinge nicht auf neuartige Weise, sondern auf eine sehr geläufige Art zu sagen, zu schreiben und zu tun. Er verlangt, daß man alten Traditionen gehorcht und seinen Geist und sein Herz von altbewährten und erprobten Grundsätzen formen läßt.

Der Auftrag, den mir dieses Kloster gibt, ist der, mich anzugleichen, noch mehr den anderen zu gleichen. Ich soll den Mönchen gleichen, den Heiligen; ich soll Jesus gleichen, soll dem himmlischen Vater gleichen. Die Regel des heiligen Benedikt, der ständig wiederkehrende Tagesrhythmus, die beständige Rezitation der 150 Psalmen und die Einheitlichkeit der Kleidung, der Nahrung und des Lebensraumes – all das bringt uns allmählich eine überwältigende Gleichheit zu Bewußtsein, die Zeit und Raum übersteigt und uns mit dem einen Gott vereinigt, der der Vater aller Menschen, aller Orte und aller Zeiten ist und der durch die Unendlichkeit der Zeit hindurch der gleiche bleibt. [112]

Henri J. M. Nouwen

Eine unmittelbare Begegnung oder: Das Einswerden ohne Weise

Spät hab ich dich geliebt, o Schönheit, so alt und so neu, spät dich geliebt! Und siehe, drinnen warst du und ich draußen, suchte dich da und warf mich auf all das Schöne, das du gemacht, und war doch selbst so häßlich. Du warst bei mir, aber ich nicht bei dir. Fernab hielt

Die mystische Erfahrung

mich von dir all das, was doch nicht wäre, wär' es nicht in dir. Da hast du gerufen, geschrien, den Bann meiner Taubheit gebrochen, hast geblitzt, gestrahlt und meine Blindheit verscheucht. Deinen Duft hab ich geatmet und seufze nun nach dir. Ich habe dich geschmeckt und hungere und dürste nun. Du hast mich berührt, und ich bin entbrannt in Verlangen nach deinem Frieden. [113]

Aurelius Augustinus

Unterdessen sucht dich mein Angesicht, sucht dich, den Ersehnten zu schauen. Ich suche dein Angesicht; verbirg nicht dein Angesicht vor mir, ich bitte dich (Psalm 26,9)! Aber lehre mich inzwischen, o ewige Weisheit, durch die Erleuchtung, die von deinem Angesicht ausgeht, wie es um diese Begegnung von Angesicht zu Angesicht steht. Denn mag ich auch von der Sehnsucht des einen nach dem andern verzehrt werden, so kenne ich doch beide nicht genügend. Ich weiß nämlich, daß es dem Apostel Paulus nicht gegeben war, dich in diesem Leben von Angesicht zu Angesicht zu sehen, und auch nicht deinem Lieblingsjünger, dich zu schauen, wie du bist. Ich weiß, es wäre töricht, zu erhoffen und zu suchen, was nicht einmal dem gewährt wurde, der dich so sehr liebte, und auch jenem, der so sehr geliebt wurde. [114]

Wilhelm von Saint-Thierry

Soll ich Gott unmittelbar und ohne Bild und ohne Gleichnis erkennen, so muß Gott geradezu ich werden und ich geradezu er, so völlig eins, daß ich mit ihm wirke, und zwar nicht so mit ihm wirke, daß ich wirke und er nachschiebe: Ich wirke dabei vielmehr ganz mit dem Meinigen. Ganz eigentlich so wirke ich mit ihm, wie meine Seele mit meinem Leibe wirkt. Dies ist für uns gar tröstlich, und hätten wir sonst nichts, so sollte uns dies schon anreizen, Gott zu lieben. [115]

Meister Eckhart

Wer Gott in einer bestimmten Weise sucht, der nimmt die Weise und verfehlt Gott, der in der Weise verborgen ist. Wer aber Gott ohne Weise sucht, der erfaßt ihn, wie er in sich selbst ist ... Wo die Kreatur endet, da beginnt Gott zu sein. Nun begehrt Gott nichts mehr von dir, als daß du aus dir selbst ausgehest deiner kreatürlichen Seinsweise nach und Gott Gott in dir sein läßt. Das geringste kreatürliche Bild, das sich je in dich einbildet, das ist so groß, wie Gott groß ist. Warum? Weil es dich an einem ganzen Gotte hindert. Eben da, wo dieses Bild in dich eingeht, da muß Gott weichen und seine ganze Gottheit. Wo aber dieses Bild ausgeht, da geht Gott ein. Gott begehrt so sehr danach, daß du deiner kreatürlichen Seinsweise nach aus dir selber ausgehst. als ob seine ganze Seligkeit daran läge.

Nun denn, lieber Mensch, was schadet es dir, wenn du Gott vergönnst, daß Gott in dir sei? Geh völlig aus dir selbst heraus um Gottes willen, so geht Gott völlig aus sich selbst heraus um deinetwillen. Wenn diese beiden herausgehen, so ist das, was da bleibt, ein einfaltiges Eins. [116]

MEISTER ECKHART

Und darum mußt du notwendig im Sein und im Grunde sein und weilen: Dort muß dich Gott mit seinem einfaltigen Sein berühren, ohne Vermittlung irgendeines Bildes ...

Und daher muß da Schweigen und Stille herrschen, und der Vater muß da sprechen und seinen Sohn gebären und seine Werke wirken ohne alle Bilder. [117]

MEISTER ECKHART

Die christliche Spiritualität scheint in zwei Richtungen zu zerfallen: eine mystische und eine eschatologische. Erstere bezeugt eine *Einung* mit Gott, der als das eigentliche Wesen oder die lebendige Bewegung des Seins erfahren wird. Die zweite spricht von der Sehnsucht, die

Gott als den erwartet, der *am Ende* kommen wird. Man könnte nun zu dem Schluß kommen, daß nur diese eschatologische Spiritualität die Fremdheit Gottes richtig zum Ausdruck bringt. Tatsächlich aber erfährt der Mystiker in der Gegenwart der Einung, daß er sich zu verlieren gezwungen wird: Er wird überwältigt, ›hingerissen‹, das heißt beraubt und wie seiner Subjekthaftigkeit enthoben durch etwas anderes, von dem er ins Dunkel gestürzt wird, von dem er aber zugleich auch notwendig nicht lassen kann. Er erfährt Frieden durch das, was ihn um seinen Besitz bringt. Er wird zu neuem Leben erweckt durch das, was ihn aufzehrt.

Diese Erfahrungsstruktur findet sich [nun] auch in der eschatologischen Sichtweise, dort bewegt durch etwas Zukünftiges: Die Sehnsucht strebt nach dem Unbekannten – darauf läuft sie hinaus –, aber sie beflügelt und belebt schon vom ersten Augenblick an. Die Fremdheit des Zukünftigen macht also Sinn: Eine Existenz wird sich selbst entrissen, freilich durch eine Hoffnung, welche ihr gerade so ihre gegenwärtige Form und Verfassung verleiht. So oder so, wenn auch in umgekehrter Weise, erscheint jenes Andere und ist gerade so nichts anderes als ›mein Leben‹. Auf der Ebene der persönlichen Erfahrung erweist sich das Fremde als das Uneinholbare und zugleich als das, ohne welches zu leben das Ende des Lebens wäre. [118]

Michel De Certeau

Jahr der Gnade 1654.

Montag, den 23. November, Tag des heiligen Klemens, Papst und Märtyrer, und anderer im Martyrologium.

Vorabend des Tages des heiligen Chrysogonos, Märtyrer, und anderer. Seit ungefähr abends zehneinhalb bis ungefähr eine halbe Stunde nach Mitternacht.

Feuer.

Gott Abrahams, Gott Isaaks, Gott Jakobs,

nicht der Philosophen und der Gelehrten.

Gewißheit, Gewißheit, Empfinden. Freude. Friede.

Gott Jesu Christi.

Deum meum et deum vestrum.

›Dein Gott wird mein Gott sein.‹

Vergessen der Welt und aller Dinge außer Gott.

Nur auf den Wegen, die das Evangelium lehrt, ist er zu finden.

Größe der menschlichen Seele.

›Gerechter Vater, die Welt kennt dich nicht;

ich aber kenne dich.‹

Freude, Freude, Freude, Tränen der Freude. [119]

BLAISE PASCAL

Eine unwiderstehliche Trunkenheit bemächtigte sich seiner, als ob der ganze Saft allen Lebens, mit einem Schlag in sein allzu enges Herz zusammenfließend, die geschwächten Fibern seines Seins machtvoll neu schüfe. ...

– Doch, ganz am Grunde des Seins, das er ergriffen hatte, murmelte der unendlich sanfte und brutale Sturm des Lebens an dem einzigen geheimen Punkt der Seele, den er nicht voll und ganz erschütterte:

»Du hast mich gerufen – hier bin ich. ...«

– »Ich bin das Feuer, das brennt, und das Wasser, das umstürzt, die Liebe, die einweiht, und die Wahrheit, die vorübergeht. Alles, was sich aufdrängt, und alles, was erneuert, alles, was entfesselt, und alles, was vereint: Kraft, Erfahrung, Fortschritt – die Materie, das bin Ich.«
[120]

PIERRE TEILHARD DE CHARDIN

Lösch mir die Augen aus: ich kann dich sehn,

wirf mir die Ohren zu: ich kann dich hören,

und ohne Füße kann ich zu dir gehn,

und ohne Mund noch kann ich dich beschwören.

Brich mir die Arme ab, ich fasse dich
mit meinem Herzen wie mit einer Hand,
halt mir das Herz zu, und mein Hirn wird schlagen,
und wirfst du in mein Hirn den Brand,
so werd ich dich auf meinem Blute tragen. [121]

RAINER MARIA RILKE

Schreibe die Dinge schlicht. Warte
auf das drängende Kommen
Gottes, Er selbst, der war und
ist und kommt und trägt
pure Zeichen der Liebe;
die unmittelbar versteht,
das Herz, auf den Wegen
fadenscheinig geworden
vom Wind, zerrieben,
Raum geworden, in dem
nur noch Er sein kann,
der Geringste von allen.
Herz-weit-offen warte
auf das Lachen, das alles erhellt. [122]

HERMAN ANDRIESSEN

Wieder strahlt mir das Licht. Wieder schaue ich das Licht in Klarheit.
Wieder öffnet es den Himmel, wieder vertreibt es die Nacht. Wieder
offenbart es alles. Wieder wird es allein geschaut. Wieder führt es mich
von allen sichtbaren, allen dem Sinne zugehörigen Dingen ab, reißt
mich von ihnen los. Und der über allen Himmeln ist, den keiner der
Menschen je erblickte, der kehrt wieder in meinem Geiste ein, ohne
den Himmel zu verlassen, ohne die Nacht zu zerteilen, ohne die Luft
zu durchbrechen, ohne das Dach des Hauses niederzuschlagen, ohne

irgendein Ding zu durchdringen, und in die Mitte meines Herzens, o erhabenes Geheimnis, da alles bleibt wie es ist, stürzt mir das Licht und hebt mich über alles empor. Und ich, der ich inmitten aller Dinge war, stehe außer allem, ich weiß nicht, ob nicht auch außer dem Leibe. Nun bin ich in Wahrheit ganz da, wo das Licht allein und einfach ist, und aus seiner Betrachtung gehe ich einfach in Unschuld hervor. [123]

SYMEON DER NEUE THEOLOGE

Dann kam er selbst zu mir und nahm mich ganz in seine Arme und drückte mich an sich, und all meine Glieder fühlten die seinen, so wie es ihnen gefiel und wie mein Herz und mein Menschsein begehrten. So bekam ich von außen Erfüllung, bis zur völligen Sättigung. Ich konnte dies zwar eine Weile fühlen, aber schon bald, kurz danach, verlor ich den schönen Mann von außen. Seine Gestalt war nicht mehr zu sehen, und ich merkte, wie er ganz zunichte wurde. Und so sehr verzehrte und zerschmolz er, daß ich ihn außerhalb von mir nicht mehr erkennen oder wahrnehmen konnte, und daß er in mir nicht zu unterscheiden war. In dem Moment kam es mir vor, als ob wir eins wären ohne Unterschied. [124]

HADEWIJCH

Gott ist ein Gott der Gegenwart. Wie er dich findet, so nimmt und empfängt er dich, nicht als das, was du gewesen, sondern als das, was du jetzt bist. [125]

MEISTER ECKHART

Ich bekenne: Auch zu mir ist das Wort gekommen – ich sage das voller Torheit – und schon öfter. Obwohl es häufig bei mir eingekehrt ist, habe ich kein einziges Mal sein Eintreten gefühlt. Ich habe nur gefühlt, daß es da war, ich erinnere mich, daß es dagewesen ist. Manchmal konnte ich sein Eintreten vorausfühlen, niemals aber unmittelbar fühlen, nicht einmal sein Fortgehen. Denn woher es in meine Seele kam und wohin es ging, wenn es sie wieder verließ, aber auch auf welchem Wege es eintrat oder wegging, weiß ich bis jetzt noch nicht, nach dem Schriftwort: »Du weißt nicht, woher er kommt oder wohin er geht« (Johannes 3,8). Das ist kein Wunder, denn er ist es ja, von dem es heißt: »Und deine Spuren erkennt man nicht« (Psalm 76,20).

Sicher ist das Wort nicht durch die Augen eingetreten, denn es hat keine Farbe. Auch nicht durch die Ohren, denn es hat keinen Klang. Auch nicht durch die Nase, denn es mischt sich nicht mit der Luft, sondern mit der Gesinntheit; es durchtränkt die Luft nicht, sondern hat sie geschaffen. Es kommt auch nicht über den Gaumen, denn es ist nichts, was man essen oder trinken kann. Auch mit dem Tastsinn habe ich es nicht in Erfahrung gebracht, denn man kann es nicht betasten.

Auf welchem Weg ist es also hereingekommen? Oder ist es vielleicht gar nicht hereingekommen, weil es nicht von draußen gekommen ist? Denn es ist ja nicht ein Ding außerhalb meiner selbst. Aber es kann auch nicht aus meinem Innern gekommen sein, weil es gut ist, und weil ich weiß, daß in mir nichts Gutes ist. Ich bin in meine höchste Höhe hinaufgestiegen, und siehe: Das Wort war darüber. Als wißbegieriger Forscher bin ich in meine tiefste Tiefe hinabgestiegen – und dennoch: Es fand sich darunter. Wenn ich nach draußen schaute, so sah ich es noch weiter draußen als alles, was außerhalb von mir ist. Wenn ich in mein Inneres schaute, so war es tiefer in mir als alles, was in meinem Innersten ist. Und ich erkannte, wie wahr es ist, was ich gelesen habe: »In ihm leben wir, bewegen wir uns und sind wir« (Apostelgeschichte 17,28). Aber selig ist der, in dem das Wort ist, der für das Wort lebt, der durch das Wort bewegt wird! [126]

Bernhard von Clairvaux

Ich bin so ertränkt im Quell seiner unermeßlichen Liebe, als wäre ich im Meer ganz unter Wasser und könnte nach keiner Seite irgend etwas berühren, sehen oder fühlen als Wasser... diese Liebe läßt das Mark meiner Seele und meines Leibes verschmelzen, so daß ich manchmal das Gefühl habe, mein Leib sei aus Teig gemacht. [127]

KATHARINA VON GENUA

Du ewiger Sonnenstillstand (Josea 10,13), du sichere Wohnung (Psalm 4,9; Jes 32,18), Du Ort allen Glücks, Du ewiges Paradies. Du bist wie ein Strom unschätzbarer Freuden, Du bist wie ein blühender, duftender Frühling, wie eine zauberhaft lockende, beseligend ergreifende Melodie. Du bist die Luft, die das Leben spendet. Selig, tausendmal selig zu preisen ist der, der von Deiner Gnade geführt, mit unschuldigen Händen und reinem Herzen (Psalm 24,4) und reinen Lippen (Jesaja 6,5.7) Dir nahen darf. Was darf er schauen, was darf er hören, riechen, schmecken, was fühlen! [128]

GERTRUD DIE GROSSE

Mein Himmel hier!
Jesus, Dein unaussprechliches Bild
ist der Stern, der meine Schritte lenkt.
Du weißt ja, dein süßes Antlitz
ist für mich hier der Himmel!
Meine Liebe entdeckt die Anmut
Deiner Augen – von Tränen schön.
Ich lache unter Tränen,
wenn ich Deine Schmerzen betrachte.

O, ich will, um Dich zu trösten,
unbekannt auf dieser Erde leben;

Deine Schönheit, die Du umschleierst,
zeigt mir ihr ganzes Geheimnis,
zu Dir möchte ich eilen!

Dein Antlitz ist meine einzige Heimat,
mein Königreich der Liebe,
meine lachende Weide,
meine süße Sonne jeden Tag;
es ist die Lilie der Täler,
deren geheimnisvoller Duft
meine Seele in ihrer Verbannung tröstet
und sie den himmlischen Frieden kosten läßt.

Es ist meine Ruhe, meine Süße,
meine singende Harfe.
Dein Antlitz, o süßer Freund,
ist der göttliche Myrrhenstrauß,
den ich auf dem Herzen tragen will.

Dein Antlitz ist mein einziger Reichtum,
mehr will ich nicht.
Immerfort verberge ich mich in ihm,
ich werde Dir gleichen, Jesus!
Hinterlaß in mir den göttlichen Abdruck
Deiner süßen Züge,
und schon werde ich heilig,
ziehe die Herzen zu Dir!
Verzehr mich in deinen Flammen,
damit meine Ernte
schön und golden ist!
Mit Deinem anmutigen Mund gib mir gleich
einen ewig dauernden Kuß! [129]

Thérèse von Lisieux

O Flamme, von Liebe lebendig,
die zart verletzt
meine Seele in tiefster Mitte!
Weil du jetzt nicht mehr zurückscheust,
vollende es jetzt, wenn du willst;
zerreiß das Gewebe dieser süßen Begegnung!

O Glühbrenner zärtlich!
O behagliche Wunde!
O Hand sanft! O Berühren zartkosend,
das nach ewigem Leben schmeckt
und alle Schuld begleicht!
Tötend hast du Tod in Leben vertauscht.

O Lichter von Feuer,
in deren Schimmer
die tiefen Höhlen des Sinnes,
der dunkel und blind war,
mit seltenem Charme
Wärme und Licht geben zugleich ihrem Liebsten!

Wie zahm und liebkosend
erwachst du in meinem Schoß,
wo du heimlich allein wohnst;
und in deinem Atmen köstlich
von Wohl und Herrlichkeit voll,
wie zartkosend machst du mich verliebt! [130]

JOHANNES VOM KREUZ

Die mystische Erfahrung

»Was gebietest Du, Herr?«
»Ihr sollt nackt sein!«
»Herr, wie soll mir dann geschehen?«
»Frau Seele, Ihr seid so sehr in mich hineingestaltet,
daß zwischen Euch und mir nichts sein kann.
Es ward kein Engel je so geehrt,
dem das wurde eine Stunde gewährt,
was Euch von Ewigkeit ist gegeben.
Darum sollt Ihr von Euch legen
beides, Furcht und Scham,
und alle äußeren Tugenden.
Nur die, die von Natur in Euch leben,
sollt Ihr immerdar pflegen.
Dies ist Euer edles Verlangen und Eure grundlose Begehrung;
die will Ich ewig erfüllen mit meiner endlosen Verschwendung.«

»Herr, nun bin ich eine nackte Seele,
und Du in Dir selber ein reichgeschmückter Gott.
Unser zweier Gemeinschaft
ist ewiges Leben ohne Tod.«

Da geschieht eine selige Stille,
und es wird ihrer beider Wille.
Er gibt sich ihr, und sie gibt sich ihm.
Was ihr nun geschieht, das weiß sie,
und damit tröste ich mich.
Aber dies kann nie lange sein.
Denn wo zwei Geliebte verborgen sich sehen,
müssen sie oft abschiedlos voneinander gehen. [131]

MECHTHILD VON MAGDEBURG

Eine leidenschaftliche Wende – oder:
Das Paradox der Vergottung

Das nur ist Armut im Geiste, wenn der Mensch so ledig Gottes und aller seiner Werke steht, daß Gott, dafern er in der Seele wirken wolle, jeweils selbst die Stätte sei, darin er wirken will, – und dies täte er gewiß gern. Denn fände Gott den Menschen so arm, so wirkt Gott sein eigenes Werk, und der Mensch erleidet Gott so in sich, und Gott ist eine eigene Stätte seiner Werke; der Mensch aber ist ein reiner Gott-Erleider in seinen (= Gottes) Werken angesichts der Tatsache, daß Gott einer ist, der in sich selbst wirkt ...

So denn sagen wir, daß der Mensch so arm dastehen müsse, daß er keine Stätte sei noch habe, darin Gott wirken könne. Wo der Mensch noch Stätte in sich behält, da behält er noch Unterschiedenheit. Darum bitte ich Gott, daß er mich Gottes quitt mache; denn mein wesentliches Sein ist oberhalb von Gott, sofern wir Gott als Beginn der Kreaturen fassen. In jenem Sein Gottes nämlich, wo Gott über allem Sein und über aller Unterschiedenheit ist, dort war ich selber, da wollte ich mich selber und erkannte mich selber willens, diesen Menschen (= mich) zu schaffen. Und darum bin ich Ursache meiner selbst meinem Sein nach, das ewig ist, nicht aber meinem Werden nach, das zeitlich ist. Und darum bin ich ungeboren, und nach der Weise meiner Ungeborenheit kann ich niemals sterben...

Wer diese Rede nicht versteht, der bekümmere sein Herz nicht damit. Denn solange der Mensch dieser Wahrheit nicht gleicht, solange wird er diese Rede nicht verstehen. Denn es ist eine unverhüllte Wahrheit, die da gekommen ist aus dem Herzen Gottes unmittelbar. [132]

Meister Eckhart

Jeder echte Aufschwung der Liebe macht arm. Er fordert den ganzen Menschen ein, nimmt alle seine Kräfte und Bindungen in Anspruch (vgl. Matthäus 22,37) und bedingt so einen Schwund an gegenständlicher außerhalb des Menschen liegender Versicherung und Geborgenheit. Deshalb kann nur wirklich lieben, wer sich ungeschützt und fraglos, »vergeblich« dahingeben kann und diese Hingabe in schmerzlich-einsamer Treue ein Leben lang bewährt. – Jede echte menschliche Begegnung geschieht im Geiste der Armut. Denn wir müssen uns »klein« machen, uns vergessen können, zurücktreten, damit der andere in seiner Einmaligkeit bei uns wirklich ankomme. Wir müssen ihn sein lassen können, ihn freigeben in seine Eigenart, die uns oft aufscheucht und zur schmerzlichen Verwandlung ruft. Nur so bereiten wir ihm (und uns) einen echten »Advent«.

Oft halten wir den anderen nieder: Wir lassen bei uns nur das ankommen, was durch den Filter unseres eigenen, längst vertrauten Daseins hindurchgeht, was »uns liegt«; und so kommt zumeist nicht eigentlich der andere bei uns an, das beglückende und rettende Geheimnis seines einmaligen Wesens, sondern immer nur wir selbst, und wir zahlen den Preis schmerzlich verzehrender Einsamkeit dafür, daß wir die Armut der Begegnung nicht gewagt haben, daß wir sie bloß zu einer neuen Gelegenheit verzweifelter Selbstbehauptung und Selbstanbetung gemacht haben. Was uns dabei bleibt, ist ein Schatten unserer selbst, das höllische Gespenst jenes Wesens, das die Fülle und den Glanz seines Daseins nur findet, wenn es sich demütig dem andern zu öffnen und um seinetwillen sich zu »verlieren« wagt (vgl. Matthäus 10,39). [133]

Johannes Baptist Metz

Erst das Gebet enthüllt so die radikale Tiefe unserer Armut: Selbst das Bekenntnis zu ihr geschieht als rühmende Anerkenntnis eines anderen. Wir sind so arm, daß auch die Armut nicht uns selbst gehört, sondern dem Geheimnis, Gott. Ihn allein rühmend vollbringen wir die

Armut unserer Armut. Und so werden wir, als was wir von Anbeginn entworfen sind: das arme Bekenntnis des Reichtums und der Größe eines anderen, Gottes. Das letzte Wort aus dem Munde unserer Armut lautet:»Nicht ich, sondern Du!«

Und erst in der hingebenden Anerkennung dieses»Du« weiß der Mensch auch sich selbst»unendlich gemeint«, gleichsam ins ewig kostbare, untauschbare und unersetzbare»Ich« gerufen, das sich ihm in den großen Stunden seines Lebens stumm bezeugt und zu dem er stets neu unterwegs ist. Wo er in der Armut seines anbetenden Geistes vor das Antlitz der göttlichen Freiheit, vor das undurchdringliche, geheimnisvolle»Du« Gottes tritt, da ist der Mensch zugleich eingelassen in die Tiefe seines unversehrbaren Selbstseins, seiner persönlichen Würde – da vollbringt sich seine Mensch-Werdung. In der rühmenden Anbetung Gottes ist der Mensch total vor und zu sich selbst gebracht. Denn er ist in Wahrheit nichts als der von Gott sich selbst Gegebene, der von Gottes Zu-Spruch ins eigene Wesen Gerufene und Versammelte. [134]

JOHANNES BAPTIST METZ

Die Armut im Geiste ist das Einverständnis des Menschen mit seinem Dahingegebensein; in ihr lernt der Mensch, sich anzunehmen als einen, der sich nicht selbst gehört. Und gerade dadurch ist sie wiederum keine beliebige Tugend, die man»erwirbt« – ja, als erworbene Tugend kann sie vielmehr gar leicht zum gefährlichsten»Besitz« und»Reichtum«, zum schlimmsten, weil verschleiertsten Gegner der Armut unseres Wesens werden. Denn diese radikale Armut»besitzt« man nur im selbstvergessenen Blick von sich weg:»Wer seine Hand an den Pflug gelegt hat und zurückschaut, ist meiner nicht wert«, sagt die große Armut im Munde Jesu (Lukas 9,62). Jeder Blick, der»zurückschauend« sich ihrer vergewissern möchte, verwandelt sie gleichzeitig in verfügbaren»Besitz«, vernichtet also sein Objekt. Denn die Armut kann nie etwas Objektives, Verfügbares, vom Existenzgrund Geschiedenes werden. Sie ist radikale Subjektivität. Gesammelter Einsatz aller Vermögen und Kräfte, in denen der Mensch sich selbst gegenwärtig und anvertraut ist. Deshalb kann die Tugend der liebend bejahten Armut unseres Wesens nie unbeteiligt reflektiert, sondern immer nur in unmittelbarer Anteilnahme des ganzen Menschen getan werden, so wie eben der Mensch in der Wahrheit seines Wesens nur dann weilt, wenn er sie »tut« (vgl. 1 Johannes 1,6) – in der Tiefe des Herzens, jenem Wurzelgrund unseres Daseins, in dem wir ganz eins mit uns selber sind und in dem deshalb wissendes Beisichsein und handelnde Selbstbejahung noch einfältig und ungeschieden ineinander ruhen. [135]

JOHANNES BAPTIST METZ

Ja, je mehr Mängel in einem Menschen sind, desto höher ist sein Weg und seine Vollkommenheit: Das ist die Armut des Geistes ...

Und gelassen zu sein und nicht zu fühlen und nicht zu erkennen ist das höchste Erkennen. Nicht zu besitzen ist das eigentliche Besitzen, denn Gott wird in der Armut mehr erkannt und besessen. Und so ist die Unfähigkeit, Gott zu verherrlichen, die beste Verherrlichung. [136]

CLAESINNE VAN NIEUWLANT

In diesem überlichthaften Dunkel zu sein, wünschen wir, und durch Unsehen und Unerkennen zu sehen und zu erkennen das über dem Schauen und über der Erkenntnis stehende Nicht-sehen und Nicht-erkennen – denn das ist das wahrhafte Sehen und Erkennen –, und den Über-seienden auf überseiende Weise zu besingen dadurch, daß man alles (mannigfaltige) Sein ihm abspricht, so wie die, die das im Stoffe (ihrer Kunst) ruhende Standbild aus ihm gestalten durch Beseitigung aller Hindernisse, die der reinen Schau darin verborgenen (Form) sich entgegenstellen, und durch die bloße Beseitigung die (im Stoff) verborgene Schönheit an und für sich erscheinen lassen. [137]

DIONYSIUS AREOPAGITA

Für den großen Mose hob Gottes Erscheinen im Licht an, später aber spricht Er mit ihm durch eine Wolke, und als er noch höher und vollkommener geworden ist, sieht er Gott in der Finsternis. Wir erkennen daraus: Die erste Abwendung von falschen und abirrenden Meinungen über Gott ist Übergang aus der Finsternis in das Licht; die eingehendere Erfassung des Verhüllten aber, die die Seele durch die Erscheinungen hindurch an der Hand führt zur unsichtbaren Natur, ist gleichsam eine Wolke, die das gesamte Erscheinende überschattet und so die Seele anleitet und eingewöhnt, den Blick zum Verborgenen zu wenden. Die Seele aber, dadurch zum Oberen hingeleitet, soweit dies menschlichem Wesen, das das Untere hinter sich läßt, erreichbar ist, gelangt in die Abgründe der Gottesschau, ringsum durch göttliche Finsternis abgeschnitten, worin alles Erscheinende und Begriffene draußen zurückgelassen wird und für die Schau der Seele allein das Unsehbare und Unbegreifbare übrigbleibt, darin Gott ist, wie es die Schrift vom Gesetzgeber sagt: Einging Mose in die Finsternis, wo Gott war ... (Exodus 24,18). [138]

Gregor von Nyssa

Wo wahre Liebe und das wahre Licht in einem Menschen ist, da wird das vollkommene Gut erkannt und geliebt von sich selber und als sich selber, und doch nicht, daß es sich liebt von sich selber und als sich selber, sondern das wahre eine, vollkommene Gut kann und will nichts anderes liebhaben als das, welches in ihm ist, eben das eine wahre Gut. Und weil es nun dasselbe ist, so muß es sich selber liebhaben, und doch nicht sich selber als sich selber und auch nicht von sich selber, sondern so und in der Weise, in dem das eine wahre Gut liebt das eine wahre, vollkommene Gut und das eine wahre, vollkommene Gut geliebt wird von dem einen wahren vollkommenen Gut. In diesem Sinne spricht man, und es ist auch wahr: Gott hat sich selber nicht lieb als sich selber. [139]

Theologia Deutsch

Ich kann nicht arbeiten, nicht gehen, nicht stehen, nicht reden, sondern all dies scheint mir ein unnützes und der Welt überflüssiges Ding. Viele wundern sich darüber, und da sie die Ursache nicht verstehen, nehmen sie Anstoß. Und wahrlich, wenn nicht dies wäre, daß Gott mir beisteht, würde ich manches Mal von der Welt für toll gehalten werden; und dies ist, weil ich fast immer außer mir selber lebe. [140]

KATHARINA VON GENUA

Unter dem Bett blieb sie, mit ihrem Gesicht an den Boden gedrückt, außer sich, in einer Glückseligkeit, die niemand wiederzugeben vermag, ohne es selbst erfahren zu haben. In einem solchen Zustand verblieb sie fünf bis sechs Stunden. [141]

KATHARINA VON GENUA

Sie wußte nicht mehr, wo sie sich befand, im Himmel oder auf Erden, sondern sie war wie verwirrt und außer sich. [...] Diese Frau war sich selbst so entfremdet und in den Anblick eines beleidigten Gottes untergetaucht, daß sie kein Geschöpf, sondern ein aufgeschrecktes Tier zu sein schien. [142]

KATHARINA VON GENUA

Der gute Gott brachte mich von Zeit zu Zeit wohl auch in Seinen Weinkeller, und da machte er mich so trunken von dem göttlichen Wein, daß diejenigen, bei denen ich wohnte, sich entschlossen, ihren Bierkeller abzuschließen, da sie dachten, daß ich das alte Bier pichelte und daß ich davon solch rote Farbe hatte. [143]

ELISABETH GRUYTERS

Es war aber das Feuer der Liebe in meinem Herzen so groß, daß ich weder von den Kniebeugen noch von irgendwelchen anderen Buß-werken ermüdet wurde. Doch erlangte ich späterhin ein noch größe-res Feuer und größere Glut der Liebe. Denn wenn ich von Gott reden hörte, mußte ich laut aufschreien, so daß, wenn einer mit dem Beil über meinem Haupt dagestanden wäre, um mich zu töten, ich mich nicht hätte einhalten können. Und das geschah mir zuerst, als ich mei-nen Weiler verkauft hatte, um den Erlös unter die Armen zu verteilen. Denn es war die beste Besitzung, die ich hatte. [...] Gar häufig aber schrie ich laut auf, wenn ich von Gott hörte, auch in Gegenwart ande-rer Personen, wer sie immer sein mochten. Und wenn einige Personen um dieser Begebnisse willen mir sagten, ich sei verrückt, so sagte ich ebenfalls, ich sei krank und verrückt, und ich könne nicht anders. [144]

Angela von Foligno

Ich habe eine Frau gekannt, die aus Gefälligkeit ihrem Mann zuliebe mit ihm Karten spielte, und währenddessen so mächtige und innere Erfahrungen der Gegenwart Gottes machte, wie sie kaum jemals während des inbrünstigen Gebetes erfahren hatte. [145]

Madame J. M. B. de la Mothe Guyon

Von dieser letzten Vollkommenheit kann man nicht mehr sprechen, da alle Worte, alle Bilder und Beispiele, die man geben könnte, Verwir-rungen und Fälschungen wären; denn es gäbe keine Proportionen zwischen ihnen. Nur das kann man sagen, daß der, welcher sich in jenem Zustand befindet, schon in diesem Leben an der Seligkeit der Seligen teilnimmt; doch wie diese Teilnahme sei, denke nicht, daß man es sagen könnte. Du wirst es nicht eher wissen, als bis dein Geist zu jener Reinheit und Lauterkeit zurückkehrt, in der er von Gott erschaffen wurde. Aber wenn wir zu dieser Grenze kommen wollen, so muß Gott uns von innen und von außen verzehren, und das menschliche Sein muß so vernichtet werden, daß es sich nicht mehr regen kann, als sei es ein toter Körper ohne Empfindung. Es ist nötig, daß das Innere stirbt in sich selbst, daß sein Leben und Sein ganz in Gott verborgen ist, und daß er nichts davon weiß noch wissen noch auch denken kann, als habe er weder Leben noch Sein.

Der Mensch muß äußerlich blind, taub, stumm, geschmacklos, ohne Wirken von Verstand, Gedächtnis und Willen werden; er muß so verloren sein, daß er nicht mehr versteht, wo er ist. Er muß seiner selbst beraubt sein und den andern töricht erscheinen; sie müssen sich wundern, ein Geschöpf zu sehen, das da ist und doch nichts tut. [146]

Katharina von Genua

Die Liebe wird so maßlos und so gewalttätig im Menschen, wenn sie sich selbst so stark und so rasend in das Herz einbrennt, daß es dem Menschen scheint, daß sein Herz Schlag auf Schlag sehr verwundet wird und daß die Wunden täglich erneuert werden und verschlimmert in schmerzlichem Weh und sich von neuem bemerkbar machen. Und so scheint es ihm, daß seine Adern aufbrechen und sein Blut kocht und sein Mark auszehrt und seine Beine versagen und seine Brust verbrennt und seine Kehle austrocknet, so daß sein Angesicht und alle seine Gliedmaßen die Hitze von innen fühlen und das Rasen der Minne. Dann fühlt er auch, daß ein Pfeil oftmals durch sein Herz bis an die Kehle und weiter bis ins Gehirn dringt, als ob er seinen Verstand verlieren würde. Und wie ein verschlingendes Feuer, das alles in sich zieht und verzehrt, was es verwerten kann, so fühlt er, daß die Minne mit Rasen in ihm wirkt ohne Rücksicht und ohne Maß alles in sich ziehend und verzehrend. [147]

Beatrijs van Nazareth

Minne zieht den Menschen hoch und hält ihn nieder, sie besucht ihn plötzlich und quält ihn wieder, sie gibt den Tod und bringt das Leben, sie gibt Gesundheit und verwundet diese wieder, sie macht ihn irre und wieder verständig‹. So zieht sie ihn in eine höhere Lebensweise. So ist er mit dem Geist über die Zeit hinausgestiegen in die Ewigkeit der Minne, die ohne Zeit ist, und er ist in der Minne über deren menschliche Weisen hinausgehoben und über seine eigene Natur in dem Begehren, da oben zu leben. [148]

BEATRIJS VAN NAZARETH

Die mystische Sprache

Mystische Sprache ist im Laufe der Geschichte oft mißverstanden worden und ist auch heute zahlreichen Fehldeutungen und Irrtümern ausgesetzt. Das hat damit zu tun, daß mystisches Sprechen nicht als ein eigenes Codesystem erkannt wird. Ganz gleich, in welchem Sprachgefüge – sei es nun Latein, Griechisch, Deutsch, Englisch usw. – mystisches Sprechen geschieht, immer ist es mehr als ein bestimmtes Vokabular und definierbare Strukturelemente, die einen Text zum mystischen Text machen.

Um die mystische Bedeutung eines Textes wahrnehmen zu können, muß man die Signale erkennen, die möglicherweise auf eine unter den Buchstaben verborgene, tiefere Sinnebene hinweisen. Oft sind es lexikologische Verschiebungen, formale Bruchstellen, Aussparungen, paradoxe Formulierungen oder überraschende Wortschöpfungen, die unter dem vordergründigen Niveau der Buchstabenbedeutung etwas Unaussprechliches freilegen, etwas wie das Weiße unter der Druckerschwärze, das sich den üblichen Denk- und Kommunikationsstrukturen entzieht.

Das führt bei demjenigen, der nichts anderes als einen Textkorpus aus Wortmaterial und grammatikalischen Konstruktionen zu lesen gelernt hat, zu einer Hilflosigkeit diesen Texten gegenüber oder sogar zu einer gewissen Irritation. Sowohl auf rationaler als auch auf emotionaler Ebene widersetzen sich mystische Texte der Einordnung in die Kategorien des üblichen Begreifens und Nachempfindens. Der logische Verstand steht vor unauflöslichen Widersprüchen, und das Gefühl kann sich in einer seltsamen Mischung divergierender Empfindungen nicht mehr orientieren. – Was will mit solcher Sprache eigentlich gesagt werden? Welchen Sinn haben mystische Texte, und wie findet man Zugang?

Durchgängig wird Sprache als ein Zeichensystem begriffen, das auf eine Wirklichkeit verweist, die unabhängig von Sprache existiert. Dinge werden benannt, Zusammenhänge beschrieben, Ereignisse besprochen. Auf diese Weise versucht Sprache, die Wirklichkeit zu etikettieren, um sie rational und emotional in den Griff zu bekommen und zu manipulieren. Sprache wird zu einem Instrument, das die Wirklichkeit rastert und entziffert.

Mystische Sprache kennt diesen Abstand zur Wirklichkeit jedoch nicht; sie *ist* die Wirklichkeit, von der sie spricht. Die Stimmbänder produzieren einen Laut, und die Hand schreibt ein Zeichen, und darin entsteht eine Wirklichkeit, die vorher nicht vorhanden war: eine neue Wirklichkeit, die sich nicht von der Alltagswirklichkeit herleitet, sondern diese vielmehr in ein neues Licht setzt.

Das mystische Wort, das nicht wie eine Vokabel identifiziert werden kann, das eben keinen bestimmten Klang und keine bestimmte Form besitzt, wäre, wenn es sich sagen ließe, ein absolutes Wort, das Wort aller Worte. Das mystische Wort wäre eine neue Geburt, ein lebendiger Aufbruch, wesenhafte Gegenwart und darum wirklicher und wahrer als die vergleichsweise toten Buchstaben eines Etiketts.

Das mystische Wort wäre ein Wort der Liebe, in dem ein Ich sich einem Du zuspricht: jetzt, ganz unmittelbar. In einem solchen Liebeswort – und damit ist der gesamte biologische und kulturelle Kontext mitgemeint – sucht und findet der Mensch Gott. In mystischer Sprache und nicht in einem Anderswo findet lebendige Begegnung statt: mit Gott und den Mitmenschen.

Jedoch besitzt mystische Sprache nicht die adäquaten Mittel, die Wirklichkeit, die sie ist, in ihrer Totalität zum Ausdruck zu bringen. Mystische Sprache versteht sich als ein menschliches Mängelsystem, das des göttlichen Atems bedarf, um stimmhaft zu werden. Mystische Sprache ist immer etwas Offenes und Bewegtes, das sich ständig neu um das Geheimnis des wahren Wortes versammeln muß.

Das geschieht nicht so sehr in bestimmten sprachlichen Inhalten oder formalen Gesetzmäßigkeiten, sondern vielmehr in der Umkehr der menschlichen Sprechbewegung, einer Atemwende sozusagen, die dem Einatmen des göttlichen Liebeshauches gleichkommt. Wie ein Segelflieger nicht selbst die Luftströmung produzieren kann, die ihn in der Luft hält, so kann auch der Mystiker nicht selbst den Atem »machen«, der seine Worte emporträgt. Wenn Gottes Hauch die menschliche Stimme trägt und das menschliche Wort sozusagen auf dem göttlichen Atem »fliegt«, wird mystisches Sprechen möglich.

Das geschieht im Wesentlichen auf vier Weisen – (1) im *Schweigen*, (2) im *paradoxen*, (3) im *schöpferischen Sprechen* und (4) im *Beten* –, die als vier mögliche Effekte einer Atemwende in Gott eng miteinander zusammenhängen. Sie manifestieren sich eher in der Dynamik eines Textes als in einem bestimmten Vokabular, eher in einer unmittelbaren Gegenwart als in einer objektivierenden Vergangenheit, eher in Bildern und neuen Wortschöpfungen als in dogmatischen Formeln, eher in paradoxen Formulierungen als in stringenten Beweisführungen, eher im dialogischen Sprechen als in Beschreibungen oder Analysen, eher in der Tendenz zu verstummen als in übermäßiger Rederei.

Obwohl es schwerfällt, allgemeine Richtlinien zur Identifizierung mystischer Sprache aufzustellen, läßt sich doch etwas darüber sagen, wann Schweigen, paradoxes und schöpferisches Sprechen und Beten mit Mystik zu tun haben.

(1) *Schweigen* erscheint heute weithin negativ besetzt: Ein Mensch, der nichts sagt, ist ein nichtssagender Mensch. In einer Zeit, in der die Menschen weltweit durch ein kompliziertes System verschiedener Kommunikationstechniken in Wirtschaft, Technik, Politik und Kultur miteinander verbunden werden, bedeutet Leben mehr als je: eine Stimme haben, mitreden können, von sich hören lassen usw. Wer unfreiwillig schweigt, oder wer mundtot gemacht ist, wird sozusagen vom Leben ausgeschlossen.

Diese negative Interpretation des Schweigens findet sich bereits im Alten Testament. Wer keine Stimme mehr hat, kann für Jahwe nichts mehr bedeuten: »Ja, in der Unterwelt dankt man dir nicht, die Toten loben dich nicht« (Jesaja 38,18). Und wenn Jahwe keine Stimme mehr hat und schweigt, kann er für den Menschen nichts mehr bedeuten: »Wolltest du schweigen, würde ich denen gleich, die längst begraben sind« (Psalm 28,1). Solange der Mensch aber eine Stimme besitzt, ist er lebendig (vgl. Psalm 77,2) und erfleht Lebendigkeit durch das befreiende Wort Gottes: »Schweig doch nicht, o Gott, bleib nicht still, o Gott, bleib nicht stumm« (Psalm 83,1). Leben ist seinem Wesen nach Dialog mit Gott. Schweigen findet nur im Rahmen dieses Dialoges mit Gott zu einer positiven Wertung: »Alle Welt schweige in der Gegenwart des Herrn« (Sacharja 2,17; vgl. auch Habakuk 2,20). Das Schweigen in der Gegenwart des Herrn bedeutet ja nicht, daß der fundamental zum Leben notwendige Dialog mit Gott beendet werden soll. Im Gegenteil soll solches Schweigen der Begegnung gerade mehr Raum bieten.

Wenn Menschen erfahren, daß das eigene Reden wie ein schalldichtes Gehäuse funktioniert und Ohr und Herz vor jedem Wort Gottes und der Mitmenschen abschottet, wird das Schweigen der Durchbruch zum echten Gespräch. Schweigende Aufmerksamkeit ist die beste Voraussetzung für ein gutes Gespräch, denn nur dann bekommt der andere wirklich die Gelegenheit zu sagen, was er sagen möchte. Mystiker haben entdeckt, daß man nicht nur mit dem Mund, sondern auch mit den Sinnen und Gedanken schweigen muß, um den andern wirklich hören zu können.

Ganz subtil wirkt schließlich sogar das Selbstbewußtsein des Menschen noch´wie ein Filter, der die Stimme Gottes nicht durchläßt. Erst wenn das Ich sich selbst losläßt und vergißt, wenn es sich hingibt und mit seinem ganzen Wesen schweigt, nimmt es den andern tatsächlich so wahr, wie er ist. Das eigene Schweigen wird dann das Tor zu intensiverem Leben, das tiefer und weiter reicht als die eigene Rede. Auch Gott ist einer, der nicht laut daherkommt. Auch Gott ist einer, der den Raum seines Schweigens für den Menschen öffnet, damit der Mensch Gelegenheit bekommt, bei Gott sich selbst zu sein.

(2) Wer von Gott spricht, kann das nicht anders tun als *in Widersprüchen*. Seit dem 4. Jahrhundert vor Christus entwickelte sich unter dem Einfluß des Hellenismus die Überzeugung, daß der transzendente Gott unbekannt und unaussprechlich ist. Daher verschwand in Israel der Gottesname in seiner gesprochenen Form mehr und mehr aus dem Alltagsleben und zog sich hinter die Mauern des Tempels zurück. Aber auch dort wurde er immer seltener ausgesprochen und verließ mit der Zerstörung des Tempels im Jahre 70 n. Chr. definitiv den akustischen Raum.

Im Christentum gab es von jeher ebenfalls diese Tendenz, den höchsten und einzigen Gott jenseits menschlich begrenzter Kategorien des Benennens anzusiedeln. Jesus sprach vom Vater, der im Verborgenen ist (vgl. Matthäus 6,4.6.18). Kontakt mit diesem unfaßbaren, allem Begriff entzogenen Gott bietet sich auf paradoxe Weise durch den Gott-Menschen Jesus Christus. In ihm drückt sich der unbekannt-bekannte, der verborgen-offenbarte Gott aus:»Mir ist von meinem Vater alles übergeben worden; niemand kennt den Sohn, nur der Vater, und niemand kennt den Vater, nur der Sohn und der, dem es der Sohn offenbaren will« (Matthäus 11,27). In den frühen Gemeinden entstand dann das Bewußtsein, daß auch das eigene Leben mit Christus verborgen ist in Gott (Kolosser 3,3) und daß damit der mystische Mensch, der Gott in der vorbehaltlosen und uneigennützigen Liebe Christi sucht, Anteil hat an diesem geheimen Bereich Gottes.

Dieser Überzeugung wurde in der Geschichte der christlichen Mystik immer wieder durch ein *paradoxes Sprechen* über Gott und die eigene Gottesbeziehung Rechnung getragen. In einer gleichzeitigen Bejahung und Verneinung von göttlichen Eigenschaften versuchte man, Gottes Wesen richtiger zu erfassen. In einer Verneinung aller Gottesnamen wollte man auf einen über alle Sprache hinausragenden, letzten Namen verweisen. In ungewöhnlichen Bildern, extremen Formulierungen und widersprüchlichen Aussagen fand die eigene Beziehung zu Gott einen aufrichtigeren Ausdruck als in starren Formeln oder Dogmen. In einem Stottern und Stammeln, in einem Aufseufzen soll verkrustetes menschliches Sprechen aufgebrochen werden, damit Gottes Geist selber hörbar wird.

(3) *Schöpferisches Sprechen* ist zunächst einmal das Gegenteil von leerem Gerede:»Gott sprach, und so geschah es« (vgl. Genesis 1). Schöpferische Worte sind wirkkräftige, belebende Worte, die etwas Neues entstehen lassen. Dann ist schöpferisches Sprechen aber auch das Gegenteil zum vernichtenden Urteil:»Gott sah alles an, was er gemacht hatte: Es war sehr gut« (Genesis 1,31). Schöpferische Worte bewahren und genießen, was sie entstehen lassen.

Auch der Mensch ist berufen, an Gottes schöpferischer Sprache teilzuhaben, auch er soll das Wort finden, das lebendig macht und sich an Lebendigem freut. Doch bleibt ihm das schöpferische Wort unbekannt, solange er es eigenmächtig sagen will, solange er selber den Mund voll nimmt, solange er Inhaltslosigkeit mitredet und nachredet.

Wer schöpferische Worte sprechen will, muß ganz von vorn anfangen. Schöpferische Rede entsteht in einer Situation, wo die alten Worte verbraucht sind, die bekannten Floskeln brüchig werden, der Sinn verlorengegangen ist. Schöpferische Worte werden durch Kargheit und Mangel freigelegt. Die Erfahrung einer fundamentalen Sprachlosigkeit läßt es nicht mehr zu, vorgeformte Worte aufzugreifen und herzusagen; das schöpferische Wort formuliert aus einer wüsten Finsternis (vgl. Genesis 1,2) heraus ungehörte göttliche Sprache.

Wir selbst sind inkarnierte göttliche Sprache, wenngleich als solche manchmal kaum zu entziffern. Jesus Christus aber, das lebendige Wort Gottes, ist völlig ungetrübte, göttliche Sprache, und jeder einzelne ist dazu berufen, ihr mit Geist und Leib in seiner konkreten Existenz Gehör zu schenken und sich von ihr zum liebevollen, aufmerksamen Mitsprechen inspirieren zu lassen. Hiervon mit Worten Rechenschaft abzulegen ist den Mystikern begreiflicherweise schwergefallen. Wenn überhaupt gelang das nur unter dem unmittelbaren Eindruck der göttlichen Wirklichkeit, die dem Menschen die Zunge löst, indem sie ihn ganz ins Fahrwasser göttlicher Liebesworte hineinzieht.

(4) *Beten* ist nichts anderes als dialogisches Leben. Wer betet, lebt in dem Bewußtsein, nicht für sich allein auf der Welt, sondern zum Gespräch mit keinem Geringeren als Gott berufen zu sein.

Das Gespräch mit Gott will eingeübt und gepflegt werden. Das geschieht an Hand von Vorlagen, von Modellen, von praktischen Anweisungen, die den Beter in das Gespräch mit Gott einführen und ihn darin ein Stück weit begleiten. In der christlichen Tradition handelt es sich dabei nicht um schwierige Übungen oder strenge Forderungen in bezug auf Körperhaltung, Atemtechnik oder Entspannungsverfahren; der Beter darf sich vielmehr in Gelassenheit und Freiheit gegenüber den vielen Formen des Betens diejenige auswählen, die ihn persönlich in geistlicher Hinsicht weiterbringt. Von vornherein sollen keine äußeren, sondern innere Kriterien gelten; es ist dann auch nicht wichtig, ob der Beter kniet, sitzt oder steht, ob er sich bewegt oder regungslos in einer Haltung verharrt; es ist nicht ausschlaggebend, wielange einer betet, und wo er das tut, – entscheidend ist allein die innere Qualität des Umgangs mit Gott: »Du aber, geh in deine Kammer, wenn du betest, und schließ die Tür zu; dann bete zu deinem Vater, der im Verborgenen ist« (Matthäus 6,6).

Im intimen Beisammensein mit Gott lernt der Mensch, äußerlich und innerlich still zu werden. Das Dasein und Offensein füreinander ist wichtiger als viel Aufhebens mit langen Reden entsprechend der Weisung Jesu: »Wenn ihr betet, sollt ihr nicht plappern wie die Heiden, die meinen, sie werden nur erhört, wenn sie viele Worte machen« (Matthäus 6,7). In der Stille wird die liebevolle Nähe Gottes erfahren, geschenkt und nicht verdient. Und das Erleben des seufzenden Geistes im eigenen Innern erteilt jeder Machermentalität und jeder Magie eine Absage, denn es ist nicht der menschliche Geist, der sich in übermäßiger Anstrengung und mit unmenschlichen Kräften Gott nähern muß, sondern »der Geist selber tritt für uns ein mit Seufzen« (Römer 8,26), das wir nicht in Worte fassen können.

Christliches Beten umfaßt das ganze Leben in Wort und Tat, im Schweigen und Handeln, in Kontemplation und Aktion. Nichts soll dabei ausgespart sein, wie Paulus bereits für die ersten Gemeinden vorgab: »Betet ohne Unterlaß« (1 Thessalonicher 5,17). Ein gutes Gebet erkennt man an seiner integrativen Funktion zwischen Gottesbeziehung einerseits und Alltag andererseits. Das vertrauensvolle Loslassen seiner selbst in Augenblicken der Versunkenheit in Gott bewirkt im Menschen dauernd neue Aufbrüche in Liebe und setzt Ströme in Bewegung, die vom wachen Herzen in eine wache Hand fließen. Und dieses lebendige Pulsieren des betenden Menschen im Gespräch mit Gott und den Mitmenschen schafft immer neue Perspektiven und ungeahnte Möglichkeiten.

Mystische Sprache läßt sich zusammenfassend als eine lebendige Liebesäußerung beschreiben, die nicht analog zu den verschiedenen Landessprachen anhand von Etikettierungen oder formalen Gesetzmäßigkeiten beherrscht werden kann. Mystische Sprache ist nicht aus zweiter Hand, sondern nur im Umgang mit Gott erlernbar; sie ist wie ein Kuß auf den Mund des Lebens, den man eben nicht als Trockenübung einstudieren kann.

Das Schweigen – oder:
Der Beginn eines intensiveren Gesprächs

Meinst du, o armer Mensch, daß deines Munds Geschrei
Der rechte Lobgesang der stillen Gottheit sei? [149]
ANGELUS SILESIUS

Gott ist so über allem, daß man nichts sprechen kann:
Drum betest du Ihn auch mit Schweigen besser an. [150]
ANGELUS SILESIUS

Beginne mit der Stille der Lippen, der Stille der Gefühle, der Stille des Verstandes, der Stille des Körpers. Es wäre wohl ein Irrtum zu meinen, daß wir mit den höchsten Sprossen beginnen können: der Stille des Herzens und des Geistes. Wir müssen beginnen mit der Stille unserer Lippen und unseres Körpers in dem Sinn, daß wir lernen, sie still zu halten, Spannung loszulassen, nicht um in Faulheit oder Tagträumerei zu verfallen, sondern – und ich spreche mit einem unserer russischen Heiligen – um wie die Saite einer Geige zu sein: genug gespannt, um die richtigen Töne zu erzeugen, nicht allzu straff, so daß sie zerspringt, aber auch nicht zu schlaff, so daß sie nur noch brummt.

Und dann müssen wir lernen, auf die Stille zu hören und völlig ruhig zu werden. Dann werden wir entdecken, und öfter als wir denken, daß die Worte aus dem Buch der Offenbarung bewahrheitet werden: Ich stehe an der Tür und klopfe. [151]

ANTHONY BLOOM

Der Jünger sprach zum Meister:
Wie mag ich kommen zu dem übersinnlichen Leben,
daß ich Gott sehe und höre reden?
Der Meister sprach:
Wenn du dich magst einen Augenblick in das schwingen,
da keine Kreatur wohnet, so hörest du, was Gott redet.
Der Jünger sprach:
Ist das nahe oder ferne?
Der Meister sprach:
Es ist in dir, und so du magst eine Stunde schweigen
von allem deinen Wollen und Sinnen,
so wirst du unaussprechliche Worte Gottes hören. [152]

JAKOB BÖHME

Meine Regel sagt mir: ›In der Stille liegt eure Kraft.‹ Mir scheint also, seine Kraft für den Herrn bewahren heißt, durch das innere Schweigen in seinem ganzen Wesen die Einheit zu bewahren, all seine Kräfte zu sammeln, um sie ganz in den Dienst der Liebe zu stellen, das heißt, dieses »gesunde Auge« (Matthäus 6,22) zu haben, das dem Licht Gottes erlaubt, uns zu bescheinen. [153]

Elisabeth von Dijon

Wir bedürfen der Stunden, in denen wir schweigend lauschen und das göttliche Wort in uns wirken lassen, bis es dahin drängt, im Opfer des Lobes und im Opfer der Tat fruchtbar zu werden. [154]

Edith Stein

Was soll man tun, um den Frieden der Seele zu gewinnen? Sichert euch die innere Einsamkeit! Diese Einsamkeit ist nicht Leere. Man kann sie nicht einfach erlangen, indem man in sich selbst Leere schafft. Wenn ihr euch in euch selbst zurückzieht, haltet euch vor dem Herrn, und bleibt in seiner Gegenwart, ohne daß die Augen eures Intellekts sich von ihm abwenden. Das ist die wahre Wüste: »Antlitz zu Antlitz mit dem Herrn verbleiben.« Das ist ein Zustand, der andauert und sich durch sich selbst forterhält. Mit Gott zu sein, ist das Ziel unserer Existenz, und wenn wir bei ihm sind, wird uns nicht das Gefühl des Wohlseins fehlen. Dieses Gefühl zieht ganz von selbst unsere Aufmerksamkeit auf sich und lenkt sie dadurch auf den Herrn, der von allem die Quelle ist. [155]

Theophan der Einsiedler

Sieh zu, daß sich nichts anderes in deinem betenden Geist befindet als eine nackte Ausrichtung, reichend nach Gott, nicht gekleidet in irgendeinen Gedanken über Gott, wie er in sich selbst ist oder in seinen Werken, sondern nur, daß er ist, wie er ist. Laß ihn so sein, bitte ich dich, mach ihn nicht zu etwas anderem. Versuche ihn nicht zu ergründen mit deiner Vernunft. Laß den Glauben die Grundlage sein. Diese nackte Ausrichtung, die sich ganz im Glauben gründet und in ihm wurzelt, darf vom Denken und Fühlen her nichts anderes sein als ein nacktes Denken und ein blindes Fühlen deines eigenen Seins. [156]

THE BOOK OF PRIVY COUNSELLING

»Mitten im Schweigen ward mir eingesprochen ein verborgenes Wort.« Ach, Herr, wo ist das Schweigen, und wo ist die Stätte, darein dieses Wort gesprochen wird? Wir sagen, wie ich schon vorhin sprach: Es ist im Lautersten, das die Seele zu bieten hat, im Edelsten, im Grunde, ja, im Sein der Seele, das heißt im Verborgensten der Seele; dort schweigt das »Mittel«, denn dahinein kam nie eine Kreatur noch ein Bild, noch kennt die Seele da Wirken oder Erkennen, noch weiß sie da von irgendeinem Bilde, sei's von sich selbst oder von irgendwelcher Kreatur ...

Im Sein gibt es kein Werk; denn die Kräfte, mit denen die Seele wirkt, die fließen zwar aus dem Grunde des Seins; in diesem Grunde selbst aber schweigt das »Mittel«, hier herrschen nur Ruhe und Feiern für diese Geburt und für dieses Werk, auf daß Gott der Vater dort sein Wort spricht. Denn dies ist von Natur für nichts empfänglich als einzig für das göttliche Sein, ohne alle Vermittlung. Gott geht hier in die Seele ein mit seiner Ganzheit, nicht mit einem Teile; Gott geht hier ein in den Grund der Seele. Niemand berührt den Grund in der Seele als Gott allein. [157]

MEISTER ECKHART

Das Wort lärmt nicht, sondern dringt bis ins Mark (Hebräer 4,12); es ist nicht geschwätzig, sondern wirkt voller Kraft: Es klingt nicht in den Ohren, sondern schmeichelt dem Zugetan-Sein. Sein Antlitz ist nicht geformt, sondern gibt allem Form. Es zeigt sich nicht den Augen des

Leibes, sondern erfüllt das Antlitz der Seele mit Fröhlichkeit: Es ist lieblich, weil es Liebe schenkt, nicht durch seine Farben. [158]

Bernhard von Clairvaux

Der eigentliche Lärm ist der Widerhall der Dinge in uns. Wer spricht, unterbricht damit nicht schon das Schweigen. Das Schweigen ist der Platz des Wortes Gottes, und wenn wir beten, wiederholen wir bloß dieses Wort, ohne unser Schweigen zu unterbrechen.

Die Klöster erscheinen als die Orte des Lobpreises und jenes Schweigens, das für den Lobpreis unentbehrlich ist. Wir auf der Straße, zwischen die Leute gepreßt, bereiten unsere Seelen zu ebensoviel Höhlen des Schweigens, worin das Wort Gottes ruhen und widerhallen kann.

In manchen Volksscharen, wo Haß, Begierlichkeit, Alkohol die Sünde verrät, kennen wir das Schweigen der Wüste; unsere Seele sammelt sich mühelos, damit Gott seinen Namen darin ertönen lasse: »Vox clamantis in deserto« [Stimme eines Rufenden in der Wüste]. [159]

Madeleine Delbrêl

Die Sterne verbergen sich, wenn die Sonne aufgeht; und die Gedanken entschwinden, wenn der Geist zu seinem eigenen Reich zurückkehrt. [160]

Elias Ekdikos

Wenn Menschen, die der geistlichen Stille leben, manchmal ihre Zelle verlassen, so erfahren sie dadurch den Unterschied zwischen Zurückgezogenheit und Ausgang. Ebenso erkennen jene, die sich im Schweigen durch Beschauung der Herrlichkeit Gottes zuwenden, bei ihrer Rückkehr zum Sprechen, warum sie in ihrem Zustand naturhaft, nicht

willentlich, schweigen, und warum sie das Sprechen wieder aufnehmen, nachdem ihnen das Schweigen zuteil wurde. So bitten sie darum,
sie möchten in ihrer Verfassung nie mehr den Mund auftun. Denn sie
sind auf Erden gleichsam Engel: einfaltig, form- und gestaltlos,
unsichtbar, in unwandelbarer geistiger Schau mit der Wahrheit verbunden, in Staunen und Entzücken mit sich selbst allein, ohne zu denken, ohne zu sehen, ganz dem ewigen, göttlichen Glanz zugewandt.

Steigt der veränderliche Geist aber von dieser Höhe herab, dann
wenden sie sich schließlich dem Sprechen zu, wechseln auch wieder-
holt und verschiedentlich von einem Zustand in den anderen. Um
danach in das Schweigen zurückzukehren, das der Sprache so sehr
überlegen ist, geben sie sich der inneren Stille hin. Sie bewahren die
Sinne vor allem Sinnenhaften, und bemühen sich aus ganzen Kräften,
mit dem Sprechen auch das Denken aufzugeben; auf daß sie mit
David bekennen können: »Still wurde ich und demütig, und ich
schwieg von den Gütern« (vgl. Psalm 39,3). Von den Gütern zu sprechen steht also niedriger als das Schweigen, das vom Sprechen begleitet wird. [161]

Kallistos Kataphygiotes

In Stille und Muße, verdunkelt für alles Sinnenhafte und Naturhafte,
unterrichtet Gott den Menschen auf sehr verdeckte und geheimnisvolle Weise, ohne daß dieser weiß, wie das geschieht. Manche geistlichen Menschen nennen das ein Verstehen ohne zu verstehen. Denn
dieses Verstehen geschieht nicht im Verstand, den die Philosophen
»aktiv« nennen und der in den Formen und Phantasien und im Erfassen mit dem körperlichen Können wirksam ist. Es geschieht vielmehr
im Verstand, der »virtuell« oder »passiv« heißt. Er empfängt ohne solche Formen einzig und allein auf passive Weise eine von Vorstellungen
entblößte, ins Mark reichende Einsicht, die ihm gegeben wird, ohne
daß er ein aktives Werk oder einen aktiven Dienst verrichtet. [162]

Johannes vom Kreuz

Der Geliebte gewährte es mir, das allergrößte innere Stillschweigen einzuüben und die allerlauterste Einfachheit. Das Stillschweigen war so groß, daß sich keine Kraft rührte. Die höchsten Kräfte waren auf verschlungene Weise in Gott beschäftigt, ohne zu erkennen oder zu wissen, wie das möglich ist. Alles Einüben verliert hier seinen Namen, weil hier alles vereinfacht wird und alles eins wird in Gott, über alle Wahrnehmung der Sinne hinaus oder außerhalb davon und über alles Begreifen oder Verstehen des Verstands hinaus.

Ich kann die Formlosigkeit oder das Ausschließen aller Formen oder Gestalten nicht erklären, worin sich mein Geist da befand. Ich kann auch nicht erklären, wie ich mich im innersten Geist formloser oder bildloser verhalten oder bewahren konnte und sogar die Reflexion über das, was Gott aktiv in mir bewirkte, ausschloß. Ich kann nicht erklären, wie ich edler und unaussprechlicher in Gott beschäftigt war. Ich zerschmolz in meinem Geliebten, in ihm verschwand ich, und ich wurde eins mit ihm. Oder besser gesagt: Durch eine übergroße Einfachheit und Formlosigkeit und durch ein inniges Anschauen meines Geliebten allein durchströmten seine göttlichen Mitteilungen meine Seele auf sehr wunderbare Weise.

Dies Anschauen des Geliebten war so still, so innig, ununterschieden und so von der Sinnenwelt weggezogen, daß ich während des Betens beinahe ganz ohne Gedanken war, wie in einem übersüßen Liebesschlaf. Dies war das große Silentium der Karmeliten, in dem kaum ein Wort oder ein Zeichen oder ein Wink geduldet wird. Ich sah meine Seele inzwischen in einem so großen Lichtschein und in so großer göttlicher Klarheit, wie sie zuvor nur selten war. Was dies ist, kann nicht erklärt werden, und niemand kann es begreifen als der, der es erfahren hat. Der Geliebte hat sein Vergnügen daran, mich in ihm ruhen zu lassen. [163]

Maria Petyt

Beim Beten ist ein großes, inniges und tiefes Stillschweigen im inneren und äußeren Menschen, in den sinnlichen und geistigen Kräften. Dieses innige Stillschweigen ist eine süße Ruhe, ein Liebesschlaf in Gott, wie ihn die liebende Braut genoß, als der Geliebte alle Kreaturen bat, sie möchten seine Braut nicht aus dem süßen Liebesschlaf wecken, bis es ihr selbst gefiel. Diese Ruhe in Gott erfuhr ich meistens, wenn ich eine schwere Arbeit oder schmerzliche, schwierige Kämpfe durchgestanden hatte; der ganze Mensch wurde dadurch erquickt, gestärkt und genährt. [164]

MARIA PETYT

In jener Zeit geschah eines Tages bei der heiligen Kommunion folgendes: Meine Seele wollte in überströmender Liebe noch zu unserem Herrn sprechen, und fühlte sich unfähig, es zu tun, und erkannte, daß sie keine Worte mehr habe. Meine arme Seele war überrascht; sie konnte sich nicht klar werden, was in ihr vorgehe, und versuchte erst, sich ein wenig zu wehren. Aber bald wurde sie inne, welch ein Wille es war, der sie so band, und ließ sich gefangennehmen. Sie fühlte, wie ihr Wille in Gott versenkt und keiner inneren Tätigkeit fähig war. So versuchte sie auch nichts Derartiges und verharrte in diesem Zustand tiefer Ruhe in Gott, in dem die Seele nicht mehr sucht, weil sie gefunden hat.

Damals hatte ich das passive Gebet nie auch nur nennen hören. Ich wußte also nicht, welche Gunst Gott mir erwiesen, hätte sie wenigstens nicht benennen können, aber ich fühlte sie. Ich begriff, daß in einem Zustand so tiefer Sammlung eine große Gnade lag, und zwar eine Gnade, die für das geistliche Leben sehr fruchtbar sein mußte. Ich dankte meinem liebsten Gott und gab mich von neuem ganz in seine Hände. Und jedesmal, wenn er seit jenem Tage durch die heilige Kommunion in meine unwürdige Seele eintritt, nimmt er sie in Besitz und versetzt sie voll unbegreiflicher Barmherzigkeit in diesen passiven Zustand. Später habe ich die Beobachtung gemacht, daß der Zustand sehr verschiedene Grade hat. [165]

LUCIE-CHRISTINE

[Im Gebet der Ruhe] empfängt und erfährt die Seele das Einwirken Gottes, insofern es seiner göttlichen Güte gefällt, in ihr und durch sie zu handeln. Danach fühlt sie sich wie ein Schwamm im göttlichen Ozean, wo sie die göttlichen Vollkommenheiten nicht mehr unterschieden sieht. All das unterschiedene Sehen ist in ihr zu Ende und stillgelegt, so daß sie nichts mehr weiß als Gott in seiner Einfachheit, der sie an seine göttliche Brust nimmt. Wenn die Seele so an Gott hängt wie an dem Mittelpunkt ihrer Ruhe und ihres Vergnügens, zieht sie ganz leicht all ihre Vermögen in sich zusammen, um sie da ruhen zu lassen. Danach geht sie zum Schweigen über und spricht nicht einmal mehr zu dem, der sie so fesselt, denn er gibt ihr nicht die Erlaubnis noch das Können dazu. Schließlich schläft sie sehr sanft und herrlich an seiner heiligen Brust ein. Während all das andere ruht, ruht ihre Zuneigung jedoch nicht, sondern wird eher stärker und entzündet in ihrem Herzen ein Feuer, das sie zu verzehren scheinen will. Sie wird dann müßig und bleibt wie in Ohnmacht gefallen in ihm, der sie besitzt. [166]

MARIE DE L'INCARNATION

Wie das sinnenhafte Auge den Buchstaben ansieht und von ihm sinnliche Merkmale aufnimmt, so beschaut der geläuterte Geist, der seinen früheren Adel zurückgewonnen hat, Gott und empfängt aus ihm göttliche Vorstellungen. Der Heilige Geist ist sein Buch, Denken und Zunge sein Griffel nach dem Schriftwort: »Meine Zunge ist der Griffel« (vgl. Psalm 45,2), das Licht seine Tinte. Er taucht das Denken ins Licht und erhellt es; geistliche Worte schreibt er in die reinen Herzen der Hörer. Da versteht er, was gesagt ist: Wie die Getreuen dereinst von Gott unterwiesen werden, und wie Gott nach der Verheißung (vgl. Psalm 94,10) im Heiligen Geist Erkenntnis lehrt. [167]

GREGOR DER SINAIT

Das paradoxe Sprechen – oder:
Das Nennen des Namenlosen

Wir sagen also, daß die Allursache, die über allem ist, weder seinslos ist, noch leblos, noch vernunftlos, noch geistlos, noch ein Körper ist, noch Gestalt hat und Form, Qualität, Quantität oder Gewicht, noch im Raume ist, noch gesehen oder mit Tastgefühl wahrgenommen wird, noch sinnlich wahrnimmt, noch sinnlich wahrnehmbar ist, noch Unordnung, Störung von sinnlichen Leidenschaften zu erleiden hat, noch unmächtig ist, sinnlich wahrnehmbaren Zufällen unterworfen, noch des Lichtes bedürftig ist, noch Veränderung, Vergehen, Teilung, Mangel, Wandlung, noch irgend anderes sinnlich Wahrnehmbares ist oder hat.

Noch weiter emporsteigend sagen wir, daß er weder Seele ist, noch Denkkraft, noch Vorstellung, Meinen, Sagen oder Denken hat, noch auch Sagen oder Denken ist, und auch nicht gesagt oder gedacht werden kann. Daß er nicht Zahl ist, nicht Ordnung, nicht Größe, nicht Kleinheit, nicht Gleichheit, nicht Ungleichheit, nicht Ähnlichkeit, nicht Unähnlichkeit; daß er nicht steht, nicht bewegt wird, nicht in Ruhe ist, daß er nicht Kraft hat, nicht Kraft ist und auch nicht Licht, daß er nicht lebt, nicht Leben ist, daß er nicht Sein ist, nicht Ewigkeit, nicht Zeit. Daß es kein denkendes Erfassen von ihm gibt, daß er nicht Wissenschaft, nicht Wahrheit ist, nicht Herrschaft, nicht Weisheit. Nicht Eines, nicht Einheit, nicht Gottheit, nicht Güte, nicht Geist – so wie wir dies kennen. Nicht Sohnschaft, nicht Vaterschaft, noch irgend etwas sonst, was wir oder irgendein anderes Wesen kennen. Daß er keines von den nichtseienden und keines von den seienden Dingen ist, und daß keines der Dinge ihn erkennt, insoweit er ist, noch daß er die Dinge erkennt, insoweit sie sind; daß es kein Wort, keinen Namen, kein Wissen von ihm gibt. Daß er nicht Finsternis ist und nicht Licht, nicht Irrtum, nicht Wahrheit. Daß es über ihn überhaupt keine Aussage und keine Verneinung gibt, sondern daß wir, wenn wir das von ihm aussagen oder das von ihm verneinen, was unter ihm [wörtlich: nach ihm] liegt, von ihm selber nichts ausgesagt, nichts verneint haben, weil die völlige und einige Ursache von allem über jeder Aussage steht, und die Erhabenheit des von allem Gelösten, jenseits von allem Stehenden über aller Verneinung ist. [168]

Dionysius Areopagita

Gott ist ein lauter Nichts, Ihn rührt kein Nun noch Hier:
Je mehr du nach Ihm greifst, je mehr entwird Er dir. [169]

Angelus Silesius

Gott gründ' sich ohne Grund, und mißt sich ohne Maß:
Bist du ein Geist mit Ihm, Mensch, so verstehst du das. [170]

Angelus Silesius

Gott ist über allem, aber nicht erhaben;
Gott ist unter allem, aber nicht geknechtet;
Gott ist in allem, aber nicht eingeschlossen;
Gott ist außerhalb von allem, aber ganz umfangen. [171]

Hadewijch

O Du bist über alles. Darf ich anders Dich feiern?
Wie soll Wort Dich singen, Den kein Wort kann sagen?
Wie soll Geist Dich schauen, Den kein Geist kann fassen?
Du allein über Rede, schufst aber alles, was redet,
Du allein über Denken, schufst aber alles, was denkt.
Alles Dich besinget, was redet und nicht redet.
Alles Dich verehret, was denket und nicht denket.
Gemeinsam das Verlangen, gemein die Wehen aller

Um Dich. Dir alles Beten. Zu Dir auch wieder alles,
Was Dein Gefüge erkennt, spricht hin den schweigenden Hymnus.
Dir allein bleibt alles, zu Dir hin strömet alles.
Aller Ende bist Du und Einer und Alles und Keiner
Und wieder nicht Eines, nicht Alles. Allname, wie soll ich Dich nennen?
Du allein über Namen. Denn welcher himmlische Sinn
Dringt durch die über den Wolken Hüllen? Sei gnädig:
Du bist über alles. Darf ich anders Dich feiern? [172]

GREGOR VON NAZIANZ

Ich konnte sprechen, jetzt bin ich mit Stummheit geschlagen,
ich sah, jetzt bin ich blind geworden.
Nie sah ich solch großen Abgrund.
Schweigend spreche ich, ich fliehe und bin gefangen,
tiefergehend steige ich, fest halte ich und bin gebunden,
draußen bin ich drinnen, ich jage und werde gejagt.
Maßlose Liebe,
warum machst du mich wahnsinnig,
und machst du mich sterben im Ofen
einer so großen Hitze? [173]

JACOPONE DA TODI

O hohe Nichtigkeit,
dein Wirken ist so stark,
daß es alle Türen öffnet
und eintritt in die Unendlichkeit.
Du bist die Wahrheit
und fürchtest keinen Tod.
Krummes machst du gerade,
Dunkles machst du hell.
So tief einst du das Herz

in göttlicher Freundschaft,
daß es keine Unähnlichkeit gibt,
die der Liebe widerspricht. [174]

Jacopone da Todi

O Jubel des Herzens,
der von Liebe singen macht!

Wenn der Jubel sich erhitzt,
macht er den Menschen singen;
die Zunge stottert,
und weiß nicht, was sie sagen soll,
im Innern kann sie nicht verbergen
die Süße, die so groß ist!

Wenn der Jubel entbrannt ist,
macht er den Menschen schreien;
das Herz ist so von Liebe eingenommen,
daß es sie nicht ertragen kann,
gellend muß es brüllen,
und schämt sich deshalb nicht.

Wenn der Jubel eingenommen hat
das verliebte Herz,
lachen die Menschen es aus,
wegen dem, was es sagt,
und es spricht ohne Maß
über die Glut, die es fühlt.

O Jubel, süße Freude,
die innerlich im Geist ist,

das Herz wird so weise,
seine Verfassung zu verbergen;
die es nicht ertragen kann
ohne lautes Klagen.

Wer es nicht erfahren hat,
hält dich für wahnsinnig,
wenn er das merkwürdige Benehmen sieht,
wie ein Mensch, der deliriert,
innerlich ist das Herz verwundet,
äußerlich erkennt man nichts. [175]

JACOPONE DA TODI

Was Gott ist, weiß man nicht: Er ist nicht Licht, nicht Geist,
Nicht Wonnigkeit, nicht Eins, nicht was man Gottheit heißt:
Nicht Weisheit, nicht Verstand, nicht Liebe, Wille, Güte:
kein Ding, kein Unding auch, kein Wesen, kein Gemüte:
Er ist, was ich und du und keine Kreatur,
Eh wir geworden, was Er ist, nie erfuhr. [176]

ANGELUS SILESIUS

Das ist über alle Dinge zu verwundern, daß ein Kindelein, nicht einer
Hand lang, wie du warest in deiner Mutter Leibe, Himmel und Erde
umschließet, und daß ein saugendes Kind, ein bewindeltes, das Hebens
und Legens bedarf, und ein sterblicher Mensch, dem die Seele vor
Schwachheit ausging, daß er alle Dinge träget und ordnet mit seiner
Kraft, und daß ein armer Bettler, der nichts hatte, da er sein Haupt hin-
lege, daß er aller Reiche gewaltig ward im Himmel und auf Erden, und
daß ein unsprechendes Kind mit seiner Weisheit die Engel lehrte im
Himmel, und aller Weisheit gewaltig war über Hohes und Niederes.
Hiermit hast du uns mehr deiner Kraft gezeiget, daß du schwach stark

bist, und arm reich, und klein groß, und kindisch weise, denn so du
große Dinge mit deiner Allmacht allein hättest vollbracht. Wir finden
an deiner Menschheit die Größe klein, die Länge gekürzet, die Weite
geenget, die Stärke geschwächet, die Höhe erniedriget, den Reichthum
arm, die Weisheit thöricht gemacht, und, was noch mehr zu wundern
ist, diese Thorheit ist die höchste Weisheit, diese Armuth gibt den über-
mäßigen Reichthum, diese Schwachheit füget die ewigen Kräfte, diese
Kürze die Ewigkeit, diese Kleinheit die göttliche Wundergröße. [177]

DAVID VON AUGSBURG

Was soll ich da sagen? Stotternd und stammelnd bringe ich nur über
meine Lippen: ›A, a‹ (Jeremia 1,6). Denn ich kann nichts anderes
sagen, weil die begrenzte Zungenfertigkeit den Überschwang der Seele
nicht auszudrücken vermag, deren Sehnen nach Dir ohne Grenzen ist.
[178]

KATHARINA VON SIENA

Ich wiederhole mich, wenn ich von diesen Dingen rede, da ich die
Worte, die Ausdrücke so unvollkommen finde, so unverständlich im
Vergleich zu dem, was ich erfahre! Aber ich fühle ein solches Feuer
ohne Feuer in mir, daß ich wünschte, jedermann könnte es begreifen.
Dessen bin ich sicher: Wenn ich's gegen die Geschöpfe hinhauchen
könnte, so würde ich sie alle verbrennen und mit der Flamme göttlicher Liebe entzünden. [179]

KATHARINA VON GENUA

Das schöpferische Sprechen – oder:
Das Erfahren des göttlichen Schöpferwortes

Denn als jene heilige Frau mir die göttlichen Geheimnisse zu offenbaren begann, sagte sie mir gar wunderbare Dinge von der Welt, und zwar in anderen, ungewohnten, großen, ergreifenden und lichtvollen Ausdrücken, und oft konnte sie sich gar nicht aussprechen, obgleich sie nur durch das, was sie sagte, einiges Verständnis gab (von dem, was sie sagen wollte), und sie ward verwirrt und traurig, weil sie mir das Erschaute nicht mitteilen konnte; und auch ich konnte bisweilen von dem, was sie nur zum Aufschreiben sagte, so wenig begreifen, daß ich mir vorkam wie eine Futterschwinge oder ein Sieb, welches die kostbare Substanz verschüttet und die gröbere zurückbehält. Es ist aber einigermaßen begreiflich, daß ich von jenen göttlichen Worten nur die gröberen fassen konnte; denn wenn ich gerade so schrieb, wie ich es aus ihrem Mund vernahm und ihr dann das Geschriebene zur Verbesserung vorlas, sagte sie manchmal ganz verwundert, daß sie es nicht mehr erkenne. Und ein anderes Mal sagte sie: »Ich rede ganz fade«, und verwunderte sich darüber. Und wiederum: »Das erinnert mich an das, was ich gesagt habe, aber es ist dunkel niedergeschrieben, denn was du mir vorliest, drückt das nicht aus, was ich erkannt habe.« Und wiederum ein anderes Mal sagte sie: »Das Schlechtere und was nichts ist, hast du geschrieben.« Und das geschah ohne Zweifel oft wegen meiner Schwachheit; nicht weil ich von dem meinen hinzutat, sondern weil ich aus Unvermögen das, was sie sagte, wirklich nicht begreifen konnte, und weil ich nicht schnell genug schreiben konnte oder keine Gelegenheit oder bisweilen keine Zeit hatte oder wegen mancherlei Hindernissen nicht mit ihr sprechen konnte. Manchmal war ich beim Schreiben ungeordnet in meinem Gewissen, und dann ging mir und ihr alles verloren, weil ich nichts in der Ordnung schreiben konnte ...

Ich habe aber wegen ihrer Verdienste bei dem häufigen Schreiben eine geistliche und neue Gnade in mir erfahren, die ich niemals erfahren hatte, und darum schrieb ich mit großer Scheu und Ehrfurcht, so daß ich von dem meinen nichts hinzutat, nicht einmal ein einziges Wort, und oft ließ ich mir ein einziges Wort, das ich schreiben mußte, mehrere Male von ihr wiederholen ... [180]

Angela von Foligno

Alles, was ich in der Schau sehe und lerne, das behalte ich lange Zeit in meinem Gedächtnis, weil, sobald ich es sehe oder höre, es in mein Gedächtnis eingeht. Ich sehe, höre und weiß gleichzeitig, und wie in einem Augenblick erlerne ich das, was ich weiß. Was ich aber nicht sehe, das weiß ich nicht, denn ich bin ungelehrt und wurde nur unterwiesen, in Einfalt Buchstaben zu lesen. Und was ich schreibe, das schaue und höre ich in der Vision und setze keine anderen Worte als die, die ich höre und in ungefeilten lateinischen Worten, so wie ich sie in der Vision höre, kundtue. Denn ich werde in der Schau nicht gelehrt, wie die Philosophen zu schreiben. Die Worte in dieser Schau klingen nicht wie die aus Menschenmund, sondern sie sind wie eine blitzende Flamme und wie eine im reinen Äther sich bewegende Wolke. Die Gestalt dieses Lichtes vermag ich aber nicht zu erkennen, wie ich ja auch die Sonnenscheibe nicht ungehindert anschauen kann.

In diesem Licht sehe ich zuweilen, aber nicht oft, ein anderes Licht, das mir das ›Lebendige Licht‹ genannt wird. Wann und wie ich es schaue, kann ich nicht sagen. Aber solange ich es schaue, wird alle Traurigkeit und alle Angst von mir genommen, so daß ich mich wie ein einfaches junges Mädchen fühle und nicht wie eine alte Frau ... [181]

Hildegard von Bingen

Er aber, der ohne Minderung groß ist, hat jetzt ein kleines Zelt berührt, damit es Wunder schaue, unbekannte Buchstaben bilde und eine unbekannte Sprache erklingen läßt. Und es ward ihm gesagt: Das, was du in der Sprache, die dir von oben her kundgetan wurde, aussagst – nicht in gewohnter menschlicher Ausdrucksweise, denn diese ward dir nicht gegeben –, soll der, der die Feile hat, eifrig glätten, damit es für die Menschen den entsprechenden Klang erhalte. [182]

HILDEGARD VON BINGEN

Und ich hörte den auf dem Thron Sitzenden zu mir sagen: ›Schreibe, was du siehst und hörst.‹ Und ich erwiderte aus der inneren Erkenntnis dieser Schau: ›Ich bitte dich, mein Herr, schenke mir Einsicht, damit ich diese geheimnisvollen Dinge auszudrücken vermag, und verlaß mich nicht, sondern bestärke mich in der Morgenröte deiner [anbrechenden] Gerechtigkeit, in der sich dein Sohn geoffenbart hat. Verleihe mir die Fähigkeit und gib mir zu erkennen, wie ich den göttlichen Plan, der im ewigen Ratschluß gefaßt wurde, verkünden soll, wie dein Sohn nach deinem Willen Fleisch annehmen und ein sterblicher [sub tempore] Mensch werden sollte; du hast ja vor aller Schöpfung ganz einfach und im Feuer der Taube, nämlich des Heiligen Geistes, beschlossen, daß dein Sohn am Morgen der Jungfräulichkeit wie eine strahlende Sonne wunderbar aufgehe und um des Menschen willen wirklich mit der Menschheit umkleidet werde und Menschengestalt annehme.‹

Und wieder hörte ich ihn zu mir sprechen: ›O wie schön sind deine Augen, wenn du göttliche Dinge kundtust, während sich dabei die Morgenröte des göttlichen Ratschlusses erhebt!‹ [183]

HILDEGARD VON BINGEN

Die wundervollen und großen Gaben und die Mitteilungen Gottes, die ich täglich in meinem Innern erfahre und schmecke, kann ich nicht beschreiben; in Gott werden ständig neue Gaben entdeckt, denn Gott ist ein Abgrund wundervoller Dinge. In dem Moment, wo ich die Erfahrung genieße, könnte ich Euer Ehrwürden wohl einiges sagen, aber nachher ist es mir unmöglich. [184]

Maria Petyt

Aber gewisse weise Männer sagen mir, daß der Herr mir diese Dinge nicht um meinetwegen allein getan hat, sondern daß er damit auch für die Erbauung anderer vorgesorgt hat, indem es sich einigermaßen auf die Stärkung des Glaubens zu beziehen scheine sowie auf die Tröstung derer, die um des Herrn willen betrübten Herzens sind. Und aus diesen vorgenannten Gründen glauben sie, die Werke Gottes dürften nicht mit Schweigen übergangen werden. Daß es wirklich so sei, wie sie sagen, glaube ich zum Teil, aus dem Grunde, den ich Dir jetzt nennen will.

Manches Mal, wenn ich mir in meinem Herzen vorgenommen hatte zu verschweigen, was mir vom Herrn erzeigt worden war, da wurde ich von solcher Qual der Eingeweide erfaßt, daß ich mich dem Tod ganz nahe glaubte. Aber sobald ich meiner Umgebung eröffnete, was ich geschaut hatte, wurde mir sofort leichter. Ich gestehe jedoch, daß ich nicht einmal dadurch völlig gewiß bin, was ich tun soll. Denn einerseits erkenne ich, daß es gefährlich für mich ist, die Großtaten Gottes zu verschweigen, anderseits aber fürchte ich, daß es noch gefährlicher sein wird, davon zu sprechen. Ich sehe, daß ich zu wenig Unterscheidungsvermögen besitze, um unterscheiden zu können, was von dem mir Geoffenbarten zu verkünden sich gezieme und was dagegen durch Schweigen geehrt werden müsse. Siehe, zwischen all diesem stehe ich in der Gefahr, so oder so fehlzugreifen. Deshalb, mein Geliebter, versiegen die Tränen nicht in meinen Augen, und mein Geist ängstigt sich beständig in mir. [185]

Elisabeth von Schönau

Der Herr ließ einen wahren Wolkenbruch über meine Seele nieder-
gehen, und ich, in meiner menschlichen Schwachheit, wurde wie eine
junge Pflanze zu Boden gedrückt. Ich konnte nur wenige gewichtige
Worte aufnehmen, und auch zu deren Verständnis reichte mein Verstand nicht aus. Das bedrückte mich noch mehr. Aber diese drückende
Last hast Du, mein Gott, durch Deine gütigen Worte erleichtert: ›Weil
dir diese Überflutung nutzlos erscheint, werde ich dich meinem göttlichen Herzen näherbringen, daß ich dir mild und sanft die Worte so
einflöße, wie du sie fassen kannst.‹ [186]

GERTRUD DIE GROSSE

Der Herr ist barmherzig, meine Seele weiß es, aber mit Worten es zu
beschreiben ist unmöglich. Er ist unendlich sanft und demütig; und
wenn die Seele ihn sieht, wandelt sie sich, wird nur Liebe zu Gott und
zu ihrem Nächsten, wird selbst sanft und demütig. [187]

STAREZ SILUAN

Der mystisch Versunkene hat eine unmittelbar wahre und unmittelbar
echte Sprache. Es kann durchaus sein, daß in einer mystischen Versunkenheit, die an sich auf das Sprechen ›angelegt‹ war, überhaupt nicht
gesprochen wird; sie bleibt auf diese Weise gemäß und unverfälscht,
während das Gefüge der mystischen Versunkenheit sofort zerrisse, wenn
das Ungemäße gesprochen würde. Hier zeigt sich einer der Gründe des
schauenden Verweilens, eines Verweilens in der Ruhe, das ohne Warten,
ohne Willen ist; es läßt geschehen, was von sich aus geschehen wird.

14. Oktober 1964
O Glut.
Zitterndes lebendes Gold.
O Stern.
Stein im Weben des weißen Lichtes.

O Wunder.
Erblühen.
Güte in der Glocke des Glanzes.
O heiliger Leib.
Das Herz in wallenden Kreisen.
Das Lächeln.
Die Mitte der Heiterkeit.
Du zärtlicher Ton.
Das Kommen.
Die Sage.
Das Da.
Im Zerrinnen des Lichtes.
Im Ruf.
Und das Tor ist offen. [188]

CARL ALBRECHT

Sowenig man den selbstgehörten, angenehmen Klang eines lieblichen Saitenspieles dem vergleichen kann, was man davon nur erzählen hört, sowenig gleichen die Worte, die, in lauterer Gnade aufgenommen, aus einem Erlebnis des Herzens durch einen lebendigen Mund fließen, denen, die auf totem Pergament geschrieben sind; und das besonders in deutscher Sprache: Denn dann erkalten sie irgendwie und verbleichen wie gebrochene Rosen; die anmutige Weise, die menschliche Herzen über alles andere hinaus rührt, die erlischt; und sie werden von der Dürre trockener Herzen aufgenommen. [189]

HEINRICH SEUSE

Einiges Widerstreben habe ich empfunden, edle und gottesfürchtige Frau, diese vier Strophen auszulegen, wie Euer Gnaden mich gebeten haben. Denn es ist nicht leicht, etwas über den Wesenskern dieser sehr innerlichen und geistlichen Dinge zu sagen. Die Sprache ist hierfür gewöhnlich unzureichend, denn das Geistliche übertrifft den Sinnen-bereich. Darum kann man auch nur schwer über das Innere des Gei-stes sprechen, es sei denn mit innigem Geist. Und weil dieser nur gering in mir war, habe ich es bis heute aufgeschoben. Jetzt hat mir der Herr jedoch anscheinend etwas Erkenntnis eröffnet und einige Wärme geschenkt ... [190]

Johannes vom Kreuz

Diese Gesänge, ehrwürdige Mutter, sind, wie es scheint, mit einiger Liebesinbrunst für Gott geschrieben, dessen Weisheit und Liebe so grenzenlos sind, daß sie sich, wie das Buch der Weisheit (8,1) sagt, von einem Ende bis zum andern erstrecken. In ihrem Sprechen besitzt die Seele, die in diese Liebe eingeformt und von ihr bewegt wird, in gewis-ser Weise dieselbe Überfülle und Heftigkeit. Darum möchte ich jetzt nicht die ganze Weite und Fülle erklären, die der fruchtbare Geist der Liebe hier hineingelegt hat. Es würde vielmehr von Unwissenheit zeu-gen zu denken, daß das, was die Liebe im mystischen Begreifen sagt, wie hier in den vorliegenden Strophen, irgendwie mit Worten gut erklärt werden könnte. Der Geist des Herrn aber, der wie Paulus (Römer 8, 26) sagt, unserer Schwachheit zuhilfe kommt, indem er in uns wohnt, erbittet für uns mit unaussprechlichen Seufzern, was wir nicht so gut verstehen oder erfassen können, daß wir es selbst auszu-drücken vermögen.

Wer könnte beschreiben, was er den liebenden Seelen, in denen er wohnt, zu verstehen gibt? Und wer könnte in Worte fassen, was er sie fühlen läßt? Und wer schließlich, was er sie ersehnen läßt? Ganz gewiß vermag dies niemand; ja, sicher vermögen es nicht einmal diejenigen, die dies erfahren. Aus diesem Grund lassen sie in Bildern, Vergleichen und Umschreibungen etwas von dem, was sie fühlen, überströmen. Aus der Überfülle des Geistes geben sie eher geheime Mysterien wie-der, als daß sie etwas mit der Vernunft erklären. [191]

Johannes vom Kreuz

Wenn solche Umschreibungen nicht mit der Einfachheit des Geistes der Liebe und des Begreifens gelesen werden, den sie enthalten, scheinen sie eher Unsinn zu sein als mit Vernunft gesprochene Worte ... Da diese Gesänge in der Liebe überfließenden mystischen Begreifens geschrieben wurden, können sie auch nicht genau erklärt werden; das beabsichtige ich also auch nicht ... Es ist besser, die Sprache der Liebe in ihrer Weite zu erklären, damit jeder sie sich auf eigene Weise und nach eigener geistlicher Fassungskraft zunutze mache. Dies ist besser, als sie auf einen Sinn zu verkürzen, der sich nicht dem Gaumen eines jeden anpaßt. Obwohl diese Gesänge also in etwa erläutert werden, ist es nicht nötig, sich an diese Erklärung zu binden; denn die mystische Weisheit, die durch Liebe da ist, – und davon handeln ja diese Gesänge – braucht nicht genau zu wissen, was sie sagt, um in der Seele den Effekt der Liebe und Zuneigung zu bewirken. Diese Weisheit ist wie der Glaube, mit dem wir Gott lieben, ohne ihn zu verstehen. [192]

Johannes vom Kreuz

O Liebe: kopfüber, heftig, brennend und ungestüm! An etwas anderes zu denken als an dich, läßt du nicht zu. Alles anderen bist du überdrüssig, alles ist dir gleichgültig, nur du selbst genügst dir! Du bringst die Rangordnungen durcheinander, hältst dich nicht an das Übliche und ignorierst jedes Maß. Über alles, was vorteilhaft, vernünftig, gewissenhaft, ratsam und bedachtsam erscheint, triumphierst du mit dir selbst und nimmst es gefangen. Alles Denken und Sprechen der Braut verrät dich, verströmt dich und nichts sonst: So hast du ihr Herz und ihre Zunge erobert. [193]

Bernhard von Clairvaux

Der Glaube ist ein Zustand des Geistes und der Seele. In diesem Sinne können wir die Worte des spanischen Mystikers Johannes vom Kreuz verstehen: ›Der Glaube ist Gottes Vereinigung mit der Seele.‹ Die religiöse Sprache formuliert eine fundamentale geistige Erfahrung. Diese Sprache darf nicht für eine Beschreibung gehalten werden – mit Ausdrücken, die philosophisch definiert werden müssen –, für eine Beschreibung der Wirklichkeit, die unseren Sinnen verfügbar ist und die wir mit den Werkzeugen der Logik analysieren können. Es dauerte lange, bevor ich verstand, was das bedeutete. [194]

DAG HAMMARSKJÖLD

›Glaube ist Gottes Vereinigung mit der Seele.‹ Glaube *ist* – kann daher nicht erfaßt werden, noch viel weniger identifiziert werden mit Formeln, in denen wir das umschreiben, was ist.
– en una noche oscura: ›Des Glaubens Nacht‹ – so dunkel, daß wir nicht einmal den Glauben suchen dürfen. Es geschieht in der Gethsemane-Nacht, wenn die letzten Freunde schlafen, alle anderen deinen Untergang suchen und Gott schweigt, daß die Vereinigung sich vollzieht. [195]

DAG HAMMARSKJÖLD

1. In einer Nacht dunkel,
in brennender Liebessehnsucht entflammt,
– o glückliches Geschick! –
ging ich hinaus, ohne bemerkt zu sein;
mein Haus war schon zur Ruh' gekommen.

2. Im Dunkeln und sicher,
über die geheime Treppe, vermummt,
– oh glückliches Geschick! –
im Dunkeln und verstohlen;
mein Haus war schon zur Ruh' gekommen.

3. In der Nacht, glücklich,
insgeheim, daß niemand mich sah
und ich auf nichts schaute,
ohn' anderes Licht und Führen,
als das im Herzen brannte.

4. Dies führte mich
sicherer als das Licht des Mittags,
wo auf mich wartete,
den ich gut kannte,
dorthin, wo niemand sich zeigte.

5. O Nacht, die führtest!
O Nacht, liebenswerter als das Morgengrauen!
O Nacht, die zusammenführtest
Geliebten mit Geliebter,
Geliebte in Geliebten überformtest!

6. An meiner Brust, blühend,
die ganz für ihn allein sich aufbewahrte,
dort war er eingeschlafen,
und als ich ihn liebkoste,
gab Hauch der Zedern Wehen.

7. Der Hauch der Zinne,
als ich sein Haar durchstrich,
mit seiner linden Hand
verletzt' er meinen Hals
und ließ all meine Sinne schwinden.

8. Ich blieb zurück und selbstvergessen,
neigt' ich das Gesicht über den Geliebten;
es hörte alles auf, ich ließ mich,

gelassen mein Sorgen,
unter den Lilien vergessen. [196]

JOHANNES VOM KREUZ

Beim Kusse tasten sich die Lippen einander an; es gibt aber auch ein
Tasten der Seele, womit sie an das Wort tastet mit einem unkörper-
lichen und geistigen Getast, wie der ihn meinte, der sprach: Unsere
Hände betasten das Wort des Lebens (1 Johannes 1,2). [197]

GREGOR VON NYSSA

Das Beten – oder: Der wesentliche Dialog
mit Gott und den Menschen

Ich habe vor allem versucht, darauf hinzuweisen, daß dein Gebet nach
innen gerichtet werden muß, nicht an einen Gott im Himmel und
auch nicht an einen Gott, der weit weg ist, sondern an einen Gott, der
dir näher ist, als du selbst weißt. Und als nächstes möchte ich darauf
hinweisen, daß der erste Akt des Gebets darin besteht, die Worte aus-
zuwählen, die ganz genau ausdrücken, was du bist. Nimm Worte,
derer du dich nicht schämst, in denen du dich selbst wiedererkennst
und die zu dir passen – und biete diese Worte dann Gott an mit allem
Verstand, dessen du fähig bist. Du mußt auch so viel deines Herzens
hineinlegen, wie du nur kannst, in solch einen Akt der Anbetung, der
Anerkennung Gottes, des Liebkosens, was doch das eigentliche Ziel
der Liebe ist. Es muß ein Akt sein, der deinen ganzen Geist und dein
ganzes Herz beansprucht, und der ganz zu dir paßt. [198]

ANTHONY BLOOM

Ich will euch ein Grund-Modell des Gebetes geben. Darauf richtet dann unablässig euren Blick, macht es eurem Geist zu eigen und übt es ein, ununterbrochen. Ihr könnt dann zu hoher Schau aufsteigen. Seht, das ist das Modell, das ich euch vorlegen will, die Formel eines Gebetes, nach der ihr sucht. Wer ständig im Gottgedenken, in Gottes Gegenwart leben will, möge sich daran gewöhnen, sie zu bedenken, indem er sie in Herz und Kopf ständig hin und her bewegt, womit er dann auch die Menge seiner anderen Gedanken austreibt. Das heißt: Man kann diese Gebetsformel auf keine andere Weise verinnern, als wenn man sich innerlich befreit vom ständigen Denken an greifbare Sorgen und Kümmernisse ...

Um im fortwährenden Gottgedenken, in der ständigen Gegenwart Gottes zu leben, diene euch folgendes Gebet:

»Deus, in adiutorium meum intende:

Domine, ad adiuvandum me festina –

O Gott, komm mir zu Hilfe:

Herr, eile mir zu helfen!«

Aus dem ganzen Schatz der Heiligen Schriften wurde mit Bedacht gerade dieser Vers ausgewählt, paßt er doch in allen Stimmungen, Gefühlen, Affekten, die ein Mensch von Natur aus hat; glücklich bewährt er sich in allen Situationen und Vorkommnissen. Gegen alle Gefährdungen kann man Gott damit anrufen. Wer mit diesem Vers betet, drückt sich demütig und fromm aus, wachsam, besorgt und ehrfürchtig; er bedenkt seine eigene Schwachheit, vertraut aber zugleich, erhört zu werden und ist ganz zuversichtlich, immer und zu jeder Zeit beschützt zu sein. Denn wer unaufhörlich seinen Beschützer zu Hilfe ruft, der ist überzeugt, daß dieser immer da ist.

Dieser Vers ist durchglüht von Zuneigung und heißer Liebe; er ist der Schrei eines Herzens, das sich bedroht weiß inmitten feindlicher Mächte, denen es ohne die Hilfe seines Verteidigers nicht entrinnen kann ...

In diesem kleinen Vers sollen wir also betend leben, wenn uns Unglück trifft, damit wir daraus befreit und, wenn wir glücklich sind, damit wir dann nicht überheblich werden. Ja, ohne Unterbrechung bedenke diesen Vers in deinem Herzen!

Singe ihn vor dich hin, wenn du mit einer Arbeit beschäftigt bist oder einen Dienst verrichtest, oder wenn du dich auf Reisen befindest. Bete ihn, selbst im Schlaf oder beim Essen, ja, sogar, wenn du einen gewissen Ort aufsuchst! Wiege diesen Vers (wie ein Kind) in deinem Herzen, dann wird er dir zum segensreichen Gebet. Du bist dann nicht nur vor den Angriffen der Dämonen beschützt, sondern du wirst auch von allen Lastern gereinigt, ja, du wirst sogar zur Schau der himmlischen Mysterien geführt und zu jenem unaussprechlichen Glutgebet gelangen, das nur wenige aus Erfahrung kennen. Übe diesen kleinen Vers, wenn du dich zum Schlafen niederlegst. Hast du dieses Gebet schließlich so verinnert, dann betest du es im Schlaf weiter. Es wird dir zur zweiten Natur. Wachst du auf, dann bist du gleich wieder vor allen anderen Gedanken in diesem Gebet. Es bringt dich dazu, beim Aufstehen vor Gott die Knie zu beugen, und es begleitet dich den ganzen Tag über, was immer du tust. Ritze diesen Vers an die Türschwelle deines Mundes, schreibe ihn an die Wände deines Hauses und graviere ihn dir ins Herz, so daß du ihn singst, wenn du dich zum Gebet niederwirfst und wenn du dich wieder erhebst und wenn du an dein Tagewerk gehst, um deinen Lebensunterhalt zu verdienen. Tu so, dann wird dieser Vers dein himmelstürmendes und immerwährendes Gebet! [199]

Johannes Cassian

Ich bete Gott mit Gott aus Ihm und in Ihm an:
Er ist mein Geist, mein Wort, mein Psalm und was ich kann. [200]

Angelus Silesius

Mensch, so du wissen willst, was rechtes Beten heißt:
So geh in dich hinein und frage Gottes Geist. [201]

Angelus Silesius

Wer lauteren Herzens lebt und geht auf Christi Bahn,
Der betet wesentlich Gott in sich selber an. [202]

Angelus Silesius

Ein besonders gutes Mittel, Philothea, um die Andacht zu beleben,
sind jene kurzen, innigen Gedanken und Herzenserhebungen, die wir
Stoßgebete nennen. Das eine Mal ist es Bewunderung der göttlichen
Schönheit, das andere Mal ein Hilferuf zu ihm, dem Allbarmherzigen;
dann wieder wirfst du dich zu Füßen des Gekreuzigten nieder, verehrst seine Güte, opferst dich ihm auf, schaust mit den Augen deiner
Seele in das Antlitz seiner väterlichen Milde, reichst ihm im Geist die
Hand, wie das kleine Kind seinem Vater, daß er dich führe, oder ver-
einigst dich mit ihm in deines Herzens Sehnsucht – kurz, es sind tausend Weisen, um die Liebe zu beleben und eine rege Empfindsamkeit
für seine wundervolle göttliche Nähe zu bewahren. [203]

Franz von Sales

Setz dich still und einsam hin, neige den Kopf, schließe die Augen;
atme recht leicht, blicke mit deiner Ein-bildung in dein Herz, führe
den Geist, das heißt das Denken, aus dem Kopf ins Herz. Beim Atmen
sprich, leise die Lippen bewegend oder nur im Geiste: ›Herr Jesus
Christus, erbarme dich meiner.‹ Sei nur still und habe Geduld und
wiederhole diese Beschäftigung recht häufig. [204]

Aufrichtige Erzählungen eines russischen Pilgers

Und so bringt das Gebet Gott und den Menschen in Einklang, denn
solange die menschliche Seele mit Gott in traulichem Verkehr steht,
hat der Mensch es nicht nötig zu beten, sondern nur andächtig darauf
zu achten, was Gott sagt. Während der ganzen Zeit, die diese Schau
währte, wurde ich nämlich nicht zum Beten bewegt, sondern nur

dazu, mir zum Trost immer im Sinne zu haben, daß alles, nach dem wir uns sehnen, erfüllt ist, wenn wir Gott sehen, und es dann nicht nötig ist zu beten. Wenn wir jedoch Gott nicht sehen, dann tut es uns not, zu beten und uns an Jesus zu halten, weil wir sonst versagen. Denn wenn eine Seele durch Unruhe bekümmert, versucht und sich allein überlassen ist, dann ist es Zeit, daß man betet und sich in einfacher und fügsamer Weise Gott nähert. [205]

JULIANA OF NORWICH

Betrachtet niemals ein geistliches Werk als festgesichert. Das gilt vor allem vom Gebet. Betet immer so, als wenn ihr zum erstenmal damit anfinget. Tun wir eine Sache zum erstenmal, so gehen wir mit neuem Enthusiasmus und brennendem Eifer daran. Wenn du anfängst zu beten, wie du es ja täglich tust, als hättest du noch nie gut gebetet und wolltest es im Augenblick zum erstenmal richtig machen, dann wirst du allezeit mit ganz neuer und lebendiger Sehnsucht zu beten vermögen. So wird alles gut werden.

Gelingt dir das Gebet nicht, so erwarte nicht, daß dir anderes gelingt – denn das Gebet ist die Wurzel von allem. [206]

THEOPHAN DER EINSIEDLER

Wahrhaft selig der Mensch, dessen Geist so eng am Gebet zu Jesus haftet und dessen Herz so unaufhörlich davon widerhallt, wie die Luft mit unserem Leib oder die Flamme mit dem Wachs verbunden ist. Die Sonne geht über der Erde auf und bringt das Tageslicht; und der heilige, ehrwürdige Name des Herrn Jesus strahlt unaufhörlich im Geiste, und so erweckt er unzählige Gedanken, die strahlen wie die Sonne. [207]

HESYCHIOS DER SINAIT

Gleichwie Gott große Dinge in den demüthigen Herzen wirket, also auch der Heilige Geist das kindliche Gebet. Denn ohne den Heiligen Geist geschieht kein wahres Gebet. Denn der Heilige Geist rufet und seufzet in unserer Seele, und ist unserer Seelen Sprache und Geschrey, ja unser Leben. Denn gleichwie die Seele das Leben ist unsers Leibes: Also lebet die Seele von dem Heiligen Geist, und er ist unserer Seelen Leben. [208]

JOHANN ARNDT

Wenn das Herz ganz von allen täuschenden Bildern befreit ist, dann erzeugt es göttliche, geheimnisvolle Vorstellungen, die sich in ihm tummeln, wie Fische und Delphine im ruhigen Meer springen. Das Meer wird vom sanften Winde angeweht, die Tiefe des Herzens aber vom Heiligen Geist. Es steht geschrieben: »Weil ihr nun aber tatsächlich Kinder seid, hat Gott den Geist seines Sohnes in unsere Herzen gesandt, der da ruft: Abba Vater!« (Galater 4,6). [209]

HESYCHIOS DER SINAIT

Es wäre für mich sehr schwierig, ausführlich Rechenschaft abzulegen von meinem Gebet und meinem inneren Zustand; denn was Gott mir gibt, ist so einfach und so frei von den Sinnen, daß ich in zwei oder drei Worten alles gesagt habe. Vorher konnte ich in meinem Gebet nichts anderes tun, als in diesem inneren Grund wie in einem Atemholen zu sagen: Mein Gott, mein Gott, mein großer Gott, mein Leben, mein Alles, meine Liebe, meine Herrlichkeit. Jetzt sage ich dasselbe, oder besser atme dasselbe; aber während meine Seele diese sehr einfachen Worte und sehr intimen Atemzüge hervorbringt, erfährt sie ihre volle Bedeutung. Und was ich bei meinem Gebet tue, tue ich den ganzen Tag, beim Schlafengehen und Aufstehen und überall sonst. Darum kann ich keine methodische Übung machen, während alles in mir geschieht entsprechend der inneren Führung Gottes. [210]

MARIE DE L'INCARNATION

Hier ist alles Gott. Gott ist überall und in allem. So ist auch der vergottete Mensch überall und in allen derselbe. Seine Hoffnung ist Gott. Seine Freude ist Gott. Sein Gebet ist Gott. Immer dasselbe, immer und ununterbrochen. Sein Gebet ist inhaltslos, ununterbrochen, formlos. Dies ist der Stand des Menschen. Er betet allezeit, allezeit! [211]

Madame J. M. B. de la Mothe Guyon

Das Gebet ist eine göttliche Süßigkeit, die über alle Glieder und Gelenke ausgegossen ist. Das Gebet ist ein stiller Geist, der Lobpreis in der Sprache der Engel raunt. Das Gebet ist Frieden des Herzens, Erquickung des Verstandes und Gespräch mit Gott. Das Gebet ist ein Geist, der mit Gott an der Offenbarung seiner Geheimnisse teilhat. Das Gebet ist nicht Lehre und Wissen von Worten, sondern Konzentration des Geistes und des Intellektes, die gesammelt und befriedet sind durch das Schweigen der Regungen und der Sinne, ein Intellekt, der der Schönheit seiner selbst gewahr geworden ist und im Staunen durch das Schweigen der Regungen dasteht. [212]

Jausep Hazzaya

Anfängern ist das Gesetz des Gebetes eine Last wie strenge Herrschaft, Fortgeschrittenen aber ist es wie Liebesverlangen, das sie bewegt, wie es den Hungrigen zum Festmahl treibt. [213]

Elias Ekdikos

Gewiß, das ist das wahre Gebet und nicht jene Wonnegenüsse, die zu weiter nichts dienen, als unser persönliches Behagen zu befriedigen. Ist das Gebet von jenen genannten Wonnegenüssen begleitet, so bleibt in unserer Seele nur Schlaffheit, Furcht und Empfindlichkeit gegen jene zurück, die es an Achtung vor uns fehlen lassen. Ich für meine Person würde mir kein anderes Gebet wünschen als jenes, das mir Wachstum in den Tugenden verleiht. Ist es auch von heftigen Versuchungen, Trockenheiten und Trübsalen begleitet, so halte ich es für ein gutes Gebet, wenn ich dadurch demütiger werde. Denn jenes Gebet ist nach meiner Ansicht das bessere, durch das ich Gott wohlgefälliger werde.

Man soll ja nicht glauben, daß einer, der leidet, nicht betet; er betet, sofern er seine Leiden dem Herrn aufopfert. Ja oft betet er weit besser als jener, der in seiner Einsamkeit sich den Kopf zerbricht und meint, er besitze das wahre Gebet, wenn er sich einige Tränen ausgepreßt hat. [214]

TERESA VON AVILA

Es geschieht, daß jemand eben niedergekniet ist und sein Herz schon als erfüllt von göttlicher Wirkkraft erfährt, daß seine Seele sich im Herrn erfreut wie die Braut am Bräutigam. Das hat bereits der große Jesaja gesagt: »Wie der Bräutigam seine Wonne an der Braut hat, so wird dein Gott an dir seine Wonne haben« (62,5). Manchmal kann ein solcher Mensch den ganzen Tag beschäftigt sein, dann sich nur eine Stunde dem Gebet zuwenden und doch innerlich fortgetragen sein, aufgenommen in unendliche Tiefen des künftigen Weltalters. Ein geheimnisvolles und unfaßliches Entzücken ergreift ihn; sein Geist ist überwältigt, ganz aufgehoben und hinweggerafft; und sein Herz vergißt indes alle irdische Sorge. Denn seine Gedanken sind, wie gesagt, erfüllt und gefesselt von zahllosen unbegreiflichen Dingen. Es geschieht in jener Stunde durch das Gebet, daß dem Menschen mit seinem Beten die Seele hinweggetragen wird. [215]

PSEUDO-MAKARIOS

Und lasset uns beten und folgendermaßen sprechen: Gewähre mir, mein Herr, in deiner Gnade, daß mein Geist sich mit deiner Majestät unterhalte, in jenem Gespräch, das nicht von der Stimme des Leibes geformt und nicht von der Zunge von Fleisch ausgesprochen wird.

Sondern gewähre mir, daß ich dich im Schweigen preise, Schweigsamer, der du in unaussprechlichem Schweigen gepriesen wirst.

Gewähre mir, mein Herr, einen Mund von Feuer und eine einfaltige Zunge von Licht, damit ich durch sie dich, Christus, preise, der du in glorreichem Lichte wohnst, das niemand sieht und dem sich niemand zu nahen vermag.

Ich bitte dich, Sproß des Vaters und Abglanz seines Wesens, beraube mich nicht in dieser Stunde jener Liebe und jener Zärtlichkeit, in der die Seelen deiner Heiligen lodern, um mich mit dir in untrennbarer Einheit zu vereinen.

Würdige mich in deiner Gnade, daß ich mit den Ohren meiner Seele jene furchterregende Stimme der erhabenen Heerscharen vernehme, die deine Majestät feiern. Und gewähre mir, daß ich den Gesang und die Preisung höre, die in dieser Stunde von dem Geist der Heiligen vernommen wird. [216]

JAUSEP HAZZAYA

Das Gebet bewirkt, daß der Mensch mit sich zufrieden ist, und es macht den besonnen und milde, der früher friedlos und von Mühsal beladen war. Das Gebet vereinigt die Seele mit Gott, denn obwohl sie immer ihrer Natur und ihrem Wesen gemäß Gott ähnlich ist, so ist sie in ihrer Beschaffenheit doch Gott unähnlich, wenn der Mensch zu seinem Teil dies durch Sünde bewirkt. Dann aber, wenn die Seele will, wie Gott will, vermag das Gebet die Seele Gott ähnlich zu machen, und dann ist sie Ihm in ihrer Beschaffenheit so ähnlich, wie sie es der Natur nach ist. Und deshalb lehrt Er uns beten und innig darauf vertrauen, daß wir erhalten, um was wir beten; denn alles, was geschieht, würde ja auch geschehen, wenn wir nie darum beteten. Aber die Liebe Gottes ist so mächtig, daß Er uns zu Teilhabern an allem Guten macht, was Er wirkt. [217]

JULIANA OF NORWICH

Das Geheimnis des Gebets vollzieht sich nicht in der Begrenzung von Zeit und Raum. Schränkst du das Gebet nach Stunde, Augenblick und Örtlichkeit ein, dann widmest du die übrige Zeit anderen Geschäften, unnützen Tätigkeiten. Zweck des Gebets ist, den Geist unbewegt auf Gott auszurichten; sein Werk, die Seele dem Göttlichen zuzuwenden; sein Ziel, das Erkenntnisvermögen mit Gott zu verbinden, so daß es nach dem Wort des Apostels (vgl. 1 Korinther 6,17) mit ihm ein Geist wird. [218]

Niketas Stethatos

Gebet und Denken an Gott, das sind gleichwertige Dinge. Du kannst Dich bewegen oder etwas machen und gleichzeitig an Gott denken, und das ist ebenfalls Gebet.

Versuche, niemand zu verurteilen und gegen niemand Feindseligkeit zu empfinden, sonst ist Dein Gebet ohne Sinn. [219]

Ioann von Valamo

So laßt uns voranschreiten, ganz aufmerksamen Herzens und ganz wachsamer Seele. Denn wenn Achtsamkeit und Gebet täglich zusammengehen, dann werden sie wie Elijas feuriger Wagen (vgl. 2 Könige 2,11); wen sie tragen, den führen sie zum Himmel empor. Was will ich damit sagen? Wer einen Zustand geistiger Nüchternheit erreicht hat oder zu erlangen versucht, dem erwächst im seligen Herzen ein geistlicher Himmel, mit Sonne, Mond und Sternen; denn durch das geheimnisvolle Betrachten und Aufsteigen wird dieses Herz zum Raum für Gott, den doch nichts fassen kann. Wer nach Heiligkeit begehrt, soll daher mit aller Kraft den Herrn verherrlichen und aus ganzem Herzen Worte zu Taten werden lassen. [220]

Philotheos der Sinait

Die mystische Sprache

Tatsächlich ist das Gebet der einzig mögliche Weg, mein Herz zu reinigen und neuen Raum zu schaffen. Ich entdecke, wie wichtig jener innere Raum ist. Wenn er vorhanden ist, scheint es, daß ich viele Anliegen anderer Menschen darin aufnehmen kann, ohne bedrückt zu werden. Wenn ich jenen inneren stillen Ort spüre, kann ich für viele andere beten und eine sehr intime Beziehung zu ihnen empfinden. Dort scheint sogar Raum zu sein für die Tausende leidender Menschen in Gefängnissen und in den Wüsten von Nordafrika. Manchmal habe ich das Empfinden, als weite sich mein Herz aus von meinen Eltern, die in Indonesien unterwegs sind, zu meinen Freunden in Los Angeles und von den chilenischen Gefängnissen zu den Pfarreien in Brooklyn.

Jetzt weiß ich, daß nicht ich es bin, der betet, sondern daß der Geist Gottes in mir betet. Tatsächlich, wenn Gottes Herrlichkeit in mir wohnt, dann ist nichts zu weit entfernt, nichts zu schmerzlich, nichts zu fremd oder zu vertraut, als daß sie es nicht in sich aufnehmen und durch ihre Berührung erneuern könnte. Jedesmal, wenn ich die Herrlichkeit Gottes in mir erkenne und ihr Raum gebe, um sich mir zu offenbaren, kann ich alles Menschliche zu ihr bringen, und alles wird von ihr verwandelt. [221]

HENRI J. M. NOUWEN

Weil wir die Liebe für eine hinreichende Beschäftigung halten, haben wir uns die Mühe gespart, unsere Taten nach Gebet und Aktion zu klassifizieren. Wir finden, Gebet sei Aktion und Aktion Gebet; uns will scheinen, ein wahrhaft liebendes Tun sei ganz von Licht erfüllt.

Wir denken, daß, bevor es zur Tat kommt, die Seele wie eine Nacht ist, die aufmerksam dem kommenden Licht entgegenharrt. Und ist es da, ist der Wille Gottes klar verstanden, so lebt sie ihn sanft, gemächlich zusehend, wie ihr Gott sich in ihr regt und zu wirken anfängt. Uns scheint, Handeln sei ebenfalls ein Flehgebet. Wir haben nicht das Gefühl, die Tat nagle uns fest auf unserem Feld der Arbeit, des Apostolats oder Alltags.

Ganz im Gegenteil scheint die richtig vollbrachte Tat dort, wo sie von uns verlangt ist, uns der ganzen Kirche einzupfropfen, in ihren ganzen Organismus auszugießen, uns in ihr verfügbar zu machen. Unsere Füße schreiten auf einer Straße, aber unser Herz schlägt in der ganzen Welt. Darum einen auch unsere kleinen Taten, in denen wir nicht zwischen Gebet und Aktion unterscheiden können, die Liebe zu Gott und die zu den Brüdern vollkommen. [222]

MADELEINE DELBRÊL,

Die Synthese, die wir dringend brauchen und die in Lateinamerika im Entstehen ist, lautet Gebet *in* der Arbeit, *bei* der Arbeit und *durch* die Arbeit. Es geht also nicht mehr darum, hier zu beten und dort aktiv zu werden. Auch wäre es falsch, an ein Gebet zu denken, das vom konkreten Einsatz für die Befreiung der Unterdrückten losgelöst wäre. Die Lösung kann nur sein: Gebet *im* Prozeß der Befreiung, Begegnung mit Gott *in* der Begegnung mit den Brüdern und Schwestern. [223]

LEONARDO BOFF

Der Diensteinsatz für den Mitmenschen und die Solidarität mit seinen Befreiungskämpfen entspringen der Mitte des Gebetes, das an das Herz unseres Gottes rührt. Das Gebet bekräftigt den Glaubenden in der Überzeugung, im Armen und in der ganzen Klasse der Ausgebeuteten die sakramentale Gegenwart des Herrn zu sehen. Ohne das dem Glauben entspringende Gebet wird der Blick matt, bleibt an der Oberfläche haften und reicht nicht mehr bis an die mystische Tiefe, in der der Mensch die Gemeinschaft mit dem in den Verdammten, Erniedrigten und Beleidigten der Geschichte lebenden Herrn findet. [224]

LEONARDO BOFF

Der mystische Weg

Das Wort »Weg« kommt in der Bibel zuerst in Genesis 3,24 vor: »Er vertrieb den Menschen und stellte östlich des Gartens von Eden die Kerubim auf und das lodernde Flammenschwert, damit sie den Weg zum Baum des Lebens bewachten.« War dem paradiesischen Menschen der Ort des Lebens in Fülle allgegenwärtig, so muß der Mensch seit der Vertreibung aus dem Paradies einen Weg gehen, um den Ort wahren Lebens aufs Neue zu erlangen. Sein Leben ist nicht mehr selbstverständlich sinnerfülltes, gelingendes Leben. In einem langen Prozeß stufenweiser Annäherung muß er sinnvolles Dasein erst einmal lernen.

Angesichts der vielen Wege, die sich dem Menschen heute eröffnen, stellt sich die Frage nach dem richtigen Weg besonders dringlich. Wie findet man seine Berufung? Wie entdeckt man seinen persönlichen Lebensweg?

Die Geschichte der christlichen Spiritualität hat immer in großer Freiheit eine Vielzahl verschiedener Wege angeboten: Es gab Menschen, die Gott im Schweigen dienten, andere dienten ihm im Reden, wieder andere im Fasten und weitere im Genießen. Es gab Gottsucherinnen und Gottsucher, die in die Wüste gingen, und solche, die mitten in den Zentren großer Städte wohnten. Es gab Menschen, die zeitlebens umherzogen, und Menschen, die sich nie vom Fleck rührten. Manche traten in einen Orden ein, andere blieben Laien. Manche engagierten sich in Politik und Gesellschaft, andere eher in der Stille der Meditation. Jede Frau, jeder Mann, der mit Gott unterwegs ist, geht diesen Weg auf ihre/seine Weise. Aber nicht nur die geschichtliche und soziale Situation, auch die Talente und Kapazitäten sind dafür maßgeblich, wie der eigene Weg konkret aussieht. Ausschlaggebend ist vor allem die Neigung des Herzens, die einer inneren Stimme antwortet.

Wie aber schlägt man die Richtung dieser inneren Stimme ein? Bei der Suche nach dem richtigen Kurs bleibt der Mensch nicht sich selbst überlassen; Schritt für Schritt geht Gott vor ihm her und zeigt ihm den Weg: »Ihr sollt weder rechts noch links abweichen. Ihr sollt auf dem Weg gehen, den der Herr, euer Gott, euch vorgeschrieben hat, damit ihr Leben habt und es euch gutgeht« (Deuteronomium 5,32f). Auf dem Weg Gottes lädt jeder Ort zum Leben ein, jede Stelle ist von Gottes schöpferischer Gastfreundschaft vorbereitet, denn Gott hat den Menschen erwählt, um ihn zu lieben und zu segnen (vgl. Deut 7,6.13). Gottes Schritt scheidet zwischen dem einen rechten und den unzähligen falschen Wegen. Mit jedem Tritt in Gottes Spur läßt der Mensch sich aus der Enge seiner eigenen Pfade, der Selbstbehauptung und Selbstverhaftung seiner eigenen Fußstapfen, dem Netz seiner eigenen Konstruktionen und Pläne herausholen und in die Weite der göttlichen Bewegung hineinnehmen. Menschen meinen oft, ihren Platz im Leben behaupten zu müssen. Wer auf Gottes Spuren geht, wird an jedem Ort in Liebe willkommen geheißen: Er wird erwartet in einer Offenheit, in der er sein darf, wie er ist.

Nicht die äußere Erscheinungsform des Weges ist entscheidend. Es kommt vielmehr auf die innere Bewegung an, auf ein Bewegt-Werden von göttlicher Liebe. Wenn das Herz den Weg wählt, zu dem es in Liebe hingezogen wird, stimmt die Richtung.

Eine lange, verschlungene, lebendige Liebesgeschichte zwischen Gott und dem Menschen zieht sich als roter Faden durch die Tradition christlicher Spiritualität; ihr Herzstück ist die Liebe »aus ganzem Herzen, mit ganzer Seele und mit ganzer Kraft« (vgl. Deut 6,5). Der Weg des Menschen ist ein Umspielen dieser Liebe in Sehnsucht: »Weise mir, Herr, deinen Weg; ich will ihn gehen in Treue zu dir« (Psalm 86,11) und Aufmerksamkeit: »Du zeigst mir den Pfad zum Leben« (Psalm 16,11).

Wer diesen Weg geht, er-fährt den lebendigen Gott und gleichzeitig seine eigene menschliche Berufung. In der Anziehungskraft göttlicher Liebe lernt der Mensch, Irrwege loszulassen, neue Aufbrüche zu wagen, neue Dimensionen des Lebens zu erkunden. Ein neues Leben deckt sich ihm auf. Ungeahnte Möglichkeiten, die er sich selbst nie hätte ausdenken können, geben seinem Leben eine völlig neue Perspektive. Es entsteht Raum, in dem er sich mit seiner tiefsten Sehnsucht entfalten kann, in dem seine Talente aufblühen können und er ganz zu dem werden kann, als der er geschaffen wurde. So wird ihm klar: »Vollkommen ist Gottes Weg, das Wort des Herrn ist im Feuer geläutert. Ein Schild ist es für alle, die sich bei ihm bergen« (Psalm 18,31).

Gottes Weg besteht im Eigentlichen aus Worten der Liebe: dem schöpferischen Ruf ins Leben und der bewahrenden Weisung zum Leben in Fülle. Dies ist der Weg, der alle anderen Wege übersteigt (vgl. 1 Korinther 12,31). Seinen Höhe- und Zielpunkt erreicht dieser Weg im menschgewordenen Wort Jesus Christus. Was der alte Adam verloren hatte, hat der neue Adam wiedergefunden: das Leben im Schoß des Schöpfers. Weil er seinen Weg ganz in Gottes Weisung zu Ende gegangen ist, gab es für Christus keinen Unterschied mehr zwischen Gottes Weg und seinem eigenen. Er selbst wurde Gottes lebendiger Weg und somit identisch mit der göttlichen Liebesspur. Nur durch diese völlige Übereinstimmung zwischen Gott und dem Menschen kann das Ziel des Weges erreicht werden: der Vater. Darum konnte Christus von sich sagen: »Ich bin der Weg, die Wahrheit und das Leben; niemand kommt zum Vater außer durch mich« (Johannes 14,6).

Wie Christus ist jeder Mensch dazu berufen, seinen Weg in aufmerksamer Übereinstimmung mit Gottes Weg zu gehen. Das ist nur möglich, wenn der Mensch seinen selbstgewählten Weg losläßt und sich statt dessen von Gott in die Bewegung der Liebe erwählen läßt. Wenn der Mensch diesen Ruf in aller Konsequenz bejaht, hat sein eigener Weg ein Ende und kann er bei Gott ein Leben maßloser Erfüllung genießen.

Christus ist das enge Tor (vgl. Matthäus 7,13f), durch das Christen ihm zum Vater nachfolgen. Das Tor ist deshalb eng, weil es in Christus nichts mehr gibt, das zwischen Gott und dem Menschen steht: Göttliches und menschliches Leben ist in ihm zu einem einzigen Leben verschmolzen. Der Weg dahin ist schmal, und nur wenige finden ihn, weil es hier auf jeden Millimeter ankommt. Durch jeden Fehltritt und jedes Stagnieren in der Liebe kann das enge Tor verfehlt werden, in das der Weg der Nachfolge einmünden soll.

In der christlichen Spiritualität ist der Weg des liebenden Menschen sehr treffend als eine Spirale beschrieben worden, die sich in der Höhe oder der Tiefe auf ihr Zentrum zubewegt, das Gott ist. Manchmal wird dieses Zentrum berührt, ohne daß der Mensch begreifen kann, wie dies möglich ist. Dann bricht mitten auf dem Weg das Ziel bereits bruchstückweise durch. Die Erfahrung purer Liebe, d. h. einer Liebe, die nicht mehr mit eigennützigen Motiven vermischt ist, ist in solch seltenen Augenblicken bereits möglich, auch wenn der Mensch unterwegs bleibt, solange er lebt. Nicht mit Willenskraft und aufgrund eigener Leistungen wird das Ziel erreicht, sondern es ist eigentlich umgekehrt: Das Ziel erreicht den Menschen, wenn dieser sich ganz von der göttlichen Liebesbewegung einholen läßt. Wann und wie das genau geschieht, kann der Mensch mit den Mitteln seiner Logik weder begreifen noch planen, denn »unergründlich sind seine Entscheidungen und unerforschlich sind seine Wege« (Römer 11,33).

Klassisch beschreibt die Tradition christlicher Spiritualität den Weg in drei Strängen – den der *Läuterung*, den der *Erleuchtung* und den der *Vereinigung* – oder drei Aspekten – den der *Anfänger*, den der *Fortgeschrittenen* und den der *Vollkommenen*. Manche Autoren teilten den Weg in viele Phasen ein und bauten die Wegelehre mit vielen Einzelheiten weiter aus. Im Grunde ging es dabei nie so sehr um Wegstrecken, die man der Reihenfolge nach durchschreitet, sondern vielmehr um ein und dieselbe Liebesbewegung, die in den verschiedenen Phasen jedoch in unterschiedlicher Intensität erfahren wird. Immer beginnt der Weg mit einer Hinwendung, einem ernsthaften Sich-Einlassen auf das Bewegt-Werden zur Liebe. Er setzt sich fort mit einer immer weiterreichenden Umformung aller Impulse der menschlichen Seele zu Liebesimpulsen. Und er erreicht sein Ziel in einer völligen Überformung des ganzen Menschen in Liebe, so daß er kein anderes Leben mehr hat als das Leben in Liebe mit Gott.

Der Weg des Menschen zu Gott hin soll im folgenden in der Dynamik der drei genannten Abstufungen näher betrachtet werden: (1) einer fundamentalen *Hinwendung*, (2) einer wachsenden *Umformung* und (3) einer dauerhaften *Überformung* in Liebe.

(1) Die *Hinwendung* zu Gott ist nur möglich, wenn der Mensch sich von allen äußeren Reizen losmacht, die seine Sinne in tausenderlei Dingen gefangenhalten und in alle Richtungen zerstreuen. Nur wenn er lernt, seine Sinne einzuziehen und nach innen hin zu öffnen, kann er in der Tiefe seines Herzens den Weg entdecken, der wirklich zu Gott führt. Es kostet Mühe, im eigenen Herzen Orientierung zu finden und von hieraus seine Wanderung zu beginnen. Dem Geduldigen tut sich allmählich ein Innenraum auf, der ihn ganz unmittelbar in Kontakt bringt mit sich selbst und mit Gott. Alle Meisterinnen und Meister des Weges betonen, daß der Mensch hierbei wohlwollend und mild sich selbst gegenüber sein soll und sich nicht gleich zu Beginn so verausgaben darf, daß das ganze Unternehmen gefährdet wird.

(2) Der Mensch möchte seine innere *Umformung* so gern über angenehme Gefühle inniger Gottesnähe und über ein spürbares Weiterkommen mit seinen menschlichen Fähigkeiten und Kapazitäten erreichen. Die Realität des geistlichen Weges sieht jedoch anders aus. In der Regel kann der Mensch sich den Innenraum seiner Seele nur dann ganz zu eigen machen, wenn sich sein Machen und Können verdunkelt. Solange man durch eigene Leistungen selbst den Sinn seines Lebens fabrizieren will, kann man in allem nichts anders erfahren als seine eigene Aktivität. Der christliche Weg will aber in die Begegnung führen, und Begegnung ist nur dann möglich, wenn der Mensch sich

selbst läßt und offen wird für den anderen. Das Loskommen von sich selbst meint ein Abschiednehmen von jedem Versuch, das Leben nach eigenen Vorstellungen in den Griff zu bekommen und zu manipulieren. Wenn der Mensch jedoch seine Seele betritt wie eine Wüste, dann gibt es nichts mehr, was ihn noch vom Du des anderen ablenkt. Dann wird sein Weg mit Gott sozusagen zum Geburtskanal. In Schmerzen wird das alte Leben egozentrischen Kreisens um sich selbst, um seine eigenen Möglichkeiten und Wünsche losgelassen, und die Hände werden offen und frei, das neue Leben der selbstlosen Liebe von Gott zu empfangen.

(3) Wenn das enge Tor der neuen Geburt und Überformung in göttliche Liebe durchschritten ist, gelangt der Mensch in eine *überwältigende, unbegrenzte Weite*. Im Licht der göttlichen Liebe sieht er sich selbst und die Dinge nun mit Gottes Augen. Leben wie Gott lebt in der Teilhabe an seiner schöpferischen und bewahrenden Liebe – das ist alles, was er noch weiß. Sein natürlicher Egozentrismus ist gestorben; in völliger Selbstvergessenheit dreht sich sein Leben jetzt nur noch um Gott. Er ist ganz in Gott eingegangen und all das geworden, was Gott ist.

Dieser Weg kann nicht unverbindlich gegangen werden. Man kann Gott nicht ausprobieren wie einen beliebigen Konsumartikel. Wer in die Anziehungskraft dieses Weges gerät, spürt im Innersten, daß jede Zwiespältikeit den nächsten Schritt blockiert. Man kommt nur weiter, wenn man Schritt für Schritt bereit ist, immer umfassender Ja zu sagen zu allen Konsequenzen, die der Ruf der Liebe erforderlich macht.

Eine fundamentale Hinwendung

Wer absichtlich in die Sonne schaut, füllt notwendig die Augen im Übermaß mit Licht; wer sich immer dem Bereich seines Herzens zuwendet, muß erleuchtet werden. [225]

HESYCHIOS DER SINAIT

Der umsichtige Landmann pflügt seinen Acker und reinigt ihn zuerst von Dornen, dann sät er das Saatgut. Wer den Samen der Gnade von Gott zu empfangen trachtet, soll ebenso zunächst den Acker seines Herzens reinigen, so daß die Saat des Heiligen Geistes, wenn sie dort eindringt, eine volle, üppige Ernte erbringt. Wenn er nicht so beginnt, sich nicht zuerst von jeder Befleckung des Fleisches und Geistes reinigt (vgl. 2 Korinther 7,1), dann ist er noch Fleisch und Blut, fern vom wahren Leben (vgl. 1 Kor 15,50). [226]

PSEUDO-MAKARIOS

Weine,
wenn du kannst,
weine,
doch klage nicht.
Dich wählte der Weg –
und du sollst danken. [227]

DAG HAMMARSKJÖLD

Wie ein entmilchtes Kind nach seiner Mutter weint:
So schreit die Seel' nach Gott, die Ihn alleine meint. [228]

ANGELUS SILESIUS

Die Menschheit ist die Milch, die Gottheit ist der Wein:
Trink Milch mit Wein vermischt, willst du gestärket sein. [229]

ANGELUS SILESIUS

Die Zunge eines unersättlichen Menschen ist wie ein Tentakel nach allen eßbaren Dingen der Welt ausgestreckt; die Augen eines Neugierigen sind wie Tentakel nach allem um ihn herum ausgeworfen und hängen daran fest; die Ohren eines Lauschers werden lang und weit und stehen für die weite Umgebung offen. Wenn du dich selbst so darstellst, würdest du sehen, daß nur ein ganz kleiner Teil deiner selbst in dir zurückgeblieben ist, denn alles ist nach außen gerichtet. So ist das erste, was man tun muß: seine Tentakel losmachen und einziehen. Du kannst den Weg nach innen nicht gehen, wenn du völlig nach außen gekehrt bist. [230]

ANTHONY BLOOM

Wenn du dir genau überlegst, wie du lebst, dann wirst du sehr schnell entdecken, daß wir beinahe nie von innen nach außen leben. Statt dessen antworten wir dem einen Reiz nach dem andern. Mit anderen Worten: Unser Leben ist eine Aneinanderreihung von Reflexen und Reaktionen. Es geschieht etwas und wir reagieren darauf, jemand sagt etwas und wir antworten darauf. Wenn wir aber in eine Situation hineingeraten, in der uns nichts anregt zu denken, zu sprechen oder zu tun, dann verstehen wir, daß es in uns nur sehr wenig gibt, daß uns zum Handeln bewegt, in welche Richtung auch immer. Das ist wirklich eine sehr dramatische Entdeckung. Wir sind offensichtlich völlig leer, wir handeln nicht von innen heraus, sondern akzeptieren ein Leben, das uns in Wirklichkeit von außen aufgedrängt wird, als das unsrige. [231]

ANTHONY BLOOM

Ich suchte dich, mein Gott – ich bekenne es dir, der du dich mein
erbarmtest, eh ich noch bekannte –, nicht mit der Klarheit des Geistes,
die uns nach deinem Willen über die vernunftlosen Tiere erheben soll,
sondern mit fleischlichem Sinne. Doch du warst innerlicher als mein
Innerstes und überragtest meine höchste Höhe. [232]

AURELIUS AUGUSTINUS

Im Anfang erfreuen wir uns nur, um es so zu sagen, an einem Schatten
seiner Herrlichkeit... Der Fortschritt ist immer von dieser Art, daß
man anfangs wenigstens im Schatten der Tugenden stehen möchte.
Ich glaube, daß deshalb auch die Geburt Jesu vom Schatten her begonnen hat, dann aber nicht im Schatten, sondern in der Wahrheit vollendet wurde. Es heißt: ›Der Hl. Geist wird über dich kommen und die
Kraft des Allerhöchsten dich überschatten‹ (Lukas 1,35). Die Geburt
Christi nahm vom Schatten ihren Ursprung. Nicht nur in Maria
begann seine Geburt vom Schatten, sondern auch in dir wird Gottes
Wort geboren, wenn du würdig wirst. Bereite dich also, daß du seinen
Schatten empfangen kannst. [233]

ORIGENES

Wenn der Mensch deshalb auf sich selbst zurückfällt, aus allen
geträumten Wolken und selbstgewölbten Firmamenten auf die nackte
Armut seines Wesens, wenn hinter allen Masken sein entblößtes Herz
erscheint, dann zeigt sich, daß er ›von Natur aus‹ religiös ist, daß Religion die geheime Mitgift seines Wesens ist: Es enthüllt sich in der
Mitte seines Daseins jene re-ligio, jene ›Bindung‹ des Menschen an das
ihn unendlich übersteigende Geheimnis Gottes, jenes unendliche
Interesse für das Absolute, durch das er gerade dauernd sich selbst
genommen und deshalb für sich unendlich arm ist. Im Herzgrund seiner Existenz waltet jene ›transzendentale Bedürftigkeit‹, die alle seine
Bedürfnisse, Wünsche und Sehnsüchte weckt und trägt, in ihnen sich

auslegt, ohne sich doch in ihnen zu erschöpfen. Die vielmehr jede erworbene Erfüllung in ihrer Vorläufigkeit schmerzlich entlarvt, für die es kein ›Ja‹ und ›Amen‹ unter dem Himmel gibt, sondern die den Menschen in jener Unruhe und Unheimlichkeit des Herzens hält, die im letzten Atem erst verweht, in jener ungetrösteten ›Armut‹, die allein ›das Himmelreich‹ selig zu erfüllen weiß (vgl. Matthäus 5,3).

Diese Unendlichkeit seiner Wesensarmut ist der einzige angestammte Reichtum des Menschen. Er existiert als unendliche Bedürftigkeit, denn er besitzt seine gesammelte Inständigkeit, seine unversehrte Wesensganzheit und Wesenshelle nicht von sich selbst her, sondern vom unverfügbaren Geheimnis des unendlichen Gottes her. In ihn hinein ist er sich selbst verborgen. Er ist das ekstatische Wesen, und seine Mensch-Werdung nichts anderes als das wachsende Sicheinlassen auf diese Ekstase seines Seins und damit das hörsame Aufkommenlassen und gehorsame Bejahen der totalen Angesprochenheit und Verfügtheit, der unentrinnbaren Betroffenheit seiner Existenz durch das Geheimnis Gottes. [234]

JOHANNES BAPTIST METZ

Wer sagt ›Ziehe mich‹, hat etwas, was er will, und hat etwas, was er nicht kann. Die menschliche Natur will Gott folgen; aber überwunden von der Gewohnheit der Schwäche, vermag sie nicht zu folgen, so wie sie soll. Sie sieht also, daß etwas in ihr ist, wohin sie strebt, etwas, was sie nicht vermag; und richtig sagt sie ›Ziehe mich‹. Wie einer, der wollte, aber nicht konnte, so hatte sich Paulus gesehen, als er sagte: ›Mit dem Geist diene ich dem Gesetz Gottes, mit dem Fleisch aber dem Gesetz der Sünde‹ (Römer 7,25), und ›Ich sehe ein anderes Gesetz in meinen Gliedern, das gegen das Gesetz meines Geistes kämpft‹ (Röm 7,23). Weil also in uns das eine ist, das uns anspornt, und das andere, das uns zurückhält, laßt uns sagen: ›Ziehe mich.‹ [235]

ORIGENES

Ich mag mich auf der Welt in keiner Kunst so üben,
Als wie ich meinen Gott aufs innigste soll lieben. [236]

ANGELUS SILESIUS

Dies ist die wahre Verfassung eines vollkommenen Liebhabers: Für denjenigen, den er liebt, entäußert er sich ganz und gar seiner selbst und duldet es nicht, daß er in etwas anderes gehüllt wird als in den Geliebten, und dies nicht nur für kurze Zeit, sondern um endlos in ihm gehüllt zu sein in einem vollständigen und endgültigen Vergessen seiner selbst. So wirkt die Liebe, doch niemand kann es wissen außer derjenige, der es erfahren hat ...

Wenn du daher in der Schau merkst, daß das, was du siehst und erfährst, du selbst bist und nicht Gott, soll dir das leid tun, und du sollst von Herzen danach verlangen, Gott zu erfahren ... Wenn du dann so heftig verlangst – nicht danach, nicht zu sein, denn das wäre Wahnsinn und Bösartigkeit gegenüber Gott, sondern auf Wissen und Fühlen deines Seins zu verzichten (das jedoch immer bleiben muß, um die Liebe Gottes, so wie sie hier sein kann, vollkommen zu erfahren) – und wenn du siehst und fühlst, daß du, wie eifrig du auch bist, keineswegs (außer manchmal für kurze Zeit, wenn Gott dich den Überfluß seiner Liebe fühlen lassen will) näher an dein Ziel kommst, weil dich das nackte Gefühl deines blinden Seins immer bedrückt, indem es zwischen dir und Gott steht ... – dann wirst du erfahren, welch schwere und schmerzliche Last du für dich selbst bist ... Dann bist du für dich selbst ein Kreuz ... So kannst du sehen, daß es dir angemessen ist, unter Tränen auf das Fühlen deiner selbst zu verzichten und in Schmerzen die Last deiner selbst wie ein Kreuz zu tragen, bevor du mit Gott vereint werden kannst in einem geistlichen Gefühl von Ihm, der die vollkommene Liebe ist. [237]

THE BOOK OF PRIVY COUNSELLING

Oh, erbärmliche Sünde, was bist du? Du bist nichts. Denn ich sah, daß Gott alles ist, und dich sah ich nicht, und als ich sah, daß Gott alle Dinge gemacht hat, sah ich dich nicht, und als ich sah, daß Gott in allen Dingen ist, sah ich dich nicht, und als ich sah, daß Gott alles wirkt, was gewirkt wird, sei es groß oder klein, sah ich dich nicht. Und als ich unseren Herrn Jesus so voll Würde in unserer Seele sitzen sah und alles das lieben und gutheißen und beherrschen und ordnen, was Er gemacht hat, sah ich dich nicht. Und so bin ich sicher, daß du nichts bist. [238]

JULIANA OF NORWICH

»Eia, minnende Seele, willst du wissen, wie dein Weg sei?«

»Ja, lieber Heiliger Geist, lehre es mich!«

»Wenn du hinauskommst über den Schmerz der Reue und über die Härte der Beichte und über die Mühe der Buße und über die Liebe der Welt und über die Versuchung des Teufels und über die Lockungen des Fleisches und über den verwünschten Eigenwillen, der viele Seelen so sehr zurückzieht, daß sie nie zur wahren Liebe kommen, und wenn du deine meisten Feinde niedergeschlagen hast, dann bist du so müde, daß du sprichst: ›Schöner Jüngling, ich sehne mich nach dir, wo soll ich dich finden?‹ Dann spricht der Jüngling:

›Ich höre eine Stimme,
die klingt wie von Minne.
Ich warb um sie seit vielen Tagen,
nie wollte die Stimme mir etwas sagen.
Nun bin ich bewegt,
ich muß ihr entgegen!
Es ist jene, die Kummer und Minne miteinander erträgt.‹« [239]

MECHTHILD VON MAGDEBURG

Die Sanftmut findet eine gute Anwendung uns selbst gegenüber. Denn wir sollen auch gegen uns selbst nicht heftig und bitter sein. Wenn es auch ganz in der Ordnung ist, daß wir uns über unsere Fehler betrüben, so sollen wir doch keine Bitterkeit, keine ärgerliche, verdrießliche Stimmung darüber in uns aufkommen lassen ...

Wie der Vater bei seinen Kindern mehr durch herzlichen Zuspruch als durch heftige Ausfälle des Zornes erreicht, so ist es auch mit der Behandlung unseres Herzens. Wenn wir einen Fehler begangen haben und machen uns einen sanften, gerechten Vorwurf, indem wir menschlich mit unserer Schwäche rechnen und uns zur Besserung mehr ermutigen als mit Ingrimm hetzen, so wird ein solches Bedauern und solche Reue viel tiefer ins Herz dringen, als es durch heftige Bitterkeit geschehen könnte ...

So meine ich, sollst du es machen, Philothea. Bist du in einen Fehler gefallen, so richte dein Herz mit freundlichem Zuspruch auf, verdemütige dich vor Gott in der Erkenntnis deiner Schwäche und deines Elends und sei nicht verwundert, daß du nicht ohne Fehler bist! Es ist doch schließlich kein Wunder, daß die Schwachheit schwach und das Elend elend ist! Wohl sollst du Mißfallen haben an der Beleidigung Gottes, aber mit gutem Mut und Vertrauen sollst du dich Gottes Barmherzigkeit überlassen. So geht alles viel leichter. [240]

FRANZ VON SALES

Nun möchte man fragen: Wie steht es um einen solchen Menschen, der nach Möglichkeit diesem wahren Licht zuweilen nahekommt?

Ich spreche fürwahr: Es wird nimmer recht gesagt, denn der es nicht ist, der kann es nicht verstehen noch wissen. Der es aber ist, der weiß es allein, aber er kann es nicht sagen, denn es ist unaussprechlich.

Darum wer es wissen will, der halte sich mit ganzem Fleiße so, daß er es werde, so wird er erkennen und finden, was nie eines Menschen Mund aussprach. Doch glaube ich, daß eines solchen Menschen Weise und äußerer Wandel also frei stehe: Was sein muß und soll, das mag wohl damit bestehen. Aber was nicht sein muß und soll, sondern ein bloßes Wollen ist, das kann nicht bestehen.

Aber mancher Mensch macht sich selbst viel Soll- und Mußsein[1], das doch falsch ist. Das merket[2] hierbei. Denn treiben den Menschen seine Hoffart, Geiz und andere Untugend und Bosheit dazu, etwas zu tun oder zu lassen, so spricht er: Es muß und soll sein. – Treiben ihn der Leute Gunst, Liebe, Freundschaft oder Feindschaft und seines Leibes Lust und Begierde irgendwie zu oder ab, so spricht er: Es soll und muß sein.

Sieh, das ist alles falsch! Hätte der Mensch kein anderes Muß- oder Sollsein als das, wozu ihn Gott und die Wahrheit weist und treibt, er hätte zuweilen weniger zu schaffen und zu tun als jetzt. Denn gar viele Unruhe und Anfechtung macht sich der Mensch selber, der er wohl überhoben wäre. [241]

THEOLOGIA DEUTSCH

Es kann niemand an einem Tage vollkommen werden. Der Mensch soll sich zuerst seiner selbst ganz verleugnen und alle Dinge willig durch Gott lassen und soll seinen eigenen Willen und alle natürliche Neigung aufgeben und sich gänzlich läutern und reinigen von allen Untugenden und Sünden. Danach soll man demütig auf sich nehmen das Kreuz und soll Christus nachfolgen.

Man soll auch Vorbild und Unterschied, Weise, Rat und Lehre annehmen und empfangen von den andächtigen und vollkommenen Dienern Gottes und nicht folgen seinem eigenen Kopfe. So mag es Bestand haben und zu einem guten Ende kommen.

Und wenn der Mensch also durchbricht und überspringt alle zeitlichen Dinge und Kreaturen, so mag er danach in einem beschaulichen Leben vollkommen werden. [242]

THEOLOGIA DEUTSCH

1   eigene Norm   2   beachtet

Deshalb, du geistlich bemühter Mensch, wenn du dein Streben verdunkelt, deine Neigungen trocken und bedrängt und deine Seelenvermögen zu jeder inneren Übung unfähig erlebst, soll dir's darum nicht leid sein, sondern halte es für ein gutes Geschick; jetzt ist es so weit, daß Gott beginnt, dich von dir selbst zu befreien, indem er dir deine Habe aus den Händen nimmt. Selbst wenn diese dir noch so gut zu Diensten stünden, würdest du mit ihnen wegen ihres Nichtgeläutertseins und ihrer Ungeschicktheit nicht so zutreffend, vollkommen und sicher wirken wie jetzt, da Gott dich an der Hand nimmt und dich wie einen Blinden im Dunkeln führt, wo und wohin du nicht weißt; noch gelänge es dir, mit deinen Augen und Füßen deine Wege zurückzulegen, so gut sie auch gehen würden.

Ein anderer *Grund*, warum der Mensch, wenn er so im Dunkeln geht, seinen Weg nicht nur sicher zurücklegt, sondern auch noch mehr Gewinn und Fortschritte macht, ist, daß er in aller Regel Ansätze zu Besserung und Fortschritten dort macht, wo er es am wenigsten versteht. Vielmehr denkt er im allgemeinen verlorenzugehen; denn da er dieses Neue, das ihn aus seiner ersten Vorgehensweise herausholt, blendet und verwirrt, noch niemals erprobt hat, glaubt er eher verlorenzugehen, als Schritt für Schritt vorwärtszukommen und Gewinn zu haben. Denn er sieht, daß ihm das, was er wußte und schmeckte, verlorengeht, und sieht sich dahin gehen, wo er nichts weiß und nichts schmeckt.

So geht ein Reisender, um in neues, unbekanntes Land zu gelangen, von dem er keine Erfahrung hat, auf neuen, unbekannten und noch nicht erprobten Wegen und läßt sich unterwegs nicht von seinen früher gesammelten Kenntnissen führen, sondern zweifelnd von den Aussagen anderer. Dabei ist klar, da er nicht in neues Land gelangen noch mehr wissen kann, als er vorher wußte, wenn er sich nicht auf neue, noch unbekannte Wege begibt und die bekannten verläßt. Genauso geht auch einer, der in einem Handwerk oder einer Kunst nach und nach mehr Einzelheiten wissen will, immer im Dunkeln, aber nicht deswegen, was er bereits wußte; denn wenn er das nicht hinter sich ließe, würde er nie aus ihm herauskommen, noch weitere Fortschritte machen. Auf dieselbe Weise geht auch der Mensch, der nach und nach Fortschritte macht, im Dunkel und Nichtwissen. Da nun aber, wie wir gesagt haben, Gott der Lehrmeister und Führer dieses Blinden, nämlich des Menschen ist, kann er, da ihm das von uns hier Gesagte schon verständlich geworden ist, sich wirklich freuen und sagen: »Im Dunkeln und sicher«. [243]

JOHANNES VOM KREUZ

Den Weg zu betreten heißt, auf diesem Weg: den eigenen Weg zu lassen, oder besser gesagt: ans Ziel zu kommen. Und die eigene Weise zu lassen heißt: in das einzutreten, was keine Weise hat, d. h. in Gott. [244]

JOHANNES VOM KREUZ

Die Sonn' erreget alles, macht alle Sterne tanzen,
Wirst du nicht auch bewegt, so gehörst du nicht zum Ganzen. [245]

ANGELUS SILESIUS

Mein Herr und mein Gott! Sei gelobt und gepriesen, denn große Freude wird dem Menschen, weil er sich im Sein erkennt und nicht des Seines beraubt. Ja, wir dürfen uns freuen, denn unsere fünf Sinne versichern uns, daß wir im Sein sind. Wir haben Augen, die sehen, Ohren, die hören, eine Nase, die Gerüche wahrnimmt, einen Mund, der sich des Geschmackes freut, und eine Haut, die fühlt.

O wahres Licht, Glanz der Gerechtfertigten! Wenn die Menschen mit Freude und Gefallen die belaubten Bäume voller Blüten und Früchte betrachten, wenn ihr Blick über Ufer und Wiesen und Wälder schweift: Wie viel größer muß dann erst die Freude sein, wenn sie erkennen, daß sie im Sein sind. Denn wie sehr muß, wen schon äußere Schönheit erfreut, die Schönheit im Innern beglücken.

Und du, Herr, der du mir schon so viel Freude ins Herz gelegt hast:
Laß sie meinen ganzen Leib durchströmen! Laß mein Angesicht, den
Mund, die Augen, meine Hände, alle meine Glieder freudeerfüllt sein.
[246]

Ramon Llull

Eine wachsende Umformung

Die längste Reise
ist die Reise nach innen.
Wer sein Los gewählt hat,
wer die Fahrt begann
zu seiner eigenen Tiefe
(gibt es denn Tiefe?) –
noch unter euch,
ist er außerhalb der Gemeinschaft,
abgesondert in eurem Gefühl
gleich einem Sterbenden
oder wie einer, den der nahende Abschied
vorzeitig weiht
zu jeglicher Menschen endlicher Einsamkeit. [247]

Dag Hammarskjöld

Zwar war Franziskus schon längst ein Wohltäter der Armen, doch von
jetzt an beschloß er noch fester in seinem Herzen, keinem Armen, der
ihn an des Herrn Statt bitte, fernerhin etwas abzuschlagen ... So hatte
ihn die göttliche Gnade umgewandelt, obschon er noch weltliche
Kleider anhatte. Darum wünschte er, in irgendeiner Stadt zu sein, wo
er als Unbekannter seine eigenen Gewänder ausziehen, dafür die Klei-

der eines Armen anziehen und versuchen könne, um der Liebe Gottes willen selbst Almosen zu erbitten.

Es geschah aber, daß er eben damals eine Wallfahrt nach Rom unternahm. Als er die Kirche des heiligen Petrus betrat, sah er, wie kärglich die Spenden mancher Leute waren. Da sprach er bei sich: »Wenn man doch den Fürsten der Apostel hochherzig verehren muß, warum geben dann diese Leute da so kärgliche Spenden in der Kirche, wo sein Leib ruht?« Und so griff er in heiligem Eifer nach der Börse und zog sie heraus: Sie war gefüllt mit Geld. Dieses warf er durch die Öffnung des Altares und verursachte damit solchen Lärm, daß alle Herumstehenden über die hochherzige Spende in größte Verwunderung gerieten.

Er aber ging hinaus vor das Portal der Kirche, wo viele Arme um Almosen bettelten. Dort ließ er sich heimlich leihweise die Lumpen eines armen Mannes geben. Dann legte er seine Kleider ab, zog jene an, stellte sich auf die Stufen der Kirche zu den anderen Armen und bettelte auf französisch Almosen. Mit Vorliebe sprach er nämlich Französisch, obschon er es nicht richtig beherrschte.

Nachher zog er die Lumpen wieder aus, nahm wieder seine eigenen Kleider, kehrte nach Assisi zurück und bat demütig Gott, er möge ihm seinen Weg zeigen. Niemand enthüllte er sein Geheimnis, niemand zog er zu Rate in dieser Sache außer Gott allein, der ihm schon seinen Weg zu zeigen begonnen hatte, und bisweilen den Bischof von Assisi. Denn damals war bei niemandem die wahre Armut, die er mehr ersehnte als alles in dieser Welt; in ihr wollte er leben und sterben. [248]

Franz von Assisi

Also ging einst auch an Mose jenes erdürstete Antlitz vorbei, und so stand die Seele des Gesetzgebers immer im Außen dessen, worin sie war, folgend dem vorangehenden Wort. Denn wer wüßte nicht jene Aufstiege, die Mose vollzog, der immer Größere, niemals das Wachsen zu Höherem Hemmende? Er wuchs im Beginn, als er die Schmach

Christi dem Herrschertum Ägyptens vorzog, [...] wuchs wiederum, als er durch lange Zeit ein unumlärmtes Leben in der Weisheit der Wüste führte. [...] Dann wird er vom Feuer in den Dornen erleuchtet und entblößt dazu seine Sohlen von der toten Umhüllung. [...] Er befreit sein Volk aus dem Joch Pharaos, wird von der Wolke geleitet, spaltet das Meer, ertränkt den Tyrannen, süßt bitteres Wasser, läßt den Felsen fruchtbar werden, wird mit Engelspeise gesättigt, hört die Posaunen, besteigt den brennenden Berg, berührt den höchsten Gipfel, tritt ein in die Wolke, gelangt ins inwendige Dunkel, worin Gott ist, nimmt das Gesetz in Empfang, wird eine Sonne, unzugänglich den sich Nähernden, wenn sein Antlitz blitzstrahlt. Aber unersättlich hält ihn der Durst nach Mehr, und er fleht darum, das Antlitz Gottes zu sehen. Und dies trotz der Bezeugung der Schrift, er sei bereits des Umgangs von Angesicht gewürdigt worden. [...] Und Der die erbetene Gnade zu erfüllen versprochen, Der gesagt: ›Ich habe dich erkannt über alle andern hinaus‹, geht nun an ihm vorbei am göttlichen Ort im Felsen, vorbei an dem von der göttlichen Hand Überdeckten, so daß er kaum nach dem Vorübergang Ihn von hinten zu sehen vermochte. Damit lehrt das Wort, wie ich glaube, daß der nach der Schau Gottes sich Sehnende das Ersehnte nur in der steten Nachfolge erblickt: Das nie-erlahmende Gehen auf Ihn hin ist die Schau Seines Antlitzes, die nur gerade dann nach vorne gelingt, wenn wir hinter dem Worte in Seinen Fußstapfen gehen.

So ergeht es also auch hier der Seele: Erst da sie vom Tode erstand, [...] geht Er zwar vorbei, sie aber hinaus, nicht mehr im Gewesenen verharrend, sondern das Wort berührend, das sie weiter zum vor ihr Liegenden führt. [249]

Gregor von Nyssa

Wenn die Braut lange vom Bräutigam getrennt ist, ist sie nicht schön. Sie wird dann schön, wenn sie mit Gottes Wort verbunden wird. Mit Recht wird sie jetzt vom Bräutigam belehrt, daß sie Freundin ist und von seiner Seite nicht weggehen darf. ›Fürwahr, du bist schön, meine Freundin; fürwahr, du bist schön.‹ Du fängst freilich an, schön zu sein, weil du mir nahe bist. [250]

ORIGENES

Der Herr ließ mich ein erhabenes, geistliches Wohlgefallen in meiner Seele schauen. In diesem Wohlgefallen wurde ich von einem ewig währenden Geborgensein erfüllt, wurde machtvoll gefestigt und verlor alle Furcht. Mir war bei diesem Gefühl so froh und gut zumute, daß ich mich in Frieden, Behagen und Ruhe befand und nichts auf Erden war, was mich hätte betrüben können. Dies aber währte nur eine kurze Weile, und dann wandelte sich mein Gefühl, und ich wurde mir allein überlassen, bedrückt, überdrüssig meiner selbst und ärgerlich über mein Leben, so daß ich kaum Geduld zum Weiterleben aufbrachte. Kein Wohlbehagen, kein Trost war da, so empfand ich es; nur Glaube, Hoffnung, Liebe; die besaß ich in Wahrheit, doch ich empfand es nur wenig. Und gleich darauf schenkte Gott mir wieder den Trost und die Ruhe der Seele und eine so gesegnete und mächtige Freude und Sicherheit, daß weder Furcht noch Kummer, noch leibliche oder geistliche Pein, die ich hätte erleiden können, mich um meine Ruhe gebracht hätten. Dann zeigte sich wieder die Pein in meinem Gefühl und danach wieder die Freude und das Wohlbehagen, bald das eine, bald das andere zu verschiedenen Malen, und es mag wohl zwanzig Mal so gewesen sein.

In den Augenblicken der Freude hätte ich mit dem heiligen Paulus sagen können: ›Nichts soll mich scheiden von der Liebe Christi‹ (Römer 8,35), und in der Pein hätte ich mit dem heiligen Petrus sagen können: ›Rette mich, Herr, ich gehe unter‹ (Matthäus 14,30). [251]

JULIANA OF NORWICH

Wenn diese in Gott verliebte Seele so beim Feuer im warmen Zimmer sitzt und es sich bequem macht, kommt der Geliebte selbst, dem das Zimmer und alles, was darin ist, gehört. Also darf er damit nach seinem Willen tun, ohne Widerspruch seiner ihn liebenden Seele zu erfahren. So öffnet er die Türen und Fenster dieses Zimmers und läßt darin die heftigsten Stürme wehen, so daß es den Anschein hat, als ob das Haus ringsherum einstürzt und das Feuer beinahe ausgeht. Danach läßt der Herr manchmal süße, nachgiebige, feine Winde wehen, die wie eine Erholung für die liebende Tochter zu sein scheinen, aber sie sind gemein und übel. Dann wollte diese liebende Tochter, daß die Fenster und Türen ganz geschlossen wären. Ihr Herr und Meister scheint sie aber vergessen zu haben und gar nicht zu vermuten, daß sie in Todesgefahr ist. Er will weder die Türen noch die Fenster schließen lassen. Obwohl ihr das Herz schwer ist, ruft die liebende Tochter in gutem herzlichen Vertrauen aus: Elegi abiectus esse[1]; es schien, als ob ich verstoßen wäre von meinem Geliebten und er sich wenig zu Herzen nahm, daß es mir schlecht ging. Dennoch, wenn ich alles gut bedenke, so will ich lieber gequält, verstoßen, verworfen verachtet, verschmäht und die Geringste sein im Hause meines Herrn, d. h. in seiner Liebe, die beständig ist wie ein Haus und gute Fundamente hat, weil sie ewig ist. [252]

FRANCISCUS AMELRY

Dieses Geschöpf ist auf Erden und doch nicht auf Erden, hat alle inneren und äußeren Sinne, aber kann sie nicht mehr als menschliche Sinne gebrauchen, da es ganz in die göttliche Liebe umgewandelt ist; es fühlt keine Leidenschaft mehr im Herzen, doch fühlt es eine feine und durchdringende Bestürmung des Geistes mit solcher geistigen Wirkung, daß es weder auf Herz noch Leib mehr achtet. Es sieht, daß der Geist sich täglich mehr von allen leiblichen Dingen trennt und

---

1   Lieber vernachlässigt im Haus meines Gottes ... (Psalm 83,11)

sich in Gott sammelt, in dem es solch innigen und heimlichen Überfluß findet, daß, wenn es sich doch zugleich noch mit so viel Wider-
setzlichkeit der Sinne zusammen findet, es die Lust ankommt, zu
schreien und zu Gott zu sagen: Herr, ich kann in diesem Leben nicht
mehr leben... [253]

KATHARINA VON GENUA

Manchmal fühlte ich mich in äußerste Bedrückung, Beklemmung,
Leiden und Druck auf den Geist versetzt, daß mir die Welt zu eng zu
sein schien, als ob meine Seele zwischen zwei Mühlsteine geklemmt
wäre oder mit Schwertern durchstochen zwischen Himmel und Erde
hängt ohne eine Stütze von oben oder unten, d. h. weder von Gott
noch von den Menschen ...

Eine Zeitlang war ich versucht, mir das Leben zu nehmen. Die Mittel und die Fähigkeit dazu wurden mir eingegeben, als ob mir gesagt
wurde: Was willst du dein Leben in solcher Qual verbringen? Wähle
lieber den kurzen Schmerz. Du kannst tun, was du willst, und wirst
doch nicht selig werden. [254]

MARIA PETYT

Ich habe alle Sehnsucht vergessen. Ich vergesse vielleicht alles.

Einen Augenblick haben wir gerastet, nun geht es weiter. Wir verzichten auf große Marschabschnitte und sinken alle halben Kilometer
erschöpft nieder. Ich genieße es jedesmal, mich auszustrecken. Aber
wir müssen weiter ...

Gestern ging ich ohne Hoffnung; heute hat dieses Wort seinen Sinn
verloren. Wir gehen, weil wir gehen, wie die Ochsen im Pflugjoch.

Gestern träumte ich von paradiesischen Apfelsinenwäldern, heute
kenne ich kein Paradies mehr. Ich glaube nicht mehr an Apfelsinen.

Nichts mehr fühle ich in mir als Dürre des Herzens. Ich werde
fallen und keine Verzweiflung spüren, nicht einmal Kummer. Das

bekümmert mich, denn die Fähigkeit, Kummer zu fühlen, wäre mir eine Wohltat wie Wasser. Ich bemitleide mich und bedaure mich wie ein Freund. Aber ich habe keinen Freund mehr auf der Welt.

Wenn die Leute mich mit ausgebrannten Augen finden, dann werden sie sich einbilden, daß ich laut gerufen und viel gelitten habe. Aber jeder Aufschwung, jeder Schmerz, alles bewußte Leiden wären Reichtümer für meine vertrocknete Seele. Ich habe ja nichts mehr. Wenn einem Mädchen seine erste Liebe stirbt, dann hat es doch noch seinen Schmerz und seine Tränen, einen zuckenden Ausdruck von Leben. Ich, ich habe keinen Schmerz mehr.

Die Wüste, das bin ich selbst. Ich bringe keinen Speichel mehr hervor und auch keine Bilder, nach denen ich mich sehnen könnte. Die Sonne hat den Quell der Tränen ausgetrocknet. [255]

ANTOINE DE SAINT-EXUPÉRY

Ehrlich gesagt will niemand so ein Leben, obwohl jeder es so heldenhaft im Leben unseres seligen Erlöser in die Tat umgesetzt sieht. Es geht immer um das eine: Niemand will ihm nachfolgen auf Kosten seiner selbst, außer in kleinen, unwichtigen Dingen und für kurze Zeit, niemals aber im Großen, in allem und für immer. Das gilt auch für die Menschen, die Gott bereits in seiner sehr starken Anziehungskraft und seinem Wirken in sich kennen und lieben gelernt haben. Diese Menschen versprechen Gott goldene Berge, solange sein Einfließen in sie dauert, wird ihnen dieses jedoch vorenthalten, haben viele weder die Seele noch das Herz noch den Mut, seiner Majestät mit einem kleinen Stückchen seines Kreuzes beladen nachzufolgen, um mit ihm zu leiden und zu sterben, sei es nun in den Kreuzen des Geistes oder den Kreuzen des Körpers. Seine Majestät beklagt sich daher mit Recht über die Menschen, die nur am Tische seine Freunde sein wollen (Sirach 6,10), während sie ihn nachher der Willkür seiner grausamen Feinde überlassen, so daß er unter ihrer ungerechten, grausamen und tödlichen Gewalt leidet und stirbt.

Unter ihnen befinden sich jedoch auch solche, die von einem bes-
seren und stärkeren Schlag sind, um seiner Majestät in lebendiger
Nachahmung bis zum blutigen Opfer ihres eigenen Lebens zu folgen.
Ihr Leben opfern sie sowohl im Kleinen als auch im Großen. Seine
Majestät findet ein einzigartiges Gefallen an ihrer Liebe und ihrer
Kraft, wenn er ihr einzigartiges Bemühen sieht, ihn nachzuahmen,
ihm zu folgen und ihm ähnlich zu werden in ihrem Leben des totalen
Loslassens. Für sich selbst wollen sie nichts anderes als alle Gering-
schätzung und Beschämung, und für Gott wollen sie alles Glück, alle
Ehre und allen Ruhm, sowohl in sich selbst entsprechend allem, was
sie sind, als auch in allen Geschöpfen. [256]

JEAN DE SAINT-SAMSON

Unter der großen Nacktheit, dem Vorenthalten und der Schwäche geht
man gebückt. Von sich selbst und Gott weiß man überhaupt nichts. Die
niedrigeren Kräfte fließen ganz und gar weg. Dadurch weiß man nicht,
ob man tot ist oder lebt, ob man verliert oder gewinnt, ob man nach-
gibt oder Widerstand leistet. Nun, hier gibt die sterbende Seele Gott ihr
Leben. Es scheint ihr, daß sie mehr aus Schmerz und Angst stirbt und
ihr Leben aushaucht als aus Liebe, doch empfindet sie den Schmerz
und die Liebesangst in den Armen Gottes, wo sie für immer bleibt. Sie
ist ganz und gar nachgiebig und hat sich losgelassen, ja sie fügt sich hin-
gebungsvoll in alles, was sein muß, um ihm zu gefallen. [257]

JEAN DE SAINT-SAMSON

Im engen, nur vom Stirnlicht beleuchteten Grubengang frißt sich der
Bagger in den Berg wie ein Larvenkäfer an der Spitze des Wurmgangs.
Ständiges Dunkel. Ständig die gleiche triefende Kühle. Ständig die
gleiche Einsamkeit. Ohne die Sicherheit des Steins eingeschlossen
zwischen steinernen Wänden. [258]

DAG HAMMARSKJÖLD

Wenn der Mensch in solcher Weise in einem reinen Nichts steht, ist es dann nicht besser, daß er etwas tue, was ihm die Finsternis und das Verlassensein vertreibe, – daß ein solcher Mensch etwa bete oder lese oder Predigt höre oder andere Werke verrichte, die doch Tugenden sind, um sich damit zu behelfen? – Nein! Wisse fürwahr: Ganz still zu stehen und so lange wie möglich, das ist dein Allerbestes. Ohne Schaden kannst du dich von da nicht irgendwelchen Dingen zuwenden, das ist gewiß. Du möchtest gern zu einem Teil durch dich und zum andern Teil durch ihn bereitet werden, was doch nicht sein kann. Du kannst nimmer so schnell an das Bereiten denken oder nach ihm begehren, daß Gott nicht schon vorher da wäre, auf daß er dich bereite. [259]

MEISTER ECKHART

Nimm den guten und gnädigen Gott, wie er ist, und lege ihn faltenlos und flach wie ein Pflaster auf dein krankes Selbst, das du bist. Oder, um es anders zu sagen, nimm dein krankes Selbst auf, das du bist, und versuche, mit deinem Verlangen den guten und gnädigen Gott zu berühren, so wie er ist. Ihn berühren bedeutet nämlich Heilung. [...] Steh also mutig auf und schmecke dieses Heilmittel. Nimm dein krankes Selbst auf, so wie du bist, und bringe es zu Gott, so wie er ist, ohne dich in eitlen Bespiegelungen deines Seins oder seines Wesens zu fragen, ob dein Sein rein ist oder sündig, übernatürlich oder natürlich, göttlich oder menschlich. Diese Fragen sind jetzt belanglos für dich. Was wohl von Belang ist: daß dein blindes Wahrnehmen oder nacktes Sein voller Freude aufwärts getragen wird durch die feurig verlangende Liebe, um durch Gnade und Geist verbunden und vereint zu werden mit dem kostbaren Wesen Gottes, nur so wie er ist, ohne etwas anderes. [260]

THE BOOK OF PRIVY COUNSELLING

Daß der Kranke die Speise und den Wein nicht schmeckt, was Wunders ist das? Nimmt er ja doch den Wein und die Speise nicht in ihrem eigenen Geschmack wahr. Die Zunge hat eine Decke und ein Kleid, womit sie wahrnimmt, und dieses ist bitter gemäß der Krankheitsnatur der Krankheit. Es gelangte noch nicht bis dahin, wo es schmecken sollte; es dünkt den Kranken bitter, und er hat recht, denn es muß bitter sein bei dem Belag und dem Überzug. Wenn diese Zwischenschicht nicht weg ist, schmeckt nichts nach seinem Eigenen. Solange der ›Belag‹ nicht von uns beseitigt ist, solange schmeckt uns Gott nimmermehr in seinem Eigenen, und unser Leben ist uns dann oft bekümmert und bitter. [261]

MEISTER ECKHART

Es war aber ihre Sehnsucht, daß sie immer den Herrn erinnerlich mit Liebe in ihrer Brust trüge. Als sie das dachte, sagte die göttliche Stimme zu ihr: Du kannst erreichen, was du ersehnst, wenn du tust, was ich dir sage. Wenn du darangehst, Speise einzunehmen, bitte, bevor du die Speise in den Mund nimmst, so zu Gott in deinem Herzen: ›Herr, ich bitte dich, so wie der bessere Stoff dieser Speise körperlich in meinen Körper und ins Blut übergeht und in seine Nahrung und der schlechtere in den Abort gelangt, so sollen die besten Gaben, die von dir sind, in die geistliche Nahrung meiner Seele übergehen, und was immer meiner Seele nicht nützt, soll von ihr zurückgestoßen werden.‹ [262]

AGNES BLANNBEKIN

Gäbe es keinen Kummer, gäbe es auch keine Rettung, haben die heiligen Väter gesagt. Im Kummer liegt zweierlei Nutzen: Einmal entsteht aus ihm ein eifriges Streben zu Gott und ein aus ganzer Seele kommender Dank; außerdem befreit er von kleinlichen Sorgen. Aus den Werken der heiligen Väter kann man ersehen, daß auch sie wie wir niedergeschlagen waren, ihren Mut verloren und sogar manches erlebt haben, über das sie gar nicht schreiben mochten, um nicht im geistigen Leben Unerfahrenen Betrübtheit und Hoffnungslosigkeit zu bringen. Der Herr sendet uns Prüfungen gemäß unseren Kräften. Ihre Schwierigkeit richtet sich danach, was jeder aushalten kann. Diese Prüfungen demütigen uns; wir vertrauen uns selbst so sehr, daß wir durch eigene Kräfte im geistlichen Leben wachsen wollen. Aber gerade durch solche Proben lernen wir die Demut kennen; denn dann bemerken wir, daß unsere Anstrengungen ohne Gottes Hilfe zu keinem Ergebnis führen. Unser Anteil ist es, unter Anstrengung die Tugend anzustreben, der Erfolg hängt von der Kraft der Gnade ab, die von Gott ausgeht und nur den Demütigen zukommt. Und niemand wird demütig ohne demütigende Ereignisse. [263]

Ioann von Valamo

Gott, der Schöpfer und Arzt des Universums, wußte um den Hochmut als Anfang und Ursache aller Laster. Darum wollte er ihn durch das ihm genau Entgegengesetzte heilen: Was durch den Hochmut gefallen war, sollte durch die Demut wieder auferstehen:

Luzifer: ›Zum Himmel will ich hinaufsteigen‹ (Jesaja 14,13).

Der Heiland: ›Demütig geworden ist meine Seele bis in den Staub‹ (Psalm 44,26).

Luzifer: ›Gleich sein will ich dem Allerhöchsten‹ (Jesaja 14,14).

Der Heiland: ›Er, der in Gottesgestalt war, erachtete das Gottgleichsein nicht wie ein Beutestück; er entäußerte sich selbst, nahm Knechtsgestalt an, demütigte sich und ward gehorsam bis in den Tod‹ (Philipper 2,8f.).

Luzifer: ›Meinen Thron will ich noch höher als Gottes Sterne aufschlagen‹ (Jesaja 14,13).

Der Heiland: ›Lernt von mir. Ich bin sanft und demütig von Herzen‹ (Matthäus 11,29).

Luzifer: ›Mein sind die Reiche der Welt und ihre Herrlichkeit. Ich gebe sie, wem ich sie geben will‹ (Exodus 5,2).

Der Heiland: ›Er ist arm geworden, obwohl er reich war, damit wir durch seine Armut reich würden‹ (2 Korinther 8,9).

Durch das Beispiel des demütigen Christus werden wir belehrt, wie man dem jähen Tod entgehen kann, den uns der Hochmut bereiten will. [264]

JOHANNES CASSIAN

Manche Menschen empfangen Gottes Gaben als Mietlinge Gottes und andere als treue Knechte ...

Achtet gut hierauf: All die Menschen, die sich selbst so gegen die Ordnung lieben, daß sie Gott nur um ihren eigenen Gewinn und eigenen Profit dienen wollen, bleiben von Gott getrennt und unfrei und verschließen sich in Selbstliebe. Denn sie suchen und orientieren sich an sich selbst in all ihrem Tun. Demzufolge streben sie mit all ihren Gebeten und guten Werken nach zeitlichen Dingen, und wenn sie ewige Dinge suchen, so tun sie das nur sich selbst zuliebe und um eigenen Vorteil. Diese Menschen richten sich gegen die Ordnung auf sich selbst, und darum bleiben sie immer mit sich selbst allein: Ihnen fehlt nämlich die wahre Liebe, die sie mit Gott und all seinen Geliebten vereinigen würde ...

Alles, was diese Menschen tun, tun sie aus Zwang und nicht aus Liebe, nur damit sie nicht verworfen werden. Und weil sie selbst in ihrem Innersten untreu sind, wagen sie es nicht, auf Gott zu vertrauen; im Gegenteil, ihr inneres Leben besteht aus Zweifel und Angst, Last und Elend ...

Doch in dem Augenblick, in dem jemand mit Gottes Hilfe seine Selbstliebe überwindet – d.h. seiner selbst so ledig wird, daß er für alles, was er braucht, auf Gott vertraut –, gefällt er Gott so sehr, daß Gott ihm seine Gnade gibt; und mit Hilfe dieser Gnade fühlt er wahre Liebe, und diese Liebe vertreibt Zweifel und Angst und läßt den

Menschen vertrauen und hoffen. Und so wird er ein treuer Knecht und wird einer, der Gott liebt und sich an Gott orientiert mit all seinen Werken. [265]

JAN VAN RUUSBROEC

Einen großen Unterschied können wir zwischen den treuen Knechten und den intimen Freunden Gottes bemerken. Mit der Hilfe und Gnade Gottes wollen die treuen Knechte die Gebote Gottes halten, d.h.: gehorsam sein gegenüber Gott und der hl. Kirche in allen Tugenden und guten Sitten. Dies nennt man ein äußeres oder aktives Leben.

Die intimen Freunde Gottes wollen jedoch neben den Geboten auch den lebenschenkenden Rat Gottes befolgen, d. h. Gott zu seiner ewigen Ehre liebevoll innerlich anhaften und williglich Abstand nehmen von allem, was man außerhalb Gottes mit Lust und Liebe besitzen könnte. Alle diese Freunde ruft Gott und lädt sie ein, sich nach innen zu kehren, und gibt ihnen Einsicht in inneren Übungen und vielen verborgenen Weisen geistlichen Lebens...

Das eine Ding, das alle Menschen brauchen, ist die göttliche Liebe. Der beste Teil ist das innere Leben mit liebevollem Anhaften an Gott. Das hatte Maria Magdalena gewählt, und das wollen die intimen Freunde unseres Herrn auch jetzt noch. Doch Martha wählte ein aufrichtiges, äußeres aktives Leben; und das ist der andere Teil, mit dem man Gott dient, der aber nicht so vollkommen und so gut ist. Und diesen Teil wollen die treuen Knechte auch jetzt noch um der Liebe unseres Herrn willen (vgl. Lukas 10,38-42). [266]

JAN VAN RUUSBROEC

Es gibt noch einen inwendigeren und näheren Unterschied, nämlich den zwischen den intimen Freunden und den verborgenen Söhnen Gottes ...

Die Freunde besitzen ihre Innerlichkeit mit Selbstbewußtsein, denn sie erwählen das liebevolle Anhaften an Gott als den besten und allerhöchsten Teil, zu dem sie kommen können und wollen. Sie können aber weder durch sich selbst noch durch ihre Werke hindurchgehen bis in eine bildlose Blöße, da sie selbst und ihre Werke Mittel und Bilder zwischen ihnen und Gott sind. In ihrem liebevollen Anhaften fühlen sie zwar eine Einung mit Gott, dennoch erfahren sie immer noch Unterschied und Andersheit in der Einung zwischen sich und Gott. Denn den einfaltigen Übergang in Blöße und Weiselosigkeit kennen und lieben sie nicht ...

Auch wenn sie sich selbst in starkem Liebesbrand auf Gott ausgerichtet fühlen, so behalten sie doch ihr Selbst und werden nicht verzehrt oder zu Nichts verbrannt in der Einheit der Liebe ...

Der weiselose Übergang und das reiche Umherschweifen in der überwesentlichen Liebe, in der man nie mehr Beginn oder Ende, Art oder Weise finden kann, bleibt ihnen verborgen und unbekannt. Und darum ist der Unterschied zwischen den intimen Freunden und den verborgenen Söhnen groß ...

Könnten wir von uns selbst und allem Selbstbewußtsein in unseren Werken Abstand nehmen, dann gingen wir mit unserem bloßen bildlosen Geist über alle Dinge hinaus. Und in dieser Blöße würden wir ohne Mittel von Gottes Geist erschaffen und fühlten mit Sicherheit, daß wir vollkommene Söhne Gottes wären; denn die von Gottes Geist erschaffen werden, sind Söhne Gottes, sagt der Apostel Paulus (Römer 8,14). [267]

JAN VAN RUUSBROEC

Wenn wir über uns selbst hinaussteigen und in unserem Aufstieg zu Gott so einfaltig werden, daß uns die bloße Liebe umfangen kann in der Höhe, wo sie nur noch sie selbst ist über alle Tugendausübung hinaus, nämlich in unserem Ursprung, aus dem wir geistlich geboren werden, da sollen wir ent-werden und in Gott für uns selbst und allem

Selbstbewußtsein sterben. Und in diesem Sterben werden wir verborgene Söhne Gottes und finden in uns ein neues Leben, das ein ewiges Leben ist. Und von diesen Söhnen sagt der heilige Paulus: ›Du bist tot, und dein Leben ist mit Christus verborgen in Gott‹ (Kolosser 3,3).

In unserem Aufstieg zu Gott müssen wir uns selbst und all unsere Werke vor uns hertragen als ein ewiges Opfer für Gott; und in Gottes Gegenwart sollen wir uns selbst und all unsre Werke lassen, und sterbend in Liebe sollen wir über alles Geschaffene hinausgehen bis in den überwesentlichen Reichtum Gottes: Da werden wir Gott besitzen in einem ewigen Gestorbensein unserer selbst. [268]

JAN VAN RUUSBROEC

Ich kann auch Alter in Jugend verwandeln. Denn so wie der Vogel Phönix trockene Späne zu seinem Nest im Tal zusammenträgt und darunter auch Späne von einem Holz, das außen trocken von Natur und innen heiß ist, und der glühende Strahl der Sonne dringt ein, so daß es sich entzündet, was zur Folge hat, daß alle anderen Späne angezündet werden, – so sollst du Tugenden sammeln, durch welche du dich erneuern kannst, weg von den Sünden. Unter denen sollst du ein Holz haben, das inwendig heiß und auswendig trocken ist, das heißt ein reines Herz, in dessen Äußerem alle weltliche Lust vertrocknet und dessen Inneres voll von Liebe ist, so daß du nichts begehrst, nichts anderes ersehnst als mich. Dann wird das Feuer meiner Liebe darin eindringen und von allen Tugenden entzündet werden, daß du wie in einem Feuer von Sünden gereinigt wirst und auferstehst wie ein neu erstandener Vogel, nachdem du die Haut der Lust abgelegt hast. [269]

BRIGITTA VON SCHWEDEN

Eine dauerhafte Überformung

Liebe, über Worte hinaus,
Güte ohne Gestalt,
maßloses Licht
erleuchte mein Herz.

Wenn die Vermögen des Geistes,
ganz betäubt
und in Gott entrückt sind,
so daß sie sich in sich selbst nicht mehr finden,
bleiben sie sich selbst verloren,
und ins Unendliche gestellt,
verwundern sie sich, wie sie hergekommen sind,
und wie bewegt;
alles erneuert sich,
aus seinem Zustand gezogen
in dies Maßlose,
wo alle Liebe zunichte wird.

Mitten in diesem Meer
so tief in den Abgrund gesunken,
findet er kein Ufer mehr,
an dem er hinausgehen kann.
Er erkennt sich selbst nicht mehr,
kann nicht sagen, wie er geformt wurde,
weil er überformt wurde
und mit einem andern bekleidet.
All sein Fühlen bemerkt sich im Guten
und schaut Schönheit
ohne Farbe. [270]

JACOPONE DA TODI

Gefragt, ob ich Mut habe,
meinen Weg zu Ende zu gehen,
gebe ich Antwort ohne
Unterlaß.

Öffnen seh ich geblendet
das Tor zur Arena
und geh hinaus, um nackt
den Tod zu treffen.

Die anderen sah ich.
Jetzt bin ich der Erwählte,
fest gespannt auf den Bock,
Opfer zu werden.

Stumm, mein nackter Leib trägt
Schläge der Steinigung.
Stumm, aufgebrochen,
das Herz entblößt – [271]

DAG HAMMARSKJÖLD

Wenn also die weise Seele, wie gesagt wurde, von allen fremden Neigungen gereinigt ist, legt sie den Menschen im Menschen ab, weil ihr
nur noch Gott schmeckt. Völlig und in allen Dingen von Gott ergriffen, beachtet sie jedes Geschöpf unter Gott nicht anders, als Gott es
tut. [272]

WILHELM VON SAINT-THIERRY

So umhüllt der Geist des Herrn plötzlich seinen stillen und demütigen
Diener, auf dem er ruht (Jesaja 66,2), und macht aus ihm einen anderen Menschen ... Und plötzlich empfindet er so in seinem ganzen

Innern eine süße Lieblichkeit, daß er selber süß wird. Er sieht das Licht der Wahrheit und wird selber licht. Der Genuß der Fülle des höchsten Gutes erfreut ihn in der Freude des Heiligen Geistes plötzlich derart, daß er zuversichtlich meint, wenn das in ihm vollendet würde, hätte er das ewige Leben erlangt. [273]

WILHELM VON SAINT-THIERRY

Je glühender die demütige Liebe zu Ihm strebt, um so mehr wird sie Ihm, zu dem sie strebt, gleichförmig, denn indem sie allein nach der Gleichförmigkeit hinstrebt, wird sie von Ihm auch dazu befähigt. Und indem der Mensch nach dem Ebenbild des Schöpfers gestaltet wird, wird er von Gott ergriffen, das heißt, er wird ein Geist mit Gott, schön im Schönen, gut im Guten, und all das auf seine Weise, nach der Kraft des Glaubens, dem Licht der Erkenntnis und dem Maß der Liebe. In Gott wird er durch die Gnade, was Gott durch die Natur ist.

Denn wenn manchmal die Gnade so überreich wird, daß sie zu einer gewissen und offenbaren Erfahrung Gottes gelangt, wird unversehens der erleuchteten Liebe auf eine neue Weise fühlbar, was kein körperlicher Sinn zu hoffen, keine Vernunft zu denken und keine Erkenntnis, außer der erleuchteten Liebe, zu fassen vermag. Und in diesem Zustand bedeutet für den Mann Gottes die Wahrnehmung Gottes nichts anderes, als daß er aus dem Entzücken über die gemachte Erfahrung und Ähnlichkeit die Ähnlichkeit mit Gott für sich zu gewinnen sucht, entsprechend der geschauten Schönheit und der empfangenen Liebe. [274]

WILHELM VON SAINT-THIERRY

So stark war das Gefühl, welches ich bei dieser süßen Einigung hatte, daß es kein Wunder ist, wenn ich außer mir war; denn ich sah nichts mehr als Gott allein, ohne mich und außer mir. Was man da sieht und erfährt, ist von der Art, daß man nichts anderes mehr sehen, kosten und wollen kann, indem unser ganzes Sein und Wesen, Seele und Leib, wie tot und regungslos ist, innerlich und äußerlich. Wie wollte man eine so unermeßliche und unerklärbare Sache, von deren Größe und Hoheit zu reden mich mit Scham erfüllt, erklären, da es sowohl mir an Worten fehlt, um sie auszudrücken, als auch jenem, der sie nicht erfahren hat, die Fähigkeit, sie zu verstehen? [275]

Katharina von Genua

Ich will keine geschaffene Liebe, das heißt, keine Liebe, die man kosten, verstehen und mit Lust genießen kann. Ich will, sage ich, keine Liebe, die durch Verstand, Gedächtnis und Willen ihren Fortgang habe. Denn die reine Liebe geht über alle diese Dinge hinaus und übersteigt sie. Sie sagt: Ich kann mich nicht zur Ruhe geben, bis ich in dieser göttlichen Brust eingeschlossen bin, wo alle geschaffenen Formen sich verlieren und nach ihrem Verluste nur die göttlichen bleiben ...

Wisse, er ist so stark, als seine Macht es ist, und er tut nichts anderes, als dieses sein menschliches Geschöpf innerlich und äußerlich zu vernichten. Wenn es demnach in allem vernichtet ist, so werden sie alle beide (Gott und Seele) aus diesem Körper herausgehen und so vereinigt zum Vaterlande aufsteigen. Ich kann deshalb im Innern nichts anderes sehen als ihn; denn ich lasse da keinen andern eindringen, mich selber noch weniger als einen andern, weil ich ihm (meinem Ich) mehr als feind bin.

Und wenn es doch geschieht und es die Not erfordert, daß dieses Ich von mir genannt werde, wegen des Lebens und der Welt, die von nichts anderem zu reden weiß, so sage ich allemal, wenn ich mich nenne oder von andern genannt werde, im Innern bei mir: Dieses mein Ich, es ist Gott, und ich kenne kein anderes Ich als meinen Gott selber. [276]

Katharina von Genua

Einige Tage lang war der göttliche Geist beinahe ununterbrochen in mir am Werk, aber ich glaube nicht, daß ich Euer Ehrwürden Rechenschaft geben kann von dem, was da in diesen Tagen in mir geschehen ist. Ich kann es nicht, weil ich zu innig und zu tief in diese über-einsame Wildnis hineingeführt wurde, wo ich nichts mehr fand als meinen Geliebten. [...] Wenn ich manchmal noch weiter und tiefer hineingeführt wurde, schien ich sogar mich selbst noch zu verlieren und zu vergessen und schaute nichts anderes und nahm nichts anderes wahr als das klare, formlose, göttliche Wesen, mit dem ich eins geworden war, indem ich auf innige Weise in ihm verschwand. Dies geschah in einer übergroßen, innigen Ruhe und einem Liebesschlaf aller Seelenkräfte im bildlosen Gott. Es geschah ohne jede eigene Tätigkeit außer einem innigen und sehr einfachen Sich-Ausstrecken der Seele nach Gott, wie sich ein Tropfen Wasser ausbreitet und im Meer verliert. [277]

Maria Petyt

Der Mensch kann sich zwar auf die Überformung in Gott vorbereiten, doch darf er sich nicht auf sein Tun verlassen. Der Geliebte achtet nämlich wenig darauf, sondern kommt, wann es ihm gefällt und will meistens alles selbst tun. Und dann erfolgt im Himmel ein Stillschweigen von einer halben Stunde (Offenbarung 8); d. h. dann kommt in den Himmel eines gottförmigen Menschen für kurze Zeit eine übergroße Stille, eine Ruhe und ein Frieden, ohne daß sich etwas Erschaffenes regt oder wahrgenommen wird, ohne daß der Mensch auf etwas achtet, an etwas hängt oder etwas fühlt. Dies ist das große Silentium der vollkommenen Karmeliten, das kaum ein Wort oder ein Zeichen duldet. [278]

Michael vom hl. Augustinus

In unserem ledigen Wesen, wo wir eins sind mit Gott in seiner Liebe, beginnt ein überwesenhaftes Schauen und Fühlen, das höchste, was man in Worte fassen kann, nämlich das sterbende Leben und lebende

Sterben aus unserem Wesen in unsere überwesenhafte Seligkeit. Wenn wir durch die Gnade und Hilfe Gottes unsrer selbst mächtig sind, so daß wir uns freimachen können von Bildern, wenn wir das wollen, bis in unser lediges Wesen hinein, dann sind wir mit Gott eins in dem bodenlosen Abgrund seiner Liebe, dann sind wir zufrieden, denn wir haben Gott in uns und sind selig in unserem Wesen durch das Einwirken Gottes, mit dem wir eins sind in Liebe, nicht im Wesen noch in der Natur.

Wir sind aber selig und Seligkeit in Gottes Wesen, wo er sich selbst genießt und uns alle in seiner hohen Natur: Das ist der Kern der Liebe, der uns in Dunkelheit verborgen ist, in einem bodenlosen Nicht-wissen. Dieses Nicht-Wissen ist ein unzugängliches Licht, das Gottes Wesen ist und für uns überwesenhaft und nur Ihm wesenhaft. Denn er ist selbst seine Seligkeit und genießt sich selbst in seiner Natur. Und indem wir ihn genießen, sind wir gestorben und uns selbst entsunken und verloren nach der Weise, in der wir uns genießen, aber nicht nach der Weise, in der wir sind. Denn unsere Liebe und seine Liebe sind immer gleichförmig und eins im Genießen, da wo sein Geist unsere Liebe aufgesaugt und in Sich verschlungen hat im Genießen und in einer Seligkeit mit Ihm.

Und wenn ich sage, daß wir eins sind mit Gott, so ist das folgender-maßen zu verstehen: in Liebe und nicht im Wesen noch in der Natur, denn Gottes Wesen ist ungeschaffen und unser Wesen ist geschaffen. Und das ist ohne Maße ungleich: Gott und die Kreatur. Und darum können beide sich zwar vereinen, aber nicht eins werden. Würde unser Wesen zunichte, so könnten wir weder erkennen noch lieben noch selig sein. Doch unser geschaffenes Wesen ist anzusehen als eine wilde, öde Wüste, in der Gott lebt, der uns regiert. Und in dieser Wüste müssen wir ohne Weise und ohne Manier umherstreunen. Denn wir können aus unserem Wesen nur durch Liebe in unser Überwesen gelangen. Und darum sind wir selig in unserem Wesen, wenn wir leben in Liebe. Und wir sind Seligkeit in Gottes Wesen, wenn wir in Liebe für uns selbst gestorben sind, indem wir ihn genießen. So leben wir in unserem eigenen Wesen durch die Liebe. Und so sterben wir in Gottes Wesen durch das Genießen. Und darum wird dies ein sterbendes Leben und ein lebendiges Sterben genannt, denn wir leben mit Gott und wir sterben in Gott. Selig sind die Toten, die so leben und sterben, denn sie besitzen als Erbe Gott und sein Reich. [279]

Jan van Ruusbroec

Die Seele sieht sich selbst wegen ihres Abgrunds an Demut nicht und Gott nicht wegen der Erhabenheit seiner Güte. Gott jedoch sieht sich in ihr in seiner göttlichen Majestät, durch die er diese Seele verklärt, so daß sie nicht sieht, was da noch wäre, außer Gott allein, der ist und durch den jedes Ding ist. Das aber, was ist, ist Gott selbst, und darum sieht sie nichts außer sich[1] selbst. Denn wer sieht, was ist, der sieht nichts als Gott selbst, der sich in dieser Seele selbst sieht in seiner göttlichen Majestät. Und also ist die Seele frei geworden von allem und rein und verklärt, aber noch nicht verherrlicht. Denn die Glorifizierung geschieht in einem Zustand, den wir in der Herrlichkeit haben. Davon vermag niemand zu sprechen. Diese Seele aber, derart rein und erleuchtet, sie sieht weder Gott noch sich. Gott jedoch sieht sich in ihr, für sie, ohne sie. Er, Gott nämlich, zeigt ihr, daß nichts ist als nur er. Und darum erkennt diese Seele nichts als ihn, und so liebt sie nichts als ihn, lobt sie nichts als ihn, denn nichts ist als nur er. Denn das, was ist, ist aus seiner Güte. Und Gott liebt seine Güte, auf welche Seite immer er seine Güte ausgeteilt hat. Und die von Gott verschenkte Güte ist Gott selbst. Gott nämlich kann seine Güte nicht von sich abtrennen, so daß sie ihm nicht mehr verbliebe. Darum ist er, was Güte ist, und Güte ist, was Gott ist. Und darum erkennt man die Güte aus seiner Güte in göttlichem Licht in diesem Zustand, in welchem die Seele erleuchtet ist. Und so ist nichts außer nur er, der ist, der sich in solchem Zustand in seiner göttlichen Majestät selbst sieht, durch die Umwandlung der

1   Der Mensch ist überformt in Gott -

Der mystische Weg

Liebe aufgrund der ausgeteilten und wiederum in ihn zurückgeführten Güte. Und darum sieht er (Gott) sich selbst in einer solchen Kreatur, ohne daß er sich von dieser Kreatur etwas aneignete. Alles stammt aus seinem Eigenen, ja ist sein Eigenes selbst. [280]

MARGARETE PORETE

Sie bat einmal den Herrn, daß er ihr etwas schenke, was beständig in ihr sein Gedächtnis erregen möchte. Darauf empfing sie vom Herrn diese Antwort: ›Siehe, ich gebe dir meine Augen, daß du mit ihnen alle Dinge sehest, und meine Ohren, daß du mit ihnen alle Dinge vernehmest; auch meinen Mund gebe ich dir, daß du alles, was du an Reden, Beten oder Singen auszusprechen hast, durch ihn tuest. Ich gebe dir mein Herz, daß du dadurch alles denkest und mich und um meiner willen alle Dinge liebest.‹

In diesem Worte zog Gott diese Seele ganz in sich und vereinte sie also mit sich, daß es ihr erschien, sie sehe mit Gottes Augen und höre mit seinen Ohren und rede mit seinem Munde und fühle kein andres Herz zu haben als das Herz Gottes. Dies ist ihr auch hernach oftmals zu fühlen gegeben worden. [281]

MECHTHILD VON HACKEBORN

Aber die Einkehr des Geistes innerlich zu Gottes Geist, aus dem Grunde ohne allen Zufall, die Gott allein sucht, ledig und lauter, jenseits aller Werke und Weisen, jenseits aller Gedanken und aller Vernunft – die ist eine wesentliche Einkehr; ihr muß allerwege wesenhafter Lohn zuteil werden und Gott mit sich selber.

Diese Kehr besteht in einem form- und weiselosen, inneren Gefühl der Gegenwart (Gottes), in einem Hineintragen des geschaffenen Geistes jenseits alles Seins in den ungeschaffenen Geist Gottes. Könnte der Mensch zeitlebens eine solche Kehr erleben, ihm wäre wohl geschehen.

Dem Menschen, der Gott so folgsam ist und ihm in dieser Drangsal treu geblieben, dem wird Gott dadurch vergelten, daß er sich ihm selber gibt und ihn so unergründlich in sich selbst und seine eigene Seligkeit hereinzieht. Dahinein wird der (menschliche) Geist in so köstlicher Weise gezogen, so ganz von der Gottheit durchflossen und überströmt und so in die Gottheit entrückt, daß er in der göttlichen Einheit alle (menschliche) Vielfalt verliert.

Das sind die Menschen, die Gott (schon) in der Zeitlichkeit für all ihre Not entschädigt, und sie haben einen wahren Vorgeschmack dessen, was sie ewiglich genießen sollen. [282]

Johannes Tauler

Gott lebt, west und wirkt in der Seele.

Dadurch wird die Seele ganz gottfarben, göttlich, gottförmig. Sie wird durch Gottes Gnade all das, was Gott von Natur ist, (und zwar) in der Vereinigung mit Gott, in dem Einsinken in Gott, sie wird über sich hinaus in Gott geholt. Ganz gottfarben wird sie da; könnte sie sich selber erblicken, sie hielte sich für Gott. Wer sie sähe, erblickte sie in dem Kleid, der Farbe, der Weise, dem Wesen Gottes, alles durch Gnade, und wäre selig in dieser Erscheinung, denn Gott und die Seele sind eins in dieser Vereinigung, durch (Gottes) Gnade, nicht von Natur. [283]

Johannes Tauler

Wenn die Person in der Verfassung der Vereinigung viele Beschäftigungen hat, arbeitet sie fortwährend daran, sich dem zu unterziehen, was Gott in ihr tut... In der Verfassung des passiven oder übernatürlichen Gebets sind die Sinne so frei, daß die Seele, die dies erlangt hat, ohne Zerstreuung ihre Aufgaben verrichten kann, zu der ihre Situation sie verpflichtet. Doch braucht sie viel Mut, denn die Natur bleibt entblößt von aller fühlbaren Hilfe seitens der Seele, während Gott sich ihrer so bemächtigt hat, daß Er gleichsam der Grund ihres Wesens ist ...

Während sie nichts anderes wollen kann als das, was Gott in ihr will, erfährt sie, was wahre Armut im Geiste ist ... Ich sage, daß, wenn die Seele zu dieser letzten Verfassung gekommen ist, weder das Wirken noch das Leiden sie ablenken oder von ihrem Liebsten scheiden können. [284]

MARIE DE L'INCARNATION

In der Verfassung der Vereinigung bindet Gott mich seit einigen Jahren an seine göttliche Majestät, ohne daß ich auch nur einen Augenblick aus dieser Verfassung hinausgehe. Wenn notwendige oder auch unwichtige Angelegenheiten etwas in meiner Phantasie hervorrufen, sind das nur kleine Wolken, die an der Sonne vorüberziehen und sie für kurze Augenblicke bedecken, aber sogleich wieder im vollen Licht lassen. Auch in diesen Zeiten leuchtet Gott im Grunde der Seele, die gleichsam in Erwartung ist, wie jemand, den man unterbricht, während er mit einem anderen spricht, und denjenigen noch sieht, mit dem er sprach. Es ist, als ob sie ihn in Stille erwartet, dann kehrt sie in die innige Vereinigung mit ihm zurück. Ob sie Psalmen rezitiert, ihr Handeln und ihre Fehler überdenkt, oder was sie auch immer tut, alles geschieht auf dieselbe Weise, d. h. die Seele unterbricht ihre gegenwärtige Liebe nicht. [285]

MARIE DE L'INCARNATION

Manchmal geschieht es, daß die Minne auf süße Weise in der Seele geweckt wird und froh aufsteht, und daß sie sich spürbar macht im Herzen ohne irgendein Zutun des menschlichen Wirkens. Dann wird das Herz so innig von der Minne berührt und so begehrlich in Minne gezogen und so herzlich von Minne ergriffen und so stark von Minne überwältigt und so lieblich in Minne umarmt, so daß der Mensch ganz und gar von der Minne besiegt wird.

Hierin fühlt er eine große Nähe zu Gott und eine stützende Klarheit und eine wunderbare Seligkeit und eine edle Freiheit und eine verzückende Süße und eine große Überwältigung der starken Minne und eine überströmende Fülle großen Genießens. Und dann fühlt er, daß all seine Sinne in Minne geheiligt sind und sein Wille Minne geworden ist. und daß er so tief versunken und verschlungen ist im Abgrund der Minne und selbst ganz und gar Minne geworden ist.

Die Schönheit der Minne hat ihn gegessen, die Kraft der Minne hat ihn verzehrt, die Süße der Minne hat ihn versenkt, die Größe der Minne hat ihn verschlungen, die Kostbarkeit der Minne hat ihn umarmt, die Purheit der Minne hat ihn geziert, und die Höhe der Minne hat ihn nach oben gezogen und mit sich geeint, so daß er ganz und gar Eigentum der Minne sein muß und nichts anderes als Minne tun kann. [286]

BEATRIJS VAN NAZARETH

Ich sah ihn wieder ganz in meinem Hause, und inmitten dieses Gerätes erhob er sich unvermutet und vereinte sich mir in unaussprechlicher Weise, verband sich in unsäglicher Weise mit mir und schwang sich mir ohne Mischung zu wie das Feuer dem Eisen, wie das Licht dem Glase. Und er machte mich dem Feuer, machte mich dem Lichte gleich. Und ich wurde das, was ich ehedem sah und aus der Ferne schaute. Ich weiß nicht, wie ich dir diese wunderbare Weise berichten soll. Denn ich konnte nicht erkennen und erkenne auch jetzt ganz und gar nicht, wie er in mich eintrat, wie er sich mir vereinte. Vereint aber mit ihm, wie soll ich dir sagen, wer er ist, der sich mir, dem ich hinwieder mich vereint habe? Ich fürchte, du möchtest etwa, wenn ich es sage, es nicht glauben und aus dem Nichtwissen in die Lästerung fallend, mein Bruder, deine Seele verlieren. Eines sind ich und er geworden, dem ich vereint bin. Aber wie soll ich mich nennen, der mit ihm vereint wurde? Gott, von Natur doppelt, von Wesen eins, macht auch mich zwiefach, und wie du siehst, gab er mir auch einen doppelten Namen ein. Dies ist die Scheidung: Mensch bin ich von Natur, von Gnaden Gott. [287]

SYMEON DER NEUE THEOLOGE

Wir sind Glieder Christi, Christus unsere Glieder. Und meine, des allerärmsten Hand ist Christus und mein Fuß ist Christus. Und Christi Hand und Christi Fuß ich, der Ärmste. Ich bewege die Hand – auch Christus, denn er ist ganz meine Hand: Du mußt verstehen, daß die Gottheit ungeteilt ist. Ich bewege den Fuß – er leuchtet wie Jener. Sage nicht, ich lästerte, sondern bestätige dieses, und bete Christum an, der dich so gemacht hat. Denn du auch, wenn du willst, wirst zu seinem Gliede werden. Und so werden alle Glieder eines jeden von uns Glieder Christi werden und Christus unser Glied, und er wird alles Häßliche und Unförmliche schön und wohlgestaltet machen, es schmückend mit der Herrlichkeit und Ehre seiner Gottheit; und wir werden alle-samt Götter werden, mit Gott vertraulich geeinigt, keines Makels an unserem Leibe gewahr, sondern ganz der Ähnlichkeit des ganzen Lei-bes Christi teilhaftig geworden, werden wir jeder den ganzen Christus haben. Denn der Eine, zu Vielen geworden, bleibt Einer ungeteilt; jeder Teil aber ist der ganze Christus. [288]

Symeon der neue Theologe

Der Mensch soll die ganze Schöpfung zu einer Einheit zusammenfas-sen, in der es keinen Unterschied von Wissen und Nichtwissen mehr gibt, weil er dasselbe Wissen um die Wahrheit der Dinge besitzt, wie es die Engel haben, aus dem dann denen, die dessen gewürdigt werden, das klare, unmittelbare Wissen um Gott, als ein unbegreifliches und unaussprechliches Innewerden, wie die eine unerschöpfliche quellen-de Spende wahrer Weisheit zuteil wird. Schließlich soll er zuletzt nach alldem das geschaffene Sein mit dem ungeschaffenen liebend vereinen (o wunderbare Güte Gottes, die dem Menschen solches verstattet!) und beide, Geschöpf und Schöpfer, als der Gnade nach eines erweisen, ganz in Gott eingehend und all das werdend, was Gott ist, mit alleini-ger Ausnahme der Selbigkeit des Wesens, und er soll Gott ganz in sein Wesen aufnehmen und Ihn an die Stelle seines eigenen Selbst setzen, so daß er gleichsam als Siegespreis für seinen Aufstieg zu Gott nichts anderes erhält als Gott selbst, der das Ende aller Bewegung, der feste und unerschütterliche Standort alles zu ihm hin Bewegten, das Ende und die Grenze aller Begrenzung und Satzung, aller Wesensbestimmungen, aller Natur und alles Denkens ist – Er, der selbst Unendliche und Unumgrenzte. [289]

Maximos der Bekenner

O süßer Herr, was gibt es, das mich trennen kann von dir?

Und ich hörte mir sagen, daß es mittels seiner Gnade nichts gäbe, das mich in der Folge von Gott trennen könnte. Aber das hörte ich Gott mir sagen in einer viel wunderbareren Sprache, als ich sie hier wiedergeben kann. [290]

Angela von Foligno

Die Einübung
P. Dr. Michael Plattig, O. Carm.

Zum Wortfeld »Spiritualität« gehört der alte Begriff der Askese oder
Aszese. Obwohl durch manche Übertreibung oder leibfeindliche
Praktiken im Bewußtsein vieler Menschen entwertet, gehört er zu den
zentralen Begriffen geistlicher Lehrerinnen und Lehrer in der gesamten Geschichte des Christentums und darüber hinaus.

Die griechische Wurzel »askesis« meint Übung, Training für Athleten. Im Neuen Testament wird das Wort nicht in diesem Sinn verwendet, wohl aber wird das Bemühen des Christen mit dem Training
des Athleten verglichen: »Wißt ihr nicht, daß die Läufer im Stadion
zwar alle laufen, aber daß nur einer den Siegespreis gewinnt? Lauft so,
daß ihr ihn gewinnt. Jeder Wettkämpfer lebt aber völlig enthaltsam;
jene tun dies, um einen vergänglichen, wir aber, um einen unvergäng-
lichen Siegeskranz zu gewinnen« (1 Korinther 9,24f).

Damit wird neben der Übung eine zweite Seite der Askese aufge-
zeigt, der Verzicht, der um der Übung bzw. um des Sieges willen notwendig ist. Askese bringt das Anfordernde der Nachfolge Christi zum
Ausdruck, sie unterstreicht die Bedeutung des menschlichen Tuns für
diesen Weg, das trotz der zuvorkommenden Gnade nicht einfach
überflüssig ist. Christsein bedarf der Einübung, der Treue im Alltag,
des Überwindens von Widerständen. Das kann auch Verzichtleistun-
gen bedeuten, die notwendig sein können, um das Leben mit Christus
zu verwirklichen.

Was soll geübt werden? Hier finden sich je nach historischem
Umfeld verschiedene Traditionen in der Geschichte. Die Wertigkeiten
haben sich natürlicherweise im Lauf der Zeit verändert. Neben einer
positiven Ausrichtung der Einübung von bestimmten Gebetstech-

niken, von Haltungen etc. gab es auch immer eine negative Ausrichtung im Sinne von Verzicht, Abgrenzung, Kampf gegen Widerstände. Diese zweite Seite gehört zur ersten unweigerlich dazu: Wer sich auf einen Übungsweg begibt – das gilt, wie bereits das NT zeigte, nicht nur für die Frömmigkeitsübung, sondern allgemein –, der wird auf Schwierigkeiten und Hindernisse stoßen, die es zu überwinden gilt. Das kann einfach die eigene Trägheit sein, das kann die sich einstellende Lustlosigkeit sein, das können Widerstände in der Person sein, mit denen sich der/die Übende auseinandersetzen muß.

Diese Seite der Einübung stand allerdings immer in der Gefahr, sich zu verselbständigen bzw. sich ausschließlich gegen den Leib zu richten. Dies wird bereits in der Fortsetzung der oben zitierten Korintherstelle deutlich, wenn es heißt: »... vielmehr züchtige und unterwerfe ich meinen Leib, damit ich nicht anderen predige und selbst verworfen werde« (1 Korinther 9,27).

Die Züchtigung des Leibes und, damit verbunden, die Auseinandersetzung mit der eigenen Sexualität, und das hieß oft deren Verteufelung, prägten unterschwellig viele sogenannte »Frömmigkeitsübungen« und führten zum Teil zu asketischen Exzessen, die bis zur Selbstverstümmelung reichten, in der Form der Selbstgeißelung bis zum II. Vatikanum in Ordensgemeinschaften obligat waren und in manchen Kreisen bis heute noch oder heute wieder üblich sind. Diese Formen sind bei allem Respekt vor historischen Gegebenheiten und in Anerkennung durchaus positiver Gründe bei einzelnen als verfehlt zu werten. Sie nehmen das ganzheitliche, den Leib einbeziehende Menschenbild der Bibel nicht ernst und treten die Gottesebenbildlichkeit des Menschen, zu dem sein Leib gehört, mit Füßen. Ein falsches Verständnis der Bedeutung des Leidens im Rahmen christlicher Erlösung kommt noch hinzu. Erlösung geschieht nicht durch selbst zugefügtes, sondern durch getragenes, mir aufgetragenes Leid und dessen Bewältigung. Diese Abgrenzung ist notwendig, um wieder positiv von Askese sprechen zu können, denn oft wurde und wird unter Askese nur die eben beschriebene Praxis verstanden.

Dabei hat Askese auch als Verzicht heute ganz neue Bedeutung erlangt. Angesichts des wirtschaftlichen Nord-Süd-Gefälles in der Welt und der immer noch wachsenden Verelendung der Menschen auf der südlichen Halbkugel gewinnt die asketische Praxis des Verzichtens um der Nachfolge, um des Sieges willen eine politische und zutiefst solidarische Bedeutung durchaus im Sinne des Gebotes der Gottes- und Nächstenliebe.

Selbst die Tradition der Züchtigung des Leibes ist, richtig verstanden, aktuell. Selbsterfahrung ist im psychologischen Umfeld die unabdingbare Voraussetzung, um einen therapeutischen Prozeß begleiten zu können, und Selbsterfahrung meint gerade auch das Wahrnehmen und den Umgang mit den Signalen des Körpers.

Darüber hinaus könnte die christliche Askese mit ihrer ursprünglich ganzheitlichen Sicht auch einem modernen Körper- und Jugendkult die Realität der Vergänglichkeit und die notwendige Auseinandersetzung damit entgegenhalten.

Diese wenigen Hinweise sollten einleitend die Problematik einerseits und die Aktualität christlicher Askese andererseits kurz skizzieren, bevor es nun um den Blick in die Geschichte geht, um das Hören auf die geistlichen Lehrerinnen und Lehrer der christlichen Tradition.

Fünf Aspekte der Einübung sollen ausgewählt werden: (1) die geistlichen Sinne oder die Sensibilisierung für das Fühlen nach außen und innen, (2) die Schule des Betens oder die Fähigkeit zum Gespräch und zur Beziehung, (3) der Wegcharakter oder die Prozeßhaftigkeit der Nachfolge, (4) die Übung oder die Unterscheidung von Weg und Ziel, (5) die geistliche Begleitung oder die dialogische Gestalt des christlichen Weges.

Diese Themen hängen zusammen und ergänzen sich gegenseitig. Voraussetzung für den Weg der Nachfolge ist die Sensibilisierung für das eigene Fühlen und Erleben nach außen und innen. Wessen Wahrnehmungsfähigkeit behindert oder gestört ist, der kann weder die Signale des eigenen Körpers, noch die Signale des Geistes, noch die

Zeichen der Zeit erkennen und damit auch nicht deuten. Die Schulung der Wahrnehmungsfähigkeit ist deshalb die Voraussetzung für jeglichen geistlichen Prozeß. Angesichts der Informationsflut in der heutigen Gesellschaft und der zunehmenden Abstumpfung durch Reizüberflutung scheint dies ein aktuell wichtiges Anliegen zu sein. Oft geht es heute dabei zunächst um eine Reduzierung der Außenreize, damit eine Sensibilisierung erreicht werden kann. Traditionell wird diese Sensibilisierung unter dem Begriff der »Geistlichen Sinne« gefaßt. Der Mensch hat, nach Meinung dieser Autoren, nicht nur fünf Sinne nach außen, sondern ebenso fünf Sinne nach innen, mit denen er genauso schmecken, tasten, hören, riechen, sehen kann.

In der christlichen Tradition gibt es verschiedenste Gebetsformen, die jeweils der Einübung bedürfen, damit sie zur Dialogform für den Menschen werden können und vor allem auch in schwierigen Zeiten tragfähig bleiben. Hier gilt es, einerseits seine je eigene Form zu finden, andererseits aber nicht ständig von einer Form zur anderen zu wechseln, wenn sie etwa nach einiger Zeit auch einmal schwierig und anstrengend wird. Dies zu unterscheiden und damit umzugehen bedarf der Sensibilität für das eigene Erleben und des Dialogs mit einem geistlichen Begleiter.

Christen sind zur Heiligkeit und zur Vollkommenheit berufen (vgl. u. a. 1 Thessalonicher 4,1-12 und Matthäus 5,48) und sind – wiederum biblisch gesprochen – zugleich bereits Erlöste und Heilige. Deshalb gilt es, dies immer mehr zu verinnerlichen bzw. es immer mehr in gelebtes Leben umzusetzen. So beschreibt Christsein immer eine Christwerdung, eine Verwirklichung des bereits erhaltenen Geschenkes der Erlösung. Christsein heißt deshalb immer auf dem Weg, unterwegs sein der Heimat, Gott, entgegen; denn alles Streben hat in Gott sein Ziel, und daher ist alles Irdische wertvoll, aber vorläufig und vergänglich, *alles* kann nur Gott sein. Aus dieser Spannung ergibt sich ein weiteres Motiv christlichen Weges: Es ist immer ein Unterwegs-Sein auf Gott zu, der Vollendung entgegen.

Diese grundsätzliche geschichtlich-lineare Ausrichtung christlicher Nachfolge kennt aber durchaus die Notwendigkeit der immer wieder vollzogenen Übung um der Vertiefung und damit um des Fortschreitens willen. Die Wiederholung spielt für die Lebensgestaltung eine große Rolle und dient der Reifung. Sie birgt in sich die Gefahr der schlechten, weil starr machenden Routine und die Chance der Verlebendigung durch Vertiefung, deshalb ist klar zwischen Weg und Ziel zu unterscheiden. Eine sich wiederholende Methode, eine Ordnung kann immer nur Hilfsmittel, Vehikel auf dem Weg zum Ziel sein, sie darf nie selbst zum Ziel werden. Der Weg ist im Christentum eben nicht das Ziel, sondern das Ziel ist die Gemeinschaft mit Gott, zu der es einen Weg zu gehen gilt.

Die bisherige Beschreibung macht bereits deutlich, daß der Weg der Nachfolge der Begleitung bedarf. Immer wieder ist Unterscheidung wichtig, damit der Weg nicht zum Ziel wird, damit die Askese nicht zur Selbstknechtung verkommt, damit die Wiederholung nicht in Routine erstarrt, die Sensibilität nicht erlahmt und die Dunkelheit bestanden werden kann usw. usw. Die geistliche Begleitung dient dem Reifungsprozeß des Menschen und soll ihn auf dem Weg halten, immer im Bewußtsein, daß Gott bzw. sein Geist der eigentliche Begleiter und Führer des Menschen ist. Deshalb läßt sich geistliche Begleitung auch als ständiges Bemühen um das Öffnen der Perspektive auf Gott hin beschreiben. Vieles droht den Blick des Menschen einzuschränken, zu verdunkeln, oft ist er in sich selber und seine Lieblingsideen verstrickt, gerade auch auf dem Gebiet des geistlichen Lebens. Hier ist Begleitung wichtig, um immer wieder den Durchblick zu ermöglichen und die Blindheiten aufzudecken.

Geistliche Begleitung sollte der Garant dafür sein, daß Einübung, Askese ihre positive Ausrichtung behält, wenn dies auch durchaus schwierige Phasen, Verzicht und Anstrengung bedeutet, und nicht zur leib- und lustfeindlichen und damit selbstverstümmelnden Praxis verkommt.

Die geistlichen Sinne – oder:
Die Sensibilisierung
für das Fühlen nach außen und innen

Nach eingehender Untersuchung wird man sagen, es gebe nach den Worten der Schrift einen allgemeinen Sinn für das Göttliche. Nur der Selige weiß ihn zu finden, wie es bei Salomon heißt: ›Du findest den göttlichen Sinn‹ (Sprüche 2,5). Dieser Sinn aber entfaltet sich in verschiedene Einzelsinne: ein Sehen zur Betrachtung unkörperlicher Gestalten, wie es offensichtlich den Cherubinen oder Seraphinen gegeben ist; ein Hören zur Unterscheidung der Stimmen, die nicht in der Luft widerhallen; ein Schmecken, um das lebendige Brot zu verkosten, das vom Himmel kam, um der Welt das Leben zu swchenken (Johannes 6,33); und sogar ein Geruchssinn, mit dem etwa Paulus jene Wirklichkeiten aufnahm, die ihn von sich selbst sagen ließen, er sei ein Wohlgeruch Christi (2 Korinther 2,15); ein Tasten schließlich, wie es Johannes besaß, wenn er sagt, er habe mit eigenen Händen das Wort des Lebens betastet (1 Johannes 1,1). [291]

ORIGENES

Schon Salomon wußte, daß es in uns zwei verschiedene Sinnlichkeiten gibt: eine sterbliche, vergängliche und menschliche; und eine unsterbliche, geistliche und göttliche. [292]

ORIGENES

Christus wird von jedem Sinn der Seele erfaßt. Er bezeichnet sich als das wahre Licht, das die Augen der Seele erleuchtet. Er nennt sich das Wort, um gehört zu werden; das Brot des Lebens zum Verkosten. Ebenso heißt er Salböl und Narde, daß sich die Seele am Wohlgeruch des Logos erfreue. Er wurde das fleischgewordene Wort, das man aussprechen und verstehen kann, damit der innere Mensch das Wort des Lebens erfasse. Dasselbe Wort Gottes ist all dies [Licht, Wort usw.], es wird dazu durch ein glühendes Gebet und läßt auch nicht einen dieser geistlichen Sinne ohne Gnade. [293]

ORIGENES

Was aber liebe ich, o Gott, wenn ich Dich liebe? Nicht die Schönheit eines Körpers noch den Rhythmus der bewegten Zeit. Nicht den Glanz des Lichtes, der da zu lieb ist den Augen. Nicht die süßen Melodien in der Welt des Tönens aller Art; nicht der Blumen, Salben, Spezereien Wohlgeruch, nicht Manna und nicht Honig, nicht Leibesglieder, die köstlich sind der fleischlichen Umarmung, nichts von alledem liebe ich, wenn ich liebe meinen Gott. Und dennoch liebe ich ein Licht und einen Klang und einen Duft und eine Speise und eine Umarmung, wenn ich liebe meinen Gott: Licht und Klang und Duft und Speise und Umarmung meinem inneren Menschen. Dort erstrahlt meiner Seele, was kein Raum erfaßt; dort erklingt, was keine Zeit entführt; dort duftet, was kein Wind verweht; dort mundet, was keine Sattheit vergällt; dort schmiegt sich an, was kein Überdruß auseinanderlöst. Das ist es, was ich liebe, wenn ich liebe meinen Gott. [294]

AURELIUS AUGUSTINUS

Wenn die Seele nun durch den Glauben Christum, das ungeschaffene Wort, fest für wahr hält, der das Wort und der Abglanz des Vaters ist, dann erlangt sie das geistliche Gehör und Gesicht wieder: das Gehör, um die Worte Christi zu vernehmen; das Gesicht, um den Glanz jenes Lichtes zu schauen. Wenn sie durch die Hoffnung sich nach dem eingehauchten Worte sehnt, erlangt sie durch Begehren und Liebe den geistlichen Geruchsinn wieder. Umfängt sie in Liebe das fleischgewordene Wort, um sich in ihm zu erfreuen, und in ekstatischer Zuneigung darin umgewandelt zu werden, so wird ihr der Geschmack- und

Gefühlssinn zurückgegeben. Hat sie so die Sinne wiedergewonnen, dann hört, sieht, riecht, kostet und umschlingt sie den Bräutigam und kann als Braut das Hohe Lied singen. Dieses Lied ist ja gedichtet zur Pflege der Beschauung auf dieser vierten Stufe, die man nicht erringt, sondern empfängt; denn sie besteht mehr in einem liebenden Erleben als in einem vernünftigen Erwägen. Sind nun die inneren Sinne wiederhergestellt, um das Schönste wahrzunehmen, das Wohlklingendste zu hören, das Wohlriechendste zu empfinden, das Süßeste zu kosten und das Entzückendste zu spüren, dann wird die Seele auf dieser Stufe für die geistliche Entrückung vorbereitet, und zwar durch Andacht, Bewunderung und Lobpreis. [295]

Bonaventura

So ist dann der Mensch zur Beschauung geeignet und zum Anblick und zur bräutlichen Umarmung mit den geistlichen Sinnen. In ihr wird die höchste Schönheit Christi, des Bräutigams, als Lichtglanz sichtbar, die vollste Harmonie als Wort hörbar, die höchste Lieblichkeit als jene Weisheit gekostet, die beide, das Wort und den Glanz umfaßt. Der höchste Wohlgeruch wird genossen durch das ins Herz gehauchte göttliche Wort. Die größte Lieblichkeit wird greifbar durch das fleischgewordene Wort, das leiblich unter uns wohnt und sich unserer Berührung, unserem Kusse, unserer Umarmung aus glühendster Liebe darbietet und diese Liebe reißt unseren Geist durch Ekstase und Entrückung aus dieser Welt zum Vater empor. [296]

Bonaventura

Thomas von Aquin kommentiert den Christushymnus des Philipperbriefes: ›Dies erfühlet [hoc sentite] in euch, was in Christus Jesus ist.‹ Er sagt also: Demütigt euch. Deshalb ›erfühlet‹, nämlich ergreift es erfahrungshaft [experimento], was da in Christus Jesus vor sich ging. Man merke aber, daß wir dies auf fünf Arten erfühlen sollen, nämlich auf dem Weg der fünf Sinne. Zuerst: Schauen seine Liebe, um so erleuchtet ihm gleichgestaltet zu werden. ›Den König werden sie mit Augen schauen in seinem Schmucke‹ (Jesaja 33,17). ›Wir alle aber schauen mit aufgehülltem Antlitz die Glorie Gottes‹ (2 Korinther 3,18). Zweitens: seine Weisheit hören, um davon beseligt zu werden: ›Selig deine Mannen und selig deine Knechte, die da vor dir stehen und deine Weisheit anhören dürfen‹(1 Könige 10,8). ›Im Hören des Ohres hat er mir gehorcht‹ (Psalm 17,45). Drittens: den Duft der Gnaden seiner schenkenden Güte wahrnehmen, um ihm entgegenzueilen. ›Ziehe mich nach dir, wir wollen laufen nach dem Wohlgeruch deiner Salben her‹(Hohelied 1,3). Viertens: schmecken die Süßigkeit seiner Huld, um uns immerdar in Gott zu erfreuen. ›Schmeckt und sehet, wie süß der Herr ist‹ (Psalm 33,9). Fünftens: seine Kraft berühren, um davon geheilt zu werden. ›Wenn ich nur den Saum seines Gewandes berühre, dann werde ich geheilt sein‹ (Mattäus 9,21). [297]

THOMAS VON AQUIN

Die erste Vorübung ist der Aufbau des Schauplatzes. Dazu ist zu bemerken, daß bei der Betrachtung oder der Besinnung über etwas Sichtbares, wie etwa beim Betrachten Christi unseres Herrn, der anschaubar ist, dieser Aufbau darin bestehen wird, mit der Schau der Einbildungskraft den körperlichen Ort zu sehen, an dem sich der zu betrachtende Gegenstand findet. Körperlichen Ort nenne ich z. B. einen Tempel oder Berg, auf dem Jesus Christus oder Unsere Herrin sich befinden, entsprechend dem, was ich betrachten will.

Bei Unsichtbarem, so wie hier bei den Sünden, besteht der Aufbau des Schauplatzes darin, mit der Schau der Einbildungskraft zu sehen und zu betrachten, wie meine Seele in diesem verweslichen Leib eingekerkert ist und wie beide zusammen als ein Ganzes in diesem Erdental wie verbannt sind unter vernunftlosen Tieren; ich sage ausdrücklich: beide zusammen als Ganzes aus Leib und Seele.

Die zweite Vorübung ist: von Gott unserem Herrn das erbitten, was ich begehre und ersehne. Die Bitte soll dem vorliegenden Gegenstand entsprechen; das heißt, wenn die Betrachtung über die Auferstehung ist, so Freude mit dem freudenreichen Christus zu erbitten; wenn sie über das Leiden ist, so sind Leid, Tränen und Qual mit dem qualerfüllten Christus zu erbitten. [298]

IGNATIUS VON LOYOLA

Betrachtung von der Geburt Jesu:
Aufbau des Schauplatzes; hier also mit der Schau der Einbildungskraft den Weg von Nazareth nach Bethlehem sehen, die Länge, die Breite erwägen, und ob dieser Weg eben ist oder durch Täler und über Hügel führt. Auf gleiche Weise den Ort oder die Höhle der Geburt schauen, wie geräumig, wie eng, wie niedrig, wie hoch und wie sie eingerichtet war. [...] dabei mache ich mich zu einem armseligen und unwürdigen Knechtlein, das sie [die Personen der Szene] anschaut, sie betrachtet und ihnen in ihren Nöten dient, ganz so, als wäre ich gegenwärtig, mit der größtmöglichen Ergebenheit und Ehrfurcht. Und dann mich auf mich selbst besinnen, um einigen Nutzen zu ziehen. [299]

IGNATIUS VON LOYOLA

Jeweils am Abend eines Tages der Exerzitien soll der Exerzitant eine Anwendung der Sinne über die betrachteten Glaubensgeheimnisse anstellen.
Der erste Punkt: schauen die Personen mit dem Blick der Einbildungskraft, ihre Umwelt im einzelnen überlegen und betrachten und aus der Schau einigen Nutzen ziehen.
Der zweite: hören mit dem (inneren) Gehör, was sie reden oder reden können, und dann sich auf sich selbst zurückbesinnen, und daraus einigen Nutzen ziehen.

Der dritte: riechen und schmecken mit dem (inneren) Geruchs-
und Geschmackssinn den unendlich milden Duft und die unendliche
Süßigkeit der Gottheit, der Seele und ihrer Tugenden und des Ganzen,
so wie es der Person entspricht, die man gerade betrachtet; dann sich
auf sich selbst besinnen, um Nutzen daraus zu ziehen.

Der vierte: berühren mit dem (inneren) Tastsinn, wie etwa umfangen und küssen die Orte, welche jene Personen betreten und wo sie
sich niederlassen, immer darauf bedacht, Nutzen daraus zu ziehen.
[300]

Ignatius von Loyola

Wer im Gebrauch seiner Sinne Christus unseren Herrn nachahmen
will, der empfehle sich im Vorbereitungsgebet seiner Göttlichen Majestät, und nach der Erwägung jedes Sinnes sage er ein Ave Maria oder
ein Vaterunser. [301]

Ignatius von Loyola

Die Kunst der Künste ist die Kunst zu lieben. Die Natur selbst und
Gott, der Urheber der Natur, haben sich ihren Lehrgang vorbehalten.
Denn die vom Schöpfer in die Natur eingesenkte Liebe lehrt, sag ich,
sich selbst ...; und so sind ihre Schüler Gottes Schüler. Die Liebe ist ja
die Kraft der Seele, die sie durch ein natürliches Schwergewicht zu
ihrem Ort oder Ziel hinträgt. Denn jedes Geschöpf, sei es geistig oder
körperlich, hat einen bestimmten Ort, zu dem es naturgemäß hingezogen wird, und ein natürliches Schwergewicht, das es dorthin treibt ...
Was ist der Ort des Leibes? »Erde bist du, und zur Erde wirst du gehen«
(Genesis 3,19). Vom Geist aber steht im Buch der Weisheit: »Der Geist
wird zu Gott heimkehren, der ihn schuf« (Prediger 12,7). [302]

Wilhelm von Saint-Thierry

Wenn wir alles scharf durchschauen und, soweit das möglich ist, uns in dem reinen, wesenhaften[1] Genuß der einfachen Wahrheit verlieren, wenn wir eintreten und auf eine einsmachende Weise in gewissem Sinn überformt werden in die Liebe und so uns selbst ganz entzogen werden; wenn wir nicht weniger Herz haben für das Wohlergehen und den Fortschritt eines jeden als für unser eigenes Wohlergehen und unseren eigenen Fortschritt; wenn wir fromm und in tiefer Ehrfurcht äußerlich die heiligen Sakramente empfangen und innerlich ihre Frucht und ihre Kraft tatsächlich schmecken, so daß wir eins sind mit Christus und »wir in Ihm bleiben und Er in uns« (Johannes 15,4), dann werden wir zu jener Vereinigung gebracht und zu jener Einwohnung, die das Ziel ist all unseres Handelns, daß nämlich die Seele zurückgeführt wird zu ihrem ersten Ursprung, Gott ...

Die Tatsache, daß ich nicht in der Lage bin, »die Höhe und die Breite, die Tiefe und das Unbegreifliche zu ermessen und den Raum der höchsten Liebe« (Epheser 3,18f) zu erreichen, der in unermeßlicher Weise und in zahllosen Hinsichten die ganze Schöpfung übersteigt, ist ein Zeichen dafür, daß ich noch von Selbstsucht zurückgehalten werde und festgebunden bin, daß ich darin Ruhe suche, was mir angenehm ist und mich vor Unannehmlichkeiten fürchte, daß ich Angst habe, an die Seite gedrängt, erniedrigt oder übersehen zu werden. Sorgfältig werde ich prüfen – wenn ich in meinem inneren Aufgang behindert werde – ob es richtig ist, mich von so etwas zurückhalten zu lassen oder nicht. Wenn das nicht der Fall ist, werde ich ungehindert und frei darüber hinweggehen ...

Laß die Seele, soviel sie es nur vermag, bestrebt sein, nicht von dem, was unten ist, gebremst zu werden. Von dem, was oben ist[2], hat sie nichts zu fürchten. Nicht nur bedrücken die himmlischen Geister sie nicht, sondern sie wird vielmehr auf verschiedene Weise eingeladen, mit ihnen »vor dem Angesicht des Herrn zu stehen« (1 Könige 17,1) um in einem inneren und erhabenen Raum zu wandeln. Da ist kein Platz für Beäng-

1 nicht mit den einzelnen Seelenkräften, sondern mit dem Wesen.
2 himmlische Geister

stigung, sondern nur für die freie gottförmige Schau, die nicht zuläßt, daß das Auge des Herzen verdüstert oder getrübt wird. [303]

GERLACH PETERS

Theofan der Klausner sagt: ›Du mußt dir Gottes genauso deutlich bewußt sein wie deiner Zahnschmerzen.‹ Wenn du Zahnschmerzen hast, vergißt du das keinen Moment. Ob du sprichst, ob du liest, ob du sehr beschäftigt bist, ob du singst, ganz gleich was du machst – der Zahnschmerz ist immer da und du kannst diesem schmerzlichen Vorhandensein nicht entkommen. Theofan sagt, daß wir auf gleiche Weise einen Schmerz in unserem Herzen züchten müßten. Ich meine nicht unser physisches Herz, sondern einen verzweifelten Schmerz in unserem Innersten aus purem Verlangen nach Gott: ein Gefühl wie ›Ich bin allein, wo ist Er?‹, das einen überfällt, sobald man die Berührung im Gebet verloren hat. [304]

ANTHONY BLOOM

Wenn du aus diesen Meditationen Gewinn ziehen willst, dann setze alle Sorgen und Kümmernisse still beiseite. Mache dir mit dem Gemüte des Herzens liebend und besinnlich alles, was der Herr Jesus gesagt und getan hat, so gegenwärtig, als wenn du es mit eigenen Ohren hörtest und mit deinen Augen schautest. Dann wird das alles Süß, weil du es mit Sehnsucht bedenkst und noch vielmehr kostest. Und wenn es auch in der Form der Vergangenheit erzählt wird, so betrachte du alles wie heute gegenwärtig. [...] Geh ins Heilige Land, küsse mit brennendem Geist die Erde, auf der der gute Jesus stand. Mache dir gegenwärtig, wie er sprach und umging mit seinen Jüngern, mit den Sündern; wie er spricht und predigt, wie er geht und ruht, schläft und wacht, ißt und Wunder wirkt. Umschreibe dir in deinem Herzen sein Verhalten und sein Tun. [305]

LUDOLF VON SACHSEN

Die Person, die einer anderen Weise und Ordnung für die Besinnung (Meditation) oder Betrachtung (Kontemplation) vorlegt, muß die geschichtliche Tatsache [*historia*] für eine solche Betrachtung oder Besinnung wahrheitsgetreu erzählen, wobei sie die Punkte nur mit kurzer oder zusammenfassender [*sumaria*] Erklärung durchläuft [*discurriendo*]; wenn nämlich die betrachtende Person die unverfälschte (wahre) Grundlage der Geschichte erfaßt, indem sie diese selbständig überdenkt [*discurriendo*] und Schlußfolgerungen zieht [*raciocinando*] und hierbei irgendeine Sache neu entdeckt, welche die Geschichte ein wenig mehr aufhellt oder verkosten [*sentir*] läßt – sei es durch das eigene verstandesmäßige Eindringen, sei es daß das Verständnis durch göttliche Kraft erleuchtet wird –, so bietet dies mehr Geschmack und geistliche Frucht, als wenn der, der die Übungen gibt, den Sinn der Geschichte viel erklärt und ausgeweitet hätte; denn nicht das Vielwissen sättigt und befriedigt die Seele, sondern das Verspüren [*sentir*] und Verkosten [*gustar*] der Dinge von innen her [*internamente*]. [306]

Ignatius von Loyola

Gott liebt die Seele und zeigt ihr damit, wie sie ihn lieben soll mit der Vollkommenheit, die Gott verlangt. Denn er gibt ihr hier seine Liebe und in dieser Liebe zeigt er ihr, wie sie ihn lieben soll, nämlich wie sie von ihm geliebt wird. Gott lehrt die Seele hier nicht nur unvermischt und frei von Eigennutz zu lieben – so wie er uns liebt –, sondern darüber hinaus macht er sie lieben mit der Kraft, mit der er sie liebt, und überformt sie in seine Liebe. Er gibt ihr seine eigene Kraft, mit der sie ihn lieben kann; das ist wie: das Werkzeug in die Hände legen und sagen, wie man es gebraucht, und es gemeinsam mit ihr gebrauchen. Er zeigt ihr, wie man liebt, und gibt ihr dazu die Veranlagung. [307]

Johannes vom Kreuz

Die Schule des Betens – oder:
Die Fähigkeit zum Gespräch und zur Beziehung

Die fromme Kreatur liebt nichts als die Werke der Güte, mit denen sie ihren Geist zu sättigen vermag. Es scheint ihr darum, sie erkenne zurecht, daß sie nichts liebe außer den Werken der Güte, und darum weiß sie nicht, was sie ihrer Liebe weiter schenken soll, es sei denn, sie bringe auch dies noch zum Opfer. Denn keinerlei Tod bedeutete ihr eine Qual, nur der Verzicht auf das Werk, das sie liebt, das die Wonne ihres Behagens und das Leben ihres Willens ausmacht, der sich davon ernährt. Und darum gibt sie solche Übungen auf, bei denen sie ihre Befriedigung findet, und bringt den Willen, der daraus seine Lebenskraft bezog, zu Tode. Und um das Martyrium zu erleiden, verpflichtet sie sich, dem Willen eines Anderen gehorsam zu sein im Verzicht auf eigenes Werk und Willen, um dadurch ihren Willen in der Erfüllung eines anderen Willens im Gehorsam zu vernichten. Es ist aber viel schwieriger, die Werke aus dem Wollen des Geistes zu überwinden als die Werke aus dem Wollen des Leibes; es ist auch schwieriger, als das Wollen des Geistes zu erfüllen. So muß man denn gemahlen werden, indem man sein Selbst zerquetscht und zerbricht, damit sich der Raum, in dem die Liebe sich aufhalten möchte, erweitert und damit man frei werde von sich selbst. [308]

MARGARETE PORETE

Widerfährt es dir, daß du währed dieser Einkehr ein wenig schläfst oder wider Willen einnickst, beunruhige dich nicht: Eine schlummernde Einkehr ist oft besser als viele äußere, mit Sinnen faßbare Übungen im wachen Zustand. Beginne von neuem: ›Auf das Herz zu Gott!‹, du kommst nie zu oft zu Gott. Wende deinen Grund zu ihm; sprich mit dem Propheten: ›Mein Blick sucht dein Antlitz; wende nicht dein Gesicht von mir.‹ So kehre deine Augen, deinen befreiten

Grund Gott zu. Wenn das namenlose Innere sich so innerlich Gott darbietet, so bietet sich danach oder zugleich damit alles dar, was im Menschen Namen hat, und antwortet dem, was in Gott ist. Dem entgegen bietet sich das Ungenannte und Unbekannte und alles das, was in Gott einen Namen hat, dem Menschen in seinem Grund dar. Dafür ist ein großer Vorteil, daß der äußere Mensch in Ruhe sei, daß er sitze und schweige und nichts Äußeres ihn störe, auch an seinem Körper nicht. Meine lieben Schwestern! Um dieser Ruhe willen wird Gott euch das Himmelreich und sich selbst geben. [309]

Johannes Tauler

Die Seele kann sich Christus als gegenwärtig vorstellen und sich angewöhnen, seine heilige Menschheit recht innig zu lieben, ihn stets mit sich herumzuführen, mit ihm zu reden, ihm ihre Bedürfnisse mitteilen, ihre Leiden zu klagen, sich mit ihm zu freuen, wenn es ihr wohl ergeht, und in diesem Wohlergehen seiner nicht zu vergessen. Dazu bedarf sie keiner künstlich ausgedachten Gebete; es genügen ganz einfache Worte, die ihre Bedürfnisse und Wünsche ausdrücken. Dies ist eine vortreffliche Weise, in sehr kurzer Zeit voranzuschreiten. Ja, wer sich bemüht, in dieser kostbaren Gesellschaft zu wandeln; wer sich diese recht zunutze macht und wahre Liebe zu einem solchen Herrn, dem wir so vieles schuldig sind, gewinnt: Von dem sage ich, daß er schon vorangeschritten ist. Wir sollen uns darum nicht ängstigen, wenn wir keine Andacht empfinden; vielmehr sollen wir dem Herrn danken, daß er in uns das Verlangen erhält, ihm zu gefallen, wenn auch unsere Werke noch mangelhaft sind. [310]

Teresa von Avila

Vor allem aber empfehle ich dir das Gebet des Geistes und des Herzens, ganz besonders jenes, das zum Gegenstand das Leben und Leiden des Heilands hat ... Kinder lernen sprechen, indem sie der Mutter zuhören und alles nachzusprechen versuchen; so werden auch wir, wenn wir durch die Betrachtung beim Heiland weilen, seine Worte und Handlungen, sein Denken und Fühlen beobachten, bald durch seine Gnade reden, handeln und wollen lernen wie er selbst. Glaube mir, wir können zu Gott dem Vater nur durch diese Pforte (vgl. Johannes 14,6) gehen; denn wie der Spiegel unser Bild nicht auffinge, hätte er nicht eine Schicht Zinn oder Blei auf seiner Rückseite, so können auch wir auf Erden nicht die Gottheit betrachten, wäre sie nicht mit der heiligen Menschheit des Heilands verbunden, dessen Leben und Sterben der geeignetste, schönste und nützlichste Gegenstand für unsere gewöhnliche Betrachtung ist. [311]

FRANZ VON SALES

Ihr fragt mich, wie es kommt, daß sich während der Praxis des Jesus-Gebetes Täuschung einstellt. Diese kommt nicht von dem Gebet selbst her, sondern von der Art und Weise, wie es praktiziert wird. Darin sollen wir den Anweisungen der Philokalie folgen. Diese Anweisungen soll man unter der Leitung eines Meisters, der genau und korrekt die Praxis des Gebetes kennt, befolgen. Will aber einer es allein tun, allein nach der Beschreibung in den Büchern, kann er der Täuschung nicht entgehen. In allen Beschreibungen ist der äußere Verlauf dieses Tuns dargelegt. Aber ein Buch kann nicht all die detaillierten Ratschläge geben wie ein Starez. Dieser kennt den inneren Zustand, der das Gebet begleiten kann. Daher kann er über den Anfänger wachen und ihm erläuternde Weisungen geben, die für ihn nötig sind. Wer diese Gebetsmethode ohne einen Führer praktiziert, bleibt naturgemäß bei der äußeren Aktivität und den diversen körperlichen Übungen hängen. Er erfüllt gewissenhaft alles, was in den Büchern über die Körperhaltung, die Atmung, die Aufmerksamkeit auf das Herz geschrieben steht. Weil diese Methoden zu einem gewissen Grad der Konzentration, der Aufmerksamkeit und der sich entwickelnden Wärme führen, läuft einer, der keinen guten Meister neben sich hat, der ihm die Natur der sich zeigenden Veränderung erklären kann, Gefahr, zu glauben, daß diese immerhin begrenzte Wärme das sei, was er sucht, und daß die Gnade über ihn gekommen sei, obgleich das nicht der Fall ist. Er glaubt sich also im Besitz der Gnade, doch ist es keineswegs der Fall. Das ist die Natur der Täuschung, und eine solche Täuschung kann den ganzen weiteren Verlauf des inneren Lebens verfälschen. Aus diesem Grund raten die Starzen heutzutage den Menschen, nicht diese körperlichen Methoden zu benutzen, wegen der Gefahr, die sie in sich bergen. Von sich aus können sie keine Gnade vermitteln, denn die Gnade ist nicht an äußere Übungen gebunden, sondern sie geht in das innere Sein ein. Andererseits wird die gute innere Disposition das Wirken der Gnade herabziehen, selbst ohne diese Methoden.

Diese innere Disposition besteht darin, durch die Übung des Jesus-Gebetes in der Gegenwart Gottes zu wandeln. Gleichzeitig muß man in sich das Gefühl der Anbetung und der Gottesfurcht erwecken, muß aufhören, sich selbst irgendwie zu suchen, immer auf das Gewissen hören und dieses rein und in Frieden bewahren und dabei das ganze Leben – innerlich und äußerlich – in die Hände Gottes legen. Sind diese spirituellen Elemente da, so wird die Gnade Gottes, die zu ihrer Zeit kommt und alles in eine Einheit bringt, das geistliche Feuer entzünden, das Zeichen der Gegenwart der Gnade im Herzen. Folgen wir diesem Weg, dann ist es schwer, in die Eitelkeit abzuleiten. Aber auf jeden Fall ist es besser, einen Führer, dem man persönlich begegnen kann, zu haben, der uns ins Gesicht sieht, unsere Stimme hört, denn diese beiden enthüllen, was in uns ist. [312]

THEOPHAN DER EINSIEDLER

Es ist durchaus nicht nötig, ein schönes, für den entsprechenden Fall formuliertes Gebet aus einem Buch zu lesen, um Erhörung zu finden; träfe das zu ... ach! wie wär' ich zu bedauern! [...] Neben dem göttlichen Offizium, das zu beten ich sehr unwürdig bin, habe ich nicht den Mut, mich zum Suchen schöner Gebete in Büchern zu zwingen, das macht mir Kopfweh, es gibt ihrer so viele! [...] und dann ist ein jedes schöner als das andere. [...] Ich könnte nicht alle beten, und da ich nicht weiß, welches auswählen, mache ich es wie die Kinder, die nicht lesen können, ich sage dem Lieben Gott ganz einfach, was ich ihm sagen will, ohne schöne Phrasen zu machen, und Er versteht mich immer. [...] Für mich ist das Gebet ein Schwung des Herzens, ein einfacher Blick zum Himmel empor, ein Schrei der Dankbarkeit und der Liebe, aus der Mitte der Prüfung wie aus der Mitte der Freude; kurz, es ist etwas Großes, Übernatürliches, das mir die Seele ausweitet und mich mit Jesus vereint. [313]

THÉRÈSE VON LISIEUX

Eines Tages fragte mich eine der Lehrerinnen der Abtei, was ich an schulfreien Tagen triebe, wenn ich allein sei. Ich antwortete ihr, daß ich hinter mein Bett ginge in einen leeren Zwischenraum, der sich dort befand, und den ich leicht mit dem Vorhang abschließen konnte, und daß ich dort ›dächte‹. – Aber woran denkst du denn? fragte sie mich. – Ich denke an den lieben Gott, an das Leben ... an die EWIG-KEIT, kurzum ich denke! ... Die gute Klosterfrau lachte sehr über mich, später erinnerte sie mich gern an die Zeit, wo ich ›dachte‹, und fragte mich, ob ich noch immer ›denke‹. Jetzt ist mir klar, daß ich damals das innere Gebet übte, ohne es zu wissen, und daß bereits der Liebe Gott mich im geheimen belehrte. [314]

THÉRÈSE VON LISIEUX

Das Evangelium aber vor allem anderen gibt mir das Nötige für das innere Gebet, in ihm finde ich alles, was meine arme kleine Seele braucht, In ihm entdecke ich immer neue Klarheiten, verborgene und geheimnisvolle Bedeutungen ... Ich erkenne und ich weiß aus Erfahrung, ›das Reich Gottes ist innen in uns‹ (Lukas 17,21). Jesus bedarf keiner Bücher noch Lehrer, um die Seelen zu unterweisen; Er, der Lehrer der Lehrer, unterrichtet ohne Wortgeräusch ... Nie hörte ich ihn sprechen, aber ich fühle, daß Er in mir ist, jeden Augenblick, Er leitet mich und gibt mir ein, was ich sagen oder tun soll. Ich entdecke gerade in dem Augenblick, da ich dessen bedarf, Klarheiten, die ich noch nicht geschaut hatte, und zwar sind sie zumeist nicht während der Stunden des Gebetes am reichlichsten, sondern eher bei den gewöhnlichen Beschäftigungen meines Tagewerkes. [315]

Thérèse von Lisieux

Als mein Gebet immer andächtiger und innerlicher wurde, da hatte ich immer weniger und weniger zu sagen. Zuletzt wurde ich ganz still. Ich wurde, was womöglich noch ein größerer Gegensatz zum Reden ist, ich wurde zum Hörer. Ich meinte erst, Beten sei Reden. Ich lernte aber, daß Beten nicht bloß Schweigen ist, sondern Hören. So ist es: Beten heißt nicht sich selbst reden hören. Beten heißt: still werden und still sein und warten, bis der Betende Gott hört. [316]

Sören Kierkegaard

Ich hatte diesen Traum:

Ein abschüssiger und glatter Weg führte hoch über dem Meere. Ein Unwetter hatte sich entladen und die Nacht strömte wie ein voller Schlauch. Hartnäckig stieg ich Gott entgegen, um ihn nach dem Sinn der Dinge zu fragen und mir von ihm erklären zu lassen, wohin der Austausch führe, den man mir hatte auferlegen wollen.

Doch auf dem Gipfel des Berges gewahrte ich nur einen schweren Block aus schwarzem Granit, – und das war Gott. Er ist es wahrhaftig, sagte ich mir, der Unwandelbare und Unzerstörbare, denn ich hoffte noch, ich werde nicht tiefer in meine Einsamkeit versinken müssen.

– Herr, sprach ich zu ihm, belehre mich! Sieh hier meine Freunde, meine Gefährten und Untertanen, sie sind für mich nur tönende Gliederpuppen. Ich habe sie in der Hand und bewege sie, wie es mir beliebt. Und es macht mir keine Sorge, daß sie mir gehorchen, denn es ist gut, wenn sich meine Weisheit auf sie herabsenkt; aber es bekümmert mich, daß sie zum Widerschein eines Spiegels wurden, denn so werde ich einsamer noch als ein Aussätziger. Wenn ich lache, so lachen sie. Wenn ich schweige, so verdüstern sich ihre Mienen. Und mein Wort, das ich erkenne, erfüllt sie wie das Windesrauschen die Bäume. Es gibt für mich keinen Austausch mehr, denn in dieser schrankenlosen Audienz höre ich nur noch meine eigene Stimme, die mir von ihnen wie das eisige Echo eines Tempels zurücktönt. Deshalb erschreckt mich die Liebe, und was habe ich von dieser Liebe zu erwarten, die nur mich selber vervielfacht?

Doch der Granitblock, über dem ein leuchtender Regen rauschte, blieb undurchdringlich.

– Herr, sprach ich zu ihm, denn in der Nähe saß ein schwarzer Rabe auf einem Zweige, ich verstehe durchaus, daß dieses Schweigen Deiner Majestät gemäß ist. Doch ich bedarf eines Zeichens. Gebiete diesem Raben davonzufliegen, sobald ich mein Gebet beendet habe. Dann wird das wie ein rascher Blick sein, den mir ein anderer zuwirft, und so bin ich nicht mehr allein auf der Welt. Ich werde Vertrauen zu Dir fassen, mag es auch nur ein dunkles Vertrauen sein. Ich verlange nichts als das eine: Es möge mir bedeutet werden, daß es vielleicht etwas zu verstehen gibt.

Und ich betrachtete den Raben. Aber er blieb unbeweglich. Da neigte ich mich zur Mauer:

Herr, sprach ich zu ihm, gewiß hast Du recht. Es kommt Deiner Majestät nicht zu, Dich meinen Weisungen zu unterwerfen. Wäre der Rabe davongeflogen, so hätte er mich nur noch trauriger gestimmt. Denn ein solches Zeichen hätte ich nur von einem Gleichgestellten, also abermals von mir selber empfangen können, und so wäre es gleichfalls nur ein Widerschein meiner Sehnsucht gewesen. Wiederum wäre ich nur meiner Einsamkeit begegnet.

Nachdem ich mich so in Anbetung niedergeworfen hatte, ging ich den Weg zurück, den ich gekommen war.

Es begab sich jedoch, daß meine Verzweiflung einer unerwarteten und eigentümlichen Heiterkeit wich. Ich versank im Schlamm des Weges, ich riß mich an den Dornen wund, ich kämpfte gegen die peitschenden Windstöße an, und doch kam eine gefestigte Klarheit über mich. Denn ich wußte nichts; aber ich hätte auch nichts erfahren können, was mich nicht angewidert hätte. Ich hatte Gott nicht berührt, doch ein Gott, der sich berühren läßt, ist kein Gott mehr. Er ist es auch nicht mehr, wenn er dem Gebet gehorcht. Und zum ersten Male ahnte ich: Die Größe des Gebets beruht vor allem darauf, daß ihm nicht geantwortet wird und daß dieser Austausch nichts mit einem schäbigen Handel zu tun hat. Und ich ahnte, daß das Erlernen des Gebets im Erlernen des Schweigens besteht und dort erst die Liebe beginnt, wo kein Geschenk mehr zu erwarten ist. Die Liebe ist vor allem Übung des Gebets und das Gebet Übung des Schweigens. [317]

ANTOINE DE SAINT-EXUPÉRY

Der Wegcharakter – oder: Die Prozeßhaftigkeit der Nachfolge

Ein Bruder fragt den Altvater Sisoes: Was soll ich tun, Vater, weil ich gefallen bin? Der Altvater sagte ihm: Steh wieder auf! Der Bruder sagte darauf: Ich bin aufgestanden, aber wieder gefallen. Und der Altvater sagte darauf: Dann steh wieder und wieder auf! Der Bruder fragte: Wie lange? Der Greis antwortete: Bis du aufgenommen bist, entweder im Guten oder im Falle. [318]

APOPHTHEGAMATA PATRUM [APO], 841

Für uns Menschen im Pilgerstande ist nämlich die Gesamtheit der Dinge eine Leiter, die uns zu Gott emporführt. Von den Geschöpfen sind nun aber die einen Spur, die anderen Bild, die einen körperlich, die anderen geistig, die einen zeitlich, die anderen von ewiger Dauer; und somit die einen außer uns, die anderen in uns. Um nun zur Betrachtung des Urgrundes zu gelangen, der ganz geistig, ewig und über uns erhaben ist, müssen wir der Spur nachgehen, die körperlich, zeitlich und außer uns ist; und das heißt: geführt werden auf dem Wege Gottes. Wir müssen in unsere Seele eintreten, die ein Bild Gottes ist, von ewiger Dauer, geistig und in uns; und das heißt: wandeln in der Wahrheit Gottes. Wir müssen endlich zum Ewigen, ganz Geistigen hinaufsteigen; und das heißt: sich freuen in der Erkenntnis Gottes und der Ehrfurcht vor seiner Majestät. [319]

BONAVENTURA

Teresa von Avila vergleicht vier Gebetsstufen mit vier Bewässerungsarten eines Gartens; sie stehen als Bilder für einen fortschreitenden Weg des Gebetes:

Sehen wir jetzt, auf welche Weise der Garten bewässert werden kann, damit wir wissen, was wir zu tun haben, welche Mühe es uns koste, ob auch der Gewinn sie lohne und wie lange wir die Arbeit fortsetzen müssen! Meines Erachtens kann die Bewässerung des Gartens auf vierfache Weise geschehen. Entweder schöpft man das Wasser mit großer Mühe aus einem Brunnen; oder man schöpft es, wie ich selbst schon öfter getan, mit geringerer Mühe und in größerer Menge mittels eines mit Schöpfgefäßen versehenen Rades, das man dreht, oder man leitet das Wasser aus einem Fluß oder einem Bach in den Garten, was noch besser ist, weil die Erde dadurch mehr befeuchtet wird, das Gießen nicht so oft notwendig ist und somit der Gärtner weniger Mühe aufzuwenden hat; oder endlich es geschieht die Bewässerung des Gartens durch einen ergiebigen Regen, wenn nämlich der Herr selbst ohne irgendeine Bemühung von unserer Seite den Garten mit

Wasser tränkt. Die letzte Art ist unvergleichlich besser als alle vorhergenannten ...

Von denen, die erst das innerliche Gebet zu üben beginnen, kann man sagen, daß sie jenen gleichen, die das Wasser aus dem Brunnen schöpfen. Dies geschieht, wie gesagt, nur mit großer Mühe von ihrer Seite; denn sie müssen mit ermüdender Anstrengung ihre Sinne einsammeln, was bei deren gewohntem Umherschweifen etwas sehr Hartes für sie ist. Sie müssen sich nach und nach gewöhnen, nichts sehen und hören zu wollen und ihren in dieser Beziehung gefaßten Entschluß während der Gebetsstunden in Ausführung zu bringen. Deshalb müssen sie die Einsamkeit aufsuchen und da abgesondert von allem über ihr vergangenes Leben nachdenken. Dies sollen zwar alle häufig tun, sowohl jene, die auf den ersten, als auch jene, die auf den letzten Gebetsstufen stehen; doch gilt es, wie ich noch sagen werde, von den einen mehr als von den anderen. Anfangs wird es ihnen auch peinlich sein, nicht recht zu wissen, ob sie eine wahre Reue über ihre Sünden haben. Aber sicher ist dies der Fall, da sie ja so ernstlich entschlossen sind, Gott zu dienen. Nebstdem müssen sie Fleiß anwenden, das Leben Christi zu betrachten; dies aber ermüdet den Verstand. Bis hierher können wir selbst gelangen, natürlich mit der Gnade Gottes, ohne die wir bekanntlich nicht einmal einen guten Gedanken fassen können. Dies heißt anfangen, Wasser aus dem Brunnen zu schöpfen. Gott gebe nur, daß der Brunnen auch Wasser habe! Indessen fehlt es wenigstens nicht an uns, wenn wir hingehen, um zu schöpfen, und unser Möglichstes tun, um die Blumen zu begießen. Auch ist Gott gütig; falls er aus Gründen, die seiner Majestät bekannt sind, und vielleicht zu unserem eigenen großen Nutzen will, daß der Brunnen versiegt sei, so wird er, wenn wir nur als gute Gärtner tun, was in unseren Kräften steht, auch ohne Wasser die Blumen erhalten und das Wachstum der Tugenden fördern. Ich nenne hier Wasser die Tränen oder, wenn es auch gerade diese nicht wären, so doch die Rührung des Herzens und das innere Gefühl der Andacht. [320]

TERESA VON AVILA

Gewöhnlich geschieht die Genesung des Leibes wie der Seele nur allmählich, Schritt für Schritt, von Stufe zu Stufe, mit großem Aufwand
an Mühe und Zeit. Die Engel auf der Jakobsleiter haben Flügel, sie fliegen aber nicht, sondern steigen die Stufen auf und ab, einer nach dem
anderen. Eine Seele, die von der Sünde zur Frömmigkeit emporsteigt,
wird mit der Morgenröte verglichen (Sprüche 4,18), die nicht plötzlich, sondern nur allmählich die Finsternis vertreibt. Eine Heilung die
nur langsam vor sich geht, bezeichnet der Volksmund als die sicherste.
Die Krankheiten der Seele wie des Leibes kommen wie zu Pferd im
Galopp, ziehen aber zu Fuß und im Schritt ab. Bei diesem Beginnen
mußt du also Mut und Geduld haben. [...] Das Bemühen um die Rei-
nigung unserer Seele kann und soll nur mit unserem Leben ein Ende
finden. Regen wir uns also nicht auf über unsere Unvollkommenheiten: Unsere Vollkommenheit besteht eben darin, daß wir die Unvollkommenheiten bekämpfen. Wir können sie aber nicht bekämpfen,
wenn wir sie nicht sehen; wir können sie nicht überwinden, wenn wir
ihnen nicht begegnen. Unser Sieg besteht nicht darin, daß wir sie nicht
wahrnehmen, sondern darin, daß wir uns ihnen nicht beugen. Der
aber beugt sich ihnen nicht, der sie unangenehm empfindet. [...] Eines
ist also notwendig: den Mut nicht verlieren! ›Befreie mich, Herr, von
Feigheit und Mutlosigkeit‹ (Psalm 55,17), betete David. Es ist ein
Glück für uns, daß wir in diesem Krieg immer Sieger sind, solange wir
nur kämpfen wollen. [321]

Franz von Sales

Sie wissen, meine Mutter, ich habe immer danach verlangt, eine Heilige zu werden; aber ach! wenn ich mich mit den Heiligen verglich,
stellte ich stets fest, daß zwischen ihnen und mir derselbe Unterschied
besteht wie zwischen einem Berg, dessen Gipfel sich in die Himmel
verliert, und dem unscheinbaren Sandkorn, über das die Füße der
Leute achtlos hinwegschreiten; statt zu verzagen, sagte ich mir: Der
Liebe Gott flößt keine unerfüllbaren Wünsche ein, ich darf also trotz

meiner Kleinheit nach der Heiligkeit streben; mich größer machen ist unmöglich; ich muß mich ertragen wie ich bin, mit all meinen Unvollkommenheiten; aber ich will das Mittel suchen, in den Himmel zu kommen, auf einem kleinen Weg, einem recht geraden, recht kurzen, einem ganz neuen kleinen Weg. Wir leben in einem Jahrhundert der Erfindungen, man nimmt sich jetzt die Mühe nicht mehr, die Stufen einer Treppe emporzusteigen, bei den Reichen ersetzt ein Fahrstuhl die Treppe aufs vorteilhafteste. Auch ich möchte einen Aufzug finden, der mich zu Jesus emporhebt, denn ich bin zu klein, um die beschwerliche Treppe der Vollkommenheit hinaufzusteigen. Ich suchte daher in den heiligen Büchern nach einem Hinweis auf den Fahrstuhl, den ich begehrte, und stieß auf die aus dem Munde der Ewigen Weisheit kommenden Worte: »Ist jemand *ganz klein*, so komme er zu mir« (Sprüche 9,4). So kam ich denn, ahnend, daß ich gefunden hatte, was ich suchte, und weil ich wissen wollte, o mein Gott! was du dem ganz Kleinen tätest, der deinem Ruf folgen würde, setzte ich meine Erkundungen fort, und schauen Sie, was ich fand: »Wie eine Mutter ihr Kind liebkost, so will ich euch trösten; an meiner Brust will ich euch tragen und auf meinen Knien euch wiegen!« (Jesaja 66,13.12). Ach! niemals sind zartere, lieblichere Worte erfreuend an meine Seele gedrungen; der Fahrstuhl, der mich bis zum Himmel emporheben soll, deine Arme sind es, o Jesus! Dazu brauche ich nicht zu wachsen, im Gegenteil, ich muß klein bleiben, ja, mehr und mehr es werden. O mein Gott, du hast meine Erwartung übertroffen, und ich, ich will deine Erbarmungen besingen. [322]

Thérèse von Lisieux

Wenn einer es heute fertigbringt, mit diesem unbegreiflichen, schweigenden Gott zu leben, den Mut immer neu findet, ihn anzureden, in seine Finsternis glaubend, vertrauend und gelassen hineinzureden, obwohl scheinbar keine Antwort kommt als das hohle Echo der eigenen Stimme, wenn einer immer den Ausgang seines Daseins freiräumt

in die Unbegreiflichkeit Gottes hinein, obwohl er immer wieder zuge-
schüttet zu werden scheint durch die unmittelbar erfahrene Wirklichkeit der Welt, ihrer aktiv von uns selbst zu meisternden Aufgabe und
Not und von ihrer immer noch sich weitenden Schönheit und Herrlichkeit, wenn er es fertig bringt ohne die Stütze der ›öffentlichen Meinung‹ und Sitte, wenn er diese Aufgabe als Verantwortung seines
Lebens in immer erneuter Tat annimmt und nicht nur als gelegentliche
religiöse Anwandlung, dann ist er heute ein Frommer, ein Christ. [323]

KARL RAHNER

Die Mystagogie muß von der angenommenen Erfahrung der Verwie-
senheit des Menschen auf Gott hin das richtige ›Gottesbild‹ vermitteln,
die Erfahrung, daß des Menschen Grund der Abgrund ist: daß Gott
wesentlich der Unbegreifliche ist; daß seine Unbegreiflichkeit wächst
und nicht abnimmt, je richtiger Gott verstanden wird, je näher uns seine ihn selbst mitteilende Liebe kommt; [...] Solche Mystagogie muß uns
konkret lehren, es auszuhalten, diesem Gott nahe zu sein, zu ihm ›Du‹
zu sagen, sich hineinzuwagen in seine schweigende Finsternis. [324]

KARL RAHNER

*Karl Rahner fordert für die Predigt das Ernstnehmen der ständigen
Angefochtenheit des personalen Glaubens und die Rücksicht auf das
mystische Moment der individuellen Glaubensgeschichte:*

[...] wäre nicht vielen in der Erfahrung ihrer individuellen Glaubensgeschichte geholfen und deren Bestehenkönnen besser gesichert,
wenn die existentielle Seite des Glaubens und deren Geschichte den
Hörern der Glaubenspredigt von vornherein vorausgesagt würde:
Glaube als Aushalten des Schweigens Gottes; die ›Nacht‹ des Glaubens; das scheinbare ›Schrumpfen‹ des Glaubens als eine Verdichtung;
der Glaube (trotz seiner material differenzierten Inhaltlichkeit) als
Schweigen über Gott; das Erkennen des Herrn allein im ›Brechen des

Brotes‹ für den ›Fremdling‹ (Lukas 24,31); die dauernde Auferstehung des Glaubens aus dem Grab des Unglaubens usw. Wo das alles (und vieles mehr) nicht kerygmatisch vorhergesagt wird, erlebt der, der glauben will, in seiner Glaubensgeschichte vieles als Anstoß, Versuchung, ja als die scheinbare Pflicht, nicht zu glauben, was doch nur legitime Momente und Phasen dieser Geschichte sind. [...] Soll die Predigt der Kirche heute Glauben weckend und fördernd sein, muß sie sich hüten, Evangelium und Glaube indiskret und in einem unechten Optimismus zu einfach als eine das Leben siegreich gestaltende und erhellende Macht darzustellen. [...] Im Grunde ist die ›Lösung‹ aller Lebensfragen durch das Christentum deren entschlossene Offenhaltung ohne den Kurzschluß des radikalen Pessimismus und Skeptizismus und ohne einen lügnerischen Optimismus, der meint, die Lösung jetzt schon zu ›haben‹, ist ›Hoffnung wider alle Hoffnung‹, Bergung aller Unbegreiflichkeiten nicht in eine durchschaubare Lösung, sondern in das unbegreifliche Geheimnis Gottes und seiner Freiheit. Damit ist nichts ›gelöst‹, sondern jene ›Unlösbarkeit‹ des Geheimnisses bedingungslos angenommen, das Gott heißt. Und eben das heißt: glauben und hoffen und lieben. [325]

KARL RAHNER

Die Übung – oder:
Die Unterscheidung von Weg und Ziel

Wenn im Alten Mönchtum der Altvater eine Übung aufgibt, so ist dies gewöhnlich kein großartiges Werk, kein großes Opfer, sondern häufig ein kleine Übung, eine bescheidene Korrektur der Perspektive, die aber Situation und Person trifft. Nicht die Großartigkeit der Übung ist entscheidend, sondern ihr beständiger und treuer Vollzug. Die Väter vertrauen darauf, daß sich gleichsam um diesen kleinen und einzelnen Punkt in der Praxis oder Haltung des Mönches alles andere gruppiert und diese Übung so sein ganzes Leben ergreift und ihn auf Gott ausrichtet.»Man erzählte von dem Altvater Dioskuros Nachiastes, daß sein Brot aus Gerste war oder aus Linsen. Jedes Jahr begann er mit einer neuen Übung: ›Dieses Jahr werde ich niemand besuchen‹, oder: ›Ich werde nicht sprechen‹, oder: ›nichts Gekochtes genießen‹, oder: ›kein Obst oder Gemüse essen.‹ Bei all seiner Tätigkeit machte er es so, und wenn er mit etwas fertig war, dann nahm er etwas anderes vor. So tat er Jahr für Jahr.« [326]

Apo, 191

Von der Kunst, sich langsam einzugewöhnen:

Sei nicht begierig nach übertriebenen Mühen, oh Bruder, der du (erst) jüngst in die Zelle hinausgegangen bist, auf daß du nicht von den Dämonen verspottet werdest! Denn die Dämonen stacheln den Einsiedler im ersten Jahr, da er in die Zelle hinausgeht, sehr zum Eifer an. Denn die verwünschten Dämonen wissen, daß sie, wenn der Bruder ihnen im ersten Jahr gehorcht und durch übertriebene Mühen ihren Willen tut, seinen Leib und seine Seele schädigen werden. Seinen Leib schädigen sie durch Krankheiten und Schmerzen und seine Seele erheben sie durch den eitlen Ruhm, und (dann) versenken sie ihn in den Abgrund der Leidenschaft der Unzucht.

Denn wenn der Leib nicht Tag für Tag durch die Mühen einen Zuwachs (an Widerstandsfähigkeit) gewinnt, nimmt er Schaden und endet bei Schmerzen und Krankheiten, bis er in die Hand der Söhne GALENS fällt, und die Dämonen all ihren bösen Willen in ihm ausführen. Darum habe ich gesagt, daß die Mühen des Fastens und Wachens und Lesens im ersten Jahr mit Ordnung und mit Maß geschehen sollen. Durch diese drei Übungen der Tugend nämlich wird der Leib geschwächt und nimmt Schaden, ehe er sich an sie gewöhnt. Das Fasten nämlich fügt dem Magen Schaden zu und der Leber und der Milz, und das Wachen fügt den Beinen und den Nieren Schaden zu, und durch das unmäßige Lesen wird ein Teil des Gehirnes geschädigt und es entsteht ein Schaden an den Augen. [327]

JAUSEP HAZZAYA

Von der Ausdauer eines wohlgeübten Leibes
Es besteht hingegen kein Hindernis, wenn der Leib (einmal) eine Schulung in den Mühen erworben hat, daß man, wenn man es wünscht, (während) der Dauer (mehrerer) Tage ohne Nahrung bleibt, weil sich des Leibes, wenn er in den Mühen der Askese eine lange Zeit über zerrieben worden ist, keine Schmerzen und Krankheiten mehr bemächtigen, es sei denn, wenn ihm ein Verlassenwerden von seiten Gottes widerfährt, durch die rebellischen Dämonen. Wie der Satan dem seligen Hiob gegenüber handelte, indem er seinen Leib, da er in ihm keinen Raum des Bösen fand, von der Sohle seines Fußes bis zu seinem Scheitel schlug, und an seinem Leib keine heile Stelle ließ (Ijob 2,7). Aber jener Selige verharrte in seiner Unschuld und ließ nicht ab von seinem Ausharren und seiner Liebe zu Gott.

Ebenso verhält es sich auch, oh lieber Freund meiner Seele, mit denen, die auf dem geraden Weg der Gebote unseres Lebensspenders wandeln und deren Leiber durch die Mühen der Askese geübt wurden: Wie lange auch ihr Kampf mit den Leidenschaften dauert, ihre Leiber erkranken nicht durch die Mühen, bis die Zeit des Alters herannaht, dem niemand zu entgehen vermag. [328]

JAUSEP HAZZAYA

Einst schickte der heilige Epiphanios dem Altvater Hilarion die Aufforderung: ›Komm, wir wollen einander noch einmal sehen, bevor wir aus dem Leibe scheiden.‹ Als sie beisammen waren, freuten sie sich sehr. Beim Essen wurde Geflügel vorgesetzt, und der Bischof bot dem Abbas welches an. Da sprach der Greis: ›Verzeih mir, seit ich das Mönchsgewand trage, habe ich nichts Geschlachtetes mehr gegessen.‹ Darauf entgegnete der Bischof: ›Und ich, seitdem ich das Mönchsgewand genommen habe, ließ keinen einschlafen, der etwas gegen mich hatte, und auch ich selbst legte mich nicht zur Ruhe, wenn ich gegen jemand etwas hatte‹ (vgl. Matthäus 5,23). Da sprach zu ihm der Altvater Hilarion: ›Verzeihe mir, deine Lebensweise ist besser als die meine.‹ [329]

Apo, 199

Ich hatte mich so sehr an das Herzensgebet gewöhnt, daß ich mich ununterbrochen darin übte; und endlich fühlte ich, daß das Gebet sich ganz von selbst ohne irgendeine Nötigung meinerseits in mir verrichtete und von Geist und Herz nicht nur im wachen Zustande verrichtet wurde, sondern daß es sogar im Schlaf genau ebenso wirkte und durch nichts unterbrochen wurde, nicht für den geringsten Augenblick, gleichviel, was ich tun mochte. Meine Seele dankte Gott, und mein Herz zerschmolz in unablässiger Wonne. [330]

Aufrichtige Erzählungen eines russischen Pilgers

So sollst du auch die äußeren Frömmigkeitsübungen prüfen, die großes Aufsehen erregen; hindern sie dich auf deinem Weg zum innerlichen Leben, so lege sie ab! Warum spreche ich nicht von großem Fasten und Wachen? Weil sie eine große und starke Hilfe zu einem göttlichen Leben sind, wenn der Mensch sie zu ertragen vermag. Wenn aber ein Mensch schwächlich ist und leicht Kopfschmerzen bekommt (und das ist hierzulande bei vielen der Fall!), wenn ein Mensch findet, daß es seine Natur drückt und sie zugrunde zu richten droht, so mag er sich des Fastens entschlagen. [...] Die Kirche hat zu keiner Zeit gewünscht, daß jemand seine Gesundheit schädige.

Meine Lieben! Das ist doch klar und deutlich gesagt! Alles also, was dir auf dem geradesten Weg zur Wahrheit ein Hindernis ist, schiebe es weg, sei es etwas Äußeres oder Inneres, Leibliches oder Geistiges, von welchem Ansehen und Namen es immer sei. [331]

Johannes Tauler

Wenn Hanf nicht gründlich geschlagen wird, kann er nicht zu dünnem Faden verarbeitet werden; je mehr er aber geschlagen und gewalkt wird, desto feiner und haltbarer wird er. Auch kann ein frisch getöpfertes Gefäß, das nicht gebrannt ist, noch von niemandem benützt werden. Ähnlich kann ein kleines Kind, das in weltlichen Fertigkeiten unerfahren ist, nicht bauen, pflanzen, säen oder andere Arbeit dieser Welt verrichten. So ergeht es oft auch den Seelen: Obwohl sie durch die Güte des Herrn um ihrer Kindhaftigkeit willen an göttlicher Gnade teilhaben und von Süße und Ruhe des Heiligen Geistes erfüllt sind, fehlt ihnen die Erfahrung der Prüfung und Versuchung durch die verschiedenen Heimsuchungen der bösen Geister; sie sind noch nicht erwachsen und gleichsam noch nicht reif für das Gottesreich. Wie ja auch der göttliche Apostel sagt: »Wenn ihr ohne die Erziehung seid, an der alle teilgehabt haben, dann seid ihr Bastarde, aber keine Söhne« (Hebräer 12,8). So werden dem Menschen Prüfungen und Anfechtungen zu seinem Besten auferlegt, damit seine Seele stärker und fester wird; wenn sie dann in der Hoffnung des Herrn bis zum Ende ausharrt, wird sie sicherlich den verheißenen Lohn des Heiligen Geistes empfangen und Befreiung von den Leidenschaften des Bösen. [332]

Pseudo-Makarios

Viele steigen zum Kreuz der Leiden hinauf, wenige aber lassen sich die Nägel einschlagen. Denn viele unterwerfen sich selbstgewählter Mühsal und selbstgewähltem Schmerz; aber nur die der Welt und ihrem Trost ganz abgestorben sind, unterwerfen sich den nichtgewollten Leiden. [333]

Elias Ekdikos

Das ist meine Meinung, und ich möchte auch nicht anders urteilen. Ein erst seit kurzer Zeit geübtes Gebet, das sehr große allen sichtbare Wirkungen hervorbringt – und ohne große Gewalt der Liebe kann jemand unmöglich alles rein um Gottes willen verlassen –, ist immer jenem Gebete vorzuziehen, dem man sich schon jahrelang hingibt, das aber am Ende nicht entschlossener macht, etwas Großes für Gott zu tun, als am Anfang. [334]

Teresa von Avila

Ich halte es also für gefährlich, die Jahre zu zählen, die man in der Übung des innerlichen Gebetes zugebracht hat; denn geschähe es auch in Demut, so könnte doch meines Erachtens so etwas von Einbildung sich einschleichen, als hätten uns unsere Dienste gewisse Rechte bei Gott erworben. Ich sage nicht, daß man sich keine Verdienste erwerbe, denn alles wird gut belohnt werden; aber nach meiner Überzeugung wird eine dem geistlichen Leben ergebene Person, die meint, sie habe dadurch, daß sie viele Jahre lang das innerliche Gebet geübt, geistliche Tröstungen wohl verdient, niemals zur Vollkommenheit des Lebens gelangen. Ist es denn nicht genug, wenn sie verdient hat, daß Gott sie an seiner Hand hält, damit sie die Sünden meide, womit sie ihn, ehe sie das Gebet übte, beleidigte? [335]

Teresa von Avila

Ich wünschte, wir möchten der vielen Jahre, die wir seit unserer Ordensprofeß oder seit dem Beginn der Übung des innerlichen Gebetes verlebt haben, zu dem Zwecke gedenken, um uns selbst zu beschämen. Quälen wir aber andere, die in kürzerer Zeit weiter vorankommen, nicht dadurch, daß wir sie zur Rückkehr zwingen, damit sie mit uns gleichen Schritt einhalten, und verlangen wir nicht, daß jene, die mit den von Gott empfangenen Gnaden wie Adler fliegen, nur wie gebundene Hühnchen voranschreiten! Erheben wir vielmehr unsere Augen zu Seiner Majestät; und wenn wir diese Seelen in Demut wandeln sehen, so gestatten wir ihnen freien Lauf; denn der Herr, der ihnen so große Gnaden erteilt, wird nicht zulassen, daß sie in den Abgrund stürzen. [336]

TERESA VON AVILA

Du wirst nun sagen: Es gibt also fühlbare geistliche Freuden, die gut sind und von Gott kommen, aber auch solche, die unnütz, gefährlich und sogar schädlich sind und von unserer Natur oder vom bösen Feind kommen. Wie kann ich sie voneinander unterscheiden?

›An ihren Früchten könnt ihr sie erkennen‹ (Matthäus 7,16). Das ist ein allgemeiner Grundsatz, der auch für unsere Affekte und Leidenschaften gilt. Vergleichen wir unser Herz mit einem Baum, dann sind die Affekte und Leidenschaften seine Äste, die Werke und Handlungen seine Früchte. Das Herz ist gut, wenn es gute Affekte hervorbringt, und die Affekte und Leidenschaften sind gut, wenn sie in uns gute Wirkungen und heilige Taten sprießen lassen. Machen uns diese zärtlichen Liebesgefühle und geistlichen Freuden demütiger, geduldiger, verträglicher, liebevoller und barmherziger mit unseren Mitmenschen, machen sie uns eifriger, unsere Begierlichkeiten und schlechten Neigungen zu überwinden, werden wir durch sie in unseren Übungen noch ausdauernder, lenksamer und williger gegen unsere Vorgesetzten und einfacher in unserem Leben, dann sind diese geistlichen Freuden von Gott. Behalten wir dagegen diese Süße der geistlichen Freuden für uns, machen sie uns den anderen gegenüber sonderlich, bitter, pedantisch, ungeduldig, bockbeinig, stolz, anmaßend und hartherzig, halten wir uns ihretwegen schon für kleine Heilige, so daß wir uns nicht mehr führen und bessern lassen wollen, dann sind diese inneren Tröstungen ohne Zweifel falsch und verderblich. ›Ein guter Baum bringt gute Früchte hervor‹ (Matthäus 7,17). [337]

FRANZ VON SALES

Der gute Mensch, der sich treu führen lassen und wahrhaft lieben will, wird von dem Begehren weitergezogen, die Purheit und die Freiheit und den Adel zu erlangen und darin zu leben, in dem er von seinem Schöpfer nach dessen Bild und Gleichnis, das intensiv geliebt und bewahrt werden muß, gemacht wurde.

Hiermit will er sein ganzes Leben verbringen und hiermit will er beschäftigt sein und will wachsen und aufsteigen zu größerer Liebeshöhe und zu innigerer Gotteserkenntnis bis zur Vollkommenheit, zu der er von Gott bestimmt und gerufen ist. Hiernach sehnt er sich von früh bis spät und so gibt er sich ganz hin. [338]

Beatrijs van Nazareth

Die geistliche Begleitung – oder: Die dialogische Gestalt des christlichen Weges

Ein Bruder kam zum Altvater Poimen und sagte: Vater, ich habe vielerlei Gedanken und komme durch sie in Gefahr. Der Altvater führte ihn ins Freie und sagte zu ihm: Breite dein Obergewand aus und halte den Wind auf! Er antwortet: Das kann ich nicht! Da sagte der Greis: Wenn du das nicht kannst, dann kannst du auch deine Gedanken nicht hindern, zu dir zu kommen. Aber es ist deine Aufgabe, ihnen zu widerstehen. [339]

Apo, 602

Feinde von außen brauchen wir nicht zu fürchten, der eigentliche Feind sitzt in uns selbst ... Mit dem Fasten des Leibes muß das Fasten des Geistes verbunden sein. Denn auch der Geist hat seine schädlichen Speisen, und ist er durch diese fett geworden, dann kugelt er, auch ohne Überfluß an körperlichen Speisen, in den Abgrund der Üppigkeit ... Denn nicht so sehr das verwesliche Fleisch als vielmehr ein reines Herz wird zur Wohnung Gottes und zum Tempel des Heiligen Geistes. Vornehmlich der innere Mensch muß sich rein halten für Gott. [340]

Johannes Cassian

Wenn ein Mensch sündigt und es leugnet, indem er spricht: Ich habe nicht gesündigt, so verurteile ihn nicht. Andernfalls nimmst du ihm den Mut. Wenn du aber sagst: Sei nicht mutlos, Bruder, aber hüte dich in Zukunft, dann erweckst du seine Seele zur Reue. [341]

Apo, 597

Die monastische Askese ist eine Askese der Verwandlung und nicht der Veränderung. Verändern ist etwas Gewaltsames. Ich will mich ändern, weil ich so wie ich bin, nicht gut bin. Ich will mich anders machen, einen anderen aus mir machen. Verwandlung ist sanfter. Alles darf sein, alle Gedanken und Gefühle, alle Bedürfnisse und Leidenschaften. Sie müssen nur verwandelt werden. Verwand-lung meint, daß ich mich in die Bedürfnisse und Leidenschaften hineinspüre und sie zu Ende denke, zu Ende fühle. Dann entdecke ich, was eigentlich damit gemeint ist. [342]

Anselm Grün

Wesentliche Haltungen des geistlichen Vaters sind Apatheia und Sanftmut.

Apatheia beschreibt den Zustand dessen, der den Kampf mit den Lastern erfolgreich geführt hat und den Leidenschaften gegenüber frei ist. Apatheia meint aber nun gerade nicht Gefühllosigkeit oder Leidenschaftslosigkeit, sie meint den freien Umgang mit Gefühlen und Leidenschaften, die den Altvater zu einer Liebe befähigen, die sanftmütig und barmherzig sich selbst und den Bruder anschaut und so erst hilfreich sein kann.

Sanftmut ist keine moralische Tugend, sondern eine Glaubenshaltung. Der Altvater ist sanftmütig geworden, weil er seinem Schatten und seiner Ohnmacht begegnet ist und darin Gottes Barmherzigkeit und Sanftmut erfahren hat. Sanftmut ist daher Ausdruck der Glaubenserfahrung, daß Gott den Menschen auch in seiner Schuld noch liebt, daß der sanfte Geist Gottes ihn immer wieder aufrichtet, wenn er gefallen ist, und daß er sanft in all seinen Umwegen wirken kann. Die Sanftmut glaubt an den Menschen und seine unantastbare Würde, sie glaubt daran, daß der Mensch von Gott dazu geschaffen ist, immer mehr seine eigene Persönlichkeit und Individualität zu entdecken und zu verwirklichen und so das Bild zu entfalten, das Gott sich von ihm gemacht hat.

Am Beispiel des Mose preist Evagrios Pontikos immer wieder die Sanftmut als die wichtigste Haltung für den geistlichen Vater: »Sag mir doch, warum die Schrift, als sie Moses preisen wollte, alle Wunderzeichen beiseite gelassen und einzig der Sanftmut gedacht? [...] Die Schrift übergeht die berühmte Speisung mit dem Manna und den unerwarteten Flug der Wachteln und das Fasten des Mose, das die menschliche Natur überschritt, [...] und sie preist allein dies, daß ›Mose sanftmütiger war als alle Menschen‹ (vgl. Numeri 12,3). [...] Laßt auch uns jene Sanftmut dessen erwerben, der sprach: Lernet von mir, denn ich bin sanftmütig und demütig von Herzen (vgl. Matthäus 11,29), auf daß er uns seine Wege lehre und im Himmelreich erquicke.« [343]

Evagrios Pontikos

Als Resultat ihrer Erfahrung lehren die Väter: Man wird nie von Fleischessünden rein, wenn man glaubt, man könne sich das asketisch erkämpfen. Nur dann hat man Erfolg, wenn man ihn von Gott erwartet. [344]

Johannes Cassian

Wenn der Dämon der Acedia einmal von dem unglücklichen Geist Besitz ergriffen hat, dann erzeugt er in ihm einen horror loci (Widerwillen gegen den Ort, der sein Lebensort ist). Der horror loci läßt ihn dann die näher oder entfernter lebenden Brüder, mit denen er täglichen Umgang hat, verachten, weil es ihm so vorkommt, als seien sie alle ungeistige Menschen und als könne er unter ihnen keine geistigen Früchte bringen, solange er an ihre Gemeinschaft gebunden sei. Dieser Ort, an dem er lebe, sei eben für ihn unfruchtbar. Er rühmt andere Orte, die weit weg liegen, und malt sich die Gemeinschaft mit den dort lebenden Brüdern als überaus lieblich aus. Dort habe man wirklich geistlichen Umgang miteinander. Dagegen sei alles, was man hier vor Augen habe, unerquicklich. Zuletzt wähnt er sein Heil zu verlieren, wenn er am bisherigen Ort bleibt und nicht so schnell wie möglich eine Veränderung seiner Lebenssituation berbeiführt, da er sonst an diesem Ort zugrunde gehe ...

Bei meinem ersten Aufenthalt in der Wüste erzählte ich einmal dem Abbas Moses, einem der heiligsten Männer, daß ich, als ich einmal von der Krankheit der Acedia befallen worden sei, mir nicht anders zu helfen gewußt hätte, als am nächsten Tag zum Abbas Paulus zu eilen. Da antwortete Abbas Moses: »Nein, damit hast du dich nicht von diesem Übel befreit, sondern dich demselben noch mehr ausgeliefert. Als einen ›Ausreißer‹ wird dich der Dämon auch in Zukunft anfechten, da er dich als einen Besiegten aus dem Konflikt fliehen sah. Desertiere in Zukunft nicht aus deiner Behausung, und laß die Gluten [der Acedia], die dich überfallen, nicht in der Erschlaffung des Schlafes von selbst verrauchen. Lerne vielmehr, durch Ausdauer und Kampf den Konflikt auszutragen. [345]

Johannes Cassian

Eines Nachts, während die Brüder schliefen – es war in jener ersten Zeit, als Franz mit seinen ersten Brüdern in Rivotorto weilte –, schrie plötzlich einer um die Mitternacht, als alle schliefen: »Ich sterbe, ich sterbe!«

Alle erwachten erschreckt und waren verwundert. Der heilige Franz erhob sich und sagte: »Stehet auf, Brüder, und machet Licht.«

Als es geschehen war, sagte er: »Wer hat da gerufen: ›Ich sterbe‹?«

Der Betreffende meldete sich: »Ich bin es.«

»Was hast du Bruder, daß du sterben willst?«

Sprach jener: »Ich sterbe vor Hunger.«

Da ließ der heilige Franz sogleich den Tisch herichten, und klug und liebevoll, wie er war, aß er selbst mit ihm, damit jener sich nicht zu schämen brauche, allein zu essen. Und nach seinem Wunsche aßen auch alle anderen mit.

Nachdem sie gegessen hatten, sagte Franz zu den anderen: »Meine Brüder, ich sage euch, jeder soll auf seine Natur achten. Und wenn einer von euch mit weniger Nahrung auskommt als die anderen, so soll derjenige, der mehr braucht, sich nicht gewaltsam nach dem Maß des andern richten wollen, sondern soll seine Natur beachten und seinem Leib das Nötige geben, damit dieser fähig sei, dem Geist zu dienen... Denn Gott will Barmherzigkeit und nicht äußere Opfer« (Matthäus 9,13). [346]

FRANZ VON ASSISI

Die Exerzitien des Ignatius sind eine strukturierte Intensivzeit geistlicher Begleitung. Das Ziel der Geistlichen Übungen beschreibt Ignatius im Prinzip und Fundament so:

Der Mensch ist geschaffen dazu hin, Gott Unseren Herrn zu loben, Ihm Ehrfurcht zu erweisen und zu dienen, und damit seine Seele zu retten. Die anderen Dinge auf der Oberfläche der Erde sind zum Menschen hin geschaffen, und zwar damit sie ihm bei der Verfolgung des Zieles helfen, zu dem hin er geschaffen ist. Hieraus folgt, daß der Mensch dieselben so weit zu gebrauchen hat, als sie ihm auf sein Ziel hin helfen, und sie so weit lassen muß, als sie ihn daran hindern. Darum ist es notwendig, uns allen geschaffenen Dingen gegenüber gleichmütig [*indiferentes*] zu verhalten in allem, was der Freiheit unseres freien Willens überlassen und nicht verboten ist. Auf diese Weise sollen wir von unserer Seite Gesundheit nicht mehr verlangen als Krankheit, Reichtum nicht mehr als Armut, Ehre nicht mehr als Schmach, langes Leben nicht mehr als kurzes, und folgerichtig so in allen übrigen Dingen. Einzig das sollen wir ersehnen und erwählen, was uns mehr zum Ziele hinführt, auf das hin wir geschaffen sind. [347]

IGNATIUS VON LOYOLA

Die erste Anweisung erläutert den Weg dahin genauer:
Unter dem Namen geistliche Übungen versteht man jede Art, das Gewissen zu erforschen, sich zu besinnen [*meditar*], zu betrachten [*contemplar*], mündlich und rein geistig [*mental*] zu beten und andere geistliche Tätigkeiten, wie später noch erklärt wird. Denn so wie Spazierengehen, Marschieren und Laufen körperliche Übungen sind, gleicherweise nennt man geistliche Übungen jede Art, die Seele vorzubereiten und dazu bereit zu machen [*disponer*], alle ungeordneten Neigungen [*affecciones*] von sich zu entfernen, und nachdem sie abgelegt sind, den göttlichen Willen zu suchen und zu finden in der Ordnung [*disposición*] des eigenen Lebens zum Heil der Seele. [348]

Ignatius von Loyola

Eine ähnliche Formulierung findet sich in der Überschrift der Exerzitien:
Geistliche Übungen um über sich selbst zu siegen und sein Leben zu ordnen ohne sich durch irgendeine ungeordnete Neigung bestimmen zu lassen. [349]

Ignatius von Loyola

Grundtendenz ignatianischer Exerzitien und ignatianischer geistlicher Begleitung: Klares Konzept, durchstrukturierte Übungen und ausdifferenzierte Schritte mit »Erfolgskontrolle«:
Wenn derjenige, der die Exerzitien gibt, spürt, daß beim Übenden keinerlei geistliche Bewegungen, wie z. B. Tröstungen oder Trostlosigkeiten, in seiner Seele eintreten noch daß er von verschiedenen Geistern in Bewegung versetzt wird, dann muß er ihn eindringlich [*mucho*] über die Übungen befragen, ob er sie zu den festgesetzten Zeiten mache und auf welche Weise; ebenso über die Zusätze [*addiciones*], ob er sie mit Sorgfalt [*diligencia*] beachte; über alle diese Dinge soll er im einzelnen Rechenschaft verlangen. [350]

Ignatius von Loyola

Ein gewisses Gegengewicht dazu bilden die Anweisungen 18-20:
Die vorliegenden Übungen haben sich den eigentümlichen Voraussetzungen [*disposicion*] derer anzupassen, die sich ihnen unterziehen wollen, nämlich ihrem Alter, ihrer Bildung oder ihrer geistigen Fassungskraft, damit nicht einem, der ungebildet und ganz unkompliziert ist, Dinge vorgelegt werden, die er nicht ohne Ermüdung aufnehmen und aus denen er keinen Nutzen zu ziehen vermag. Ebenso soll einem jeden, je nach dem Grad seiner Bereitschaft [*disponer*], das vorgelegt werden, was ihm mehr Hilfe und Fortschritt geben kann. [351]

Ignatius von Loyola

Die Rolle dessen, der die Geistlichen Übungen gibt:
[...] Auf diese Weise soll derjenige, der die Übungen vorlegt, weder zu der einen noch zu der anderen Seite sich wenden und hinneigen, sondern, mehr wie eine Waage in der Mitte stehen, unmittelbar den Schöpfer mit seinem Geschöpf und das Geschöpf mit seinem Schöpfer und Herrn wirken lassen. [352]

Ignatius von Loyola

Wer geistliche Anleitungen gibt, muß frei von Leidenschaften sein und die Gabe des rechten Urteils besitzen. Er muß folgendes wissen: die richtige Zeit, den Ort, den Anfang, das Vorhaben, die Verfassung des Menschen, seine Ausdauer, sein Wissen, sein Eifer, sein Alter, seine Kräfte, seine Statur, seine Gesundheit, seine Krankheit, seine moralische Stärke, seine Schwäche, seinen freien Willen, seine Reue, seine Gewöhnung, seine Unwissenheit, seine Ereiferung, seine Erziehung, sein Versuchen, seine hemmenden Eigenschaften, seine Trägheit, Gottes Absicht sowie noch viele andere Faktoren. Und er muß das gesamte Wort Gottes richtig auslegen können. So also sollte der geistliche Lehrer sein, und solch ein Urteilsvermögen sollte er besitzen. [353]

Ioann von Valamo

Der Einsiedlermönch, der ehrwürdige Mose, sagte: »Einige von denen, die bei mir waren, um Ratschläge zu erbitten, habe ich getröstet – und das war zum Nutzen ihrer Seele. Aber anderen konnte ich zu meiner Schande nichts ihnen Nützendes sagen, und so gingen sie von mir, ohne Trost zu bekommen.«

Also nicht einmal Heilige konnten immer trösten und sagen, was nützlich sei. Wie könnte ich also jene, die sich sorgen, trösten? Falls jemand auch aus meinen Ratschlägen Nutzen gezogen hat, so ist das aufgrund seines eigenen Glaubens geschehen. Priestermönch Varnava aus der Dreifaltigkeits-Lavra[1] (Zagorsk), ein klarsehender Starez, gab in einer wichtigen Angelegenheit einem Kaufmann einen Rat, aber der Rat war falsch, und es entstand eine blamable Situation. In Valamo gab der Priester- und Schima-Mönch Aleksej, den Vater Jefrem sehr verehrte, ebenfalls irgendeiner Igumenija[2] in einer sehr wichtigen Angelegenheit einen Rat, aber bereute es dann und drehte sich auf seinem Lager wie eine Spindel die ganze Nacht lang.

Wenn sich jemand an mich mit meinem kurzen Verstand wendet, dem sage ich meine Meinung, aber danach füge ich immer hinzu: Ansonsten aber seht ihr selbst zu. Den richtigen Rat können nur heilige Menschen geben, wie der heilige Serafim von Sarov oder Sergej von Radonez. Wie könnte ich richtig raten, wenn ich selbst blind umhergehe, den Weg ertastend. [354]

Ioann von Valam

---

1 Kloster
2 Äbtissin

Die Lebensform

Mystische Erfahrung wird, wenn sie echt ist, tastbar im konkreten, alltäglichen Leben. Äußerlich scheint vielleicht alles so zu sein, wie es immer war, und doch hat das Leben eine andere Qualität bekommen. Mystische Erfahrung ist so etwas wie das Salz der Erde (Matthäus 5,13), sie ist sowohl die Würze, die das Leben schmackhaft macht, als auch das Element, das Vergängliches läutert und bewahrt. Habt Salz in euch, fordert Jesus im Markusevangelium (9,50). Ohne das Salz der Erfahrung ist der Alltag verderblich, fade und grau. Mystische Erfahrung, Erfahrung vom Himmelreich gibt dem Alltag einen neuen Geschmack. Das Himmelreich ist gleich einem Sauerteig, den eine Frau nahm und unter drei Maß Mehl mischte, bis das Ganze durchsäuert war (Matthäus 13,33). Diese drei Maß trockenes Mehl – das ist der Alltag, der nüchterne Ort, an dem mystische Erfahrung Gestalt annimmt und sich bewährt. Eine Prise Salz und eine handvoll Sauerteig genügen, um dem Leben eines Menschen Form und Qualität zu geben.

Wenngleich mystische Erfahrungen zunächst im Kontrast zur Alltagswirklichkeit gekostet werden, offenbart sich dem Mystiker die Tiefendimension des Lebens doch nicht in der Konzentration von Salz und Sauerteig, sondern im Geschmack des gesalzenen und durchsäuerten Alltags, d. h. der göttlichen Inkarnation im menschlichen Alltagskontext. Christliche Mystik ist kein Auszug aus der Welt, sondern ein Einzug in sie (vgl. Johannes 17,18). Das heißt aber nicht, daß göttliche Wirklichkeit in den Rahmen des Alltags eingepaßt und eingefangen werden könnte. Im Gegenteil beschreiben Mystiker ja gerade, daß ihr Alltagsgefüge aufgebrochen wird, wenn es zum Raum der Gottesbegegnung wird. So bleiben die beiden Fischer Petrus und Andreas keine gewöhnlichen Fischer, sondern werden zu Menschenfischern (vgl. Matthäus 4,19).

Göttliche Wirklichkeit und Alltagswirklichkeit verlieren für den Mystiker die Starre einer fest umrissenen Position und geraten in Bewegung: Die göttliche Wirklichkeit bleibt nicht mehr im Sakralen, in Kirchen, Klöstern und Gottesdiensten eingeschlossen, und die Alltagswirklichkeit ist nicht mehr nur als profan zu beschreiben. Beide durchdringen und umspielen sich gegenseitig, und so entsteht geistliches Leben. Nicht isoliert von einem negativ belasteten grauen Alltag mit seinen Zwängen und seiner Routine und abgeschieden von der täglichen Mühe und Arbeit entfaltet sich geistliches Leben, sondern gerade mitten darin. Und je mehr die göttliche Wirklichkeit den Alltag durchdringen darf, und je transparenter der Alltag für die göttliche Wirklichkeit wird, umso mehr wird das Leben des Menschen wahrhaft ein geistliches, d. h. ununterscheidbar mit Gott verbunden.

Nun ist zu fragen, wann oder wo der Alltag zum gotterfüllten, je neu geschenkten Heilstag, zum »Kairos«, zum günstigen Moment werden kann, zur Chance und Gelegenheit, Gott zu begegnen? Dies, so soll hier gezeigt werden, geschieht besonders markant (1) *im persönlichen Lebensentwurf,* (2) in der Kultivierung eines *authentischen Lebensstils,* (3) *im Zusammenleben* mit anderen und (4) *im Empfangen unseres Lebensraumes.*

(1) Vielen fällt es schwer, angesichts einer großen Variationsbreite an Rollen und Identitäten im privaten wie im beruflichen Bereich, die man teils nacheinander, teils nebeneinander durchprobieren kann, in der Gegebenheit ihrer konkreten Situation ihre wahre Berufung zu erkennen und ihr *Leben* auf diesen Ruf hin zu *entwerfen.* Vielen geht es so, daß sie in Glaubensfragen, in der Frage nach dem eigenen Selbst, der eigenen geistlichen Entfaltung usw. nur vorläufig zu einer Antwort finden; manche haben das Gefühl, daß es für sie überhaupt nichts Eindeutiges geben kann. Die Frage nach der eigentlichen, tiefsten Identität bleibt häufig unbeantwortet.

Mystiker sind solche Menschen, die gelernt haben, in ihr eigenes Herz hineinzuhorchen und da zu entdecken, wer sie sind und zu welcher

Entwicklung sie berufen sind. Im Vordergrund steht dabei nicht diese oder jene äußere Möglichkeit mit ihrem je eigenem Reiz, sondern das wesentliche Angerührtsein im Innern. Nicht das äußere Angebot, das einem gerade über den Weg läuft, ist richtungweisend, sondern die Inspiration und Intuition von Innen her, die es einem ermöglicht, allen äußeren Chancen und Fügungen gegenüber eine persönliche Haltung zu gewinnen. Geistliches Leben wird in Gang gesetzt durch einen gott-gewirkten Herzensimpuls. Indem der Mensch sein Herz von Gott bewe-gen läßt, erhält sein Leben Form und Gestalt. Anfänglich ist das viel-leicht nur ein skizzenhafter Entwurf, nur ein noch unbeholfener, zaghafter Aufbruch. Nicht wie weit die persönliche Berufung bereits ver-wirklicht ist, ist entscheidend, sondern ob der nächste Schritt aus der Dynamik des von Gott bewegten Herzens gemacht werden kann.

Bei dem einen führt die göttliche Berührung des Herzens dazu, daß er ins Kloster eintritt, bei einem anderen, daß er eine Liebesbeziehung eingeht. Echt ist eine solche Berufung, wenn sie den Menschen zu sich selbst befreit und ihn aufblühen läßt in seiner ganz persönlichen Art. Nicht immer heißt geistlicher Lebensentwurf, daß man einen neuen Orden gründet oder doch wenigstens einen bestehenden reformiert. Manchmal ist damit sogar gemeint, daß man nicht einmal in die Kirche eintritt. Weder das eine noch das andere ist für sich selbst Ausdruck eines geistlichen Lebensentwurfes. Ausschlaggebend ist vielmehr, ob die Bewegung vom göttlichen Salz oder Sauerteig herrührt.

(2) Wenn dies der Fall ist, ergeben sich folgende Konsequenzen für den eigenen *Lebensstil:* Es ist nicht länger möglich, von außen nach innen zu leben, d. h. der Mensch läßt sich sein Leben nicht länger als eine Aneinanderreihung von Reflexen und Reaktionen auf äußere Reize und Einflüsse aufdrängen. In sich selbst entdeckt er die Kraft, die sein Leben von innen her, aus dem Grund seines Selbst heraus authen-tisch formt und gestaltet.

Diese Kraft von innen veranlaßt den Mystiker zu einem Leben in Vollkommenheit, d. h. einer Verbindung von aktivem und kontemplati-vem Leben. Arbeit, Zupacken, Aktion und Engagement im sozialen und politischen Bereich erscheinen dem von Gott berührten Menschen so wichtig wie Zeiten der Stille und Meditation, wie das Genießen seiner innigen Gottesbeziehung. Die Verknüpfung von aktivem und kontemplativem Leben ist der Weg, der authentische Lebensweisheit lehrt.

Wer sich so von innen her von Gott selber formen läßt, bekommt ein neues Gesicht, das nicht unbedingt mehr dem Bild entspricht, das andere sich von ihm gemacht haben. Der von Gott gesalzene und durchsäuerte Mensch wird unabhängig von der Beurteilung anderer; er wird befreit von jeglicher Versuchung zur Kriecherei und erstarkt zu einer unbedingten Treue zu seinem tiefsten Selbst. Er ist geduldig und mild sich selbst und anderen gegenüber, ist unterwegs und bereit zur Umkehr, damit der Alltag mit Gott lebendig bleibt und nicht in Alltäglichkeit und Gewöhnlichkeit abgleitet.

(3) Nur wer wirklich bei sich ist, kann mit anderen *zusammenleben*. Das Wort Jesu »Wer mein Jünger sein will, der verleugne sich selbst, nehme sein Kreuz auf sich und folge mir nach« (Matthäus 16,24) ist in der Vergangenheit oft als Propagierung der Selbstabschaffung mißverstanden worden. Das führte dann lediglich zu dem krampfhaften Bemühen, eigene Wünsche und Sehnsüchte zu unterdrücken, und ganz ungemerkt wurde man dabei zu einem unempfindlichen, harten und kalten Menschen. Ganz anders haben Mystiker den Ruf zum Leben in und für die Gemeinschaft verstanden. Gerade indem sie sich in ihrer Person zutiefst bejaht wußten, konnten sie sich loslassen und aufmerksam sein für andere. Weil sie sich von Gott so maßlos geliebt wußten, konnten sie in Liebe überströmen zu den Menschen, denen sie begegneten. Die Zurücknahme des eigenen Selbst aus Liebe wurde so der Weg zur Selbstverwirklichung als Gemeinschaftsmensch. Nicht moralische Vorschriften regeln dann den Umgang mit anderen, sondern die lebendig gelebte Liebe findet von innen her den Weg zum Mitleiden, Mittragen, Mitfühlen. Liebe klammert nichts aus, nichts ist zu banal oder zu profan, zu materiell oder zu leiblich. Liebe kann sich einlassen auf das, was der andere gerade braucht.

Wichtig ist den Mystikern immer eine ganz besondere Sorge für die Kleinen, Untergebenen, Kranken und Schwachen, die Verurteilten, Traurigen und Entrechteten. Gerade ihnen gegenüber spüren sie ihre Berufung zum Gemeinschaftsmenschen, d.h. zu einem Menschen, der die Augen vor den Nöten seiner Mitmenschen nicht verschließt und der sowohl mit konkretem Einsatz Abhilfe schafft als auch über lange Instanzenwege an einer strukturellen Verbesserung mitarbeitet. Das heißt nicht unbedingt Opposition und Kampf gegen die Mächtigen und Gleichgültigen. Mystiker können es nie lassen, Kirchenführer, Ordensobere, Vorgesetzte, Starke und Gesunde auf dem Weg der liebevollen Begegnung und des Gesprächs für diesen Traum vom geschwisterlichen Leben zu gewinnen.

(4) In dem Bewußtsein, daß der Lebensraum allen Menschen gemeinsam als ein kostbares Gut gegeben ist, sprechen Mystiker ehrfurchtsvoll von Natur und Kosmos. Die Natur in all ihren Erscheinungsformen ist für sie Ausdruck der Liebe Gottes. Ein solches Geschenk nicht mit offenen Händen dankbar zu empfangen, sondern für sich allein zu besitzen, es auszubeuten, zu vergiften und zu zerstören, käme einem Verrat an ihrer tiefsten Lebenserkenntnis gleich. Umsonst und gratis ist der Lebensraum des Menschen da und entfaltet seine Schönheit, ganz unabhängig davon, ob man sie wahrnimmt oder nicht. Mystiker sind solche Menschen, die einen Blick für die zeichenhafte Schöpferkraft und Liebe Gottes in Natur und Kosmos entwickelt haben und darum auch umgekehrt die Liebe Gottes, die sie im Innern spüren, mit Bildern aus der Natur und dem Kosmos umschreiben können.

Manche Mystiker erleben sich so intensiv mit der Natur verschwistert und in einer einzigen Entwicklung mit dem ganzen Kosmos begriffen, daß sie die Elemente mit verwandtschaftlichen Bezeichnungen ansprechen und den gesamten Kosmos als einen mystischen Organismus erfahren konnten, der in allen Fasern von göttlicher Liebe durchpulst wird.

Mystiker sperren Gott nicht ein in ein kümmerliches Reservat einzelner Gebete und frommer Übungen, sie geben ihm in allen Räumen ihres Lebens freien Zugang.

Ein persönlicher Lebensentwurf

Ich wollte ins Kloster gehen, nur noch für Gott leben und das Vollkommenste tun, was immer es auch sei. [...] Mein Beichtvater ließ mich drei Jahre lang warten; und obwohl ich mich sehnte, mich »in reinem Selbstverlust vor Gott zu verströmen«, wie Bossuet (Bischof von Meaux) sagt, wußte ich selber nicht, welchen Orden ich wählen sollte. Das Evangelium zeigte mir, daß das erste Gebot ist, Gott von ganzem Herzen zu lieben, und daß diese Liebe alles umschließen müsse. Jeder weiß, daß die erste Wirkung der Liebe die Nachahmung ist; daraus ergab sich, daß ich in einen Orden eintreten müsse, wo ich die genaueste Nachahmung Jesu finden würde. Ich fühlte mich nicht dazu bestimmt, sein öffentliches Leben in der Verkündigung nachzuahmen; so sollte ich also das verborgene Leben des demütigen und armen Handwerkers von Nazareth nachahmen. Mir schien, dieses Leben begegne mir nirgends besser als im Trappistenkloster. Was der liebe Gott mir an Familie gelassen hatte, liebte ich zärtlich; ich wollte ein Opfer bringen, um Den nachzuahmen, der so viele Opfer gebracht hat, und ging vor zwölf Jahren fort in ein Trappistenkloster in Armenien. Dort verbrachte ich sechseinhalb Jahre; dann sehnte ich mich nach noch tieferer Entäußerung und größerer Niedrigkeit, um Jesus noch ähnlicher zu werden; ich ging nach Rom und erhielt vom Ordensgeneral die Erlaubnis, allein nach Nazareth zu gehen und dort unbekannt, als Arbeiter, von meiner täglichen Arbeit zu leben; ich blieb mehr als vier Jahre dort in Zurückgezogenheit, in Einsamkeit und gesegneter Sammlung im Genuß der Armut und Niedrigkeit, nach der Gott mir solch brennende Sehnsucht gegeben hatte, damit ich Ihn nachahme. Es ist gerade ein Jahr her, seit ich auf den Rat meines Beichtvaters nach Frankreich zurückgekehrt bin, um hier die heiligen Weihen zu empfangen. Ich bin gerade zum Priester geweiht worden und unternehme die notwendigen Schritte, um in der Sahara »das verborgene Leben Jesu in Nazareth« fortzusetzen, nicht um zu predigen, sondern um in der Einsamkeit, Armut und demütigen Arbeit Jesu zu leben und mich dabei zu bemühen, den Seelen Gutes zu tun, nicht durch das Wort, sondern durch Gebet, Darbringung des Meßopfers, Buße, Übung der Liebe ... [355]

CHARLES DE FOUCAULD

Und nachdem mir der Herr Brüder gegeben hatte, zeigte mir niemand, was ich zu tun hätte, sondern der Allerhöchste selbst hat mir geoffenbart, daß ich nach der Weise des heiligen Evangeliums leben sollte. Und ich habe es mit wenigen Worten und schlicht aufschreiben lassen, und der Herr Papst hat es mir bestätigt.

Und jene, die da kamen, dies Leben anzunehmen, gaben alles, was sie haben mochten, den Armen. Und sie waren zufrieden mit einem Habit, der innen und außen geflickt war, mit einem Strick und den Hosen. Und mehr wollten wir nicht haben. Die Tagzeiten beteten wir Kleriker wie andere Kleriker; die Laien beteten das Vaterunser. Und sehr gern verweilten wir in den Kirchen. Und wir waren ungebildet und jedermann untertan. [356]

FRANZ VON ASSISI

Ich habe Dir gesagt, daß ich einem Könige gleiche, welcher gute Weinberge bepflanzte, die lange Zeit gute Frucht gaben. Welche andere Weinberge waren diese, als die Orden und Satzungen der heiligen Väter, wodurch die Dürstenden erquickt, die Kalten erwärmt, die Stolzen gedemütigt, die Blinden erleuchtet wurden? Jetzt aber beklage ich mich, daß die Mauern meines Weinberges verwüstet sind, die Wächter schlafen, die Diebe hineingehen, die Wurzeln von den Maulwürfen untergraben worden, die Reben saftlos und dürr sind, auch die Beeren vom Winde an den Boden gerissen und mit Füßen getreten werden. Damit es deshalb an Wein nicht gebreche, werde ich mir von neuem einen Weinberg pflanzen, in welchem Du die Reben meiner Worte tragen wirst; mein Freund soll dieselben legen; ich selber aber, Gott, will sie mit meiner Gnade fruchtbar machen. In diesen Weinberg aber will ich Wächter senden, welche des Nachts nicht schlafen. Ich will eine Mauer herumziehen durch die göttliche Liebe. Ich will in dem Weinberge die Wurzeln des guten Willens befestigen, welche nicht durch des Teufels Versuchungen untergraben werden sollen. Ich will die Reben des tätigen Eifers ausbreiten, vielen die Beeren ihrer guten Meinung und Andacht süß machen. Deshalb mußt Du, die Du die Reben tragen sollst, stark und standhaft sein zum Tragen, bereit und wachsam im Annehmen, getreu und vorsichtig in der Behutsamkeit, daß der Teufel Dich nicht betrüge. Derjenige aber, welcher die Reben setzen soll, muß bedachtsam sein, daß er sie an den rechten Ort setze, sorgfältig und achtsam in der Behütung derselben vor Kälte und Hitze. Deshalb stehe fest und liebe mich von ganzem Herzen. [357]

BRIGITTA VON SCHWEDEN

Nachdem ich fünf oder sechs Monate eingekleidet war, wurde der Entschluß genommen, mich fortzuschicken, da ich [wegen meines Augenleidens] dem Offizium nicht gerecht werden konnte. Und von dem Moment an wurde ich von der Gemeinschaft getrennt, so daß ich mit den anderen keinen Umgang mehr haben durfte, sondern wie ein Gliedmaß war, das vom Körper abgeschnitten wurde.

Meine Freundin empfahl mich einer Begine, die mir eine Wohnung besorgen sollte, und ich fand mich da allein, sehr einsam, verlassen und von allen verstoßen.

Ich fühlte mich in einem äußersten Widerstreit, als ob ich mit mir selbst in einer Waagschale hing, und wußte nicht, ob ich mich ganz auf Gott richten und mein Leben still im Dienste Gottes, in Einsamkeit und Abgeschiedenheit von den Menschen beschließen, oder aber in das Haus meines Vaters zurückkehren sollte, um da die Familie zu leiten, da meine Mutter vor wenigen Monaten gestorben war.

Mein Beichtvater verlangte von mir, daß ich mich irgendwo ganz still in eine Kirche zurückziehen und da andächtig beten sollte, um die Gnade zu empfangen, erkennen zu dürfen, auf welchem Weg seine Majestät mich führen und zu sich ziehen wollte. Und wenn ich das innerlich erkannt hatte, sollte ich es aufschreiben und ihm übergeben. Mein Geliebter gab mir in dem Gebet so klar zu erkennen, in welcher Weise ich beten und mich innerlich üben sollte, und über welchen Weg er mich führen wollte, daß ich wohl ein ganzes Blatt Papier vollschrieb. [358]

MARIA PETYT

Ich empfehle Dir, nicht vom Klosterleben zu träumen. Der Herr führt Dich zum ewigen Leben durch das weltliche Eheleben, bemühe Dich, um Christi willen in der Familie zu leben, und der Herr sieht Deine gute Absicht. Er wird Dir helfen und Dich bewahren auch im Familienleben, daran zweifle nicht. Der heilige Makarios der Ägypter († 390) führt als Beispiel zwei Frauen an, die Gott wohlgefielen; sie erreichten die Höhe geistlichen Lebens, standen sogar höher als die Einsiedler. Sie hatten den Wunsch, ihr Leben im Kloster zu verbringen, aber aus irgendwelchen Gründen hatten sie Ehemänner. Der Herr, der ihren Wunsch sah, im Kloster ein ihm wohlgefälliges Leben zu führen, half ihnen, im Familienleben Erlösung zu finden. In der heutigen Zeit ist das Leben in den Klöstern nicht so, wie es Euch ausgemalt wird, und Ihr laßt Euch nur wegen Eurer Unerfahrenheit im geistlichen Leben vom Klosterleben verlocken. [359]

IOANN VON VALAMO

Stets hatte ich die Ehe im Lichte des Glaubens betrachtet. In jener Zeit aber erschien sie mir unter neuen Gesichtspunkten; es sind folgende:
Wir sind christliche Gatten, und Gott beruft uns, jenes priesterliche Amt auszuüben, das er dem Menschen anvertraut hat, als er ihn

zum König der Schöpfung machte. Wir sollen ihm das Höchste in der Welt darbringen, das Menschengeschöpf. Es gehört uns durch den heiligen Bund der Ehe, wie wir ihm gehören; aber als Christen dürfen wir uns im Letzten einander nur hingeben, um dadurch der Oberhoheit Gottes zu huldigen. Der Gebrauch unseres freien Willens ist der treue Ausdruck seines allerhöchsten Willens, und wir dürfen den höchsten Beweis der Hochachtung, des Vertrauens und der Liebe, den das Geschöpf uns darbringt, nur als eine Huldigung annehmen, die auf dem Altar unserer Seele niedergelegt wird, um von dort zum Schöpfer emporzusteigen. [360]

Lucie-Christine

Man kann nun fragen, worin das Gut der Ehe bestehe. Offenbar nicht nur in der schöpferischen Beziehung zum Kinde, sondern auch in der natürlichen Lebensgemeinschaft der verschiedenen Geschlechter. Sonst könnte ja von einer Ehe unter älteren Personen nicht mehr die Rede sein, besonders wenn sie ihre Kinder verloren oder überhaupt keine solchen bekommen haben. Nun aber bleibt in einer guten Ehe, auch wenn sie schon viele Jahre gedauert hat und wenn die erste Leidenschaft zwischen Mann und Frau erloschen ist, jene seelische Liebesneigung zwischen den Gatten um so tiefer und echter, je mehr sie sich im Leben bewährt hat, und wird um so mehr das Gefühl der Geborgenheit einschließen, je mehr sich die Leidenschaft beruhigt hat. [361]

Aurelius Augustinus

Als Gott den Adam schuf, hatte Adam eine große Liebe in seinem Schlafe, den Gott über ihn sandte. Und Gott gab der Liebe des Mannes Gestalt, und so ist die Frau die Liebe des Mannes. Sowie nun die Frau gebildet ward, gab Gott dem Manne jene Schöpferkraft, daß er aus seiner Liebe, welche die Frau ist, Kinder erzeugen könne. Als nämlich Adam Eva zum erstenmal erblickte, war er ganz von Weisheit erfüllt,

da er in ihr die Mutter seiner Kinder erkannte. Als aber Eva Adam
ansah, schaute sie ihn so an, als blickte sie in den Himmel hinein und
als richtete sie ihre Seele empor, die den Himmel ersehnt: war doch
ihre Hoffnung auf den Mann gerichtet. Und darum wird eine einzige
Liebe sein, und nur so sollte es sein in der Liebe zwischen Mann und
Frau und nicht anders. Die Liebe des Mannes ist im Brand seiner Leidenschaft wie das Feuer brennender Berge, das kaum einzudämmen
ist. [...] Die Frau aber verhält sich ihm gegenüber mehr wie eine
Getreidetenne, die von wuchtigen Schlägen erschüttert wird und die,
so wie die Körner in ihr zerschlagen werden, sich tüchtig dabei erhitzt.
[362]

HILDEGARD VON BINGEN

Sobald der Samen des Mannes an seine Stelle fällt, nimmt das weibli-
che Blut diesen mit allem Verlangen seines Liebesvermögens auf und
saugt ihn in sich hinein, gleichermaßen wie ein Atemzug etwas in sich
hineinschlürft. Auf diese Weise vermischen sich weibliches Blut und
männlicher Samen: Es entsteht daraus zunächst ein blutartiges
Gemisch, durch das dann auch die Gewebe des betreffenden Weibes
genährt werden, wachsen können und zur Entwicklung kommen.
Daher ist wirklich die Frau ein Fleisch mit dem Mann und eben durch
diesen Mann geworden. Andererseits wird auch die fleischliche Materie des Mannes durch die Erhitzung und durch den Schweiß der Frau
innen und außen durchgekocht; so nimmt auch er vom weiblichen
Schaum und Schweiß wirklich in sich auf. Sobald nämlich die Kraft
seines männlichen Begehrens in die äußerste Erregung gerät, wird
sein Blut dünnflüssiger, verströmt leichter und wird wie in einer
Mühle herumgewühlt, wobei er etwas vom Schaum und Schweiß des
Weibes in sich aufnimmt; hierbei wird also seine leibliche Substanz
mit der des Weibes gemischt, so daß er ebenfalls mit ihm und durch es
ein Fleisch wird. [363]

HILDEGARD VON BINGEN

Die ekstatische sexuelle Erfahrung kann auch den Weg eröffnen zur ekstatischen spirituellen Erfahrung. Manche, gerade auch junge Menschen, erleben die intime, ganzheitliche sexuelle Begegnung als einen der wenigen Momente ihres Lebens, in denen sie überhaupt erst eine Ahnung von etwas erspüren, das über sie hinaussteigt ... Die Sexualität birgt die Möglichkeit spiritueller Erfahrung in sich, nur führt sie die Menschen selten dahin, weil der psychische Freiraum für den/die Partner/in nicht gegeben ist. Der Raum ist mit viel Egoismus vollgestopft; die vorbehaltlose Liebe und Offenheit für die Gotteserfahrung im anderen, für die Verschmelzung, ist nicht vorhanden. Ereignet sich dieses Wunder dann doch einmal, dann führt der wahre Eros den Menschen zu seiner ursprünglichen Einheit und damit zu Gott zurück.[364]

WUNIBALD MÜLLER

Mir scheint, es ist nicht Gottes Wille, daß ich gegenwärtig in die Kirche eintrete. Denn, wie ich Ihnen schon sagte, und wie es noch immer wahr ist, die Hemmung, die mich zurückhält, macht sich in den Augenblicken der Aufmerksamkeit, der Liebe und des Gebetes nicht weniger kräftig bemerkbar als in anderen Augenblicken. Und doch empfand ich eine sehr große Freude, als ich Sie sagen hörte, meine Gedanken, so wie ich sie Ihnen dargelegt habe, seien mit der Zugehörigkeit zur Kirche nicht unvereinbar, und ich stünde ihr also im Geiste nicht ferne.

Ich kann nicht umhin, mich auch weiterhin zu fragen, ob es in diesen Zeiten, in denen ein so großer Teil der Menschheit im Materialismus versunken ist, nicht Gottes Wille ist, daß es einige Männer und Frauen gibt, die sich ihm und Christus ganz zu eigen gegeben haben und die dennoch außerhalb der Kirche bleiben.

Jedenfalls ist, wenn ich mir den Akt meines Eintritts in die Kirche als etwas Tatsächliches vorstelle, das sich in naher Zukunft ereignen könnte, mir nichts so schmerzlich wie der Gedanke, mich von der ungeheuren und unglücklichen Masse der Ungläubigen zu trennen. Ich habe das tiefinnere Bedürfnis, ich glaube sagen zu dürfen: die Berufung, mein Leben unter den Menschen und in jeglicher menschlichen Umgebung so hinzubringen, daß ich mich durch nichts von ihnen unterscheide, daß ich ihre Farbe annehme – zumindest in dem vollen Ausmaße, als das Gewissen sich dem nicht widersetzt –, daß ich unter ihnen verschwinde, und zwar, damit sie sich so zeigen, wie sie sind und ohne sich mir gegenüber zu verstellen; weil ich sie kennenlernen möchte, um sie zu lieben, so wie sie sind. Denn wenn ich sie nicht liebe, so wie sie sind, dann liebe ich sie nicht, und meine Liebe ist nicht wahr. [365]

Simone Weil

Beide Füße muß der Mensch auf die Brücke stellen, nämlich auf sein Liebesvermögen und sein Verlangen. Es gilt, diese Brücke zu besteigen; ihr müßt euch an den Weg des gekreuzigten Christus halten, ausharrend bis zum Tod. Das ist das Mittel, das jeder anwenden muß, welchen Standes er sei; denn kein Stand befreit oder entschuldigt ihn, so handeln zu können und zu müssen. Jedes Geistwesen ist dazu verpflichtet. Keiner darf sich entziehen und sagen: Ich stehe im Beruf, ich habe Kinder oder andere weltliche Hindernisse, und deshalb bin ich außerstande, diesen Weg zu gehen, keiner kann sich mit allfälligen Beschwerlichkeiten entschuldigen. Nichts von alledem können die Leute geltend machen, denn, wie ich dir schon sagte, Mir ist jeder Stand wohlgefällig und genehm, sofern er nur mit gutem und heiligem Willen gelebt wird. Denn alle Dinge, die von Mir, der höchsten Güte erschaffen wurden, sind gut und vollkommen. Ich gab sie Euch, nicht damit sie euch zum Tode führen, sondern zum Leben verhelfen. Was ich von euch fordere, ist nichts anderes als Liebe, Liebe zu Mir und zum Nächsten. Diese läßt sich zu jeder Zeit, an jedem Ort und in jedem Stand üben, indem ihr jedes Ding zum Lob und Ruhm Meines Namens liebt und besitzt. [366]

Katharina von Siena

Es ist ein für allemal zu wissen nötig, daß der Umgang mit Gott nicht verloren, ja nicht einmal geschwächt wird durch solche Verrichtungen, die an unseren Stand und Beruf gebunden sind. Er leidet keinen Schaden als nur von den Dingen, die von unserer eigenen Wahl herkommen, weil solche eine Frucht sind des eigenen Willens, der dem lauteren Willen Gottes, welcher durch unseren Gehorsam und durch göttliche Vorsehung erkannt wird, gänzlich entgegen steht. [367]

MADAME J. M. B. DE LA MOTHE GUYON

Der Buchsbaum, tiefgrün und stark im Wuchs, der es doch nicht in die Höhe bringt, stellt den Laienstand dar, der wegen der Sorgen des Alltags doch nicht zur Betrachtung der unsichtbaren Dinge Gottes gelangt, obwohl er im Glauben lebt. Da er weniger erkennt, kann er auch nicht weit emporsteigen; wer aber dennoch den Herrn fürchtet und seine Gebote hält, dem ist verheißen, ins Reich Gottes einzugehen, mit den zwei anderen Ständen.

Die Pinie, die von feuriger Natur ist, brennt leicht wie das Wachs und strahlt Licht aus. Sie stellt den Stand der Mönche dar, der vor allen Übrigen in der Liebe Gottes entbrennt, im Beispiel guter Werke, die der Heilige Geist in ihnen bewirkt, der die Schatten des Hasses aus dem Herzen Vieler vertreibt.

Die Tanne, die unter ihren ausgebreiteten Ästen diejenigen beschützt, die unter sie fliehen, bezeichnet den Stand der Kleriker, der darum eingerichtet wurde, damit er die ihm anvertrauten Lämmer beschütze, für sie sogar zu sterben bereit sein muß, jenen großen Hirten nachahmend, der von sich selbst sagte: »Eine größere Liebe hat niemand, als der seine Seele hingibt für seine Freunde.« [368]

JOACHIM VON FIORE

Eines Tages kam das Gespräch darauf, ob wir nicht nach Art der Bar-füßer-Nonnen [*Descalzas*, Clarissinnen] leben und dafür ein Kloster gründen sollten. Ich trug mich mit diesem Gedanken schon eine Weile. Da geschah es eines Tages nach der Kommunion, daß mir seine Majestät befahl, diesen Plan mit allen Kräften voranzutreiben. Die Vision war so beeindruckend und der Herr sprach zu mir in einer Weise, daß ich keiner Täuschung erliegen konnte.

Kaum hatten wir begonnen, unseren Plan in die Tat umzusetzen, als eine ganz unbeschreibliche Verfolgung über uns kam: Man redete, lachte, bezeichnete das Ganze als Unsinn, und was mich anbetraf, so sollte ich nur schön in meinem Kloster bleiben! Seine Majestät tröste-te und ermutigte mich. Er sagte mir, ich könne daran sehen, wie es den heiligen Ordensgründern ergangen sei, und daß ich noch mehr Ver-folgung erleiden müsse, als ich mir überhaupt vorstellen könne. Mir fiel es besonders schwer, daß auch unser Provinzial sich gegen mich stellte. Denn hätte er meinen Plan bejaht, wäre ich vor allen gerecht-fertigt gewesen. Dennoch schien es mir unmöglich, von dem Unter-nehmen abzulassen, so fest glaubte ich an die Offenbarung, die der Herr mir zuteil werden ließ, da sie weder der Heiligen Schrift noch den Geboten der Kirche widersprach. Unter unablässigem Beten war die Sache bald soweit gediehen, daß ich ein gut gelegenes, wenn auch nur kleines Haus kaufen konnte. [369]

Teresa von Avila

Als ich den andern voraus zur Klausurtüre schritt, pochte mein Herz so heftig, daß ich mich fragte, ob es zum Sterben gehe. Welcher Augen-blick, welche Todesangst! Man muß es durchgemacht haben, um es zu fassen. Ich umarmte die Meinen und kniete vor meinem Vater nieder, um seinen Segen zu empfangen. Er selbst warf sich auf die Knie und segnete mich unter Tränen.

Endlich schloß sich die Pforte des Karmels hinter mir, und ich empfing die Umarmung der geliebten Schwestern, die Mutterstelle an mir vertreten hatten, und die meiner neuen Familie, von deren Hingebung und Herzlichkeit die Welt nichts ahnt.

So war mein Verlangen endlich erfüllt, und meine Seele empfand einen so süßen, tiefen Frieden, daß ich ihn unmöglich ausdrücken könnte. [370]

THÉRÈSE VON LISIEUX

Du und N., Ihr seid verschieden, deshalb fühlt sich Dein Herz nicht zu ihr hingezogen. Es gibt nur einen Gott, aber die Wege, die zu ihm führen, sind verschieden, jeder gehe seinen eigenen Weg. [371]

IOANN VON VALAMO

Ein authentischer Lebensstil

Beide Arten des Zu-Nichts-Werdens geschehen in einer doppelten Weise der Liebe, nämlich das passive Zu-Nichts-Werden in einer genießenden Liebe, das heißt, durch das nackte Schauen und Genießen Gottes in der Vereinigung mit ihm. Das aktive Zu-Nichts-Werden aber vollzieht sich in der tatkräftigen Liebe. Sie entfaltet sich in einer nach außen gewandten, lebhaften und treuen Tätigkeit, sei es in körperlichen, sei es in geistigen Werken.

So hat das passive Zu-Nichts-Werden dort seinen Platz, wo es um die genießende Liebe geht. Denn es macht alle Bewegungen und Tätigkeiten zunichte, entleert uns von allen Formen und Bildern und läßt uns einzig Gott genießen.

Das aktive Zu-Nichts-Werden hat seinen geeigneten Platz dort, wo unsere tatkräftige Liebe gefordert ist. Denn durch das aktive Zu-Nichts-Werden schreitet unser Geist über sich hinaus und macht alle Tätigkeiten, Akte und Beschäftigungen des Leibes oder der Seele zu einem Nichts. Dabei sind wir dem Äußeren zugewandt und sind es nicht, sind tätig und doch wieder nicht. Wir existieren und verweilen doch im Nichts-Sein. Wir leben und sind nichtsdestoweniger tot.

So verwandelt das aktive Zu-Nichts-Werden unsere tatkräftige Liebe in eine genießende und unser aktives Leben in ein kontemplatives. Dadurch können wir Gott auf Grund unseres Glaubens mitten im Tun und Beschäftigt-Sein genauso genießen wie in der Ruhe und in der Muße. Das ist der Gipfel und die Spitze der Vollkommenheit. Deshalb handeln die verkehrt, die sie vertauschen und die Ordnung umwandeln. Einige von ihnen genießen das passive Zu-Nichts-Werden und lassen ihr Tun einschlafen, anstatt mit tatkräftiger Liebe treu ihre Pflicht zu erfüllen. Die meisten aber nehmen das aktive Zu-Nichts-Werden in Anspruch und bleiben tätig, wo es notwendig wäre, dies zu unterlassen und Gott durch die genießende Liebe zu verkosten. Die ersten ergehen sich in einer falschen Muße, die anderen in einer schädlichen Aktivität. Die einen verrichten vor allzu großer Ruhe ihre Aufgaben nachlässig, die anderen bemühen sich Gott zu genießen. Doch ist dies vergeblich wegen des Übermaßes an Tätigkeiten, in die sie verwickelt bleiben. [372]

Benedikt von Canfield

Gott ist mein Mittelpunkt, wenn ich ihn in mich schließe;
Mein Umkreis dann, wenn ich aus Lieb' in ihn zerfließe. [373]

Angelus Silesius

Wenn der Mensch sich ganz in der Minne befindet, erscheinen ihm alle Dinge klein, und es scheint ihm leicht, zu tun und zu lassen, zu erdulden und zu ertragen, was zur Würde der Minne gehört. Und so ist es ihm angenehm, sich in der Minne zu üben.

Dann fühlt er ein göttliches Vermögen und eine klare Purheit und eine geistliche Süße und eine begehrenswerte Freiheit und eine stützende Weisheit und eine sanfte Gleichstimmigkeit mit Gott.

Und dann ist er wie eine Hausfrau, die gut für ihr Haus gesorgt hat und es weise eingerichtet hat, die es schön geordnet hat und mit vorausschauendem Blick beschützt und klug behütet und mit Umsicht wirkt: Sie läßt ein und sie läßt aus und sie tut und läßt, was sie will.

Und so ist es auch mit diesem Menschen: Die Liebe herrscht mit Kraft in ihm und wirkt und ruht mit Befugtheit; innerlich und äußerlich tut und läßt sie, was sie will. [374]

BEATRIJS VAN NAZARETH

›Kein Herz als zur Liebe, für die Liebe, wegen der Liebe‹, und nach dieser Regel lebte sie bei Tag und Nacht. Wie die Schwester Gabriele sagt, ›ging sie trotz vieler Geschäfte niemals heraus, weder aus sich noch aus Gott‹. Mit den erhabensten Meinungen knüpfte sie jegliches zeitliche Werk an den Himmel oder vielmehr an Christus. Hören wir sie selbst: ›In meine wenigen Verrichtungen soll sich nichts Menschliches hineinmischen; die Liebe allein soll regieren; der Anfang, die Mitte, das Ende soll die Liebe sein.‹ [375]

KRESZENTIA HÖSS

Wer auf einer Schiffsreise seekrank wird, leidet nicht durch die Natur des Meeres, sondern durch die eigene Verfassung, seine verdorbenen Säfte. Ebenso erduldet die Seele Unruhe und Verwirrung der Leidenschaften nicht wegen äußerer Wahrnehmung, sondern wegen inneren Umgangs mit Schlechtem. [376]

NIKETAS STETHATOS

Und mein Geliebter gab sich mir selbst zu verstehen und zu fühlen. Aber als ich ihn sah, fiel ich vor seinen Füßen nieder. Ich erkannte nämlich, daß es für mich auf dem ganzen Weg, auf dem ich zu ihm geführt wurde, noch sehr viel gab, um danach zu leben ...

Ich gebe dir, so sprach er, ein neues Gebot: Wenn du, die du verlangst, alles von mir in meiner Gottheit genießend zu besitzen, mir auch in meiner Menschheit gleich sein willst, dann mußt du verlangen arm zu sein, verstoßen und verschmäht von allen Menschen. Und alle Schmerzen sollen dir besser schmecken als alle irdischen Freuden. Laß dich dadurch auf keine Weise unglücklich machen, auch wenn sie unmenschlich schwer zu ertragen sind. Willst du nach der Minne streben, wie es zu deiner starken Natur gehört, die mich ganz für dich fordert, dann wirst du von den Menschen so entfremdet werden, so verschmäht und verachtet sein, daß du nicht weißt, wo du auch nur für eine Nacht ein Dach über dem Kopf findest. Alle Menschen werden dich im Stich lassen und niemand wird bei dir sein wollen in deiner Not und in deinem Elend. [377]

HADEWIJCH

Das Verlangen, jede Art von Leiden und Mühsal für das Heil der Seelen bis zum Tod zu ertragen, ist Mir sehr wohlgefällig. Je mehr der Mensch auf sich nimmt, desto mehr zeigt er, daß er Mich liebt. Je mehr er Mich aber liebt, desto tiefer dringt er in die Erkenntnis Meiner Wahrheit ein, und je größer diese Erkenntnis wird, um so unerträglicher schmerzt ihn das Mir angetane Unrecht.

Du verlangtest, die Sünden anderer zu tragen und zu sühnen und hast nicht bemerkt, daß du damit Liebe, Licht und Erkenntnis der Wahrheit erbatest, denn Ich sagte dir schon: Je größer die Liebe ist, um so mehr steigern sich Schmerz und Leid. Also sage ich euch: Bittet, und ihr werdet empfangen (Markus 11,24). Wer Mich in Wahrheit bittet, dem werde Ich nichts versagen. Denk daran, die göttliche Liebe ist in der Seele mit der vollkommenen Geduld so eng vereint, daß die eine nicht verlorengehen kann, ohne daß auch die andere entschwindet. Darum muß die Seele, so wie sie die Liebe zu Mir erwählt, auch das Leiden für Mich auf sich nehmen, was und wie immer Ich ihr zuteile. Die Geduld bewährt sich nur im Leiden. Duldet also tapfer, sonst erweist ihr euch nicht als Meine teuren Angelobten und die Kinder Meiner Wahrheit und wärt es auch nicht, noch läge euch etwas an Meiner Verherrlichung und am Heil der Seelen. [378]

Katharina von Siena

Als sein [Franziskus'] Vater ihn in solcher Niedrigkeit [als Bettler] sah, wurde er von übergroßem Schmerz erfüllt; weil er ihn sehr geliebt hatte, schämte er sich um so mehr. Er fluchte ihm, wo er ihn nur traf, in tiefem Schmerz darüber, daß er seinen Sohn gleichsam tot sehen mußte, weil dessen Körper unter Bußwerken und Kälte sinnlos litt.

Auf diese Flüche des Vaters hin nahm der Mann Gottes sich einen armen und verachteten Menschen zum Vater. Er sprach zu ihm: »Komm mit mir, und ich will dir von den Almosen, die man mir geben wird, schenken. Wenn du aber meinen Vater siehst, wie er mir flucht, dann werde ich dir sagen: ›Segne mich, Vater!‹ Und du sollst mich bekreuzigen und segnen an seiner Stelle!«

Als nun jener Arme ihn so segnete, sprach der Mann Gottes zu seinem Vater:

»Glaubst du nicht, daß Gott mir einen Vater geben kann, der mich segnet gegen deine Flüche?«

Viele, die ihn verlachten, aber sahen, wie der so Verspottete alles geduldig ertrug, bewunderten ihn fernerhin mit großem Staunen. [379]

Franz von Assisi

Glücklich jene die Frieden schaffen
Denn sie werden Söhne Gottes heißen

Der Knecht Gottes kann nicht erkennen
Wieviel Geduld in ihm ist
Und wieviel Demut
Solange man ihm zu willen ist

Es kommt aber die Zeit
Wo jene die ihm zu Willen sein müßten
Das Gegenteil tun
Wieviel Geduld er dann beweist
Und wieviel Demut
Soviel ist in ihm und nicht mehr [380]

FRANZ VON ASSISI

Einmal fragte sie [Gertrud] den Herrn, was er wünsche, daß sie zu
einer bestimmten Stunde tun solle; sie wollte ihm gefallen. Da antwortete der Herr: »Ich will, daß du Geduld lernst.« [381]

GERTRUD DIE GROSSE

O diese Übungen der Geduld, diese kleinen Leidenspartikel, deren
Aufgabe es ist, uns ganz sanft umzubringen zu deiner Ehre, uns zu
töten ohne Eigenruhm!
Schon am Morgen suchen sie uns auf:
unsere Nerven gehen uns so leicht durch,
der Bus ist bereits voll,
die Milch läuft über,
der Schornsteinfeger kommt,
die Kinder verderben alles,
der Mann bringt Gäste mit,

die Freunde erscheinen nicht,
das Telefon läutet ununterbrochen,
die, die wir lieben, streiten sich;
man möchte schweigen und muß sprechen,
man möchte sprechen und muß schweigen,
man möchte ausgehen und muß daheimbleiben,
man möchte daheimbleiben und muß weggehen,
man möchte sich auf den Ehegatten stützen,
und
der wird schwach wie ein Kind;
die tägliche Arbeit wird uns langweilig;
es quält uns die Gier nach Dingen,
die uns nicht zustehen.

So treten die Geduldsübungen an uns heran, neben- oder hintereinander, und vergessen immer uns zu sagen, daß *sie* das Martyrium sind, das für uns vorgesehen ist. [382]

MADELEINE DELBRÊL

Laßt die, die nicht wissen mit welchen Anstrengungen man das Wahre findet und wie schwierig es ist, Irrtümer zu vermeiden, Euch böse sein, Manichäer ...

Laßt die böse auf Euch sein, die nicht wissen, auf Kosten wieviel Stöhnens und Seufzens man schließlich dazu kommt, ein ganz klein wenig von Gott zu verstehen.

Laßt die böse auf Euch sein, die nie von solchen Irrtümern getäuscht wurden wie diesen, von denen sie Euch getäuscht sehen.

Ich aber, der ich lange und heftig hin- und hergerissen wurde, bevor ich endlich erfaßte, was wirklich Wahrheit ist, ich kann Euch unmöglich böse sein, der ich Euch ertragen muß, so wie ich damals mich selbst ertragen mußte. Und ich muß Euch mit ebensoviel Geduld begegnen, wie mir damals meine Nächsten begegnet sind. [383]

AURELIUS AUGUSTINUS

Jeder von uns erwartet, Christus im Himmel zu begegnen; doch sei aufmerksam für Christus, der vor deiner Tür auf der Straße liegt. Sei aufmerksam für Christus, der hungrig ist und friert, der sich in Not befindet und ein Fremder ist. [384]

Aurelius Augustinus

Und ich arbeite mit meinen Händen und will arbeiten. Und ich will nachdrücklich, daß alle anderen Brüder einer Arbeit nachgehen, die ehrbar ist. Die das nicht können, sollen es lernen, nicht aus Sucht, für die Arbeit einen Lohn zu erhalten, sondern um des guten Beispiels willen und um den Müßiggang zu vertreiben. Und wenn uns einmal der Arbeitslohn nicht gegeben werden sollte, so wollen wir zum Tische des Herrn Zuflucht nehmen und von Tür zu Tür um Almosen bitten. [385]

Franz von Assisi

Einmal, während der selige Franz bei Santa Maria di Portiuncula weilte, kam ein Bruder, ein sehr frommer Mann, die Straße von Assisi heruntergeschritten. Er hatte Almosen erbettelt und lobte Gott mit lauter Stimme und in großer Fröhlichkeit. Wie er sich der Kirche Santa Maria näherte, hörte ihn der selige Franz. Da lief er vor lauter Freude und Begeisterung hinaus, ihm entgegen, küßte ihn mit inniger Fröhlichkeit auf die Schulter, auf der er den Sack mit den Almosen trug, nahm ihm den Sack von der Schulter und legte ihn auf die eigene. So trug er das Bündel in das Haus der Brüder und sprach zu diesen: »Also möchte ich, daß meine Brüder hingingen und mit den Almosen wiederkehrten: heiter, fröhlich und mit dem Lobe des Herrn im Munde!« [386]

Franz von Assisi

So ist eben das geistige Feuer. Kein Verlangen nach irdischen Dingen läßt es aufkommen, sondern drängt unsere Liebe auf ein anderes Gebiet. Wen einmal diese Liebe erfaßt hat, der ist zu allem willig bereit, und müßte er sein ganzes Vermögen preisgeben, müßte er Reichtum und Ehrenstellen verachten, ja selbst sein Leben zum Opfer bringen. Die Glut dieses Feuers dringt in die Seele ein, verdrängt daraus alle Trägheit, und macht leichter als eine Feder, wen sie einmal ergriffen. Ein solcher schaut über alles Irdische hinweg und verharrt in innerer Zerknirschung, vergießt unaufhörlich Ströme von Tränen und schöpft aus all dem eine mächtige innere Freude. Denn nichts verbindet und einigt so sehr mit Gott als solche Tränen. Wohnte ein solcher auch mitten in Städten, er lebte doch gleich denen, die in der Wüste, auf den Bergeshöhen oder in einsamen Talschluchten wohnen; er achtet nicht auf die, so um ihn sind und wird seiner freudevollen Trauer niemals satt, ob er nun über seine eigenen Sünden weint oder über fremde. Darum hat Gott solche Menschen vor allen anderen glücklich gepriesen und gesagt: »Selig sind die Trauernden«. Ebenso sagt auch Paulus: »Freuet euch immerdar im Herrn«; er meinte damit die Freude, die diesen Tränen entströmt. Wie die weltliche Freude nur Trauer in ihrem Gefolge hat, so sproßt aus den Tränen, die man um Gottes willen weint, nur immerwährende unversiegliche Freude.

So wurde auch die Hure heiliger als manche Jungfrau, nachdem sie von diesem Feuer erfaßt worden. Denn da sie von heißer Reue erfüllt war, so entbrannte sie nur noch von Liebe zu Christus, löste ihre Haare auf, benetzte seine heiligen Füße mit Tränen, trocknete sie mit den eigenen Haaren und goß Salbe darüber aus. Das alles war aber nur der äußere Vorgang; was in ihrer Seele vorging, war noch viel inbrünstiger, und Gott allein hat es gesehen. Darum freut sich auch jeder mit ihr, der davon hört, ist glücklich ob ihrer Tat, und verzeiht ihr all ihre frühere Schuld.

Wenn aber schon wir so urteilen, die wir doch böse sind, so bedenke, was Gott in seiner Liebe ihr nicht verliehen haben wird und welche Gnaden ihr auch vor der (endgültigen) Belohnung durch Gott (im

Himmel) ob ihrer Reue zuteil geworden sein müssen? Wie durch einen starken Regenguß die Luft gereinigt wird, so folgt auch auf die Tränen, die man vergießt, heitere Stille, und die Finsternis, die von der Sünde stammte, wird verscheucht. Und wie wir aus dem Wasser und dem Geiste gereinigt wurden, so werden wir von neuem gereinigt durch Reuetränen und durch das Bekenntnis, vorausgesetzt, daß wir dies nicht bloß zur Schau tragen, um gesehen und geehrt zu werden. Wer nur darum Tränen vergösse, der verdiente meines Erachtens weit mehr Tadel, als wer sich mit Farben und Schminken herausputzt. Ich will nur solche Tränen, die man nicht aus Hochmut vergießt, sondern aus Demut, heimlich und im Verborgenen, wo niemand es sieht; Tränen, die still und geräuschlos fließen, die aus der Tiefe der Seele kommen, aus innerem Weh und Schmerz, die man nur Gottes wegen vergießt, so wie es bei Anna der Fall war. »Denn ihre Lippen«, heißt es, »bewegten sich und ihre Stimme ward nicht gehört«. Aber ihre Tränen allein waren lauter als Trompetenklang. Darum hat auch Gott ihren Schoß geöffnet und den harten Felsen in fruchtbares Erdreich verwandelt.

Wenn auch du solche Tränen weinst, dann bist du dem Herrn ähnlich geworden. Denn auch er hat geweint über Lazarus und Jerusalem, und über das Schicksal des Judas ward er erschüttert. Und weinen sehen kann man ihn oft, lachen niemals, nicht einmal stille lächeln; wenigstens hat kein Evangelist etwas davon berichtet. Deshalb sagt auch Paulus selbst von sich und andere sagen es von ihm, daß er geweint habe, drei Nächte und drei Tage lang geweint; daß er aber gelacht hätte, das hat er nirgends gesagt, weder er noch andere; aber auch kein anderer Heiliger hat dies weder von sich noch von einem anderen Heiligen erzählt. Nur von Sara allein wird dies berichtet, nämlich damals als sie getadelt wurde, und ebenso vom Sohne Noes, da er aus einem Freigeborenen zum Sklaven wurde.

Das alles sage ich aber, nicht um das Lachen zu verpönen, sondern nur, um die Ausgelassenheit zu verhindern. [387]

JOHANNES CHRYSOSTOMUS

gib mir die gabe der Tränen gott
gib mir die gabe der sprache

führ mich aus dem lügenhaus
wasch meine erziehung ab
befreie mich von meiner mutter tochter
nimm meinen schutzwall ein
schleif meine intelligente burg

gib mir die gabe der Tränen gott
gib mir die gabe der sprache

reinige mich vom verschweigen
gib mir die wörter den neben mir zu erreichen
erinnere mich an die Tränen
der kleinen studentin in göttingen
wie kann ich reden
wenn ich vergessen habe, wie man weint?
mach mich naß
versteck mich nicht mehr
gib mir die gabe der Tränen gott
gib mir die gabe der sprache
zerschlage den hochmut mach mich einfach
laß mich Wasser sein das man trinken kann
wie kann ich reden
wenn meine Tränen nur für mich sind
nimm mir das private eigentum
und den wunsch danach
gib und ich lerne geben
gib mir de gabe der Tränen gott
gib mir die gabe der sprache
gib mir das Wasser des lebens. [388]

Dorothee Sölle

Diese Seele ist frei geworden, sogar mehr als frei, überaus frei, ja un-
übertrefflich frei, sowohl was ihre Verwurzelung anbelangt wie auch in
ihrem Stamm und in allen ihren Ästen und in allen ihren Früchten an all
ihren Zweigen. Diese Seele besitzt ihr Erbteil in vollkommener Freiheit,
in jeder Richtung hat sie davon ihr volles Maß. Sie verantwortet sich niemandem, wenn sie nicht will, wenn jener nicht aus ihrem Geschlechte
stammt. Ein Edelmann ließe sich gewiß nicht dazu herab, einem Gemei-
nen Rede zu stehen, wenn dieser ihn zitierte oder vom Schlachtfeld zu-
rückforderte. Und darum findet einer eine solche Seele nicht auf, wenn
er sie vorlädt[1]: Ihre Feinde erhalten keinerlei Antwort von ihr. [389]

MARGARETE PORETE

Das Zusammenleben mit anderen

Die Antwort auf die Frage, wie der Mensch ein Leben aktiver gesellschaftlicher Dienstbarkeit führen kann – in voller Harmonie mit sich
selbst und als Mitglied der Gemeinschaft des Geistes – fand ich in den
Schriften der großen mittelalterlichen Mystiker. Selbsthingabe war für
sie nämlich der Weg zur Selbstverwirklichung. In der Einfachheit des
Geistes und in der Ausrichtung nach innen fanden sie die Kraft, ja zu
sagen zu jedem Appell, den die Bedürfnisse der Nächsten an sie richte-
ten, und ja zu sagen zu allem, was das Leben für sie mit sich brachte,
wenn sie dem Ruf ihres Pflichtbewußtseins folgten.

Liebe – dieses oft mißbrauchte und mißverstandene Wort – bedeutete für sie ganz einfach ein Überfließen der Kraft, von der sie sich
erfüllt fühlten, wenn sie in wahrer Selbstvergessenheit lebten. [390]

DAG HAMMARSKJÖLD

---

1   Vermutlich auch autobiographisch zu verstehen, da M. Porete sich vor der Inqui-
    sition verantworten mußte.

Der Mensch, der aus dieser Höhe von Gott in die Welt niedergesandt wird, ist erfüllt von Wahrheit und reich an allen Tugenden. Er sucht nicht sich selbst, sondern die Ehre dessen, der ihn gesandt hat. Und darum ist er gerecht und wahrhaft in allen Dingen. Er hat einen reichen, milden Grund, der in der Reichheit Gottes gegründet ist. Darum muß er immer in all diejenigen hinüberfließen, die seiner bedürfen, denn die lebendige Quelle des Heiligen Geistes ist sein Reichtum, und diese Quelle kann man nie völlig erschöpfen. Er ist ein lebendiges und williges Werkzeug Gottes, mit dem Gott wirkt, was Er will und wie Er will. Darum eignet der Mensch sich dies auch nicht an, sondern gibt Gott die Ehre. So steht er zur Verfügung und ist bereit, alles zu tun, was Gott gebietet, und er ist stark und mutig, alles zu erdulden und zu ertragen, das Gott ihm schickt. So besitzt er ein ›gemeines‹ Leben, denn Schauen und Wirken sind ihm beide gleich nahe und in beiden ist er vollkommen. Niemand kann dieses ›gemeine‹ Leben besitzen, wenn er kein schauender Mensch ist. Und niemand kann schauen und Gott genießen, wenn er sein Leben nicht ordnet nach Gottes Willen. [391]

Jan van Ruusbroec

Ich habe mit den Menschen gelebt und ihnen in allem gedient mit meinen Werken. Sie haben mich ausgerüstet gefunden mit einer Kraft, die bereit ist für all ihre Nöte. Dies ist gegen meinen Willen bekannt geworden. In allem bin ich mit ihnen gewesen. Von dem Augenblick an, daß Gott mich mit der Ganzheit der Minne berührte, konnte ich eines jeden Not herausfühlen, eben wie sie war. Mit Seiner Liebe fühlte ich die Not und gab einem jeden das Wohlwollen, das er brauchte. Mit Seiner Weisheit fühlte ich Seine Mildheit und warum man den Menschen so viel vergeben muß. Und ich fühlte das menschliche Fallen und Aufstehen und wie Gott gibt und wieder nimmt, wie er schlägt und heilt, und dabei sich selbst gibt – für nichts. [392]

Hadewijch

Manche sind bestürzt, wenn Ordensschwestern zu behaupten wagen, ihr beschauliches Leben könne sich mitten in der Menschenmenge oder auf den Landstraßen ebensogut entfalten wie in der Stille eines Klosters. Sie glauben nämlich, das beschauliche Leben ausschließlich dem gesammelten klösterlichen Dasein vorbehalten zu sollen, weil sie vergessen haben, auf das göttliche Vorbild zu sehen, auf Jesus, das Urbild aller Beschaulichkeit: Jesus in seinem verborgenen Leben zu Nazareth; Jesus in seinem öffentlichen Leben auf den Straßen Palästinas; Jesus, der sich nur 40 Tage lang aus dem Leben der Menge in die Wüste zurückzog und 33 Jahre lang ganz einfach inmitten der Seinen wohnte. [393]

MAGDELEINE VON JESUS

Die Worte von Bruder Karl von Jesus sind uns zutiefst ins Herz geschrieben: Dorthin gehen, wo kein Mensch hingehen würde ... zu den verirrten Schafen ... zu denen, die keinen Hirten haben. Können wir also die ›Kleinen‹ im Stich lassen, für die sich niemals jemand interessieren wird, wo der Herr sie uns doch auf ganz besondere Weise anvertraut hat? ... Die Senoï gehören zu all diesen Armen, Geringen, die die Bevorzugten unserer Liebe sind: so wie die Pygmäen oder Bushmen. Sie haben ein zerbrechliches und ängstliches Aussehen. Es macht uns Freude, daran zu denken, daß wir ihretwegen von so weit her kommen, für diese ganz Kleinen, die niemand beachtet, weil sie von ›unwesentlichem Wert‹ sind. [394]

MAGDELEINE VON JESUS

Sie mußte von jetzt an nicht bloß korrespondieren mit den Vorstehern der Krankenpflege, mit den Ärzten und Chirurgen, mit den Verwandten der Kranken, sondern auch sorgen für die Einkäufe der Lebensmittel und der verschiedenen Materialien, welche die Krankenpflege erforderte, für das Dienstpersonal; mußte Aufsicht führen über alle

Personen im Hause, mußte wachen über die guten Sitten, über Erhaltung der Reinlichkeit, über Bereitung der Speisen; über Pflege und Warten der Kranken; sie mußte Rechnung führen über Einnahmen und Ausgaben ...

Man sah sie ihr Amt mit einer Leichtigkeit, mit einem Takt, mit einer Einsicht, mit einer Behendigkeit und Freudigkeit verwalten, die man nicht einem irdischen, sondern einem himmlischen Ursprunge zuschreiben mußte. Bei aller Ruhe, mit welcher sie das Ganze überschaute, entging ihrem Auge dennoch nicht das Geringste im Hause. Und wo immer es galt, mutig und fest Hand anzulegen, da war sie die erste. Ohne ihrer Andacht, ihrem Umgang mit Gott, ihrer Innigkeit etwas zu vergeben, war sie voll Eifer, voll Tätigkeit, – eine Erscheinung, die allen wie ein Wunder erschien. Man bemerkte auch, daß ihrem Gedächtnisse niemals eine Sache, deren man bedurfte, in Vergessenheit kam. Und wer weiß nicht, wie vielfach die Bedürfnisse eines so großen Hauses sind? Wahrlich, ohne Gottes besondere Hilfe hätte sie das nicht vermocht.

Noch wunderbarer jedoch ist, daß sich ungeachtet der großen Massen und Summen Geldes, die durch ihre Hände gingen, niemals bei ihren Rechnungen der mindeste Fehler vorfand. Es ging kein Pfennig ein und kein Pfennig aus, von dem sie nicht Rechenschaft abzulegen wußte. [395]

KATHARINA VON GENUA

Wenn der äußere Mensch nach außen geht, so geht der innere Mensch auf in Gott und darin wird alle Gerechtigkeit vollbracht. So kann dem Menschen sein Lebenswandel zu großem Vorteil sein, denn jemand, der nach außen geht und dabei in sich gekehrt bleibt, gibt Gott die Gelegenheit, darin zu wirken. [396]

CLAESINNE VAN NIEUWLANT

Nun wollen gewisse Leute es gar so weit bringen, daß sie der Werke ledig werden. Ich aber sage: Das kann nicht sein! Nach dem Zeitpunkt, da die Jünger den Heiligen Geist empfingen, da erst fingen sie an, Tugenden zu wirken. Daher: Als Maria zu Füßen unseres Herrn saß, da lernte sie noch, denn noch erst war sie in die Schule genommen und lernte leben. Aber späterhin, als Christus gen Himmel gefahren war und sie den Heiligen Geist empfangen hatte, da erst fing sie an zu dienen und fuhr übers Meer und predigte und lehrte und ward eine Dienerin der Jünger. Wenn die Heiligen zu Heiligen werden, dann erst fangen sie an, Tugenden zu wirken. [397]

Meister Eckhart

Ferner will ich: Du sollst wissen, daß der Bischof, da er das Amt eines Schafhirten hat, einen Blumenstrauß unter seinen Armen haben soll, einen solchen, dessen Wohlgeruch von nah und ferne die Schafe lockt, froh dahin zu laufen. Dieser Blumenstrauß bedeutet die göttliche Verkündigung, die auszuüben Pflicht des Bischofs ist. Die beiden Arme, unter welchen er den Blumenstrauß der göttlichen Verkündigung hält, sind die zwei für den Bischof notwendigen Werke, nämlich die guten Werke in der Öffentlichkeit und die guten Werke im Geheimen; diese sollen dahin wirken, daß die Schafe, die ihm in seinem Bistum nahe sind, im Bischof Gott verherrlichen sollen, wenn sie die Liebe des Bischofs in seinen Werken sehen und sie in seinen Worten hören, und die Schafe, die fern sind, sollen Sehnsucht fühlen, dem Bischof zu folgen, wenn sie sein Lob hören. [398]

Brigitta von Schweden

Wem der Gehorsam anvertraut ist und wer für den Höchsten gehalten wird, der sei wie der Geringste und allen anderen Brüdern ein Diener. Er soll jedem einzelnen Bruder gegenüber Barmherzigkeit walten lassen und ihn so behandeln, wie er behandelt werden möchte in einem

ähnlichen Fall. Er soll dem Bruder nicht zürnen wegen eines Verge-
hens, sondern mit aller Geduld und Demut ihn liebevoll ermahnen
und ertragen. [399]

Franz von Assisi

Gewiß ist es für einen Vorgesetzten schwer, den Frieden zu bewahren,
wenn seine Untergebenen unwillig und ungehorsam sind. Aber der
Herr liebt trotz ihres Ungehorsams die Menschen und hat für alle
gelitten. Wenn du für deine Untergebenen betest, wird dich der Herr
erhören und dich die Früchte des Gebets kosten lassen. Gewöhne dich
an das Gebet für deine Untergebenen, dann wird Friede in deine Seele
einziehen. Hast du als Vorgesetzter über Taten deines Untergebenen
zu urteilen, so bitte Gott, daß er dir ein gütiges Herz gebe, dann wird
auch dein Urteil ein gerechtes sein. Siehst du aber allein auf die Tat,
kann dein Urteil leicht irren. [400]

Starez Siluan

Verlobte Brüder und Mütter unseres Herrn
Jesus Christus

Verlobte sind wir Ihm
Wenn durch den Heiligen Geist
Die gläubige Seele
Mit Jesus Christus unserem Herrn verbunden ist

Brüder sind wir Ihm
Wenn wir tun
Den Willen Seines Vaters
Der im Himmel ist

Mütter sind wir Ihm
Wenn wir Ihn tragen
In unserem Herz und unserem Körper (1 Korinther 6,20)
In Liebe
Mit reinem und aufrichtigem Gewissen
Wenn wir Ihn gebären
In heiligem Tun (Matthäus 5,16)
Das andern als Beispiel leuchten soll [401]

Franz von Assisi

Wer Gott leiden will und soll, der muß und soll alle Dinge leiden, das
ist: Gott, sich selber und alle Kreatur, nichts ausgenommen. [402]

Theologia Deutsch

Glücklich der Mensch
Der seinen Nächsten trägt
In seiner ganzen Gebrechlichkeit
Wie er sich wünscht
Von jenem getragen zu werden
In seiner eigenen Schwäche [403]

Franz von Assisi

Glücklich der Knecht
Der seinen Bruder ebenso liebt
Wenn er krank ist und es ihm nicht vergelten kann
Wie wenn er gesund ist und es ihm vergelten kann [404]

Franz von Assisi

Der Prophet Jesaja verkündet: ›Gott, der Herr, wischt die Tränen ab von jedem Gesicht. Auf der ganzen Erde nimmt er von seinem Volk die Schande hinweg‹ (Jes 25,8). Wehe denen, die der Herr mit trockenen Augen antrifft, weil sie es nicht vermocht haben, mit den Armen und Leidenden dieser Welt solidarisch zu sein! Um in dieser zarten Weise von Gott getröstet zu werden, müssen wir uns die Nöte der Unterdrückten zu eigen machen, muß sich uns das Innere umkehren, wenn wir einen Verletzten am Straßenrand liegen sehen, müssen wir mit fremdem Schmerz mitleiden und mehr auf Menschen mit Konflikten und Problemen achten als darauf, daß alles seine Ordnung hat. [405]

GUSTAVO GUTIÉRREZ

Wenn du darum einem Unglück auch ferne stehst, so schließe dich doch nicht aus vom Mitfühlen; denn wenn dein Mitmensch leidet, so bist du schuldig, an seinem Unglück teilzunehmen. Teile mit ihm die Tränen, damit du ihm sein schweres Herz etwas erleichterst! [406]

JOHANNES CHRYSOSTOMUS

Was vermag ein einzelner, auf sich selbst gestellt, wenn es darum geht, der Stimme der Stimmlosen Gehör zu verschaffen und eine Gesellschaft ohne Klassen voranzubringen. Gemeinsam, mit dem ganzen Volk Gottes, kann ein Feuer auf der Erde entzündet werden.

Eine Frage von Christus trifft uns bis ins Innerste: Hast du mich in dem Armen, der Hunger hatte, erkannt? Wo bist du gewesen, als ich selbst einer der Elendesten war? Warst du Unterdrücker – auch nur eines einzigen Menschen auf der Erde?

Zerbrich die Unterdrückung der Armen und Ausgebeuteten: Du wirst erstaunter Zeuge sein, wie Zeichen der Auferstehung schon jetzt auf der Erde entstehen.

Teile deine Güter, um größere Gerechtigkeit zu erreichen. Mache niemand zu deinem Opfer. Bruder aller, Bruder für alle ohne Unterschied, laufe hin zu den Menschen, die mißachtet und ausgestoßen sind. [407]

Frère Roger Schutz

Wir leben nun einmal in einer Welt, in der das Leid nicht vermeidbar ist ... Es zeugt von einer Verkennung der wirklichen Verhältnisse, wenn wir uns nicht auf etwas einstellen würden, dem wir nicht entgehen können. Einen Augenblick lang mag es einen Eindruck der Stärke erwecken, wenn wir das Leiden nicht ertragen und uns dagegen wehren, doch Ehrfurcht und Verehrung können wir nur vor demjenigen empfinden, der das Leiden mit wahrem Heldenmut, mit Opferbereitschaft und Liebe erträgt. Wie anders sähe die Welt aus, wenn die aufständischen Parolen verstummten, das Klagen erstürbe ... Die Liebe würde mehr Leid mildern und wegnehmen, als Aufstand und Widerstand jemals aus der Welt verbannen können. Ich weiß nicht, ob die Welt in unserer Zeit nicht das größte Bedürfnis hat an Männern und Frauen, die den Mut, die Opferbereitschaft und die Liebe haben, das Leiden unserer Zeit zu tragen. [408]

Titus Brandsma

Wo immer Brüder sind und sich treffen, soll einer dem andern Bruder sein. Jeder rede dem andern unbesorgt von seinen Bedürfnissen. Denn wenn eine Mutter ihren leiblichen Sohn nährt und liebt (1 Thessalonicher 2,7), muß einer seinen geistigen Bruder noch viel mehr lieben und nähren. Wenn einer von ihnen krank wird, müssen die anderen Brüder ihn pflegen, wie sie gepflegt werden möchten (Matthäus 7,12). [409]

Franz von Assisi

Wir haben die heiligen vierzig Tage begonnen. Die Heilige Kirche singt:»Fasten wir also mit Wohlbehagen, denn es ist dem Herrn wohlgefällig. Richtiges Fasten heißt, alles Böse zu vermeiden, unsere Zunge zu zügeln, unser Eifern zu bremsen, von unseren Leidenschaften, Verleumdungen, Lügen und von Meineid abzulassen. Diesen Dingen zu entsagen ist wahrhaftiges, Gott wohlgefälliges Fasten.«

Am Sonntag der Versöhnung, nach dem Abendessen, gab es eine Pause von einer halben Stunde, um 7 Uhr kamen alle Mönche in der Kirche zusammen. Dort sangen wir den Osterkanon und lasen die Abendgebete, nach welchen wir die Ikonen verehrten. Unser Igumen bat uns um Vergebung und verbeugte sich bis auf den Boden, und entsprechend verbeugte sich die ganze Bruderschaft vor ihm bis auf den Fußboden, und alle gingen der Reihe nach zu ihm, um sich von ihm und auch von allen anderen Vergebung zu erbitten, indem sie einander die Schulter küßten. Man hörte fortwährend nur:»Der Herr vergebe dir, vergib auch du mir Sünder!« Dann gingen wir schweigend in unsere Zellen. Welch guter Brauch! Es ist so ein gutes Gefühl in der Seele, alle haben miteinander Frieden gefunden. [410]

Ioann von Valamo

An Papst Gregor XI.

Wie sehr wünsche ich, daß Sie zum Frieden und zur Versöhnung gelangen mit Ihren Söhnen. Gott verlangt das von Ihnen und will, daß Sie nach Kräften das Ihrige dazu tun. Offenbar will Gott nicht, daß wir uns so sehr um Herrschaft und weltlichen Besitz kümmern, daß wir die Zerstörungen an den Seelen und das Mißfallen Gottes nicht mehr sehen, die doch die Folgen dieses Krieges sind ...

Sie werden vielleicht entgegnen, Sie seien im Gewissen verpflichtet, den Besitz der Kirche wieder zurückzuverlangen und zu bewahren. Das ist schon richtig. Aber zuerst heißt es, das Wertvollere zu retten. Der eigentliche Schatz der Kirche ist das Blut Christi zur Erlösung der Seelen. Und dieses Blut wurde nicht vergossen um des weltlichen Besitzes willen, sondern zur Erlösung der Menschheit...

Es ist also viel besser, das Gold des weltlichen Besitzes fahren zu lassen als das Gold des geistlichen Besitzes. Tun Sie also Ihr Möglichstes. Dann werden Sie vor Gott und vor den Menschen gerechtfertigt dastehen. Güte, Liebe, Friede! Das wird mehr helfen als Krieg. [...]
Wenn meine Seele sich zurückzieht in die Einsamkeit mit Gott, mit ihrem großen Hunger nach unserer Rettung, nach der Reform der heiligen Kirche und dem Wohl der ganzen Welt, dann scheint mir Gott kein anderes Mittel zu offenbaren, und ich sehe auch kein anderes in ihm, als Frieden zu machen. Um des Gekreuzigten willen, schließen Sie Frieden, Frieden! [411]

KATHARINA VON SIENA

Die Brüder sollen sich hüten, wo sie auch sein mögen, sei es in Einsiedeleien oder sonstwo, sich eine Niederlassung anzueignen oder sie einem anderen streitig zu machen. Und mag zu ihnen kommen, wer da will, Freund oder Feind, Dieb oder Räuber, sie sollen ihn voll Güte aufnehmen. Und wo immer die Brüder auch sind, oder wenn sie sich irgendwo treffen, müssen sie geistlich und sorgfältig ›einander ohne Murren‹ (1 Petrus 4,9) achten und ehren.

Und die Brüder sollen sich hüten, sich in ihrem äußeren Gehaben traurig und wie düstere Heuchler zu zeigen; sie sollen sich vielmehr als Menschen erweisen, die sich im Herrn freuen, heiter und liebenswürdig, wie es sich geziemt. [412]

FRANZ VON ASSISI

Nach einigen Tagen kamen drei andere Brüder, vielmehr Männer von Assisi zu ihnen, nämlich Sabatinus, Morikus und Johannes de Capella. Sie baten den seligen Franziskus inständig, er möge sie unter die Brüder aufnehmen. Er nahm sie demütig und gütig auf. Wenn sie um Almosen bettelnd durch die Stadt gingen, gab ihnen kaum jemand etwas, sondern man machte ihnen Vorwürfe mit den Worten, sie hätten ihr Eigentum verlassen, verzehrten fremdes und litten mit Recht große Not. Sogar ihre Eltern und Verwandten verfolgten sie; von anderen Leuten aus der Stadt wurden sie als unvernünftig und töricht verlacht. In jener Zeit verließ ja niemand sein Eigentum, um dann von Tür zu Tür Almosen zu betteln.

Der Bischof der Stadt Assisi, zu dem der Mann Gottes häufig sich Rat holen ging, nahm ihn gütig auf und sprach zu ihm: ›Hart scheint mir eure Lebensweise und rauh, nichts in der Welt zu besitzen.‹ Ihm entgegnete der Heilige: ›Herr, wenn wir irgendwelches Eigentum besitzen würden, so müßten wir unbedingt zu unserem Schutz auch Waffen haben. Daraus entstehen aber Streitigkeiten und Zank, und dadurch wird die Liebe Gottes und des Nächsten gewöhnlich stark gehemmt. Und deshalb wollen wir in dieser Welt nichts Irdisches besitzen.‹

Dem Bischof gefiel die Antwort des Gottesmannes sehr, der alles Vergängliche und vornehmlich das Geld so verachtete, daß er in allen seinen Regeln gerade die Armut betonte und alle Brüder besorgt machte, das Geld zu meiden; er verfaßte nämlich mehrere Regeln und erprobte sie, bevor er jene verfaßte, die er zuletzt den Brüdern hinterließ.

Deshalb sagte er in einer von ihnen zur Verfluchung des Geldes: ›Hüten wir uns, die alles verlassen haben, daß wir nicht wegen etwas so Geringem das Himmelreich verlieren. Und wenn wir irgendwo Geld finden sollten, dann wollen wir uns darum nicht mehr kümmern als um den Staub, den wir mit unseren Füßen treten.‹ [413]

FRANZ VON ASSISI

Und wenn du die Armen liebst, wirst du Gelegenheit suchen, bei ihnen zu sein. Es wird dir Freude machen, sie zu besuchen, sie zu sehen, mit ihnen zu sprechen. Du wirst dich freuen, in ihrer Gesellschaft zu sein, in der Kirche, auf der Straße und sonst. Nimm teil an ihrer Armut durch Sympathie und Wort, rede mit ihnen wie mit Gefährten und gib ihnen, da du mehr hast, von deinem Überfluß! Willst du noch mehr tun, Philothea? Dann sei nicht nur arm wie die Armen, sondern ärmer als sie! Wie das? – Der Diener ist weniger als sein Herr; mache dich also zum Diener der Armen! Diene ihnen mit eigener Hand, wenn sie krank sind, koche für sie auf eigene Kosten, besorge ihnen die Wäsche und ähnliches! O Philothea, solcher Dienst ist schöner als eine Königsherrschaft. [414]

Franz von Sales

O ihr Geliebten meiner Seele, ich wünsche von euch dasselbe wie von mir und meiner Gefährtin: daß ihr immer einträchtig seid und kein Streit unter euch herrscht. Denn was alle Zwieträchtigen versöhnt und vereint, das wünsche ich euren Seelen: nämlich ganz klein zu sein. Denn wenn man klein ist, so achtet man nicht auf sein Genügen in Gelehrsamkeit, noch auf seine natürliche Begabung, sondern man hält seine Seele dazu geneigt, ihre Fehler und ihr Elend zu sehen; man sitzt über sich selbst zu Gericht, um sich seiner Schuld zu überführen und um ihre Besserung zu versuchen. Auch wirkt, wer ganz klein ist, für niemand bedrohlich, er wird für niemand lästig und spricht nicht überheblich, wie sehr auch sein Leben jene reizt, die sich dieser Kleinheit widersetzen. Und dies ist es, was ich euch wünsche, o meine Vertrauten, daß euer Leben, selbst wenn eure Zunge schweigt, auf dem Weg dieser Kleinheit, der Armut, des diskreten Eifers und des diskreten Mitleidens ein klarer Spiegel für jene sei, die ihm folgen wollen, und ein scharfer Degen gegen die Feinde der Wahrheit. [415]

Angela von Foligno

Im göttlichen Licht sah sie Gott, und in Gott sah und erkannte sie alle zu Rettenden und sah sich selbst in Gott. Und mit wie großer Vertrautheit und Freundschaft die Heiligen in Gott verbunden sind, sah sie dort. Und sie setzte als Beispiel: So wie die Finger an der Hand sich vereinen und verbinden, so sind die Erwählten und Heiligen gegenseitig in Gott verbunden. [416]

AGNES BLANNBEKIN

Den Lebensraum empfangen

Mein Geliebter, die Berge,
die Täler einsam waldig,
die Inseln fremd,
die Flüsse rauschend,
das Flüstern der Winde liebkosend.

Die Nacht ruhig
im Aufgang der Morgenröte,
die Musik schweigend,
die Einsamkeit rauschend,
das Nachtmahl, das erholsam ist und verliebt macht.

Genießen wir einander, Geliebter,
und laß uns einander in deiner Schönheit sehen
auf dem Berg oder der Anhöhe,
wo das pure Wasser entspringt;
gehen wir tiefer in das Dickicht.

Und dann werden wir zu den hohen
Felsenhöhlen gehen,
die gut verborgen sind,
und dort werden wir eintreten
und den Most von Granatäpfeln kosten.

Da kannst du mir zeigen,
was meine Seele begehrte,
und dann kannst du mir geben,
dort, du mein Leben,
was du mir am andern Tag gabst:

Das Atmen des Hauches,
den Gesang der süßen Nachtigall,
den Wald und seine Anmut
und die linde Nacht
mit der Flamme, die verzehrt und nicht weh tut. [417]

JOHANNES VOM KREUZ

Die ganze Natur ist Caritas, aber nur der Mystiker erlebt diese Art von Liebe mit seiner eigenen Erfahrung. Die Liebe Gottes umgibt uns von allen Seiten. Seine Liebe ist das Wasser, das wir trinken, die Luft, die wir atmen, und das Licht, das wir schauen. Alle natürlichen Phänomene sind nichts anderes als verschiedene materielle Formen der Liebe Gottes. Wir bewegen uns in seiner Liebe wie der Fisch im Wasser. Und wir sind so nahe bei Ihm, so durchtränkt von Seiner Liebe und Seinen Gaben (wir selbst sind eine Gabe Gottes), daß wir es gar nicht merken, weil uns die Perspektive fehlt. Seine Liebe hüllt uns von allen Seiten ein, darum spüren wir sie nicht, wie wir auch den Druck der Atmosphäre nicht spüren. [418]

ERNESTO CARDENAL

Wenn ich einen Stein oder Erdenklumpen aufhebe und ansehe, so sehe ich das Obere und das Untere, ja die ganze Welt darinnen, nur daß an einem jeden Dinge etwa eine Eigenschaft die größte ist, darnach es auch genennet wird. Die anderen Eigenschaften liegen alle miteinander auch darinnen, allein in unterschiedlichen Graden und

Centris und sind doch alle Grade und Centra nur ein einiges Centrum. Es ist nur eine einige Wurzel, daraus alles herkommt. [419]

Jakob Böhme

Die Schöpfung oder ganze Kreation ist anders nichts als eine Offenbarung des allwesenden, ungründlichen Gottes. Alles, was er in seiner ewigen unanfänglichen Gebärung und Regiment ist, dessen ist auch die Schöpfung, aber nicht in der Allmacht und Kraft, sondern als ein Apfel auf dem Baume wächset, der ist nicht der Baum selber, sondern wächset aus der Kraft des Baumes. Also sind alle Dinge aus göttlicher Begierde entsprungen und in ein Wesen geschaffen worden, da am Anfange kein Wesen dazu vorhanden war, sondern nur dasselbe Mysterium der ewigen Gebärung, in welchem eine ewige Vollkommenheit ist gewesen.

Denn Gott hat nicht die Kreation erboren, daß er dadurch vollkommener würde, sondern zu seiner Selbst-Offenbarung, als zur großen Freude und Herrlichkeit. Nicht daß solche Freude erst mit der Kreation habe angefangen; nein, sie ist von Ewigkeit im großen Mysterio gewesen, aber nur als ein geistlich Spiel in sich selber. Die Kreation oder Schöpfung ist dasselbe Spiel aus sich selber, als ein Model (Form) oder Werkzeug des ewigen Geistes, mit welchem er spielet. Und ist eben als eine große Harmonie vielerlei Lautenspiels, welche alle in eine Harmonie gerichtet ist. [420]

Jakob Böhme

Die Ros' ist ohn' warum, sie blühet, weil sie blühet.
Sie acht' nicht ihrer selbst, fragt nicht, ob man sie siehet. [421]

Angelus Silesius

Eingedenk dessen, daß alle Geschöpfe ihren letzten Ursprung in Gott haben, war er [Franziskus] von überschwenglicher Liebe zu ihnen erfüllt. Auch die kleinsten Geschöpfe nannte er deshalb ›Bruder‹ und ›Schwester‹, wußte er doch, daß sie mit ihm den gleichen Ursprung hatten.

Doch liebte er jene Dinge mit besonderer Innigkeit und Zärtlichkeit, die durch ihre natürlichen Eigenschaften oder durch die Aussage der Heiligen Schrift Christi Sanftmut versinnbilden. [422]

FRANZ VON ASSISI

Wir, die mit ihm zusammengelebt haben, haben gesehen, wie er sich innerlich und äußerlich über alle Geschöpfe freute. Sogar so, daß, wenn er sie berührte oder sah, sein Geist nicht mehr auf der Erde, sondern im Himmel zu sein schien. Wegen der großen Tröstung, die er von den Geschöpfen empfangen hatte und empfing, verfaßte er kurz vor seinem Tod den Lobgesang seines Herrn in seinen Geschöpfen, um die Herzen derer, die dies hören würden, anzuspornen, Gott zu loben und um den Herrn zu loben in seinen Geschöpfen. [423]

FRANZ VON ASSISI

Hier beginnt das Loblied der Geschöpfe, das der selige Franziskus zum Lob und zur Ehre Gottes verfaßte, als er krank war in San Damiano.

Du höchster, allvermögender, guter Herr,
Dein sind die Preisungen, die Herrlichkeit,
und die Ehre und jegliche Benedeiung.
Dir allein, Höchster, kommen sie zu,
und kein Mensch ist würdig, Dich zu nennen.
Gelobt seist Du, mein Herr, mit allen Deinen Geschöpfen,
besonders mit meinem Herrn,
dem großen Bruder Sonne,

welcher der Tag ist und uns erhellt durch sich selbst.
Und schön ist er und strahlend mit großem Glanz;
von Dir, Höchster, trägt er das Sinnbild.
Gelobt seist Du, mein Herr,
durch Schwester Mond und die Sterne,
am Himmel hast Du sie gebildet:
klar und kostbar und schön.
Gelobt seist Du, mein Herr,
durch Bruder Wind –
und durch die Luft und bewölktes und
klares und alles Wetter –,
durch den Du Deinen Geschöpfen gibst den Unterhalt.
Gelobt seist Du, mein Herr,
durch Schwester Wasser,
die ist sehr brauchbar und demütig
und kostbar und keusch.
Gelobt seist Du, mein Herr,
durch Bruder Feuer,
durch den Du erleuchtest die Nacht,
und er ist schön und fröhlich und kräftig und stark.
Gelobt seist Du, mein Herr,
durch unsere Schwester Mutter Erde,
die uns ernährt und versorgt,
und vielartige Früchte hervorbringt,
mit vielfarbenen Blumen und Grün.
Gelobt seist Du, mein Herr, durch jene,
die verzeihen aus Liebe zu Dir
und ertragen Krankheit und Trübsal.
Selig jene, die solches ertragen in Frieden,
denn von Dir, Höchster, werden einst sie gekrönt.
Gelobt seist Du, mein Herr, durch unsere
Schwester leiblicher Tod,
welcher kein lebender Mensch kann entrinnen.

Weh denen, die sterben in Sünde-zum-Tode:
Selig jene, die erfunden sind in Deinem heiligsten Willen
denn der zweite Tod wird ihnen kein Böses tun.
Lobet und preist meinen Herrn,
und danket und dienet Ihm mit großer Demut! [424]
FRANZ VON ASSISI

Ich lasse Dich nicht Du segnest mich denn
Ich lobpreise ich lobsinge
Ich lobe Dich in Deinen Monden in Deinen
schmalen wiegenden messingfarbenen Monden
die meine Nacht klar machen
Ich lobe Dich ich preise Dich in Deinen
Sonnen die übereinanderwogen in Deinen
dürstenden Horizonten
Ich preise Dich in Deinen Wiesen in Deinen
süßen unberührten wehenden Wiesen in Deinen
purpurnen Augustwiesen
Ich lobsinge Dir in Deinem flammenden Wald
in Deinem Wald über ihm die wandernden
leichten damastenen Wolken
Ich bete Dich an in allen Deinen Geschöpfen
in Deinen flüchtigen hellen ängstlichen blinden
einsamen holden Geschöpfen [425]
FRIEDERIKE MAYRÖCKER

Wenn ich mit dem Herzen zu beten begann, so stellte sich mir die ganze
Umgebung in entzückender Gestalt dar: Die Bäume, die Gräser, die
Vögel, die Erde, die Luft, das Licht, alles schien gleichsam zu mir zu sprechen, daß es für den Menschen da wäre, die Liebe Gottes zum Menschen
bezeuge, und alles betete, alles war voller Lobpreisungen Gottes. Und da

verstand ich, was in der Philokalie mit dem Worte gemeint ist: ›Die Sprache der Kreatur verstehen‹. Und ich sah den Weg, den man zu beschreiten hat, um mit Gottes Geschöpfen Zwiesprache zu führen. [426]

AUFRICHTIGE ERZÄHLUNGEN EINES RUSSISCHEN PILGERS

Ich habe von einigen gehört, man könne nicht beständige Tugend erlangen ohne Aufbruch in die Ferne und Flucht in die Einöde. Es verwunderte mich, daß ihnen das Unbegrenzte auf einen Ort beschränkt schien. Beständige Tugend ist ja Wiederherstellung der Seelenkräfte im früheren Adel und Sammlung wesentlicher Tugenden zu naturgemäßem Wirken. Sie wird uns nicht von außen als etwas Fremdes zuteil, sondern erwächst uns naturhaft, nach geistiger, göttlicher Empfindung. Durch sie und mit ihr bewegt, werden wir ins Himmelreich eingeführt, das nach dem Herrenwort in uns ist (vgl. Lukas 17,21). So betreten wir jenseits der Einöde das erhabene Reich durch Buße und vollkommene Erfüllung göttlicher Gebote, die überall unter Gottes Herrschaft möglich ist, wie der göttliche David bezeugt: »Du, meine Seele, preise den Herrn an jedem Ort seiner Herrschaft« (Psalm 103,22). [427]

NIKETAS STETHATOS

In allgemeiner Weise darf man sagen, wenn es während der ersten Jahrhunderte der Kirche das vorherrschende Anliegen der Theologie war, die Stellung Christi in bezug auf die Trinität intellektuell und mystisch zu bestimmen, so ist in unseren Tagen für sie folgendes von vitalem Interesse geworden: die Existenz- und Einflußbeziehungen zu analysieren und zu präzisieren, die Christus und das Universum verbinden. [...]

Was geschieht, wenn der Christus-Universalis[1] den Platz des Punktes Omega[2] einnimmt und seine Funktion erfüllt? Dann verbreitet sich

1 Christus als Zentrum und Motor der Evolution.
2 Höhepunkt und Zielpunkt der Evolution.

von oben bis unten und durch den ganzen Querschnitt der kosmischen Schichten ein warmes Licht, das aus der Tiefe der Dinge aufsteigt. Da die Kosmogenese sich, wie wir gesagt haben, zur Christogenese wandelt, personalisiert sich der Stoff, der Fluß, das Sein selbst der Welt. Ein Jemand ist im Universum im Werden, und nicht mehr nur ein Etwas. – Glauben, Dienen, das war nicht genug: Jetzt wird es nicht nur möglich, sondern Gebot, die Evolution (buchstäblich) zu lieben. [428]

PIERRE TEILHARD DE CHARDIN

Gott in und durch das in Evolution befindliche Universum hindurch lieben: unmöglich, sich eine Aktionsformel von konstruktiverer, vollständigerer, mitreißenderer, auf jeden Fall genauerer Wirkung vorzustellen, die dennoch für alle unvorhersehbaren Erfordernisse der Zukunft offen ist. Eine theoretische Aktionsformel, so sage ich mit Bedacht. Mehr aber noch eine heute lebendige neue Mystik, in der sich unwiderstehlich in jedem modernen Bewußtsein, unter dem christlichen Zeichen, die beiden Grundanziehungen verbinden wollen, die bisher das menschliche Anbetungsvermögen so schmerzlich zwischen dem Himmel und der Erde, zwischen der Theo- und der Anthropozentrik hin und her rissen und vierteilten.

Von einem allgemeinen psychologischen Standpunkt aus betrachtet, stellt diese neue Haltung zugleich den komplexesten und den aufs höchste in sich geeinten Zustand dar, bis zu dem sich das menschliche Bewußtsein historisch bisher zu erheben vermochte. Es ist ersichtlich, in welcher anderen Richtung sich dieses Bewußtsein weiterhin noch höher in sich zentrieren könnte. Im ›Akt der Super-Liebe‹ erweisen sich nämlich alle möglichen Formen des Einsehens und des Wollens von vornherein als unendlich sublimierbar, synthetisierbar und, wenn ich so sagen darf, ›amorisierbar‹. Deswegen erscheint die Liebe durchaus als die höhere und einzige Form, in deren Richtung alle anderen Arten geistiger Energien, indem sie sich transformieren, konvergieren – wie man in einem nach dem Grundplan und durch die Kräfte der Vereinigung konstruierten Universum erwarten durfte. [429]

PIERRE TEILHARD DE CHARDIN

In einer Welt, deren Formel ›zur Personalisation durch die Vereinigung‹ lautet, nehmen die Kräfte der Liebe, das ist evident, einen vorrangigen Platz ein – denn die Liebe ist gerade eben das Band, das die Personen einander nähert und vereint ...

Wahrlich an der Oberfläche der sich zusammenziehenden Noosphäre erhitzt sich nicht nur eine kleine Gruppe privilegierter Zusammenhänge, sondern die Totalität der zwischenmenschlichen Beziehungen. Und damit emergiert hier die Liebe in die Fülle ihrer kosmischen Rolle ...

In einem Universum zentro-komplexer Struktur ist die Liebe wesentlich nichts anderes als die der Kosmogenese eigene Energie.

Und deshalb erweist sie sich allein unter allen Energien der Welt als fähig, die kosmische Personalisation, die Frucht der Zentrogenese, bis an ihr Ziel voranzutreiben. Die Vereinigung, sagten wir, personalisiert. Allerdings nur, vergessen wir das nicht, unter einer Bedingung: daß nämlich die von ihr gruppierten Zentren sich einander nicht auf irgendeine Weise (gezwungen oder auf indirekte Weise) annähern – sondern spontan, von Zentrum zu Zentrum – das heißt, indem sie sich lieben.

Letzten Endes vermag allein, dank ihrem spezifischen und einzigartigen Vermögen, ›die Komplexe zu personalisieren‹, die Liebe dieses Wunder zu bewirken, den Menschen durch die Kräfte und mittels der Kräfte der Kollektivisation zu überhumanisieren; und sie allein kann ihm im Laufe einer noch entscheidenderen Phase den Zugang zu Omega[1] eröffnen. [430]

PIERRE TEILHARD DE CHARDIN

---

1 Höhepunkt und Zielpunkt der Evolution.

Aber manchmal
Rufen die Sterne mich an:
Stoß ab mein Nachen,
Kleines Raumschiff der Seele,
Wir fahren zum Himmel!
Arme dumpfe Rakete,
Von blinden Händen
Lärmend emporgesprengt:
Was suchst du droben?
Wen es ins All verlangt
Braucht eigene Flügel!
Sieh, schon verdämmert der Strand
Der traulichen Erde,
Planeten kreisen
Um die Kaiserin Sonne,
Lichtjahre schweben
Wie flüchtige Schmetterlinge
Über den Fluren der Nacht –
Im Sternengestöber
Erblindet der irdische Blick –
Geh unter, geh unter
Kleines Raumschiff der Seele!
Nur Untergegangene
Dürfen beim Ewigen landen –
Wer die Unendlichkeit liebt
Kommt niemals wieder. [431]

Gertrud von le Fort

Ich sah den Kosmos funktionieren, wie eine fünfdimensionale Geometrie, nicht statisch, sondern dynamisch, mit den drei Dimensionen des Raumes, der der Zeit als vierter, und auch eine fünfte Dimension, die konstruktive, zusammenhaltende Dimension, das innerste Mysterium des Universums, die Liebe. Ich sah auch diese Liebe als Ströme von Lichtpartikeln, die sich spiralförmig verbreiteten und die ganze Schöpfung durchdrangen wie eine Kettenreaktion von gewaltigen Pulsschlägen, wie ein kosmischer Atmungsprozeß. [432]

ANONYM

Die Liebe
Paul Menting

Gott hat die Welt und alles, was da ist, aus Liebe erschaffen; seine Liebe ging schon zu den Menschen aus, als ihre Liebe noch nicht erwacht war. Gott ist ein Gott der Liebe und die Bibel das Buch, das die Liebesgeschichte mit Gott erzählt.

Grundprinzip des Alten wie auch des Neuen Testamentes ist die unerschöpfliche göttliche Liebe, die sich bedingungslos und uneigennützig verschenkt. Wenn diese Liebe vom Menschen erkannt wird, bewegt sie ihn ebenfalls zur Liebe. Doch was das bedeutet, wird nirgends systematisch zusammengefaßt: Die menschliche Liebesantwort findet sich vielmehr verstreut über die vielen Bücher der Bibel in verschiedenen Ausformungen. Zwar darf man für das Christentum wohl das Doppelgebot der Liebe (Matthäus 22,37-39) als Ausgangspunkt nehmen, doch muß man sicherlich das Gebot der Feindesliebe (Lukas 6,27-35) und Jesu Erklärungen zum Begriff des Nächsten (Lukas 10,29-37) sowie die Bergpredigt (Matthäus 5,1 – 7,29) mitbedenken, um einen einigermaßen vollständigen Eindruck der christlichen Liebesvorstellung zu bekommen.

Des weiteren gibt Paulus Auskunft über die Liebe zu den Brüdern und Schwestern der christlichen Gemeinschaft (Galater 5,13f) sowie die Liebe des Seelsorges zu seiner Gemeinde (1 Thessalonicher 2,7) und die Liebe zwischen Mann und Frau (Epheser 5,25-33).

Das gesamte Johannesevangelium und die Johannesbriefe sind getränkt von Liebeserfahrungen und zeigen viele Einzelheiten des Liebesbundes, den Gott mit den Menschen geschlossen hat. In Jesus Christus, Gottes geliebtem Sohn (Markus 1,11), verdichtet sich die menschliche Gegenliebe auf einzigartige Weise und bekommt den Anspruch einer universalen Heilsbotschaft. In dem harmonischen Bild seiner Person wird eine gleichgewichtige Liebe zu Gott, zum Nächsten (auch zum Feind) und zu sich selbst gezeichnet, in dem die zentralen biblischen Gebote zu einer Einheit zusammengeschmiedet sind: »Du sollst den Herrn, deinen Gott, lieben mit ganzem Herzen, mit ganzer Seele und mit ganzer Kraft« (Deuteronomium 6,5). »Du sollst deinen Nächsten lieben wie dich selbst« (Leviticus 19,18). »Liebt eure Feinde und betet für die, die euch verfolgen« (Matthäus 5,44). Gottesliebe (Römer 5,5-8) inspiriert zur Nächstenliebe (1 Johannes 4,8-21), aber auch zur Selbstliebe und Feindesliebe und diese wiederum zur tieferen Gottesliebe (Römer 13,8-10), so daß, wenn eine Liebe wächst, die andere mitwächst, und die eine Liebe die andere weiterbringt.

Ein solcher Liebesbegriff umfaßt alle Bereiche des Lebens. Nichts wird ausgeklammert. Liebe ist offen für alles, was einem begegnet, alles, was geschieht, alles, was da ist.

Wahre Liebe ist nicht selektiv, sie stellt keine Bedingungen und fordert keine Gegengaben. Sie läßt sich nicht pädagogisch, moralisch oder caritativ verzwecken, sie läßt sich nicht planen, nicht organisieren oder produzieren. Sie ist der absichtslose, schöpferische Raum, der gratis und ohne Vorbehalt Leben schenkt und bewahrt.

Liebe geht von einer Sehnsucht des ganzen Menschen aus, sie findet zu einer alles in sich einenden Bewegung und mündet, wenn die Kunst des rechten Liebens verstanden wird, in den befreienden Genuß des Geliebten.

(1) Liebe beginnt mit *Sehnsucht*. Wer einen anderen wirklich liebt, erfährt sich selbst als begehrendes Wesen, als einen, der seinen Hunger und Durst nicht mehr selbst stillen kann (Psalm 42,2f). Die Sehnsucht nach dem Geliebten hat für uns zwei Gesichter: Man kann sie genießen, wenn man den Geliebten bei sich hat, aber sie wird nahezu unerträglich, wenn die Begegnung mit dem Geliebten ausbleibt (vgl. Hohelied).

Die Sehnsucht ist die Kraft, die den Menschen aus dem Kreisen um sich selbst hinausführt und den Weg in die Begegnung mit einem andern weist. Die Mystiker beschreiben, wie ihre Sehnsucht größer wird, wenn sie ihrem geliebten Gott näher kommen, und wie sich ihr Verlangen in den Momenten der unmittelbaren Berührung zu einem sie selbst völlig verzehrenden Feuer steigert. Nicht das Auslöschen der Sehnsucht, sondern gerade ihr Auflodern zu einem intensiven inneren Brand bringt dem Liebenden Erfüllung. Sehnsucht wird erfüllt, wenn die Liebe den Liebenden in sich verschlingt, und nichts anders mehr bleibt als die Gegenwart einer alles umfassenden Liebe. Die Sehnsucht ist also die Kraft, die den Menschen aus einer selbstgenügsamen Existenzweise wegzieht und wie Abraham in ein neues Leben hineinstellt: in den lebendigen Liebesaustausch mit einem Du.

Auch Gott sehnt sich nach seinen geliebten Menschen und sucht Gelegenheiten, ihnen in Liebe zu begegnen. Er tut dies auf sehr feinfühlige, zärtliche Weise, indem er seine Berührung abstimmt auf den jeweiligen Menschen. Doch kann er sich selbst nicht verleugnen: Er ist pure Liebe (1 Johannes 4,16) und kann nicht anders, als in purer Liebe zu begegnen, maßlos über alle Erwartungen und Wünsche hinaus. Darum ist jede Erfahrung von Gottesliebe überwältigend: Sie übertrifft die menschlich begrenzten Möglichkeiten, zu lieben und Liebe zu empfangen.

Sprachlos erkennt der Mensch, daß er die göttliche Liebe nicht mit gleicher Münze vergüten kann. Seine Sehnsucht wächst und reißt ihn über sich selbst hinaus, in einer je größeren Liebe weiter fort. In einer Spiralbewegung sich dehnender Liebe und sich dehnender Sehnsucht wird der Mensch schließlich an einen Ort entführt, wo der übliche Fixpunkt des Ego für immer verloren ist und er nichts mehr weiß und nichts mehr kennt als die totale Gabe göttlicher Liebe, die sich ihm in einer sich unendlich ausspannenden Sehnsucht offenbart.

(2) Die Liebe sammelt alles ein, ist die *Einheit von allem und allen.* Die Liebe entspringt aus Gott, der die Quelle aller Liebe ist, und sie strömt, zur Einheit gekommen, in Gott zurück. Gerade in dieser Bewegung von Gott zu Gott schließt sie alles in sich ein. Die Liebe ist das Band, das alles zusammenhält (Kolosser 3,14).

Die Liebe zerfällt dann nicht länger in eine Vielzahl auseinander-driftender Neigungen, die sich auf die diversen Dinge, Menschen und Möglichkeiten verteilen, verläuft sich nicht länger in vordergründigen Genüssen, die schnell an ihr natürliches Ende kommen. Sie ist eins geworden mit ihrem Ursprung und Ziel und in dieser eindeutigen Orientierung zu einer vitalen Kraft aufgeblüht, die den Menschen neu macht in der Einung der Liebe.

Der mystische Mensch ist eingeladen, für immer an der göttlichen Liebe teilzunehmen:»Bleibt in meiner Liebe!« (Johannes 15,9). Aber ebenso wie die Liebe Gottes nicht in sich eingeschlossen bleibt, son-dern ausgeht zu allen Geschöpfen, so geht auch die Liebe des Men-schen aus zu den Geschöpfen und umgibt sie mit Aufmerksamkeit und Sorge.

Der Mensch ist geschaffen aus Liebe und für die Liebe, befreit aus Liebe und für die Liebe (Römer 5,8). Schon als kleines Kind hat er durch die Liebe, die ihm von anderen entgegengebracht wurde, zu lie-ben gelernt, zunächst indem er die Liebe seiner Eltern und Begleiter immitiert und auf sich selbst richtet, später auch indem er Liebe mit Gegenliebe beantwortet. Dieser Lernprozeß steht anfangs im Dienste des Selbsterhaltungstriebes, mit dem der Mensch für sich selbst eine sichere und stabile Position bewerkstelligen möchte. Die Nächstenliebe ist in dieser Phase im Grunde ebenfalls eine subtile Form der Selbst-liebe, denn sie geschieht weniger um des anderen willen als vielmehr um des eigenen Ego willen. Später kann der Mensch unabhängig von dieser natürlichen egozentrischen Liebespraxis zu einer erwachsenen Liebe finden, wenn er selbst so intensiv teilhat am Leben göttlicher Liebe, daß er es nicht mehr nötig hat, ständig auf eine Bestätigung und Verstärkung seines Ego aus zu sein. Mit einer Liebe, die nackt ist, die keine Bedingungen mehr stellt und sich von keiner Bezahlung abhängig macht, liebt der Mensch dann wie Gott liebt. Es ist eine Liebe, von der der Mensch nichts mehr weiß, die sein Verstand nicht begreift und seine Sinnlichkeit nicht fühlt: selbstvergessen, uneigennützig, mild, freund-lich, wohlgemut, verwegen, furchtlos, Reichtümer verschenkend ...

Es gibt dann keinen Unterschied mehr zwischen der Liebe zu Gott und der Liebe zu einem andern, zum Partner, zum Nächsten, zum Feind, oder der Liebe zu sich selbst – alles ist in einem einzigen Strom von Liebe zusammengekommen und eine Bewegung des ganzen Herzens, der ganzen Seele und der ganzen Kraft geworden. Und diese Liebe ist eine Liebe für immer: »Mit ewiger Liebe habe ich dich geliebt« (Jeremia 31,3), und: »Die Liebe hört niemals auf« (1 Korinther 13,8).

(3) Die *Kunst des rechten Liebens* muß man erlernen. Allerdings erlernt man die Liebe nicht, wie man eine Technik erlernt oder Daten und Strukturen zu erkennen und zu manipulieren lernt.

Das Instrument der Liebe sind wir selbst, und wir lernen zu lieben, wenn der Meister der Liebe, Christus (Johannes 13,13), uns dieses Instrument in die Hand legt und zeigt, wie wir es gebrauchen müssen (Johannes 13,15). Gott selbst übt mit uns die Fertigkeiten dieser Kunst, indem er uns von allen Seiten umgibt und auf sich konzentriert.

Lieben geschieht mit allen Fähigkeiten und Talenten, jedoch ohne eine bestimmte Weise, die man zu einem menschlich beherrschbaren Verfahren entwickeln könnte. Sie geschieht in einem Befreiungsprozeß von allen vorgewußten Inhalten und allen machbaren Handlungen, in denen wir nur uns selbst finden. Sie geschieht in einer selbstvergessenen Hingabe an diese schöpferische Kraft unseres Meisters, in einem Loslassen alles Eigenen (Philipper 2,7f), in einer neuen Geburt aus der Liebe, die uns sanft umfängt.

Wer die Kunst der Liebe erlernt hat, hat alles verloren, was er für sich selbst besaß: alle Dinge, auch sich selbst (Matthäus 10,39). Und indem er ganz und gar Instrument göttlicher Liebeskunst geworden ist, berührt und betrachtet er alles, die Dinge und auch sich selbst, nur noch wie Gott berührt und betrachtet: in freigebiger, toleranter Liebe. Auf diese Weise empfängt er alles, die Dinge und sich selbst, von Gott zurück, um gemeinsam mit Gott in Liebe zu vollenden, was der Liebe bedarf.

Vollendet und vollkommen ist die Liebe dann, wenn sie ganz vergöttlicht ist; das heißt, daß Gott in zwei einander Liebenden seine eigene Liebe berührt und betrachtet. Das ist der Fall in der Freundschaft, in der der eine den anderen mit den Augen der Liebe anschaut und ihn/sie bei sich zuläßt wie sein zweites Ich, so daß in beiden Gott mit Gott verbunden wird und beide ein gemeinsames Leben gegenseitiger göttlicher Liebe genießen können.

(4) Immer dann, wenn Liebe auf Liebe trifft, *genießt* die eine Liebe die andere und umgekehrt; wo die Liebe der Liebe begegnet, *spielen* beide miteinander fröhlich und selbstvergessen ihr liebevolles Spiel. Nach den Spielregeln der Liebe kann man sie nicht genießen, wenn man am Rande stehenbleibt und zuschaut. Nur wer selbst an diesem Spiel teilnimmt und sich in ihm verliert wie ein Kind, kann es auskosten. Anknüpfungspunkt für die Mystiker ist der spielerisch heitere Umgang, den Menschen miteinander pflegen, die sich lieben. Der Vater oder die Mutter spielen mit dem Kind, zwei Verliebte spielen miteinander.

Im klassischen Theaterspiel der Griechen entstand zwischen den Schauspielern dadurch ein Spiel, daß sie füreinander, in Form einer Maske, ein bestimmtes Gesicht bekamen und damit zu bestimmten Personen wurden. Auch im Liebesspiel zwischen Gott und Mensch bekommen beide füreinander ein Gesicht: Gott ist z. B. Vater (2 Korinther 6,18) oder Mutter (Jesaja 66,12f) und der Mensch das Kind. Dann wieder ist Gott der Hirte (Johannes 10,11) oder der König (Psalm 5,3) und der Mensch sein Schützling. Manchmal ist Gott auch der Bräutigam (Jesaja 62,5) und der Mensch die Braut; beide schauen sich an, erkennen sich als Partner in diesem Spiel und spielen miteinander, solange es ihnen gefällt.

Eine altbewährte Textvorlage des erwachsenen Liebesspiels ist das biblische Hohelied. Es inszeniert das Liebesspiel zwischen Bräutigam und Braut in vielen kurzen Akten: Leicht und frisch und ständig neu ist dieses Spiel. Es unterliegt keinem Verschleiß, wird nicht langweilig:

In jedem Moment entdeckt der göttliche Bräutigam neue Aspekte in der menschlichen Braut, die er ansprechen kann mit seiner Liebe. So wird der Mensch allmählich umgesetzt in ein Liebeswesen, das bei Gott immer mehr Spielraum bekommt.

Obwohl Gott ein geistiges Wesen ist, spricht er nicht nur den Geist des Menschen an, sondern auch seinen Körper. Gott liebt uns ganz, mit Körper und Geist, umhegt und erfüllt uns ganz. Wenn Mystiker in körperlicher oder irdischer Terminologie sprechen, so ist das nicht nur Bildsprache, sondern betrifft auch die Wirklichkeit, die der Mensch in seiner körperlich-geistigen Existenz erfährt. Gottes Liebe ist nicht dürr, nicht schal, nicht ein Höhepunkt asketischer Anstrengung, sondern vor allem ausgelassenes, lyrisches Spiel, ein Genuß für den ganzen Menschen.

Zusammenfassend können wir sagen, daß das christliche Konzept der Liebe nicht vom Menschenhirn erdacht ist und sich folglich auch in keine Systematik fangen läßt. Die Liebe hat ihre eigene, für den menschlichen Verstand widerspenstige Logik. Aber auch die menschlichen Emotionen ermessen die Liebe nicht, wie empfindsam und gefühlvoll jemand auch sein mag.

Die Sehnsucht nach dem Geliebten

Ganz auf Gott gerichtete liebende Sehnsucht
verbindet die Liebenden mit Gott und untereinander. [433]

THALASSIOS DER LIBYER

Komm, den meine arme Seele verlangt hat und verlangt. Komm, Einsamer, zum Einsamen; denn einsam bin ich, wie du siehst. Komm, der du mich abgesondert und einsam auf Erden gemacht hast. Komm, der du mein Verlangen geworden bist, und der du gemacht hast, daß ich dich verlange, dem zuzustreben niemand vermag. Komm, mein Atem und mein Leben. Komm, Trost meiner Seele. Komm, Jubel und Herrlichkeit, und mein beständiges Ergötzen. Ich sage dir Dank, da du mit mir ohne Vermischung, Umwandlung und Eintauschung ein Geist geworden bist, und der du Gott über allem bist, mir alles in allem geworden bist. Unerklärliche Speise, die unmöglich verzehrt werden kann, und die den Lippen meiner Seele sich unablässig eingießt und in der Quelle meines Herzens übervoll strömt. Blitzendes Gewand, das die Dämonen versengt. Heimsuchung, die mich reinigt durch die steten und heiligen Tränen, die deine Gegenwart denen spendet, zu denen du kommst. Ich sage dir Dank, weil du mir ein Tag ohne Abend geworden bist und eine Sonne ohne Untergang. [434]

SYMEON DER NEUE THEOLOGE

Groß bist du, o Herr, und hoch zu preisen, groß ist deine Kraft und unermeßlich deine Weisheit. Und preisen will dich ein Mensch, der doch nur ein Stücklein ist deiner Kreatur, ein Mensch, der einhergeht unter dem Druck seiner Sterblichkeit, dem Zeugnis seiner Sünde, dem Zeugnis, daß du den Hochmütigen widerstehst. Und doch, preisen will dich ein Mensch, dies Stücklein deiner Kreatur. Du selbst aber gibst den Antrieb; so beglückt es ihn, dich zu preisen. Denn zu ihr hin hast du uns geschaffen, und unruhig ist unser Herz, bis es ruhet in dir. [435]

AURELIUS AUGUSTINUS

Wenn die Höhlen der Seelenvermögen nicht leer und geläutert sind und nicht frei von jeder Hinneigung zu Geschaffenem, dann fühlen sie nicht die große Leere ihrer tiefen Fassungskraft ...

Die erste Höhle, über die wir hier sprechen, ist das Erkenntnisvermögen. Seine Leere ist der Durst nach Gott. Wenn das Erkenntnisvermögen zum Dürsten geeignet gemacht wurde, ist der Durst so groß, daß David ihn mit dem Durst des Hirsches vergleicht ...

Die zweite Höhle ist das Empfindungsvermögen, und seine Leere ist ein großer Hunger nach Gott, der die Seele ohnmächtig macht ...

Die dritte Höhle ist das Erinnerungsvermögen, und seine Leere ist ein Vertilgtwerden und Zerschmolzenwerden der Seele, um in den Besitz Gottes zu gelangen ...

Tief ist die Fassungskraft dieser Höhlen, denn das, was in ihnen aufgenommen werden kann, Gott selber, ist tief und unendlich. So ist auch ihre Fassungskraft in gewisser Weise unendlich, ihr Durst ist unendlich, und auch ihr Hunger ist tief und unendlich. [436]

JOHANNES VOM KREUZ

Wenn Gott etwas an mir liegt, küsse er mich dann mit dem Kuß seines Mundes (Hohelied 1,1). Nein, ich bin nicht undankbar, aber ich liebe. Ich gebe zu: Ich habe schon mehr empfangen, als ich verdiene, doch weit weniger, als ich verlange. Die Sehnsucht reißt mich fort, nicht die Vernunft. Sprecht doch nicht von Anmaßung, wenn mich mein Zugetan-Sein drängt. Es ist wahr: Die Scheu will widersprechen, aber die Liebe ist stärker.

Ich weiß auch, daß es die Ehre des Königs ist, das gerechte Urteil zu lieben (Psalm 98,4); aber ungestüme Liebe wartet auf kein Urteil, wird durch keinen Rat gemäßigt, durch keine Scham gezügelt und der Vernunft nicht unterworfen. Ich bitte, ich flehe, ich dränge: »daß er mich küsse mit dem Kuß seines Mundes« (Hohelied 1,1). [437]

Bernhard von Clairvaux

1. Wo hast du dich verborgen,
Geliebter, und ließest mich mit Seufzern?
Wie ein Hirsch entflohst du,
hattest mich verletzt;
ich ging hinaus, schrie nach dir, doch du warst fort.

2. Hirten, wenn ihr dort geht
durch die Schafspferche zur Höhe,
wenn ihr ihn zufällig seht,
den ich am meisten liebe,
sagt ihm, daß ich krank bin, leide und sterbe.

3. Meine Liebe suchend
durchquere ich diese Berge und Auen;
noch pflücke ich die Blumen
noch fürchte ich die wilden Tiere,
und überschreiten werde ich Wehre und Grenzen.

Frage an die Geschöpfe:
4. O Wälder und Dickichte,
gepflanzt von der Hand des Geliebten!
O Wiese von Grün,
mit Blumen geschmückt!
Sagt. ob er durch euch hingegangen ist.

Antwort der Geschöpfe:
5. Tausend Liebreize verstreuend
ging er durch diese Wälder mit Ungestüm
und schaute sie beiläufig an,
mit seinem bloßen Erscheinen
ließ er sie in Schönheit gekleidet zurück.

Braut:
6. Ach, wer wird mich heilen können!
Gib dich nun endlich wirklich hin;
sende mir von jetzt an keine weiteren Boten:
denn sie wissen mir doch nicht zu sagen,
wonach ich verlange.

7. Und alle die herumlaufen
erzählen mir tausend Liebreize von dir,
und alle verwunden mich immer noch mehr,
und sterbend läßt mich zurück
ein ›ich-weiß-nicht-was‹, das sie unablässig stammeln.

8. Doch wie harrst du aus,
o Leben! nicht lebend, wo du lebst,
und machst, um zu sterben,
die Pfeile, die dich treffen,
von dem, was du vom Geliebten in dir empfängst?

9. Warum, da du es doch verwundet hast
dieses Herz, heilst du es nicht?
Und, da du es mir geraubt hast,
warum ließest du es so zurück
und nimmst die Beute nicht,
die du raubtest?

10. Dämpfe mein Unbehagen,
denn niemand genügt es zu vertilgen.
Und mögen meine Augen dich sehen,
denn du bist ihr Licht,
und für dich allein will ich sie haben.

11. Decke auf deine Gegenwart,
daß mich töte dein Anblick und deine Schönheit;
schau: das Leiden
von Liebe, daß es nicht genest,
außer in der Gegenwart und dem Erscheinen.

12. O kristallene Quelle,
wenn du in deinem silbrigen Mienenspiel
doch plötzlich formtest
die ersehnten Augen,
die ich in meinem Innern gezeichnet trage! [438]

JOHANNES VOM KREUZ

Wenn jemand von uns so sehr ein Mensch der Sehnsucht ist, daß er
begehrt, aufgelöst zu werden und bei Christus zu sein (Philipper 1,23)
und dies heftig begehrt, brennend danach dürstet und unablässig darauf
sinnt, dann wird dieser in der Zeit der Besuche das Wort wahrlich nicht
anders bei sich aufnehmen als in der Form des Bräutigams. In solchen
Augenblicken wird er fühlen, daß er von den Armen der Weisheit umfaßt
wird und die Zärtlichkeit der heiligen Liebe in ihn einfließt. Die Sehnsucht seines Herzens wird ihm erfüllt (Psalm 20,3) [...], jedoch nur teil-
weise und für einen Augenblick, einen sehr kurzen Augenblick. Denn hat
die Seele ihren Bräutigam mit Wachen und Flehen und einem Platzregen
von Tränen gesucht und endlich bei sich, dann entschwindet er plötzlich,
wenn man glaubt, ihn noch festzuhalten; und folgt man ihm wieder
unter Tränen, erscheint er, läßt sich ergreifen, aber nicht festhalten, bis er

ihren Händen plötzlich wiederum entschwindet. Bleibt die hingegebene Seele dann mit Bitten und Wehklagen andringen, kehrt er nochmal zurück und die Bitte ihrer Lippen wird nicht abgewiesen (Psalm 20,3). Aber dann wird er wiederum entschwinden und nicht mehr gesehen werden, wenn er nicht erneut mit aller Sehnsucht gesucht wird. [439]

BERNHARD VON CLAIRVAUX

So oft der Mensch in solcher Lauterkeit des Geistes, als sie nur hienieden möglich ist, seinen Gott wahrhaft kennen und fühlen will, jedoch fühlt, daß es nicht gelingt. [...] ebenso oft wird der Mensch fast wahnsinnig vor Kummer; so sehr, daß er weint und jammert, sich wehrt, flucht und sich verwünscht und, um es kurz zu sagen, vermeint, an sich selbst eine so schwere Last zu tragen, daß es ihm gleichgültig ist, was aus ihm wird, wenn nur Gottes Wille sich erfüllt. Und doch hat er inmitten dieses Kummers nicht das Verlangen, zu vergehen, denn das wäre teuflischer Wahnsinn und Gottes-Verachtung. Er ist sehr froh, daß er ist, und er gedenkt Gott sehr herzlich dafür zu danken, daß er ihm das Sein schenkte und ihn würdig befand. [440]

WOLKE DES NICHTWISSENS

Du mußt wissen, daß sich die Liebe Gottes zu den Menschen charakteristischer Weise so auswirkt, daß sie einerseits in sie hineingeht und kommt in liebevoller, erleuchtender und verschmelzender Ausstrahlung und sich andererseits aus ihnen zurückzieht und sie sozusagen schmachtend, dunkel und elend zurückläßt. Darum steht immer einem für sie guten und angenehmen Tag ein schlechter Tag voll Dunkelheit und Leid wegen der Abwesenheit ihres Bräutigams gegenüber. Wenn dir so die fühlbare und angenehme Hilfe deines geliebten Bräutigams geraubt und vorenthalten wird, grüble nicht darüber. [...] Die äußerste Armut des Geistes, Kreuz und Trostlosigkeit in der Zeit oder in Ewigkeit lassen diese Menschen völlig gleichmütig, ebenso wie das

Überströmen seiner Liebe, das fühlbares Licht in ihre sinnenhaften Kräfte oder in die höheren Kräfte des mehr in sich eingekehrten Menschen fließen läßt. In dieser Gleichmütigkeit und in nichts anderem besteht das glückselige Leben des Geistes, ganz und gar ruhig. Und so leben bedeutet heilig leben und tatsächlich sehr heilig sein. [...] Diese Menschen bleiben auf nackte Weise in Gott verliebt, über alle Sinne hinaus, über alles Schmecken hinaus und über alle Gaben dieser Liebe hinaus. Sie finden die Liebe in sich selbst unendlich wichtiger als alles, was sie ihnen von sich geben kann: Alles was Licht gibt, in Entzücken versetzt und gerade darin Wonnen schenkt, wie ich gesagt habe. [441]

JEAN DE SAINT-SAMSON

Du, ewige Dreifaltigkeit, bist ein abgründiges Meer: Je weiter ich in dich eindringe, um so mehr finde ich, und je mehr ich dich finde, um so mehr suche ich dich. Du verschaffst keine Sättigung, denn wenn sich die Seele in deinem Abgrund sättigt, ist sie nicht satt, da sie immerfort im Hunger nach dir verbleibt; sie dürstet nach dir, ewige Dreifaltigkeit, im Verlangen, dich im Lichte deines Lichtes zu sehen. [442]

KATHARINA VON SIENA,

Er will in dir leben und wohnen, und Er will selbst dein Leben sein, Gott und Mensch, und ganz dein sein, wenn du ganz Ihm gehören willst und in Ihm leben und wohnen willst als ein himmlischer göttlicher Mensch.

Und dies ist die Ordnung und die Art der ewigen Liebe, daß du von Ihm bist und nicht von dir selbst, und für Ihn lebst und nicht für dich selbst. Auf diese Weise war auch Er der deine und hat für dich gelebt und bleibt dein in Ewigkeit. [443]

JAN VAN RUUSBROEC

Du sollst wissen: Alles was du verlangen kannst und noch viel mehr, wird dir die Liebe geben ohne dein Zutun. Denn wenn du die wahrhafte göttliche Liebe hast, so hast du alles, wonach du verlangen kannst und das ist nichts anderes als immer und ewig ohne Aufhören Gott zu lieben. Und so sollst du aller Selbstbezogenheit sterben und die Liebe wird dein Leben sein. [444]

Jan van Ruusbroec

Denn die Liebe ist es doch, die geliebt wird, die aus der großen Fülle und der Natur ihrer Güte die Liebenden wie die Mitliebenden, die Frohen wie die Mitfrohen mit gleicher Gnade erfüllt, wenn auch in ungleichem Maße. Und je reichlicher sie sich in die Herzen der Liebenden ergießt, desto empfänglicher macht sie diese für sich, indem sie sättigt, aber ohne Überdruß, und in der Sättigung das Verlangen nicht mindert, sondern mehrt, aber unter Ausschluß jeglicher Angst und Not. [...] Zuhanden ist dem Sehnenden, was er ersehnt, und dem Liebenden, was er liebt. Und so geschieht es, daß der Sehnende es liebt, sich immer zu sehnen, und daß der Liebende immer sich sehnt, zu lieben. Und dem Sehnenden und Liebenden gibst Du, o Herr, das Ersehnte und Geliebte so überreich, daß weder Bangen den Sehnenden, noch Überdruß den Vollbeschenkten bedrückt. [445]

Wilhelm von Saint-Thierry

Wenn die arme Seele an den Hof kommt, ist sie verständig und von feiner Art. Voller Freude schaut sie ihren Gott an. Eia, wie liebevoll wird die empfangen. Sie schweigt und begehrt unermeßlich sein Lob. Da zeigt er ihr mit großem Verlangen sein göttlich Herz. Es gleicht dem roten Golde, das in einem großen Kohlenfeuer brennt. Und er legt sie in sein glühendes Herz hinein. Wenn sich der hohe Fürst und die geringe Magd so innig umarmen und vereint sind wie Wasser und Wein, dann wird sie zunichte und kommt von sich selbst. Sobald sie

nichts mehr vermag, ist er jedoch (aus Sehnsucht) liebeskrank nach ihr, wie er es von jeher war, weil er (in seinem ewigen Liebesdrang) weder zu- noch abnimmt. Dann spricht sie:
»Herr, Du bist mein Geliebter,
meine Sehnsucht,
mein fließender Brunnen,
meine Sonne,
und ich bin Dein Spiegel.« [446]

MECHTHILD VON MAGDEBURG

Ziele und Aufgaben haben heute fast alle Menschen, alles ist ungeheuer versachlicht, verdinglicht, aber wer leistet sich heute noch ein starkes persönliches Gefühl, eine wirkliche Sehnsucht, wer macht sich die Mühe und wer verschwendet seine Kraft darauf, die Sehnsucht in sich auszutragen, zu verarbeiten und ihre Früchte tragen zu lassen? [447]

DIETRICH BONHOEFFER

Die Liebe – alles in Einem und Eins in allem

Wer nun Gott liebhaben will oder soll, der hat alle Dinge lieb in dem einen als einem und alles und eins in allem als alles in einem. Und wer etwas liebhat, dies oder das, und zwar anders als in dem einen und wegen des einen, der hat Gott nicht lieb, denn er liebt etwas, das nicht Gott ist. [448]

THEOLOGIA DEUTSCH

Bezeichnen wir die Selbstliebe als den ersten Sabbat des Menschen, die Nächstenliebe als den zweiten, die Gottesliebe aber als den Sabbat der Sabbate. Der geistliche Sabbat besteht, wie ich weiter oben gesagt habe, in der Ruhe der Seele, im Frieden des Herzens und in der Stille des Geistes. Diesen Sabbat erfährt man manchmal in der Liebe zu sich selbst, bisweilen schöpft man ihn aus der Freude der brüderlichen Liebe, in der Gottesliebe aber wird er ohne Zweifel vollendet. Freilich muß man darauf achten, daß sich der Mensch selbst so liebt, wie es recht ist, den Nächsten wie sich selbst, Gott jedoch mehr als sich selbst. [...] Jetzt haben wir zu überlegen, daß es in dieser dreifachen Liebe zwar deutliche Unterschiede gibt, aber dennoch eine wunderbare Verbindung untereinander, so daß jede Form in allen und alle in jeder einzelnen zu finden sind, daß man nicht eine bestimmte Art ohne all die anderen haben kann und daß man alle aufgibt, wenn eine fehlt. Es liebt sich nämlich der nicht, der entweder den Nächsten oder Gott nicht liebt, noch liebt einer den Nächsten wie sich selbst, wenn er sich selbst nicht liebt. Der fehlenden Gottesliebe jedoch wird jeder überführt, der seinen Nächsten nicht liebt. ›Wer seinen Bruder nicht liebt, den er sieht, wie kann der Gott lieben, den er nicht sieht‹ (1 Johannes 4,20). [449]

AELRED VON RIEVAULX

Es ist notwendig, daß du, hinblickend auf das Abbild und Gleichnis der göttlichen Majestät in allen Menschen, so sehr alle insgesamt mit der Zärtlichkeit innerster Liebe umfassest und für sie alle, besonders aber die Schwachen und Bedürftigen jeglicher Art, Fürsorge tragest [...] gleichwie eine gute Mutter liebt und versorgt ihr einziges vor allen geliebtes Kind. [450]

BONAVENTURA

Die Liebe allein eint in Harmonie alles Geschaffene
mit Gott und miteinander. [451]

THALASSIOS DER LIBYER

Man muß einen Akt finden, der in seiner Einheit alles umfaßt. ›Laß
mich diesen Akt finden, mein Gott, diesen so umfassenden und doch
so einfachen Akt, der Dir alles übergibt, was ich bin, und mich mit
allem vereinigt, was Du bist.‹ Dieser vollkommenste Akt versetzt uns
sozusagen ganz in Tätigkeit für Gott. Er ist eine völlige Hingabe an
den rechten Geist, der dich innerlich und äußerlich unaufhörlich
erneuert, indem er dein ganzes Inneres mit Hingabe an Gott und dein
ganzes Äußeres mit Ehrfurcht und Bescheidenheit, mit Sanftmut,
Demut und Frieden erfüllt. [452]

JACQUES-BÉNIGNE BOSSUET

Ewige Güte, ich soll in Dir – so willst Du es –, schauen und betrachten,
daß Du mich liebst, und daß Du mich aus Gnade liebst, damit ich mit
derselben Liebe jedes vernunftbegabte Geschöpf liebe. Daher willst
Du, daß ich auch meinen Nächsten aus freier Zuneigung liebe und
ihm diene. Ich soll ihm nach Möglichkeit in seiner geistlichen und
leiblichen Not beispringen, ohne je auf eigenen Nutzen oder Gefallen
zu hoffen. Nach Deinem Willen darf ich mich auch von seiner Un-
dankbarkeit, seinen Nachstellungen oder den Schmähungen, die mir
von ihm widerfahren, nicht abschrecken lassen. [453]

KATHARINA VON SIENA

Das ist das Mittel, das ich euch gab, um die Tugend in euch zu üben
und zu erproben; da ihr mir eure Liebe nicht unmittelbar beweisen
könnt, so müßt ihr dem Nächsten Gutes tun. Das wird der Beweis
sein, daß meine Gnade in eurer Seele wohnt, wenn ihr für sein Heil

wirkt durch viel eifriges und frommes Gebet und in liebevollem Verlangen für meine Ehre und das Heil der Seelen zu wirken sucht. Niemals kann eine so in der Liebe zu mir entflammte Seele ermüden, sondern sie sehnt sich unaufhörlich, der ganzen Welt nützen zu dürfen, sowohl der Allgemeinheit wie auch dem einzelnen. [...] Sobald nun die Seele meine Liebe aufgenommen und an sich erfahren hat und dadurch auch sich selbst liebt, dann wirkt sich diese Liebe zum Heil der ganzen Welt aus, die ihrer so sehr bedarf... Gerade die zeitlichen Güter habe ich ganz ungleich verteilt und nicht jedem Menschen das zum Leben Notwendige geben wollen. Meine Absicht war dabei, euch so zu stellen, daß ihr notwendig einander in Liebe beistehen müßtet. Wäre es mir nicht ein Leichtes gewesen, alle Menschen mit dem Notwendigen auszustatten, dessen sie für Körper und Geist bedurft hätten? Doch wollte ich sie lieber voneinander abhängig machen, so daß sie als meine Verwalter über die ihnen von mir verliehenen Güter und Gaben zum Besten ihres Nächsten verfügen könnten. Denn ob ein Mensch will oder nicht, er kann niemals anders als durch die Nächstenliebe wirken. [454]

Katharina von Siena

Wer Gott liebt, der liebt seine Werke. Seine Werke sind edle Tugenden. Darum: Wer Gott liebt, liebt die Tugenden. Und diese Minne ist wahrhaft und voller Trost. Die Tugenden beweisen die Minne, nicht das Süße. Denn es kommt manchmal vor, daß ein Mensch, der weniger liebt, mehr Süße wahrnimmt. Nicht in dem Maße, in dem einer fühlt, ist die Minne in ihm, sondern in dem Maße, in dem er in den Tugenden sein Fundament hat und in der Nächstenliebe verwurzelt ist. [455]

Hadewijch

Die Gottesliebe und die Nächstenliebe küssen einander, und manchmal tanzen sie miteinander vor dem Thron der heiligen Dreieinigkeit einen schönen Tanz.

Die Gottesliebe und die Nächstenliebe sind nah beieinander, und wer sie von fern sieht und sich die Augen nicht gewaschen hat, dem erscheinen sie gleich. Wer aber noch einmal hinschaut, der sieht einen großen Unterschied:

Mit der Liebe zum Nächsten erfüllen wir das Gesetz, wenn wir in Gott und für Gott handeln. Mit der Gottesliebe erfüllen wir nicht nur das Gesetz, sondern darüber hinaus macht sie uns göttlich in Gott. [456]

MARIA MADDALENA DE PAZZI

Weinend sagte Franziskus eines Tages zum Herrn:
Ich liebe die Sonne und die Sterne
Ich liebe Klara und ihre Schwestern
Ich liebe das Herz der Menschen
und alle schönen Dinge
Herr
Du mußt mir verzeihen
Denn nur dich sollte ich lieben.

Lächelnd antwortet der Herr:
Ich liebe die Sonne und die Sterne
Ich liebe Klara und ihre Schwestern
Ich liebe das Herz der Menschen
und alle schönen Dinge
Mein Franziskus
Du mußt nicht weinen
Denn das alles liebe auch ich. [457]

KLARA UND FRANZISKUS

Seit meiner Kindheit habe ich dich [Petrus von Dacien, der Freund und Seelenführer Christinas] gekannt, dein Gesicht gesehen und deine Stimme gehört, dich mehr als alle Menschen geliebt. Immer mußte ich dich beim Gebet in meine Bitten miteinschließen. Als ich nun Gott inständig eine lange Zeit hindurch darum bat, mir zu zeigen, ob er die Ursache dieser Geschichte sei, wurde mir am Tag der hl. Agnes Sicherheit zuteil; denn bei der heiligen Kommunion wurde mir sichtbar ein Ring gegeben und in den Finger gezeichnet. [458]

CHRISTINA VON STOMMELN

Ich habe den [verurteilten Tuldo] besucht, von dem Ihr vernommen habt, und es stärkte und tröstete ihn so sehr, daß er beichtete und in guter Verfassung war. Er bat mich zu versprechen, daß ich, wenn die Zeit des Gerichts gekommen wäre, bei ihm sei. Ich versprach es ihm und habe es gehalten. Am Morgen vor dem Schall der Glocke begab ich mich zu ihm; und es schaffte ihm große Freude. Ich führte ihn zur Messe, und er empfing die heilige Kommunion, die er nie mehr empfangen hatte. Sein Wille war ergeben und unterworfen dem Willen Gottes, und es war ihm nur die Furcht geblieben, nicht stark zu sein im letzten Augenblick. Aber die unendliche Liebe Gottes täuschte ihn, indem sie ein großes Verlangen nach Gott in ihm erweckte, das ihn ganz erfüllte. Er sagte: »Bleibe bei mir und verlasse mich nicht, so sterbe ich zufrieden.« Und er stützte sein Haupt auf meine Brust. Da fühlte ich eine tiefe Freude und einen Geruch seines Blutes, und es war nicht ohne einen Geruch des meinen, das ich wünschte zu vergießen für den süßen Bräutigam Jesus. Und wie das Verlangen in mir wuchs und ich die Furcht fühlte, die ihn bewegte, sagte ich: »Mut! Mein süßer Bruder, denn bald werden wir bei der ewigen Hochzeit sein. Du wirst hinkommen, getaucht in das Blut des göttlichen Sohnes, mit dem süßen Namen Jesus, von dem ich nicht will, daß er je deinem Gedächtnis entfalle. Und ich werde dich am Richtplatz erwarten.« Nun denket Euch, Vater, daß jede Furcht aus seinem Herzen wich, und die Trauer seines Angesichtes verwandelte sich in Freude, und er frohlockte und sagte: »Woher kommt mir so große Gnade, daß die Wonne meiner Seele an der heiligen Stätte des Gerichtes mich erwarten will?« Seht, zu solchem Lichte war er gelangt, daß er die Stätte des Gerichts heilig nannte. Und er sagte: »Voll Kraft und Freude werde ich hingehen, und es scheinen mir tausend Jahre bis dahin, wenn ich denke, daß Ihr mich dort erwartet.« Und so süße Worte sprach er, daß es zum Bersten war, wie Gottes Güte in ihm zutage trat. Ich erwartete ihn also am Richtplatz und wartete dort in stetem Gebet und der Gegenwart von Maria und Katharina, der Jungfrau und Märtyrerin. Bevor er ankam, kniete ich mich selbst hin und legte den Hals auf den Block. Aber ich besann mich nicht, so erfüllt war ich von Liebe, und dringend betete ich und sagte: »Maria!« Denn dies war die Gnade, die ich verlangte, daß sie Licht und Frieden seinem Herzen gebe in diesem Augenblick und ihn seinem Ziel entgegenführe. Meine Seele war da so erfüllt von der holden Verheißung, die mir zuteil wurde, daß ich von dem vielen Volk, das umherstand, niemanden gesehen habe. Und er kam wie ein sanftmütiges Lamm, und als er mich sah, lächelte er und wollte, daß ich das Zeichen des Kreuzes über ihn mache. Und indem ich es tat, sagte ich: »Wohlan! Zur Hochzeit, mein süßer Bruder, denn bald wirst du zum ewigen Leben gelangt sein!« Er kniete nieder mit großer Sanftmut, und ich entblößte ihm den Hals und erinnerte ihn an das Blut des Lammes. Nichts anderes brachten seine Lippen hervor als: »Jesus und Caterina!« Und so empfing ich sein Haupt in meine Hände und sein Auge schloß sich in der göttlichen Güte mit den Worten: »Ich will.« Da sah ich, klar wie das Licht des Tages, den Gottmenschen, dessen geöffnete Seite das Blut aufnahm; und sein Blut war erfüllt von heiliger Sehnsucht, die er in seiner Seele barg und aus Gnade hingab. Und er nahm das Blut des Gerichteten im Feuer seiner göttlichen Gnade auf. Und wie er dessen Blut aufnahm, so nahm er auch die verlangende Seele und schloß sie ein in die offene Flasche seiner Seite, die von Barmherzigkeit erfüllt ist. [...] Er [Tuldo] aber starb eines süßen Todes, tausend Herzen mitfortzuziehen. Und ich wundere mich dessen nicht; denn er kostete schon die Süße Gottes. Er wandte sich – gleich einer Braut, die angekommen ist an der Schwelle ihres Bräutigams und den Blick und das Haupt zurückwendet, um die zu grüßen mit Zeichen des Dankes, die sie begleitet haben. Und wie er dahingeschieden war, ruhte meine Seele in so großem Frieden aus und in solchem Dufte des Blutes, daß ich mich nicht entschließen konnte, das Blut wegzuwaschen, das von ihm auf mein Gewand gekommen war. Ach! Ich Arme, Elende! Ich will nichts mehr sagen! Ich blieb auf der Erde mit peinvoller Sehnsucht zurück. [459]

KATHARINA VON SIENA

Als ich nach Hause zurückkam, hörte ich Schreie aus dem Zimmer meiner Frau. Ich lief hin und sah meine Frau mit durchbohrtem Herzen auf der Erde liegen; bei ihr war einer meiner Freunde, der ihr den Hof gemacht hatte. Dieser hatte ihr gesagt, daß er sie heiraten wolle, aber sie liebte ihn nicht und hatte ihn zurückgewiesen. Obwohl er selbst verheiratet war und vier Kinder hatte, fuhr er fort, meiner Frau den Hof zu machen. Nachdem meine Frau den Bischof aufgesucht hatte, hörte sie auf, ins Theater zu gehen und verließ generell nicht mehr das Haus. Beim Anblick dieses Dramas war ich entsetzt. Der Mörder warf sich mir zu Füßen und bat mich, ihm zu verzeihen. Zuerst wollte ich ihn töten. Aber dann erinnerte ich mich an Christus und sagte zu ihm: ›Geh und mach so etwas nicht mehr wieder.‹ Dann ging ich zur Polizei und erklärte, daß ich meine Frau getötet hätte.

Sie verurteilten mich und sperrten mich ins Gefängnis. Ich blieb nur kurze Zeit in Moskauer Gefängnissen. Danach brachte man mich nach Tjumen, wo ich vier Jahre blieb. Von Tjumen kam ich nach Krasnojarsk. Dort wurde im Gefängnis ein Mord begangen, und ich wurde beschuldigt. Nun bin ich vorübergehend im Gefängnis von Cita, um zur Zwangsarbeit geschickt zu werden.

Sie wissen, Vater, – Gott ist mein Zeuge –, wie sehr ich meine gefangenen Brüder liebe! Alle sind wie Engel des guten Gottes und Christi;
er wird sie ganz bestimmt retten. Wenn der Tag des Gerichtes kommt,
wird Christus zu allen Verurteilten sagen: Meine Gefangenen, die ihr
leidet, meine Brüderchen, kommt zu mir! Ich habe euch eine besondere Wohnung bereitet bei meinem Vater, sie ist aus euren Leiden
gebaut, aus euren Seufzern und euren heißen Tränen; ihr werdet
leuchten wie die Sonne im Reich meines himmlischen Vaters! Und alle
Gefangenen werden sich freuen und in Ewigkeit triumphieren im
Reich des Gotteslammes. [460]

ARCHIMANDRIT SPIRIDON

Zuerst wendet sich unsere Liebe nach der Ordnung der Natur unseren Blutsverwandten zu. Da diese Liebe in unserer Natur liegt, wäre
es ganz und gar unmenschlich, sie nicht zu haben... Von da schreitet
unsere Liebe zu denen voran, die uns durch das Band besonderer
Freundschaft oder durch gegenseitige Dienstleistungen nahestehen,
und dehnt sich sozusagen zu einer größeren Herzensweite aus...
Damit sich unsere Liebe noch mehr ausweitet, soll sie auch die
umfassen, die mit uns unter dem Joch derselben Berufung stehen...
Jetzt bleiben noch zwei Menschengruppen übrig: Wenn diese mit
unserem Herzen durch die Fesseln der Liebe verbunden sind, wird
uns nichts mehr daran hindern, die Ruhe jenes wahren Sabbats zu
genießen. Denn wir müssen auch die Unwissenheit derer, die
draußen sind (1 Timotheus 3,7), nämlich der Heiden und der Juden,
Häretiker und Schismatiker, beklagen, mit ihrer Schwäche Mitleid
haben, ihre Bosheit beweinen und ihnen in frommer Gesinnung den
Trost unseres Gebetes zuwenden, damit auch sie mit uns in Christus
Jesus, unserem Herrn, leben. Von hier aus haben wir noch jene Form
zu erreichen, in der die Vollendung der brüderlichen Liebe besteht,
in der der Mensch Sohn Gottes und die Ähnlichkeit mit dem gütigen
Gott in voller Weise wiederhergestellt wird, wie der Erlöser im Evan-

gelium sagt: ›Liebt eure Feinde, tut denen Gutes, die euch hassen, betet für die, die euch verfolgen und verleumden, damit ihr Söhne eures Vaters seid, der im Himmel ist‹ (Matthäus 5,44). [461]

AELRED VON RIEVAULX

Man soll den Freund, den man einfach lieben muß, in Gott lieben, den Feind aber, den man nicht um seinetwillen lieben kann, um Gottes willen, den ersten auf Antrieb des Gefühls, den zweiten auf Antrieb der Vernunft. [462]

AELRED VON RIEVAULX

Aus dem Gebot ›Liebe deinen Nächsten wie dich selbst!‹ entspringen alle einzelnen Pflichten in Bezug auf die menschliche Gesellschaft. Freilich ist es schwer, hier nicht in Irrtum zu geraten. Das erste ist jedenfalls das Wohlwollen, d. h. daß wir in unserem Verhältnis zu den Mitmenschen keine Böswilligkeit und keinen Betrug zulassen.

Ein für allemal aber merke (statt einzelnem) das kurze Gebot: Liebe und tue, was du willst! Schweigst du, so schweige aus Liebe! Redest du, rede aus Liebe! Schonst du, schone aus Liebe! – Die Wurzel der Liebe sei in deinem Innern: Aus dieser Wurzel kann nur Gutes kommen! [463]

AURELIUS AUGUSTINUS

Um der Liebe willen befolgt der im Gehorsam Lebende, was ihm geboten ist. Und um der Liebe willen wird der Reiche, Freie zum Armen, zum Diener, und übergibt seinen Besitz und sich selbst jedem, der ihn haben will. Um der Liebe willen fastet man, damit andere sich von dem nähren können, was man andernfalls gegessen hätte. Jedes wahrhafte Werk wird also aus Liebe zu Gott oder aus Liebe zum Nächsten vollbracht. Die besprochenen Dinge und ähn-

liche andere werden aus Liebe zum Nächsten getan; Wachen, Psal-
mensingen und ähnliches aber wird aus Liebe zu Gott getan. Ihm sei
Herrlichkeit, Ehre und Macht in alle Ewigkeit. Amen (vgl. 1 Petrus
4,11). [464]

PETROS DAMASKENOS

Wenn es uns verleiden möchte, in der Erziehung der Kleinen immer
wieder das zu wiederholen, was ihrer Stufe entspricht, so wird uns die
geschwisterliche, die väterliche, die mütterliche Liebe dazu vermögen,
uns ihrer Fassungskraft anzuschmiegen, und wenn wir so mit ihrem
Herzen verbunden sind, so wird uns selbst das Alte neu erscheinen.
Denn solche Kraft liegt im teilnehmenden Herzen, daß, wie die Kleinen
durch unser belehrendes Wort, so auch wir selbst durch ihre Empfänglichkeit im Lernen bewegt werden und einander innerlich nahe sind.
Während sie uns lauschen, halten sie gleichsam Zwiesprache mit unserem Innern – und während wir lehren, lernen wir gleichsam in ihnen
mit. Es ist geradeso, wie wenn wir miteinander einen Ausflug machen
und dabei dem andern das Schöne zeigen, das sich vor unseren Augen
in Stadt oder Landschaft dehnt. Wir mögen früher noch so oft vorüber-
gegangen sein, ohne besonders berührt zu werden – nun, da wir's dem
anderen zeigen, dem es noch fremd ist, wird an seinem frischen Erlebnis auch in uns selbst der Genuß des Schönen neu. Das gilt um so mehr,
je näher wir einander innerlich stehen. Denn in dem Maße als wir
durch die Liebe an seinem seelischen Leben teilhaben, wird in uns zu
neuem Erleben, was an sich etwas Altgewohntes war. [465]

AURELIUS AUGUSTINUS

In der liebenden Seele gibt es eine Skizze der Liebe [...], die das Bild des
Geliebten so komplett und lebendig wiedergibt, daß man – wenn die
Vereinigung in Liebe vollzogen ist – wirklich sagen kann: Der Geliebte
lebt im Liebenden und der Liebende im Geliebten. Solch ein Ähnlich-

werden bewirkt die Liebe durch die Überformung der Liebenden, daß der eine der andere ist und daß beide eins sind. Der Grund hierfür ist, daß sich in der Vereinigung und Überformung aus Liebe der eine dem andern zu eigen gibt und jeder sich losläßt und mit dem andern vertauscht: So lebt jeder im andern und der eine ist der andere und beide sind eins durch die Überformung aus Liebe. [466]

JOHANNES VOM KREUZ

Wenn die Seele sagt, laß uns einander in deiner Schönheit sehen, so will sie damit sagen: Wir wollen uns lieben mit der Liebe, von der ich sprach, bis wir einander im ewigen Leben in deiner Schönheit sehen. Das heißt, daß ich so in deine Schönheit überformt bin, daß ich dir in Schönheit ähnlich bin. Dann sehen wir einander in deiner Schönheit, da ich deine Schönheit besitze. Wenn einer den andern anschaut, sieht jeder im andern seine Schönheit, da die eine wie die andere allein deine Schönheit ist, denn so verschlungen bin ich in deiner Schönheit. Ich werde dich in deiner Schönheit sehen und du wirst mich in deiner Schönheit sehen und ich werde mich in dir in deiner Schönheit sehen und du wirst dich in mir in deiner Schönheit sehen; und so scheine ich du zu sein in deiner Schönheit und du scheinst ich zu sein in deiner Schönheit und meine Schönheit sei deine Schönheit und deine Schönheit sei meine Schönheit; und so werde ich du sein in deiner Schönheit und du wirst ich sein in deiner Schönheit, denn deine Schönheit wird meine Schönheit sein und so werden wir einander in deiner Schönheit sehen. [467]

JOHANNES VOM KREUZ

Hast du dich selbst lieb, so hast du alle Menschen lieb wie dich selbst. Solange du einen einzigen Menschen weniger lieb hast als dich selbst, so hast du dich selbst nie wahrhaft lieb gewonnen, – wenn du nicht alle Menschen so lieb hast wie dich selbst, in einem Menschen alle

Menschen: Und dieser Mensch ist Gott und Mensch. So steht es recht mit einem solchen Menschen, der sich selbst lieb hat und alle Menschen so lieb wie sich selbst, und mit dem ist es gar recht bestellt. Nun sagen manche Leute: Ich habe meinen Freund, von dem mir Gutes geschieht, lieber als einen andern Menschen. Das ist unrecht; es ist unvollkommen. Doch muß man's hinnehmen, so wie manche Leute übers Meer fahren mit halbem Winde und auch hinüber kommen. So steht es mit den Leuten, die den einen Menschen lieber haben als den andern; das ist natürlich. Hätte ich ihn so recht lieb wie mich selbst, was immer ihm dann widerführe zur Freude oder zum Leide, sei's Tod oder Leben, das wäre mir ebenso lieb, wenn es mir widerführe wie ihm, und dies wäre rechte Freundschaft. [468]

Meister Eckhart

Gott liebt seiner selbst wegen und wirkt alle Dinge um seiner selbst willen, das heißt: Er liebt um der Liebe, und er wirkt um des Wirkens willen...

Wer von Gott als Gottes Sohn geboren ist, der liebt Gott um seiner selbst willen, das heißt: Er liebt Gott um des Gott-Liebens willen und wirkt alle seine Werke um des Wirkens willen. Gott wird des Liebens und Wirkens nimmer müde, und auch ist ihm, was er liebt, alles eine Liebe. Und darum ist es wahr, daß Gott die Liebe ist. [469]

Meister Eckhart

Aber manche Leute wollen Gott mit den Augen ansehen, mit denen sie eine Kuh ansehen und wollen Gott lieben, wie sie eine Kuh lieben. Die liebst du wegen der Milch und des Käses und deines eigenen Nutzens. So halten's alle jene Leute, die Gott um äußeren Reichtums oder inneren Trostes willen lieben; die aber lieben Gott nicht recht, sondern sie lieben ihren Eigennutz. Ja, ich sage bei der Wahrheit: Alles, worauf du dein Streben richtest, was nicht Gott in sich selbst ist, das kann niemals so gut sein, daß es dir nicht ein Hindernis für die Höchste Wahrheit ist. [470]

Meister Eckhart

Diese Liebe verdient es, wertvoll genannt zu werden, weil sie gratis ist. Sie ist uneigennützig, denn sie schenkt nicht nur mit dem Wort und der Zunge, sondern durch die Tat und wirklich (1 Johannes 3,18). Sie ist gerecht, denn sie gibt in dem Maß zurück, in dem sie empfangen worden ist. Ja, wer so liebt, liebt wirklich nicht anders, als er selbst geliebt worden ist. Er sucht nicht seinen eigenen Vorteil, sondern es geht ihm nur um die Sache Jesu Christi, und er möchte sich wie Christus ganz um unseren Vorteil, ja um uns selbst bemühen und nicht auf seinen eigenen Nutzen aus sein (2 Korinther 12,14).

So liebt, wer spricht: »Preißt den Herrn, denn er ist gut!« (Psalm 117,1). Wer den Herrn preißt, nicht weil er für ihn gut ist, sondern weil er an sich gut ist, der liebt Gott wirklich um Gott und nicht um seines eigenen Vorteils willen. Nicht so liebt jener, von dem es heißt: »Er preißt dich dann, wenn du ihm wohltust« (Psalm 48,19). [471]

Bernhard von Clairvaux

Aber wenn die Liebe, wie es ihre Gewohnheit ist, abgründiger und abschüssiger wird, wenn sie sich nicht mehr mit dem Flußbett der Bedürfnisse zufrieden gibt, sondern die Felder der Lüste überschwemmt und weit und breit alles in Beschlag nimmt, wird die Überschwemmung alsbald eingedämmt und das Gebot stellt sich ihr entgegen: »Du sollst deinen Nächsten lieben wie dich selbst« (Matthäus 22,39) ...

Der Mensch soll sich gönnen, so viel er will, wenn er dann nur nicht vergißt, seinem Nächsten genauso viel zu besorgen. Von da her wird dir, o Mensch, der Zügel der Selbstbeherrschung angelegt. Er ergibt sich aus der Regelung des Lebens und der Disziplin (Sirach

45,6): Du sollst nicht hinter deinen Begierden herlaufen und zugrunde gehen, sollst mit dem Guten der Natur nicht dem Feind deiner Seele, dem Lustprinzip, dienen. Ist es nicht richtiger und redlicher, dieses Gute statt mit deinem Feind, mit deinem Gefährten, deinem Nächsten zu teilen? Und wenn du dich nach dem Rat des Weisen von deinen Lüsten abgewandt hast (Sirach 18,30) und dich nach der Lehre des Apostels mit Nahrung und Kleidung begnügst (1 Timotheus 6,8), dann ist es für dich bald nicht mehr schwer, deine Liebe von den fleischlichen Sehnsüchten frei zu machen, die gegen die Seele streiten (1 Petrus 2,11), und es wird dir nicht schwerfallen, das, was du dem Feind deiner Seele entziehst, dem Gefährten deiner Natur zukommen zu lassen. Dann wird deine Liebe beherrscht und gerecht sein: Du wirst das, was du deiner eigenen Lust entziehst, für die Bedürfnisse deiner Brüder nicht verweigern. So wird die fleischliche Liebe zur sozialen Liebe, wenn sie als eine Liebe für alle entdeckt wird. [472]

BERNHARD VON CLAIRVAUX

Die Kunst des rechten Liebens

Das ist ›die Gerechtigkeit der Menschenkinder‹: Liebe mich, weil ich dich liebe! Selten ist einer, der sagen kann: Ich liebe dich, damit du mich liebst. Du hast es getan. Du hast, wie der Knecht Deiner Liebe laut verkündet und rühmt, uns ›als erster geliebt.‹ [473]

WILHELM VON SAINT-THIERRY

O du mein Herr und Gott! So wie ein Mensch, der sich verliebte und seine Liebe in froher Kühnheit beginnt, so stehen wir am Anfang dieses Werkes mit einer Fröhlichkeit und Kühnheit, die aus der Kraft der

Liebe kommt. Und bitten dich darum, o Herr, daß dieses ganze Werk in Liebe und Freude geschaffen werde.

Einiger Gott, der du das Eine und das Viele ganz vollendest! Mit Sinnen und Verstand erfahren wir, daß jeder, der in dieser Welt einen Beruf ausübt, sein Handwerk auch verstehen muß. Ein Handwerk setzt Kunstfertigkeit voraus, sonst kann es nicht gelingen. So müssen denn auch alle, die dich lieben wollen, diese Kunst erlernen und beherrschen. Wenn doch schon der Gerber und der Schneider und der Spielmann das Wissen und das Können ihres Tuns erwerben müssen, um wie viel mehr muß sich dann der bemühen, der dein Liebhaber sein will, Herr, und dein Verehrer. Hat er doch schon als Mensch diese Berufung, die ihn in Dienst und Liebe an dich bindet. [474]

RAMON LLULL

Wenn zwei Dinge eins werden sollen, dann darf nichts zwischen beiden sein als der Leim, mit dem man sie miteinander verbindet. Das Band aus Leim, das ist die Minne, wodurch Gott und die glückliche Seele zu einer Einheit verbunden sind. [475]

HADEWIJCH

Gott (selbst) ist der Grund, warum man ihn liebhaben soll. Die *Weise* (dieser Liebe) aber ist: *ohne* Weise, denn Gott ist nichts; nicht so, daß er ohne Sein wäre: Er ist (vielmehr) weder dies noch das, was man auszusagen vermag – er ist ein Sein über allem Sein. Er ist ein weiseloses Sein. Darum muß die Weise, mit der man ihn liebhaben soll, weiselos sein, das heißt: über alles hinaus, was man zu sagen vermag. [476]

MEISTER ECKHART

Sankt Bernhard sagt: (Die Weise) Gott zu lieben, das ist Weise ohne Weise. Ein Arzt, der einen Kranken gesund machen will, der hat keine (bestimmte) Weise der Gesundheit, wie gesund er den Kranken machen wolle; er hat wohl eine Weise, womit er ihn gesund machen will; wie gesund aber er ihn machen will, das ist ohne (bestimmte) Weise: so gesund, wie er nur immer vermag. Wie lieb wir Gott haben sollen, dafür gibt es keine (bestimmte) Weise: so lieb, wie wir nur immer vermögen, das ist ohne Weise. [477]

Meister Eckhart

Ich möchte von der Liebe sagen, daß es ihr an nichts fehlt, weil sie gewöhnlich nichts von dem Ihren für sich behält. Wem aber von seinem Eigenen nichts gehört, dessen ganze Habe gehört Gott; und was Gott gehört, kann nicht unvollkommen sein. Also ist die Liebe die Regelung des Herrn, der es an nichts fehlt; sie sucht nicht, was ihr allein nützlich ist, sondern was vielen nützt. Diese Liebe wird als die ›Regelung des Herrn‹ bezeichnet, weil der Herr selbst nach dieser Regelung lebt und weil keiner sie besitzt, wenn nicht er sie ihm schenkt. [478]

Bernhard von Clairvaux

Ihr wollt also von mir hören, aus welchem Grund und mit welchem Maß man Gott lieben soll. Und ich sage: Der Grund, weshalb wir Gott lieben sollen, ist Gott selbst und das Maß ist, maßlos zu lieben.

Hier sieh vor allem, mit welchem Maß, ja wie maßlos Gott von uns geliebt zu werden verdient. [...] Er hat uns zuerst geliebt, er, der so groß ist, und so sehr liebt, hat uns, die wir so gering sind, wie wir eben sind, gratis geliebt. Deshalb habe ich am Anfang, so entsinne ich mich, gesagt: Das Maß zu lieben sei: ihn maßlos zu lieben.

Und weiter: wenn die Liebe, die sich nach Gott ausstreckt, sich nach dem Unermeßlichen, nach dem Unendlichen ausstreckt – denn Gott ist unendlich und unermeßlich –, dann frage ich: Welche Grenze oder welches Maß müßte unsere Liebe dann haben? Und was soll man gar dazu sagen, daß unsere Liebe ja nicht gratis hergeschenkt wird, sondern als Schuld zurückgezahlt wird? Wo also die Unermeßlichkeit liebt, wo die Ewigkeit liebt, wo die Liebe liebt, die alles Wissen überragt; wo Gott liebt, dessen Größe ohne Grenze ist, dessen Weisheit nicht zu errechnen ist, dessen Frieden alle Einsicht übersteigt: Könnten wir da mit beschränktem Maß vergelten und zurückzahlen?

Ich will dich lieben, Herr, meine Stärke, meine Stütze, meine Zuflucht und mein Befreier (Psalm 17,2-3) und mein Alles, was wünschenswert und liebenswert ist. Mein Gott, mein Helfer, ich will dich lieben entsprechend deiner Gabe und meinem Maß: Das ist zwar weniger, als angebracht wäre, aber durchaus nicht weniger, als ich kann. Denn ich kann dich zwar nicht so sehr lieben, wie ich müßte, aber ich kann nicht mehr, als ich kann. Ich könnte wohl mehr, wenn du es nicht unter deinem Wert findest, mir mehr zu schenken, aber niemals wirklich so viel, wie du wert bist. Wie unvollkommen das Meine ist, haben deine Augen gesehen, aber dennoch sind alle in dein Buch geschrieben (Psalm 138,16), die tun, was sie können, selbst wenn sie nicht können, was sie eigentlich müßten. [479]

Bernhard von Clairvaux

Was Maria hier tut (Johannes 12,1-11), ist die Gebärde der absoluten Verschwendung. Sie braucht die ganze kostbare Salbe, sie verwendet sie allein für die Füße des Herrn, und sie verschwendet sie noch mehr dadurch, daß sie die gesalbten Füße wieder mit ihren Haaren trocknet und den Geruch sich in diesem gewöhnlichen Hause verbreiten läßt. An dieser äußeren Verschwendung zeigt Maria, ohne mit einem Wort darauf hinzuweisen, wie sehr sie sich selber verschwendet hat. Ihre ganze Beziehung zum Herrn wird durch ein einziges Wort ausgedrückt: alles. Alles für ihn. Und es wird ihm nicht in kleinen Teilen, in klugen Abständen hingegeben, sondern alles auf einmal, ganz und für immer.

Die Kritik der Tat bleibt nicht aus; aber sie stammt von dem, der den Herrn verraten sollte. Judas ist schon jetzt der Verschwendung für den Herrn nicht mehr fähig, darum kann er sie auch an andern nicht mehr billigen. Wo Liebe nicht mehr lebt, da kann Liebe auch nicht mehr verstanden werden; da weiß man nicht mehr, daß der Beweggrund einer Tat die alleinige Liebe sein kann.

Man hätte das Geld den Armen geben können. Und will der Herr nicht selbst, daß wir ihn im Nächsten und gerade im armen Nächsten lieben und pflegen? Aber er will nicht, daß die Verschwendung der Liebe in der Kirche leide unter der Berechnung der tätigen Caritas. Und weiterhin ist es ganz schlicht so, wie er sagt: Er *muß* gesalbt werden, und zwar von Menschen. Das liegt in seiner Sendung beschlossen, und die Zeit dafür ist da. Sein Weg in den Tod ist ein einmaliger Weg, der jetzt beschritten werden muß, während die Armen immer vorhanden und aktuell sein werden. [480]

ADRIENNE VON SPEYR

Gott will, daß wir Ihm gleich sind in der Einheit der ewigen Liebe zu uns und zu unseren Mitchristen. Ebensowenig wie unsere Sünden imstande sind, Seine Liebe zu uns zu zerbrechen, ebensowenig will Er, daß unsere Liebe zu uns und zu unseren Mitchristen zerbricht. Aber laßt uns die Sünde schonungslos hassen und die Seele unendlich lieben, wie Gott sie liebt. Denn dieses Wort, das Gott sagte: ›Ich halte dich ganz fest‹, ist ein ewig währender Trost. [481]

JULIANA VON NORWICH

Einmal bedachte sie [Gertrud] frühere Verfehlungen, und sie wurde so bedrückt, daß sie sich mühte, sich ganz zu verbergen. Der Herr aber neigte sich ihr in so großer Milde zu, daß der gesamte himmlische Hofstaat ihn voller Verwunderung zurückzuhalten suchte; da sagte der Herr: »Ich kann nicht anders, ich muß ihr folgen, durch die Tiefe und die Kraft ihrer Demut zieht sie mein göttliches Herz in sich hinein.« [482]

GERTRUD DIE GROSSE

So aber liebt der, welcher von Gott geliebt ist und ihn liebt, sich selbst gut und in der rechten Ordnung, wenn er für seinen Leib Sorge trägt, nicht in Begierde, sondern um des Geistes willen; wenn er Gott zuliebe seinem Geist, im Heiligen Geist, Liebe erweist. Wir leben nämlich nicht um des Leibes willen, können aber ohne Leib nicht leben. Wir leben, damit wir im Geist Gott anhangen, und indem wir ihn fromm und aufrichtig lieben, leben wir nüchtern uns selbst gegenüber, gerecht gegen den Nächsten und fromm gegenüber Gott. [483]

Wilhelm von Saint-Thierry

Der Mönch soll immer so handeln, als ob er am nächsten Tag sterben müßte; aber er soll mit seinem Leib so umgehen, als ob er noch viele Jahre zu leben hätte. Das eine nimmt ihm die Neigung zur Mattigkeit und macht ihn tätiger; das andere hält seinen Leib gesund und bewahrt ihm ausgeglichene Selbstbeherrschung. [484]

Evagrios Pontikos

Der Heilige Geist ist in Wahrheit göttliches Feuer. Alle Liebe ist Feuer, aber geistiges Feuer. Was das stoffliche Feuer mit dem Eisen tut, das bewirkt dieses göttliche Feuer im unreinen, kalten, harten Herzen. Wo es ihm eingesenkt wird, legt der Menschengeist allmählich alle Schwärze, Kälte und Starre ab und wird ganz nach dem Wesen dessen, der ihn in Brand setzt, verwandelt. Durch das Flammen des göttlichen Feuers wird er in Glut versetzt, beginnt zu brennen, wird verflüssigt in die Liebe Gottes hinein, nach dem Wort des Apostels: »Die Liebe Gottes ist ausgegossen in unsern Herzen durch den Heiligen Geist, der uns gegeben ist« (Römer 5,5). [485]

Richard von Sankt-Victor

Beginnen Sie so: Denken Sie an jemanden, den Sie innig lieben. Stellen Sie sich vor, er oder sie sitzt vor Ihnen, Sie sprechen liebevoll mit ihm. Sagen Sie ihm, was er für Sie und für Ihr Leben bedeutet, in das er eingetreten ist. Währenddessen machen Sie sich bewußt, was Sie fühlen. Wenn Sie sich richtig in Feuer geredet haben, gehen sie zu der nächsten Übung über:

Denken Sie an jemanden, den Sie nicht mögen. Sie stehen vor ihm, schauen ihn an und versuchen, irgendetwas Gutes an ihm zu entdecken. Bemühen Sie sich, das Gute zu sehen. Sollte es Ihnen schwerfallen, dann stellen Sie sich vor, Jesus steht neben Ihnen und blickt diesen Menschen an. Er wird Ihr Lehrer in der Kunst des Schauens werden, in der Kunst des Liebens. Was ist da zu sehen? Welches Gute, welches Schöne ist in diesem Menschen zu entdecken? Wenn Jesus wieder auf die Welt käme, was glauben Sie wohl, wäre das erste, was ihm an der Menschheit auffiele? Das viele Gute, das Vertrauen, die Aufrichtigkeit reiner Liebe. Es gibt unter den Menschen unermeßlich viel Gutes. Er würde es sofort bemerken, denn ein guter Mensch sieht überall das Gute. Ein schlechter Mensch sieht das Schlechte. [486]

Anthony de Mello

Wer von der Liebe spricht, der wagt von Gott zu sprechen; denn Johannes, der von Gott Wissende, sagt: ›Gott ist Liebe, und wer in der Liebe bleibt, der bleibt in Gott‹ (1 Johannes 4,16). Und wie wunderbar: Diese wichtigste aller Tugenden ist eine natürliche Tugend. Deshalb wird sie im göttlichen Gesetz die erste genannt: ›Du sollst den Herrn, deinen Gott, lieben aus deinem ganzen Herzen, aus deiner ganzen Seele und mit all deiner Kraft‹ (Deuteronomium 6,5). Als ich hörte, ich sollte ihn aus ganzer Seele lieben, war ich überrascht, und ich brauchte nichts weiter zu hören. Aus ganzer Seele, das bedeutet nämlich: mit der erkennenden, der erregbaren und der begehrenden Kraft der Seele; denn aus diesen dreien ist sie gebildet. So soll der Geist immer göttliche Dinge bedenken; das Begehren soll beständig und uneingeschränkt nach Gott allein streben, und nach nichts anderem, wie es im göttlichen Gesetz heißt; und das Erzürnen soll sich nachdrücklich und ausschließlich gegen das richten, was dieses Sehnen verhindert. Johannes, der von Gott Wissende, hat also mit Recht gesagt, daß Gott Liebe ist. Wenn Gott sieht, daß nach seinem Gebot die drei Seelenkräfte nur auf ihn gerichtet sind, dann wird er in seiner Güte nicht nur die Seele lieben, sondern durch Einwirkung des Heiligen Geistes in ihr wohnen und wandeln (vgl. 2 Korinther 6,16; Leviticus 26,12). Der Leib aber wird sich widerstrebend und unwillig – weil er des Verstandes entbehrt – schließlich dem Wort Gottes unterwerfen, und das Fleisch wird nicht mehr wider den Geist begehren, wie der Apostel sagt (vgl. Galater 5,17). [487]

Petros Damaskenos

Der himmlische Bräutigam ist sehr scheu und wie verschämt, offen zu erscheinen; wenn er sich also mit einer treuen Seele in Liebeskuß und Umarmung vereinen will, so sucht er die Abgeschiedenheit der Einsamkeit. Das bemerkte die Braut des Hohenliedes: Horch, mein Geliebter! Sieh da, er kommt, springend über die Berge, hüpfend über die Hügel; mein Geliebter gleicht der Gazelle oder dem Junghirsch (Hohelied 2,8). Das bedeutet, daß ihr Geliebter scheu ist wie die Gazelle oder der Junghirsch, die die Menschen fliehen und sich weit fort von allem Lärm in tiefste Einsamkeit zurückziehen; dort sind sie sorglos. Wenn du also den Liebsten deiner Seele finden willst, mußt du ihn in der Einsamkeit suchen, denn dort verbirgt er sich, dorthin lädt er dich ein, dort wartet er auf dich, dort verlangt er nach dir. [488]

Michael vom Hl. Augustinus

Die Ehrfurcht ist die einzige Furcht, die Gott gern bei uns sieht, und durch die Innigkeit der Liebe wird die Ehrfurcht süß und sanft. Und doch sind Ehrfurcht und Liebe nicht ein und dasselbe, [...] aber man kann nicht die eine ohne die andere besitzen. Deshalb bin ich sicher, daß jeder Liebende auch Furcht hat, obwohl er sie nur wenig fühlt. [...] Und daran kann die Furcht erkannt und unterschieden werden, welcher Art sie ist: Die Ehrfurcht, je mehr wir davon haben, desto mehr besänftigt sie uns, während die falsche Furcht uns Plage, Aufregung und Wirrsal bereitet. Dies ist also das Mittel, wie man beide erkennen und die falsche abweisen kann. [...] Denn Gott will, daß wir immer der Liebe sicher sind und so friedlich und ruhig sind, wie Er es mit uns ist, und in derselben Art, in der Er mit uns verkehrt, will Er, daß wir uns gegen uns selbst und gegen unsere Mitchristen betragen. [489]

JULIANA VON NORWICH

Die letzte [Stufe der Liebe] ist die herzbrechende Liebe, also genannt nach ihren Wirkungen. Die Liebe Gottes vom ersten Grad bis zu diesem siebenunddreißigsten hat in ihrer Kraft so sehr zugenommen, daß sie die Kräfte des Leibes überwältigt. Sie hat eine so kräftige und brennende Hitze gewonnen, daß sie die natürlich verwurzelte Feuchtigkeit des Leibes verzehrte. Sie reckt und streckt das Herz und seine Kräfte so lange, bis sie das Herz zerbricht und seine Kräfte zerstört. Sie entzündet so lange das Feuer der Gnaden, bis daß es so groß wird, daß sie damit das Leben der Natur tötet und die Seele in das Leben der ewigen Ehre bringt. [490]

DOROTHEA VON MONTOW

Neben verschiedenen Gestalten von Freundeszuneigung zeigt nur eine den Charakter unauslöschlicher Liebe, da bei ihr das verbindende Element die (innere) Ähnlichkeit der Tugenden ist.

Dies ist das Freundschaftsband, das durch nichts zerrissen werden kann, was immer sich ereignen mag; weder durch räumliche Trennung wird es gelöst oder gelockert, noch durch das Verstreichen von

Zeit. Nicht einmal der Tod wird es vernichten. Dies ist die wahre und unzertrennliche Liebe, die mit der zwillingsähnlichen Tugend und Vollkommenheit der beiden Freunde immer mehr wächst, so daß ihr Bund weder durch widerstrebende Wünsche zerstört wird noch durch Widerstreit in dem, was sie beide wollen.

Andererseits haben wir viele gekannt, die sich in der Liebe Christi in glühendster Freundschaft miteinander verbunden hatten, und die dennoch ihren Bund nicht unzerstört bewahren konnten. Obwohl ihre Gemeinschaft also auf festem Grund errichtet worden war! Aber sie hielten eben nicht beide mit ein und derselben Glut an dieser Basis fest. Und so war, was zwischen ihnen entstand, nur eine Freundschaft auf Zeit, weil eben ihre Freundschaft nicht von ein und derselben Tugend in beiden lebte, sondern nur von der Geduld des einen.

Es ist das Los einer solchen Verbindung, schließlich an der Kleinherzigkeit des einen Partners zu scheitern, mag der andere noch so großmütig an ihr festhalten wollen. Selbst wenn dieser mit großer Nachsicht die Schwächen seines Freundes erträgt, der nur so lau nach dem Heilsein der Vollkommenen strebt! Jener in seiner Schwäche zeigt ja für die auch seinem Gefährten eigenen Schwächen keinerlei Tragkraft. Der Grund, aus dem er sich über den andern aufregt, steckt nämlich in seinem eigenen Innern; und das ist es, was ihn hindert, (bei den Schwächen seines Freundes) gelassen zu bleiben ...

Deshalb habe ich gesagt, daß der Bund treuer und unzertrennlicher Freundschaft nur dort entsteht, wo Gleichförmigkeit der Tugend herrscht. »Der Herr läßt wohnen in einem Haus, die eines Geistes sind« (Psalm 67,7 – LXX). Freundschaft ist nur dann unzerstörbar, wenn dasselbe Ziel, der gleiche Wille beide eint, wenn sie also übereinstimmen in dem, was sie wollen oder nicht wollen.

Wenn ihr also wollt, daß eure Freundschaft unzertrennlich sei, dann treibt die Laster aus und tötet euren Eigenwillen, um zielstrebig zu erreichen, was den Propheten so entzückt: »Seht, wie gut und lieblich ist es, wenn Brüder in Eintracht beisammen wohnen« (Psalm 132,1). Wobei es nicht um einen Ort geht, sondern um den Geist!

Denn nichts nützt es, wenn Menschen zwar beisammen wohnen, aber in ihrem Leben und Lebensplan nicht übereinstimmen, während es umgekehrt den in derselben Tugend Gründenden nicht schadet, wenn sie örtlich getrennt sind. Dort nämlich kann der Friede nicht bewahrt werden, wo der eine will, was der andere nicht will. [491]

JOHANNES CASSIAN

Das erste Fundament wahrer Freundschaft ist, daß man die Güter dieser Welt für unwichtig hält und alles, was man besitzt, geringschätzt. Denn es wäre äußerst ungerecht und unfromm, der so kostbaren Bruderliebe irgendeine Sache von dermaßen geringem Wert vorzuziehen.

Das zweite ist, daß ein jeder sich bei seinen eigenen Entschlüssen zurückhält, aus Sorge, er würde sich selbst für den Weiseren und besser Beratenen halten und es darum vorziehen, lieber dem eigenen Urteil als dem des Nächsten zu folgen.

Das dritte ist die Einsicht, daß schlechthin alles – auch das, was man für nützlich und notwendig hält – zweitrangig ist gegenüber dem Gut des Friedens und der Liebe.

Das vierte ist die Überzeugung, daß es überhaupt keinen Grund gibt, weder einen gerechten noch einen ungerechten, der es rechtfertigen könnte, sich seinem Zorn zu überlassen.

Fünftens muß ein jeder heiß begehren, den Zorn des Bruders gegen sich, auch wenn er ihm keinerlei Anlaß dazu gegeben hatte, zu besänftigen. Nicht weniger, als ginge es um seinen eigenen Zorn! Wissen wir doch, daß der Unmut eines Bruders gegen uns ebenso schädlich ist für uns, wie wenn wir selbst von Unmut gegen andere erregt würden – solange jedenfalls, als wir nicht alles uns Mögliche getan haben, um den Unmut aus der Seele des Bruders zu vertreiben.

Das letzte schließlich – was zweifellos alle Laster zum Verschwinden bringt – besteht darin, stets damit zu rechnen, man werde vielleicht noch am selben Tag aus dieser Welt auswandern. Diese Überzeugung verhindert nicht nur, daß irgendein Unmut sich im Herzen festsetzt, sie unterdrückt auch alles böse Begehren und alle sündigen Leidenschaften.

Wer sich an diese Grundsätze hält, wird die Bitterkeit des Zornes und der Zwietracht in sich selbst nicht zulassen und bei anderen nicht verursachen ...

Durch häufiges Streiten erkaltet die Liebe immer mehr, bis schließlich die so verwundeten Herzen völlig entzweit sind. Wer sich aber auf dem hier gewiesenen Weg hält, wird mit seinem Freund nicht auseinanderkommen. [492]

JOHANNES CASSIAN

Zuletzt schuf Gott den Menschen, wobei er ein Wort sagte, das ganz besonders das Gut der Gemeinschaft preist:»Es ist nicht gut, daß der Mensch allein sei. Ich will ihm eine Gehilfin schaffen, die ihm ähnlich ist.« Doch er formte diese Gehilfin nicht aus ähnlichem oder gar demselben Stoff, sondern er schuf deshalb aus der Gestalt des Mannes die Frau, um ausdrücklich ihre Freundschaft und Liebe zu begründen. Es hat seine tiefe Bedeutung, daß der zweite Mensch aus der Seite des ersten genommen wurde. Dadurch erscheinen alle Menschen gleich, sozusagen gleich groß; in dieser Ordnung gibt es nicht höhere, nicht niedrigere Menschen – und daß es dies nicht gibt, ist der wahren Freundschaft eigentümlich. So hat die Natur dem Menschenherz von Anfang an die Neigung zu Freundschaft und Liebe eingesenkt, und bald verstärkte die innere Anlage der Liebe diese Neigung aus der Erfahrung ihrer Süßigkeit. [493]

AELRED VON RIEVAL

In der wahren Freundschaft ist nichts Unehrenhaftes, nichts Geheucheltes, nichts Unechtes; was immer in ihr ist, ist heilig, ehrlich, wahrhaftig, – genau wie in der Liebe. Doch das hat die Freundschaft vor der Liebe voraus, daß unter den engverbundenen Freunden gemeinsam genossen wird, was immer an angenehmen, nützlichen, liebenswerten und süßen Dingen begegnet. Die vollkommene Liebe läßt uns auch solche lieben, die uns lästig sind und Schmerz bereiten, und so aufrichtig und ungeheuchelt, echt und bereitwillig wir ihnen helfen, zur vertraulichen Freundschaft lassen wir sie nicht zu. In der wahren Freundschaft aber finden wir alles: Höflichkeit und Freundlichkeit, Aufrichtigkeit und Liebenswürdigkeit, Nachgiebigkeit und Charakter, Liebe des Herzens und der Tat. All das hat in Christus seinen Ursprung, wird von Christus getragen, wird von ihm vollendet. Dieser Aufstieg erscheint also gar nicht so schwierig oder uns nicht angemessen, wenn Christus die Freundesliebe ins Herz senkt, und wir aufsteigen zu Christus, der unser Freund sein will, den wir lieben sollen, so daß sich Freundlichkeit und Freundlichkeit, Süßigkeit und Süßigkeit, Liebenswürdigkeit und Liebenswürdigkeit stets begegnen und ergänzen. Der Freund, der im Geiste Christi dem Freund anhängt, wird mit seinem Freund ein Herz und eine Seele; auf der Stufe dieser Liebe steigen sie gemeinsam zu Christi Freundschaft hinauf und werden mit ihm in dem einen Kusse eines Geistes. [494]

Aelred von Rieval

Unser Fundament ist die Liebe Gottes. An ihr ist alles, was Liebe und Zuneigung planen, was irgendjemand heimlich, was irgendein Freund laut rät, zu messen und zu bewerten. Sorgsam ist zu prüfen, ob das Gebäude dem Fundament entspricht. Was über das Fundament hinaus gebaut wurde, muß zurückverlegt, was fehlerhaft gebaut, muß abgerissen und neu aufgeführt werden. Dennoch können wir nicht mit allen, die wir solide lieben, Freundschaft schließen, denn nicht alle sind dazu fähig. Bedenke: Dein Freund ist die andere Hälfte deiner Seele: Ihm überläßt und weihst du die deine. Du verbindest dich mit ihm so innig, daß du aus zwei Seelen eine machen möchtest. Dem Freunde möchtest du vertrauen wie deinem andern Ich, und nie ihm etwas verbergen, von ihm niemals etwas fürchten. Wer dazu geeignet

ist, ist zuerst zu suchen, dann zu erproben, und schließlich und endlich darfst du ihn zulassen. Freundschaft muß ganz fest sein, von der
Ewigkeit geprägt, unerschütterlich. Man darf nicht je nach Laune
seine Freunde wechseln, wie Kinder dies tun. Es gibt ja nichts Gemei-
neres als die Freundschaft zu brechen. Nichts verwundet das Herz
qualvoller, als wenn es sich von dem, den es liebt, verlassen und verraten sieht. Laßt bei der Wahl größte Vorsicht walten und bei der Erpro-
bung höchste Sorgfalt! Hast du ihn einmal zugelassen, mußt du ihn
ertragen, ihn nehmen, ihm einfach folgen, denn er ist dein und du bist
sein mit Leib und Seele. [495]

AELRED VON RIEVAL

Wie selig ist es zu teilen, jedwedes miteinander planen, prüfen und in
allen Stücken eines Sinnes werden! Hinzukommt, daß Freunde für
einander beten, daß jeder seines Freundes gedenkend wirksamer
betet, weil man mit viel tieferer Liebe sich bei Gott für ihn verwendet.
Und er betet unter Tränen, weinend aus Sorge, aus Zuneigung, aus
Schmerz um den Freund. Für seinen Freund bittet er Christus und will
erhört werden von Christus nur um des Freundes willen; ihn erhört
Christus gern und umso lieber. Unvermerkt geht Liebe in Liebe über,
und wenn er die Süßigkeit Christi gleichsam nahe berührt, empfindet
er, wie süß und mild der Heiland ist. Die heilige Liebe, die den Freund
umarmt, führt hinauf zu jener seligen Liebe, die uns Christus in die
Arme schließen läßt. Dann genießt man in vollen Zügen diese geistig-
ste aller Früchte der heiligen Freundschaft, erwartend die volle Seligkeit. Dann ist alle Furcht vertrieben, die uns jetzt erfüllt, und alles Leid
ist überwunden, das wir nun für einander tragen müssen. [496]

AELRED VON RIEVAL

Wie köstlich ist eine Freundschaft, deren Band die Liebe, die Frömmigkeit, die Religion ist! Vollkommen ist sie, weil sie von Gott kommt
und zu ihm hinführt; vollkommen, weil sie Gott zum Beweggrund
und Inhalt hat; vollkommen, weil sie in Gott von ewiger Dauer ist. Wie
schön ist es, auf Erden so zu lieben, wie man im Himmel liebt!

Ich rede hier nicht vom einfachen Wohlwollen, das uns mit allen
Menschen verbinden soll; ich rede von jener tieferen Freundschaft,
durch die sich Menschen in Gott verbinden, einander ihre guten
Gedanken und Wünsche aussprechen und in Gott ein Herz und eine
Seele werden. Wahrhaft, auf solche paßt das Wort des Psalmisten: ›Wie
gut ist es und wie süß, wenn Brüder zusammenwohnen!‹...

Es ist also klar, die Vollkommenheit besteht nicht darin, ohne
Freundschaft zu leben, sondern darin, gute, heilige Freundschaften zu
pflegen.

Nun bleibt mir in dieser Sache noch eine wichtige Bemerkung zu
machen. Freundschaft verlangt einen regen Austausch unter den Liebenden. Ohne diesen kann sie weder zustandekommen noch sich
erhalten. Da kann es nicht anders sein, als daß neben dem Austausch
der Freundschaft als solcher noch eine Anzahl anderer Gedanken,
Empfindungen, Neigungen von Mund zu Mund, von Brief zu Brief,
von Seele zu Seele gehen, und dies um so mehr, je höher das Vertrauen
ist, das man dem Freund entgegenbringt. [497]

FRANZ VON SALES

Spiel und Genuß mit dem Geliebten

Eines Tages hat sie unsern Herrn zu sich genommen. Da sprach er:
»Mein Adel hat dich hoch gemacht. Meine Höhe hat dich groß
gemacht. Meine Gunst, die spielt mit dir. Du bist der Menschen einer,
dem ich jetzt auf Erden das Allerbeste tue. Ich bin ein armer Pilgrim.

Die Heiden, die kennen mich nicht. Die Juden, die wollen mich nicht. Es ist eine große Wirrung in den christlichen Landen, daß sie mich nicht wahrnehmen. Wo ich denn ein williges Herz finde, da spiele ich darin, wie die Sonne in sich selber tut.« [498]

CHRISTINA EBNER

Eile rasch heim in dein Haus, dort erheitere dich, dort spiele und tu, was dir in den Sinn kommt (Sirach 32,15 – Vulg.; vgl. Sirach 32,11-12 – EÜ). [...] Es hat die Pflege der Weisheit diesen einen Vorzug, daß sie bei ihrem Vollzug sich sozusagen selbst genügt. In äußeren Dingen nämlich bedarf der Mensch der Hilfe gar vieler Dinge. Aber in der Schau der Weisheit ist er um so schöpferischer, je einsamer er nur bei sich selbst verweilt. Darum ruft der Weise im oben genannten Vorspruch den Menschen zu sich selbst heim...

›Und dort spiele‹, sagt er. Hier bedenke, daß die Schau der Weisheit trefflich dem Spiel verglichen wird. Und dies um zweier Dinge willen, die man im Wesen des Spiels finden mag: erstens, weil das Spiel erfreut, die Schau der Weisheit aber die tiefste Freude in sich birgt; zweitens, weil das spielende Tun nicht auf ein anderes hin zielt, sondern um seiner selbst willen gesucht wird. Und eben dies erfüllt sich auch in den Freuden der Weisheitsschau. Darum vergleicht selbst die Ewige Weisheit ihre Freude mit dem Spiel: ›Da ward ich sein Entzücken Tag für Tag, und ich spielte vor ihm zu aller Zeit‹ (Sprüche 8,30). [499]

THOMAS VON AQUIN

Seit dieses Liebesspiel begonnen ist, begnüge ich mich nicht damit, meinen Gott einfach meinen Geliebten zu nennen, da dieses Wort die Eigenheiten, die Erhabenheit und Fülle meiner Liebe nicht genug ausdrückt und mir darum nicht genügt. Die Liebe drängt mich dazu, andere Liebesworte zu benutzen, in denen ich mehr Süße koste: mein

Liebes, mein einzig Liebes, mein Allerliebstes, Herzallerliebstes, mein Herz und mein alles. [500]

MARIA PETYT

Ein Spielen ist's dem Glaubenden,
umarmt zu sein von deiner Lust,
denn du gebierst der Freuden viel
und reißest auf des Himmels Tor. [501]

BEDA

Du schmiegtest Dein geliebtes Antlitz, aus dem die Fülle aller Seligkeit strahlt, an mich Unwürdige, und ich fühlte, wie aus deinen göttlichen Augen unaussprechlich beseligendes Licht in meine Augen drang. Die wunderbare Wirkung dieses Lichtes ergriff alle meine Glieder, es drang bis ins innerste Mark; es schien mir Fleisch und Bein aufzulösen, und ich hatte die Empfindung, als sei mein Körper und meine Seele nichts als Licht, göttliches Licht. Dein göttliches Licht war das Glück meiner Seele. [502]

GERTRUD DIE GROSSE

Wenn ich meinen geliebten Jesus sehe, der mich liebevoll anschaut und mir zulacht, so erwache ich sofort aus dem Liebesschlaf, fliege zu ihm hin, fasse ihn, und er faßt mich mit übersprudelnden, verliebten Worten, verliebten Klagen und Seufzern. Es ist eine stumme Sprache, die wie vergehend nur halb ausgesprochen wird ...

Manchmal berührt der Geliebte mich zuerst, umarmt mich freundlich und gibt mir einen Liebeskuß; so schmeichelt er mir, und ermattet und zusammengebrochen ruhe ich in seinen Armen. So auf ihn gestützt, falle ich wieder in einen innigen Liebesschlaf. Manchmal wache ich halb auf, weil die Liebe süß in mir aufsprudelt oder ich an den Geliebten denke, den ich um etwas bitten möchte. Liebevoll bleibe ich dem Geliebten zugewandt, doch kann die Liebe nicht lange schlafen oder ruhen, sondern ist von Natur aus aktiv und will immer mit etwas beschäftigt sein. [503]

Maria Petyt

Von jener Zeit an ruhte Luitgard in der Seitenwunde Christi wie ein Kind in seiner Wiege. Und Jesus vertrieb alle anstürmenden Versuchungen, wie die Kindermädchen die Fliegen von den Wiegen verscheuchen. [504]

Luitgard von Aywière

Gott läßt dich wissen, liebes Kind, wer Er ist und wie Er mit seinen Dienern und besonders seinen Dienerinnen umgeht. Und Er verschlinge dich in Sich: Wo die Tiefe Seiner Erkenntnis ist, da wird Er dich lehren, was Er ist und wie wunderbar süß der eine Liebende im andern wohnt und den anderen so durch und durch bewohnt, daß keiner von beiden sich selbst noch unterscheidet. Doch sie genießen sich gegenseitig, Mund in Mund, und Herz in Herz, und Körper in Körper, und Seele in Seele, während die eine süße göttliche Natur sie beide durchfließt, und ineinander sind sie beide eins, und sie bleiben es ganz, ja sie bleiben es. [505]

Hadewijch

Die Erwiderung des gegenseitigen Lobes bewirkt die wechselseitige Ähnlichkeit der Schönheit, von der wir sprechen, sowie den gegenseitigen Genuß von Bräutigam und Braut. Denn nicht nur wir genießen Gott, sondern auch Gott genießt das Gute in uns, indem er erfreut wird und sich herabläßt, es für angenehm zu halten. [506]

Wilhelm von Saint-Thierry

Doch, o meine Liebe und mein Bräutigam, während wir unsere gegenseitige Liebe genießen auf dem Bett, das von uns beiden hergerichtet ist, damit wir göttlich ausgelassen sind in der süßen Zärtlichkeit unserer höchsten Umarmungen, ein-fach und unsagbar – auf diesem Bett also, vom Bräutigam und der Braut, wo du und ich uns erfreuen, einer am anderen zur Mittagszeit über die Sinne und das Begreifen hinaus – siehst du nicht, o mein Bräutigam, daß meine Narde ihren Duft verströmt, während wir verliebt miteinander ausgelassen sind, einer mit dem anderen und einer im anderen? Doch es genügt, wenn wir einander verstehen.

Während ich weiterhin unser beider Ineinander-Überströmen in meinem eigenen unendlichen Überströmen äußere, in dem ich mich selbst übersteige und nicht nur mich, sondern alles Erschaffene und alles, was sein kann, fühle ich mich unendlich viel stärker und inniger von dir umschlungen in der ganz außergewöhnlichen Kraft deiner liebevollen Umarmungen; in ihrer unsagbaren Süße und ihrer göttlichen Zärtlichkeit bin ich auf ganz außergewöhnliche Weise hingerissen von Wohlbehagen und Liebe in deiner ganzen Fülle und Weite, wo ich ganz verschlungen und in dich umgegossen bin, so daß ich niemals, nie und nimmer mehr ein anderer sein kann als du, daß ich mich dem Tode sehr nahe sehe und fühle und den Geist beinahe aufgebe, durch eben dies, was du bist und ich in dir bin, in dir, den ich umarme und den ich besitze in unserer sehr ein-fachen und unübertrefflichen Ruhe, in unserem sehr ein-fachen Verströmen göttlicher Wonnen, das eben unsere Ruhe ist in dem Einen, der wir beide für uns beide sind, ohne daß es eine Unterscheidung oder einen Unterschied gibt in dem, was wir durch den anderen und im anderen sind und sehen und besitzen.

Ach, meine Liebe und mein Bräutigam, wenn du mich noch stärker umschlingst und erdrückst, wirst du mich ohne Zweifel töten von Wohlbehagen und Liebe. Es ist wahr, daß ich so einen Tod verlange, ebenso wie ich ihn jetzt schon als unendlich süß und köstlich empfinde, aber, o meine Liebe und mein Bräutigam, wenn ich so sterbe – was sagen die Engel dann von dir? Werden sie dich nicht zu Recht für übertrieben leidenschaftlich halten in deiner Liebe zu mir, deiner Braut, noch leidenschaftlicher, als du es ihnen gegenüber bist, weil du sie in deinen göttlichen Armen nicht so süß und liebevoll umschlingst, daß sie daran sterben!

Aber o meine Liebe, o mein Bräutigam, o Mitte meines Herzens, o Gipfel meiner Wonnen! Ach mein Leben und mein Alles, du umschlingst mich zu innig, du umarmst mich zu süß, du erfüllst und übererfüllst mich zu zärtlich, du reißt mich hin mit zuviel Glück! Ja, auf dem Gipfel meines ganzen Glücks, das du bist, und in deinem Genuß bin ich ewig, ohne Zeit oder Ewigkeit und sogar ohne Augenblick.

Ach, ich versage völlig! Ach, ich kann nicht mehr, ich gebe den Geist auf und sterbe von Liebe und Glück in deinem überwesentlichen Schoß, dessen herrliche und wonnevolle Schönheit mir gewaltsam das Leben nimmt von Glück und Liebe, in Liebe über die Liebe hinaus, in Ruhe und Genuß, über die Ruhe und den Genuß hinaus, in Einfachheit über die unsagbar unsagbare Einfachheit hinaus in Unsagbarkeit über die Unsagbarkeit hinaus. [507]

JEAN DE SAINT-SAMSON

Der Herr bringt die Braut in den Weinkeller, damit sie sich hier maßlos bereichern kann. Es scheint, daß der König ihr nichts verweigern will; sie soll trinken, wie sie verlangt, und ganz trunken werden, wenn sie von allen Weinen trinkt, die es in der Speisekammer Gottes gibt. Sie soll diese Freuden genießen, sich wundern über seine Größe und soll sich nicht fürchten, ihr Leben zu verlieren, wenn sie mehr trinkt, als ihre schwache Natur vertragen kann; sie soll sterben in diesem Paradies von Freuden. Glücklich so ein Tod, der so leben macht! [508]

TERESA VON AVILA

Manchmal entzündet mich der Geliebte mit seiner süßen Liebe, manchmal verwundet er süß mein Herz oder erzeugt in mir noch größeren Liebesbrand; das Herzblut läßt er aufsprudeln, er macht mich geistig trunken und froh; mit ungewöhnlicher Freude bin ich übergossen. Der Geliebte hat mich mit einem außergewöhnlichen Schluck neuen Mostes beschenkt, und das ist volle Erholung für den ganzen Menschen im sinnlichen wie im geistigen Teil; es scheint, als wollte der Geliebte mit mir Fastnacht feiern. [509]

Maria Petyt

»Seine rechte Hand umfängt mich.« Die rechte Hand bedeutet die Gottheit des Bräutigams, die die Braut umarmt und umgibt. Die schönste Freude ist der Genuß der Gottheit: Diese umfängt und umschließt die Braut, so daß sie von der Flut der Gottheit umspült wird (Psalm 45,5). Ach, wie freudvoll ist diese Umarmung! Ach, wir Unwissenden, die nicht darüber sprechen können, weil kein Auge es gesehen, kein Ohr es vernommen und kein Herz es bedacht hat. [510]

Franciscus Amelry

Süß spricht Jesus der Seele zu, und ihr Geist wird so heftig, süß und uneingeschränkt zu den höchsten Tiefen der göttlichen Vollkommenheit emporgezogen, daß er ganz in Gott ertrinkt, von Gott durchglüht, in Gott geschmolzen, ja in Gott zunichte wird. So wird die Seele ganz aus sich selbst herausgezogen und ist nicht mehr bei sich selbst, sondern wird unvermischt in Gott vereint gleichsam göttlich. Sterblichkeit, Vergänglichkeit oder Veränderlichkeit kennt sie nicht mehr; der Genuß, von dem sie berauscht wird, ist so groß, daß er ewiges Leben zu sein scheint und das Höchste, zu dem die Seele gelangen kann, hätte die Zärtlichkeit unseres Vaters uns nicht Höheres versprochen ... Ach, das Spiel eines so feurigen, brennenden, glühenden, flammenden, schmelzenden, inneren Empor-gezogen-Werdens in verschlungenem Vereinigt-Sein in Gott kann ein kaltes, frostiges Herz niemals erleben, noch klar und herzlich hiervon sprechen. [511]

Franciscus Amelry

Die Liebe Gottes ist nicht nur anzusehen als ein Ausfließen mit allem Guten und als ein Einziehen in die Einheit, sondern sie ist auch über jedem Unterschied im wesenhaftem Genießen entsprechend dem bloßen Wesen der Gottheit. Und darum haben die erleuchteten Menschen in sich ein wesenhaftes Schauen gefunden, über den Verstand hinaus und ohne Verstand, und ein genießendes Zuneigen, indem sie alle Weisen und Wesen durchschritten und sich selbst entsanken in einem weiselosen Abgrund abgründiger Seligkeit, wo die drei göttlichen Personen ihre Natur in wesenhafter Einheit besitzen. Seht, da ist die Seligkeit so einfach und so weiselos, daß darin alles wesenhafte Schauen, Zuneigen und Unterscheiden der Kreaturen vergeht. Denn alle erhobenen Menschen schmelzen und erneuern sich, wenn sie Gottes Wesen genießen, das aller Wesen Überwesen ist. Da entfallen sie sich selbst in einer Verlorenheit und in einem Unwissen ohne Grund.

Alle erleuchteten Menschen sind sich selbst da enthoben in einem weiselosen Genießen, das über all die Fülle hinausfließt, die je eine Kreatur empfangen hat oder empfangen könnte. Denn da sind alle erhobenen Menschen in ihrem Überwesen ein Genießen und eine Seligkeit mit Gott ohne Unterschied. Und da ist die Seligkeit so einfach, daß da niemals Unterschied hineinkommen kann. Und dies begehrte Christus, als er seinen himmlischen Vater bat, daß all seine Geliebten zur Einheit gebracht würden, so wie er eins ist mit dem Vater im Genießen durch den Heiligen Geist. So bat er und begehrte, daß er in uns und wir in ihm und in seinem himmlischen Vater eins werden im Genießen durch den Heiligen Geist. Und dies erscheint mir das liebevollste Gebet zu sein, das Christus je zu unserer Seligkeit gebetet hat. [512]

Jan van Ruusbroec

Liebe – was ist sie anders als ein Leben, in dem zwei sich einen oder eins zu sein verlangen? So erlebe ich meine Seele und die Seele meines Freundes als eine Seele in zweifachem Leben.

Alle Liebe aber hat einen Zug zum Wohltun. Nicht wie der Feinschmecker sagt: »Ich liebe die und die Leckerbissen«- nicht so soll die Liebe sein. Er tötet, er verzehrt, indem er »liebt«. Soll man etwa auch Menschen so lieben – sie gleichsam zum Genuß verzehrend? Nein, rechte Liebe hat stets etwas von Freundschaft, die den Geliebten beschenken will; und wenn sie nichts sonst zu schenken hat, ist Liebe schon genug für sich allein. [513]

AURELIUS AUGUSTINUS

Nachwort

Dieses Buch wurde im Sommer 1993 angeregt von Herrn Ludger Hohn-Kemler, Lektor des Verlags Herder, mit dem ich wegen anderer Publikationen in Verbindung stand. Ich bedanke mich bei ihm für seine Geduld, mit der er den Wachstumsprozeß dieses Buches begleitet hat, und nicht zuletzt für seine Hilfe bei der Erstellung des Quellenverzeichnisses.

Möglich geworden ist das Buch durch die finanzielle Unterstützung der niederdeutschen Provinz der Karmeliten; allen Mitgliedern der Provinz sei herzlich gedankt, vor allem Pater Leo Groothuis O. Carm., der meine Arbeit im Namen der Provinz mit Interesse verfolgt hat.

Ein besonderer Dank gilt Paul Menting und Pater Dr. Michael Plattig O. Carm., die jeweils ein Kapitel übernommen haben und mit ihrer Fachkenntnis maßgeblich am Gelingen dieses Buches mitgewirkt haben.

ELISABETH HENSE

Die Autorinnen und Autoren

Albrecht, Carl (1902-1965) [188]
Aelred von Rievaulx (1109/10-1167)
[449, 461, 462, 493-496]
Amelry, Franciscus (um 1550)
[252, 510, 511]
Amiel, Henri Frédéric (1821-1881) [79]
Andriessen, Herman (* 1927) [50, 122]
Angela von Foligno (1248-1309)
[144, 180, 290, 415]
Angelus Silesius (1624-1677)
[10, 25f, 30, 63f, 102, 149f, 169f,
176, 200ff, 228f, 236, 245, 373, 421]
Antonius von Padua (1195-1231)
Apophthegmata Patrum
[313, 326, 329, 339]
Arndt, Johann (1555-1621) [208]
Aufrichtige Erzählungen eines russi-
schen Pilgers (1870) [204, 330, 426]
Aurelius Augustinus (354-430)
[96, 113, 232, 294, 361, 383f, 435,
463, 465, 513]

Bawardy, Mariam (1846-1878) [39]
Beatrijs van Nazareth (1200-1268)
[49, 147f, 286, 338, 374]
Beda Venerabilis (672-735) [501]
Benedikt von Canfield (1562-1610)
[372]
Bernhard von Clairvaux (1090-1153)
[9, 41f, 75, 95, 126, 158, 193, 437,
439, 471f, 478f]
Blannbekin, Agnes († 1315)
[101, 262, 416]
Bloom, Anthony (* 1914)
[151, 198, 230f, 304]
Böhme, Jakob (1575-1624)
[100, 152, 419, 420]
Boff, Leonardo (* 1938) [19, 223f]
Bonaventura (1217-1274)
[65f, 295f, 319, 450]

Bonhoeffer, Dietrich (1906-1945) [447]
Bossuet, Jacques-Bénigne (1627-1704)
[452]
Brandsma, Titus (1881-1942)
[15f, 18, 408]
Brigitta von Schweden (1303-1373)
[56, 2269, 357, 398]

Cardenal, Ernesto (* 1925) [77, 418]
Certeau, Michel de (1925-1986)
[59, 92, 118]
Christina von Stommeln (1242-1312)
[458]
Claesinne van Nieuwlant (1550-1611)
[57f, 136, 396]
Claudel, Paul (1868-1955) [89]

David von Augsburg (1200-1271/72)
[1, 177]
Delbrêl, Madeleine (1904-1964)
[159, 222, 382]
Diadochos von Photike (Mitte 5. Jh.)
[105]
Dionysius Areopagita (um 500)
[55, 137, 168]
Dominique de Saint-Albert (1596-1634)
[13]
Dorothea von Montow (1347-1394)
[490]

Ebner, Christina (1277-1356) [498]
Elias Ekdikos (11./12. Jh.)
[160, 213, 333]
Elisabeth von Dijon (1880-1906) [153]
Elisabeth von Schönau (1129-1164)
[185]
Evagrios Pontikos (um 345-399)
[343, 484]

Foucauld, Charles de (1859-1916) [355]
Franziskus von Assisi (1181/2-1226)
  [94, 248, 346, 356, 379f, 385f, 399,
  401, 403f, 409, 413f, 422ff, 457]
Franz von Sales (1567-1622)
  [203, 240, 311, 321, 337, 414, 497]

Gertrud die Große (1256-1302)
  [128, 186, 381, 482, 502]
Gregor der Große (540-604): [4]
Gregor von Nyssa (335-394)
  [138, 197, 249]
Gregor von Nazianz (329-390) [172]
Gregor der Sinait (1255/65-1337) [167]
Grün, Anselm (* 1945) [342]
Gruyters, Elisabeth (1789-1864) [143]
Gutiérrez, Gustavo (* 1928) [405]
Guyon, Jeanne-Marie B. (1648-1717)
  [145, 211, 367]

Hadewijch (13. Jh) [35, 54, 99, 124, 171,
  377, 392, 455, 475, 505]
Hammarskjöld, Dag (1905-1961)
  [97f, 194f, 229f, 247, 258, 271, 390]
Hazzaya, Rabban Jausep (* 710/713)
  [212, 216, 327f]
Hesychios der Sinait (8./9. Jh.)
  [207, 209, 225]
Hildegard von Bingen (1098-1179)
  [51, 90, 181ff, 362f]
Höß, Kreszentia (1682-1744) [375]
Hugo von St. Viktor (1096- 1141) [7]

Ignatius von Loyola (1491-1556)
  [298ff, 304, 306, 347ff]
Ioann von Valamo, Starez (1873-1958)
  [219, 263, 353f, 359, 371, 410]
Ionesco, Eugène (1912-1994) [78]
Irenaeus von Lyon († um 202) [37f]

Jacopone da Todi (1230/36-1306)
  [173ff, 270]
James, William (1842-1910)
  [79, 81, 83, 85]
Jean de Saint-Samson (1571-1636)
  [256f, 441, 507]
Joachim von Fiore (1130-1202) [368]
Johannes Cassianus (360-435)
  [199, 264, 340, 344,f, 491f]
Johannes Chrysostomus (um 350-407)
  [387, 406]
Johannes vom Kreuz (1542-1591)
  [43, 76, 130, 162, 190ff, 196, 243f,
  307, 417, 436, 438, 466f]
Juliana of Norwich (1342-1422) [11, 27f,
  104, 205, 217, 238, 251, 481, 489]

Kallistos Kataphygiotes (14./15. Jh.) [161]
Katharina von Genua (1447-1510) [106,
  127, 140ff, 146, 179, 253, 275f, 395]
Katharina von Siena (1347-1380) [1178,
  366, 378, 411, 442, 453, 454, 459]
Kierkegaard, Sören (1813-1855) [316]

Le Fort, Gertrud von (1876-1971) [431]
Llull, Ramon (1232-1315) [246, 474]
Lucie-Christine (1844-1908) [165, 360]
Ludolf von Sachsen (1295-1378) [305]
Luitgard von Aywière (1182-1246) [504]

Magdeleine von Jesus (1898-1989)
  [393f]
Mariam Bawardy (1846-1878) [39]
Marie de l'Incarnation (1599-1672)
  [166, 210, 284f]
Mayröcker, Friederike (* 1924)[425]
Maximos der Bekenner (um 580 – 662)
  [17, 34, 289]
Mechthild von Hackeborn (1241-1299)
  [281]
Mechthild von Magdeb. (1208-1282/94)
  [48, 110, 131, 239, 446]

Meister Eckhart (1260-1327)
[5, 12, 20ff, 109, 115ff, 125, 132, 157, 259, 261, 397, 468ff, 476f]
Mello, Anthony de (1931-1987) [486]
Merton, Thomas (1915-1968) [40]
Metz, Johannes Baptist (* 1928)
[133ff, 234, 427]
Michael v. hl. Augustinus (1622-1684)
[278, 488]
Müller, Wunibald (*1950) [86, 364]
Müntzer, Thomas (1488-1525) [60]

Niketas Stethatos (11. Jh.)
[24, 218, 376, 427]
Nouwen, Henri J. M. (1932-1996)
[112, 221]

Oetinger, Friedrich Chr. (1702-1782)
[36]
Origenes († 253/54)
[8, 29, 45, 233, 235, 250, 291ff, 293]

Pascal, Blaise (1623-1662) [46, 119]
Pazzi, Maria M. de (1566-1607) [44, 456]
Peters, Gerlach (1378-1411) [91, 303]
Petros Damaskenos (12. Jh.) [464, 487]
Petyt, Maria (1623-1677) [103, 163f, 184, 254, 277, 358, 500, 503, 509]
Philotheos der Sinait (9./10. Jh.) [220]
Porete, Margarete († 1310)
[280, 308, 389]
Proust, Marcel (1871-1922) [82]
Pseudo-Makarios (etwa 5. Jh.)
[215, 226, 332]

Rahner, Karl (1904-1984) [323ff]
Richard von Sankt-Victor († 1173) [485]
Rilke, Rainer Maria (1875-1926) [121]
Russischer Pilger (Ende 19. Jh.)
[204, 330, 426]
Ruusbroec, Jan van (1293-1381)
[265ff, 279, 391, 443f, 512]

Saint-Exupéry, Antoine de (1900-1944)
[255, 317]
Schenkl, M. Assumpta [62]
Schutz, Frère Roger (* 1915) [407]
Seuse, Heinrich (1295-1366) [189]
Siluan, Starez (1866-1938) [6, 187, 400]
Sölle, Dorothee (* 1929) [388]
Speyr, Adrienne von (1902-1967) [480]
Spiridon, Archimandrit (1875-unbekannt) [460]
Stap, Ton van der (* 1934) [80]
Stein, Edith (1891-1942) [154]
Symeon der neue Theologe (949-1022):
[3, 107, 123, 287f, 434]

Tauler, Johannes (1300-1361)
[282f, 309, 331]
Teilhard de Chardin, Pierre (1881-1955)
[120, 428ff]
Tennyson, Alfred (1809-1892) [83]
Teresa von Avila (1515-1582) [33, 47, 93, 214, 310, 320, 334ff, 369, 508]
Thalassios der Libyer (7. Jh.)
[2, 433, 451]
The Book of Privy Counselling (14. Jh.)
[111, 156, 237, 260]
Theologia Deutsch (Ende 14. Jh.)
[61, 139, 241f, 402, 448]
Theophan der Einsiedler (1815-1894)
Thomas Müntzer (1225/26-1274) [60]
Thérèse von Lisieux (1873-1897)
[129, 313ff, 322, 370]
Thomas von Aquin (1225/26-1274)
[297, 499]

Vasalis, M. (* 1909) [108]

Weil, Simone (1909-1943) [14, 87f, 365]
Wilhelm von St. Thierry (1080/85-1148)
[31f, 67ff, 114, 272ff, 302, 445, 473, 483, 506]
Wolke des Nichtwissens (14. Jh)
[52f, 440],

Literaturverzeichnis

Motto

[1] *David von Augsburg*, aus: Ders., Von der unergründlichen Fülle Gottes, in: Franz Pfeiffer, Deutsche Mystiker des vierzehnten Jahrhunderts. Scientia Verlag, Aalen 1962, 375

Gott und Mensch
Gott kommt vom Himmel

[2] *Thalassios der Libyer*, aus: Ders., Über die Liebe, die Enthaltsamkeit und die Geistesführung, in: Byzantinische Mystik, Bd. 1: Das Erbe der Mönchsväter. Ausgew. u. übers. v. Klaus Dahme. Otto Müller Verlag, Salzburg 1989, 128

[3] *Symeon der neue Theologe*, Aus den Liebesgesängen an Gott, zitiert nach: Peter Sloterdijk (Hrsg.), Mystische Zeugnisse aller Zeiten und Völker, gesammelt von Martin Buber. Eugen Diederichs Verlag, München 1993, 108

[4] *Gregor der Große*, aus: Ders., Dial. 2. B. 35. Kap, in: Gregor der Große, Kraft in der Schwachheit. Benziger Verlag, Zürich ²1988, 60f

[5] *Meister Eckhart*, aus: Ders., Reden der Unterweisung 17, in: Ders., Deutsche Predigten und Traktate. Hrsg. u. übers. v. Josef Quint. Carl Hanser Verlag, München ³1969, 78

[6] *Starez Siluan*, in: Mönch vom hl. Berg Athos, Leben - Lehre - Schriften. Dargestellt u. hrsg. v. Archimandrit Sophronius. Patmos -Verlag, Düsseldorf 1959, 232

[7] *Hugo von St. Viktor*, aus: Ders., Vom Lob der Liebe, in: Die Viktoriner, Mysti-sche Schriften. Ausgew., übertr. u. eingel. v. Paul Wolff; Sequenzübertragung v. Hans Rosenbergl. Thomas-Verlag, Wien 1936, 120f

[8] *Origenes*, aus: Ders., Homilien zum Hohenlied, in: Origenes und Gregor der Große, Das Hohelied. Übers. u. eingel. v. K. Suso Frank. Johannes-Verlag, Einsiedeln 1987, 45

[9] *Bernhard von Clairvaux*, aus: Ders., Sermones super Cantica Canticorum 74.6, in: Ders., Weil mein Herz bewegt war. Übers. u. eingel. v. Elisabeth Hense. Verlag Herder, Freiburg 1990, 62f

[10] *Angelus Silesius*, aus: Ders., Cherubinischer Wandersmann, hrsg. von Louise Gnädiger. Verlag Philipp Reclam jun., Stuttgart 1985, 28

[11] *Juliana of Norwich*, aus: Dies., Offenbarungen von göttlicher Liebe. In der ursprünglichen Fassung zum erstenmal übers. u. eingel. v. Elisabeth Strakosch, Johannes Verlag, Einsiedeln 1960, 34

[12] *Meister Eckhart*, aus: Ders., Predigt 18, in: Ders., Deutsche Predigten und Traktate, aaO. [5], 233

[13] *Dominique de Saint-Albert*, aus: Ders., Traicté tres exquis et mistique de l'oraison mentale, in: Carmelus 12 (1965), 228

[14] *Simone Weil*, aus: Dies., Zeugnis für das Gute. Traktate, Briefe, Aufzeichnungen. Übers. u. hrsg. v. Friedhelm Kemp. Walter-Verlag, Olten 1976, 203

[15] *Titus Brandsma*, aus: Ders., Mystik, in: Engagierte Mystik: Hrsg. v. Elisabeth Hense. Bonifatius-Verlag, Paderborn 1991, 20

[16] *Titus Brandsma*, De Gelderlander 7.5.1939, ebd., 98

[17] *Maximos der Bekenner*, aus: Ders., All-eins in Christus. Auswahl, Übertragung u. Einleitung v. Endre von Jvánka. Johannes Verlag, Einsiedeln 1961, 68-71

[18] *Titus Brandsma*, aus: Ders., Mystiek en pseudo-mystiek, in: Engagierte Mystik, aaO. [15], 99

[19] *Leonardo Boff*, aus: Ders., Aus dem Tal der Tränen ins Gelobte Land. Patmos Verlag, Düsseldorf 1982, 215

Der Mensch ist Bild Gottes

[20] *Meister Eckhart*, aus: Ders., Predigt 6, in: Ders., Deutsche Predigten und Traktate, aaO. [5], 180

[21] *Meister Eckhart*, aus: Ders., Predigt 57, ebd., 423

[22] *Meister Eckhart*, aus: Ders., Predigt 59, ebd., 437

[23] *Meister Eckhart*, aus: Ders., Predigt 25, ebd., 267

[24] *Niketas Stethatos*, aus: Ders., Dreihundert Sprüche von der Tugendübung, der Naturbetrachtung und der Gotteserkenntnis, in: Byzantinische Mystik, Bd 2: Die Lehre von der geistlichen Stille. Ausgew. u. übers. v. Klaus Dahme. Otto Müller Verlag, Salzburg 1995, 46

[25] *Angelus Silesius*, aus: Ders., Cherubinischer Wandersmann, aaO. [10], 107

[26] *Angelus Silesius*, ebd., 67

[27] *Juliana of Norwich*, aus: Dies., Offenbarungen, in: Margaret Collier-Bendelow, Gott ist unsere Mutter. Die Offenbarung der Juliana von Norwich. Aus dem Engl. übers. v. Maria-Sybille Bienentreu. Verlag Herder, Freiburg 1989, 68

[28] *Juliana of Norwich*, ebd., 72

[29] *Origenes*, aus: Ders., Geist und Feuer,

hrsg. von Hans Urs von Balthasar. Otto Müller Verlag, Salzburg/Leipzig 1938, 413

[30] *Angelus Silesius*, aus: Ders., Cherubinischer Wandersmann, aaO. [10], 94

[31] *Wilhelm von Saint-Thierry*, aus: Ders., Meditative Gebete, 6,8. Zisterzienserinnen-Abtei, Eschenbach/CH 1993, 52

[32] *Wilhelm von St.Thierry*, aus: Ders., Auslegung des Hohenliedes, nr 66. Zisterzienserinnen-Abtei, Eschenbach/CH 1990, 108

[33] *Teresa von Avila*, aus: Dies., Búscate en mí, in: Dies., Obras completas. Hrsg. v. Efren de la Madre de Dios O.C.D. u. Otger Steggink O.Carm. La editoral catolica, Madrid [8]1986, 655

[34] *Maximos der Bekenner*, aus: Ders., Verschiedene Sprüche über das Wissen von Gott und die göttliche Heilsordnung, über Tugend und Laster, in: Byzantinische Mystik, Bd. 1, aaO. [2], 124

[35] *Hadewijch*, aus: Paul Mommaers, De brieven van Hadewijch. © Uitgeverij Altiora Averbode 1990, 141

[36] *Friedrich Christoph Oetinger*, aus: Ders., Die Verklärung Jesu in seiner Braut. Metzler & Erhardt, Frankfurt 1734, 507ff

[37] *Irenæus von Lyon*, aus: Ders., Adversus Hæreses IV, 39, 2-3, in: Geduld des Reifens. Hrsg. v. H. U. von Balthasar. Johannes Verlag, Einsiedeln 1956, 73f

[38] *Irenæus von Lyon*, aus: Ders., Adversus Hæreses V, 6,1, ebd., 87f

[39] *Mariam Bawardy*, aus: Dies., Op wie zal ik lijken?, in: A. Brunot, Niets mag je verbazen. Mariam Bawardy (1846-1878). Carmelitana, Gent 1986, 113f

Das Nachsinnen über sich selbst

[40] *Thomas Merton*, aus: Ders., The inner Experience. Notes on Contemplation (I), Cistercian Studies XVIII, 1983, 3-15, übers. v. J. Sudbrack, verglichen mit einer frühen Fassung im Besitz des Übersetzers (Anschrift unbekannt).

[41] *Bernhard von Clairvaux*, aus: Ders., De consideratione ad Eugenium papam II.III.6, in: Weil mein Herz bewegt war, aaO. [9], 43f

[42] *Bernhard von Clairvaux*, aus: Ders., Sermones super Cantica Canticorum 36.5-6, ebd., 48-50

[43] *Johannes vom Kreuz*, aus: Ders., Die dunkle Nacht. Vollständige Neuübersetzung, eingel. v. Reinhard Körner, hrsg. v. Ulrich Dobhan. Verlag Herder, Freiburg ²1995, 131f

[44] *Maria Maddalena de Pazzi*, aus: Dies., Probatione II, in: Maria Maddalena de Pazzi, Tutte le opere. Edizione diretta da Fulvio Nardoni, Centro internazionale del libro, Florenz 1980, II, 109

[45] *Origenes*, aus: Ders., Homilien zum Hohenlied, aaO. [8], 54f

[46] *Blaise Pascal*, aus: Ders., Über die Religion und über einige andere Gegenstände (Pensées), übertr. u. hrsg. v. E. Wasmuth. Verlag Lambert Schneider, Gerlingen ⁹1994

[47] *Teresa von Avila*, aus: Dies., Seelenburg I, 1,1-3, in: Teresa von Avila, Ich bin ein Weib und obendrein kein gutes. Ein Porträt der Heiligen in ihren Texten. Ausgew., übers. u. eingel. v. Erika Lorenz. Verlag Herder, Freiburg ⁷1990, 36

[48] *Mechthild von Magdeburg*, aus: Dies., Das fließende Licht der Gottheit I,44.2. neubearb. Übers. mit Einführung u. Kommentar v. Margot Schmidt. Verlag F. Frommann-G. Holzboog, Stuttgart o. J., 32f

[49] *Beatrijs van Nazareth*, aus: Dies., Van seuen manieren van heileger minnen. Eingel. v. H.W.J. Vekeman u. J.J.Th.M. Tersteeg. Thieme und Cie, Zutphen 1971, 48

[50] *Herman Andriessen*, aus: Ders., Der Vogel (unveröffentlicht)

[51] *Hildegard von Bingen*, aus: Dies., Brief an Wilbert von Gembloux, in: Briefwechsel. Nach den älteren Handschriften übers. u. nach den Quellen erläutert v. Adelgundis Führkötter. Otto Müller Verlag, Salzburg 1965, 226

Nur die Minne erkennt Gott

[52] *Wolke des Nichtwissens*. Übers. v. Elisabeth Strakosch. Johannes Verlag, Einsiedeln 1958, 87f

[53] *Wolke des Nichtwissens*, ebd., 87

[54] *Hadewijch*, aus: Dies., 18. Brief, in: De brieven van Hadewijch, aaO. [35], 141

[55] *Dionysius Areopagita*, aus: Ders., Von der mystischen Theologie, in: Ders., Von den Namen zum Unnennbaren. Auswahl und Einleitung v. Endre von Ivánka. Johannes Verlag, Einsiedeln o. J., 91

[56] *Brigitta von Schweden*, aus: Dies., Offenbarungen II,14, in: Dies., Der Berg der Liebe. Hrsg. v. Helga Unger. Verlag Herder, Freiburg 1991, 196f

[57] *Claesinne van Nieuwlant*, aus: Dies., Samenspraak. Hrsg. v. Paul Mommaers. Uitgeverij B. Gottmer, Nijmegen 1985, 121

[58] *Claesinne van Nieuwlant*, ebd., 123

[59] *Michel de Certeau*, L'Étranger ou l'union dans la différence, Desclée de Brouwer, Paris 1991, 14; übersetzt von Christian Hermes, Tübingen/Wendelsheim

[60] *Thomas Müntzer*, aus: Ders., Schriften und Briefe. Krit. Gesamtausg., hrsg. v.

F. Günther, Gütersloher Verlagshaus G. Mohn 1968 © Verein für Reformationsgeschichte

[61] *Theologia Deutsch.* Hrsg. v. G. Wehr. Dingfelder Verlag, Andechs 1989, 81f

[62] *M. Assumpta Schenkl,* aus: Dies., Mit Sehnsucht sehnte ich mich. Zisterzienserinnen-Abtei, Eschenbach/CH 1990, 41

[63] *Angelus Silesius,* aus: Ders., Cherubinischer Wandersmann, aaO. [10], 92

[64] *Angelus Silesius,* ebd., 54

[65] *Bonaventura,* aus: Ders., Itinerarium mentis in Deum. Franziskus-Druckerei, Werl 1932, 16, 20f

[66] *Bonaventura,* ebd., 79f

[67] *Wilhelm von St. Thierry,* aus: Ders., Gott schauen, Gott lieben. Johannes Verlag, Einsiedeln 1961, 33f

[68] *Wilhelm von Saint-Thierry,* aus: Ders., Goldener Brief, nr 250-251. Zisterzienserinnen-Abtei,Eschenbach/CH 1992, 96

[69] *Wilhelm von Saint-Thierry,* aus: Ders., Goldener Brief, nr 292, ebd., 108

[70] *Wilhelm von St.Thierry,* aus: Ders., Auslegung des Hohenliedes, nr 99, aaO. [32], 132

[71] *Wilhelm von St.Thierry,* ebd., 119

[72] *Wilhelm von St.Thierry,* ebd., 78f

[73] *Wilhelm von St.Thierry,* ebd., 117f

[74] *Wilhelm von St.Thierry,* ebd., 126f

[75] *Bernhard von Clairvaux,* aus: Ders., Sermones super Cantica Canticorum 79.1, in: Ders., Sämtliche Werke: lateinisch/deutsch, Band 6. Hrsg. v. Gerhard B. Winkler. Tyrolia Verlag, Innsbruck -Wien 1995, 559-561

[76] *Johannes vom Kreuz,* aus: Ders., Die dunkle Nacht, aaO. [43], 101f

[77] *Ernesto Cardenal,* aus: Ders., Das Buch von der Liebe. Peter Hammer Verlag, Wuppertal 1991. 107f

Die mystische Erfahrung

Eine fundamentale Entdeckung – oder: Das Erwachen des Selbst

[78] *Eugène Ionesco,* in: C. Chabanis, Dieu existe-il? Non. Librairie Arthème Fayard, Paris 1973, 333f

[79] *F. Amiel,* aus: Ders., Fragments d'un Journal Intime, in: William James, Religiöse Erfahrung in ihrer Mannigfaltigkeit. Hinrichs Verlag, Leipzig 1907, 366f

[80] *Ton van der Stap,* aus: Ders., Vijf notities over het geluk, in: Speling 23 (1971) nr. 4, 9

[81] *Anonym,* in: William James, aaO. [78], 56

[82] *Marcel Proust,* aus: Ders., A la Recherche du Temps perdu. L'Arpenteur Gallimard, Paris 1954, I, 45

[83] *Alfred Tennyson,* aus: Ders., Brief an B.P. Blood, in: William James, aaO. [78], 360f

[84] *Anonym,* aus: Carl Martin Edsmann, Mystik als Opposition in der Wohlstandsgesellschaft, in: Antaios, Bd. 12. Klett, Stuttgart 1970, 285 © by Autor.

[85] *Anonym,* in: William James, aaO. [78], 60

[86] *Wunibald Müller,* aus: Ders., Ekstase. Sexualität und Spiritualität. Matthias-Grünewald-Verlag, Mainz ²1993, 11f

[87] *Simone Weil,* aus: Dies., Brief an Pater Jean-Marie Perrin, in: Dies., Zeugnis für das Gute, aaO. [14], 104f

[88] *Simone Weil,* ebd., 106

[89] *Paul Claudel,* aus: Ders., Der Strom. Verlag das goldene Vlies, Berlin 1955, 171-173

[90] *Hildegard von Bingen,* Scivias. Hrsg. v. Walburga Storch OSB. Pattloch Verlag, Augsburg. © 1991 Weltbild Verlag GmbH, Augsburg, 5f

[91] *Gerlach Peters,* aus: Ders., Branden-

de Alleenspraak met God. Abdij Bethlehem, Bonheiden 1984, 34

[92] *Michel de Certeau*, L'Étranger ou l'union dans la différence, Desclée de Brouwer, Paris 1991, 1-2; übersetzt von Christian Hermes, Tübingen/Wendelsheim

[93] *Teresa von Avila*, aus: Dies., Vida 9,1, in: Obras Completas, aaO. [33], 63

[94] *Franz von Assisi*, aus: Die Dreigefährtenlegende des heiligen Franziskus. Einführung von Sophronius Clasen, Übersetzung und Anmerkungen von Engelbert Grau. Franziskanische Quellenschriften Band 8. Coelde Verlag, Werl 1993, 190f

[95] *Bernhard von Clairvaux*, aus: Ders., Sermones super Cantica Canticorum 14.6, in: Weil mein Herz bewegt war, aaO. [9], 57f

[96] *Augustinus*, aus: Ders., Conf. VII,10, in: Ders., Bekenntnisse. Eingel. u. übertr. v. Wilhelm Thimme. Verlag Philipp Reclam jun., Stuttgart 1977, 188

[97] *Dag Hammarskjöld*, aus: Ders., Zeichen am Weg. Verlag Th. Knaur, München 1965, 107f

[98] *Dag Hammarskjöld*, ebd., 46

[99] *Hadewijch*, aus: Dies., 2. und 3. Vision, in: P. Mommaers, Hadewijch – Visionen. Uitgeverij B. Gottmer, Nijmegen 1979, 41f

[100] *Jakob Böhme*, aus: Ders., Aurora 23,84, in: Die Morgenröte bricht an. Hrsg. v. Gerhard Wehr. Verlag Herder, Freiburg 1983, 110f

Eine letztendliche Wirklichkeit oder die Präsenz Gottes

[101] *Agnes Blannbekin*, aus: Leben und Offenbarungen der Wiener Begine Agnes Blannbekin. Hrsg. v. P. Dinzelbacher und R. Vogeler. Kümmerle Verlag, Göppingen 1994, 69-71

[102] *Angelus Silesius*, aus: Ders., Cherubinischer Wandersmann, aaO. [10], 28

[103] *Maria Petyt*, aus: Het Leven van de Weerdighe Moeder Maria a Sta. Teresia, in: Mein Herz war wach. Hrsg. v. Elisabeth Hense. Vier-Türme-Verlag, Münsterschwarzach 1996, 92f

[104] *Juliana of Norwich*, aus: Dies., Offenbarungen von göttlicher Liebe; aaO. [11], 87f

[105] *Diadochos von Photike*, aus: Ders., Gespür für Gott. Hundert Kapitel über die geistliche Vollkommenheit. Übers. v. K.S. Frank. Johannes Verlag, Einsiedeln 1982, Nr. 14

[106] *Katharina von Genua*, aus: Dies., Biographie, Kap. 9, hrsg. von L. Sartorius. Kösel-Verlag/Verlag F. Pustet, München/Regensburg 1939, 93

[107] *Symeon der neue Theologe*, aus: Ders., Aus den Liebesgesängen an Gott. Siebzehnte Hymne, zitiert nach: Peter Sloterdijk (Hrsg.), Mystische Zeugnisse aller Zeiten und Völker, aaO. [3], 110

[108] *M. Vasalis*, aus: Dies., De vogel Phoenix. Verlag G.A. van Oorschot, Amsterdam [15]1985, S. 27f

[109] *Meister Eckhart*, aus: Dies., Predigt 3, in: Ders., Deutsche Predigten und Traktate, aaO. [5], 167

[110] *Mechthild von Magdeburg*, aus: Dies., Das fließende Licht der Gottheit II,21, aaO. [48], 59

[111] *The Book of Privy Counselling*. Hrsg. v. Phyllis Hodgson. Institut für Anglistik und Amerikanistik der Universität Salzburg, Salzburg 1982; Analecta Cartusiana Teil 3, 80

[112] *Henri Nouwen*, aus: Ders., Ich hörte auf die Stille. Verlag Herder, Freiburg [13]1993, 60f

Eine unmittelbare Begegnung oder
das Einswerden ohne Weise

[113] *Augustinus*, aus: Ders., Conf. X,27,
in: Ders., Bekenntnisse, aaO. [96], 294
[114] *Wilhelm von Saint-Thierry*, aus:
Ders., Meditative Gebete, 7,4, aaO. [31],
59
[115] *Meister Eckhart*, aus: Ders., Predigt
53, in: Ders., Deutsche Predigten und
Traktate, aaO. [5], 402
[116] *Meister Eckhart*, aus: Ders., Predigt
6, ebd., 180f
[117] *Meister Eckhart*, aus: Ders., Predigt
57, ebd., 419
[118] *Michel de Certeau*, L'Étranger ou
l'union dans la différence, Desclée de
Brouwer, Paris 1991, 16; übersetzt von
Christian Hermes, Tübingen/Wendels-
heim
[119] *Blaise Pascal*, aus: Blaise Pascal in
Selbstzeugnissen und Bilddokumenten,
aaO. [46], 111
[120] *Teilhard de Chardin*, aus: Ders.,
Lobgesang des Alls. Walter Verlag, Olten-
Freiburg 1964; © Editions du Seuil 1961
[121] *Rainer Maria Rilke*, aus: Ders., Das
Stundenbuch. Suhrkamp Verlag, Frank-
furt/M. 1972, 64
[122] *Herman Andriessen*, aus: Ders.,
Teksten op weg naar Kerstmis. Uitgeverij
Kok, Kampen 1994, 26
[123] *Symeon der neue Theologe*, aus:
Ders., Aus den Liebesgesängen an Gott.
Siebenundzwanzigste Hymne, zitiert nach:
Peter Sloterdijk (Hrsg.), aaO. [3], 113f
[124] *Hadewijch*, aus: Dies., 7. Vision, in:
P. Mommaers, Hadewijch - Visioenen,
aaO. [96], 77
[125] *Meister Eckhart*, aus: Ders., Reden
der Unterweisung 12, in: Ders., Deutsche
Predigten und Traktate, aaO. [5], 72
[126] *Bernhard von Clairvaux*, aus: Ders.,

Sermones super Cantica Canticorum
74.6, in: Weil mein Herz bewegt war, aaO.
[9], 61f
[127] *Katharina von Genua*, aus: Biographie, Kap 19, zitiert nach: Bruno Borchert, Mystik. Langewiesche Verlags-
buchhandlung, Königstein 1994, 34
[128] *Gertrud die Große von Helfta*, aus:
Dies., Gesandter der göttlichen Liebe 2,8.
Ungekürzte Übers. v. J. Lanczkowski.
Verlag Lambert Schneider, Heidelberg
1989, 28
[129] *Thérèse von Lisieux*, aus: Dies., Édi-
tion critique des Oeuvres Complètes.
Correspondance générale. Les Editions
du Cerf, Paris 1973, 684f
[130] *Johannes vom Kreuz*, aus: Ders.,
Lebendige Liebesflamme, in: Ders., Verschlungen bin ich in deiner Schönheit:
Hrsg. v. E. Hense u. E. Peeters. Paulus-
verlag/Echter Verlag, Fribourg/Würzburg
1991, 53
[131] *Mechthild von Magdeburg*, aus:
Dies., Das fließende Licht der Gottheit
I,44, aaO. [48], 33f

Eine leidenschaftliche Wende – oder:
Das Paradox der Vergottung

[132] *Meister Eckhart*, aus: Ders., Predigt
32, in: Ders., Deutsche Predigten und
Traktate, aaO. [5], 306-309
[133] *Johannes Baptist Metz*, aus: Ders.,
Armut im Geiste. Ars Sacra Verlag Josef
Müller, München 1962, 52f
[134] *Johannes Baptist Metz*, ebd., 52f
[135] *Johannes Baptist Metz*, ebd., 35f
[136] *Claesinne van Nieuwlant*, in: Dies.,
Samenspraak, aaO. [57], 115
[137] *Dionysius Areopagita*, aus: Ders., Von
der mystischen Theologie, in: Ders., Von

den Namen zum Unnennbaren, aaO. [55], 93f

[138] *Gregor von Nyssa*, aus: Ders., Der versiegelte Quell. Auslegung des Hohen Liedes. Hrsg. v. Hans Urs von Balthasar. Johannes Verlag, Einsiedeln 1954, 85

[139] *Theologia Deutsch*, aaO. [61], 147

[140] *Katharina von Genua*, aus: Dies., Biographie, zitiert nach: Peter Sloterdijk (Hrsg.), aaO. [3], 212

[141] *Katharina von Genua*, aus: Dies., Biographie, Kap 9, zitiert nach: Bruno Borchert, Mystik, aaO. [127], 35

[142] *Katharina von Genua*, ebd., 35

[143] *Elisabeth Gruyters*, aus: Dies., Daar stond ik te zien op straat, gans verbaast... Hrsg. v. P. Humblet u. H. Blommestijn. Leiter-Nijpels, Maastricht 1987, 25

[144] *Angela von Foligno*, aus: Dies., Gesichte und Unterweisungen, in: Rolf Beyer, Die andere Offenbarung. Verlag Gustav Lübbe, Bergisch Gladbach 1989, 227f

[145] *Madame J.M.B. de la Mothe Guyon*, Die Geistlichen Ströme. Die Heimkehr der Menschen zu Gott. Oekumenischer Verlag Edel, Marburg 1978, 41

[146] *Katharina von Genua*, aus: Dies., Biographie, Kap. 35. Hrsg. v. L. Sartorius, aaO. [106], 104f

[147] *Beatrijs van Nazareth*, aus: Dies., Van seuen manieren van heileger minnen, aaO. [49], 44f

[148] *Beatrijs van Nazareth*, ebd., 51

Die mystische Sprache
Das Schweigen – oder: Der Beginn eines intensiveren Gesprächs

[149] *Angelus Silesius*, aus: Ders., Cherubinischer Wandersmann, aaO. [10], 62

[150] *Angelus Silesius*, ebd., 62

[151] *Anthony Bloom*, aus: Ders., School for prayer. © Verlag Darton, Longman and Todd, London 1971, 62

[152] *Jakob Böhme*, aus: Ders., Vom übersinnlichen Leben, in: Ders., Die Morgenröte bricht an. Zeugnisse der Naturfrömmigkeit und der Christuserkenntnis. Ausgew. u. eingel. v. Gerhard Wehr. Verlag Herder, Freiburg 1983, 114

[153] *Elisabeth von Dijon*, aus: Dies., Dernière retraite, in: Mein Herz war wach, aaO. [103], 115

[154] *Edith Stein*, aus: Dies., Worte und Briefe. Zusammengestellt v. Sr. Teresia a Matre Dei im Karmel Köln. Ars Sacra Verlag Josef Müller, München 1965, 20

[155] *Theophan der Einsiedler*, aus: Schule des Herzensgebetes. Die Weisheit des Starez Theophan. Otto Müller Verlag, Salzburg 1985, 178

[156] *The Book of Privy Counselling*, aaO. [111], 75

[157] *Meister Eckhart*, aus: Ders., Predigt 57, in: Ders., Deutsche Predigten und Traktate, aaO. [5], 416f

[158] *Bernhard von Clairvaux*, aus: Ders., Sermones super Cantica Canticorum 31.6, in: Weil mein Herz bewegt war, aaO. [9], 98

[159] *Madeleine Delbrêl*, aus: Dies., Wir Nachbarn der Kommunisten. Johannes Verlag, Einsiedeln 1975, 49-53

[160] *Elias Ekdikos*, aus: Ders., Spruchsammlung, in: Byzantinische Mystik, Bd. 1, aaO. [2], 161

[161] *Kallistos Kataphygiotes*, aus: Ders., Von der Vereinigung mit Gott und dem beschaulichen Leben, in: Byzantinische Mystik, Bd 2, aaO. [24], 130

[162] *Johannes vom Kreuz*, aus: Ders., Geistlicher Gesang 39.12, in: Ders., Verschlungen bin ich in deiner Schönheit, aaO. [130], 93f

[163] *Maria Petyt*, in: Het Leven van de Weerdighe Moeder Maria a Sta. Teresia, in: Mein Herz war wach, aaO. [103], 90f

[164] *Maria Petyt*, ebd., 87f

[165] *Lucie-Christine*, aus: Dies., Geistliches Tagebuch 1870-1908, übers. v. R. Guardini, Düsseldorf (L. Schwann) ²1923, (3. Aufl. Grünewald, Mainz, o. D.)

[166] *Marie de l'Incarnation*, aus: Dies., Correspondance. Hrsg. v. Dom Guy Oury. Abbaye Saint-Pierre, Solesmes 1971, 747

[167] *Gregor der Sinait*, aus: Ders., Sprüche, in: Byzantinische Mystik, Bd 2, aaO. [24], 89

Das paradoxe Sprechen – oder:
Das Nennen des Namenlosen

[168] *Dionysius Areopagita*, aus: Ders., Von der mystischen Theologie, in: Ders., Von den Namen zum Unnennbaren, aaO. [55], 96f

[169] *Angelus Silesius*, aus: Ders., Cherubinischer Wandersmann, aaO. [10], 31

[170] *Angelus Silesius*, ebd., 33

[171] *Hadewijch*, aus: Dies., 22. Brief, in: De brieven van Hadewijch, aaO. [35], 169-171

[172] *Gregor von Nazianz*, aus: Ders., Hymnus an Gott, in: Thomas Michels Mysterien Christi. Frühchristliche Hymnen aus dem Griechischen. Verlag Aschendorff, Münster 1952, 30f

[173] *Jacopone da Todi*, aus: Ders., Laude, A cura di Franco Mancini, Gius. Laterza & Figli, Rom-Bari 1974, Nr.89, S. 284

[174] *Jacopone da Todi*, ebd., Nr. 92, S. 305

[175] *Jacopone da Todi*, ebd., Nr. 9, S. 35-36

[176] *Angelus Silesius*, aus: Ders., Cherubinischer Wandersmann, aaO. [10], 154

[177] *David von Augsburg*, aus: Ders., Weihnachtspredigt, in: Wolf Brixner, Die Mystiker. Weltbild Verlag, Augsburg 1987, 239

[178] *Katharina von Siena*, aus: Dies., Dialogo della Divina Provvidenza, zitiert nach: M. Barth, Meditative Gebete. Johannes Verlag, Einsiedeln 1980, 154

[179] *Katharina von Genua*, aus: Dies., Biographie, Kap. 9, hrsg. von L. Sartorius, aaO. [106], 94

Das schöpferische Sprechen – oder:
Das Erfahren des
göttlichen Schöpferwortes

[180] *Angela von Foligno*, aus: Dies., Gesichte und Unterweisungen, in: Rolf Beyer, Die andere Offenbarung, aaO. [144], 220f

[181] *Hildegard von Bingen*, aus: Dies., Brief an Wilbert von Gembloux, in: Briefwechsel, aaO. [51], 227

[182] *Hildegard von Bingen*, aus: Dies., Brief an Anastasius IV., ebd., 40

[183] *Hildegard von Bingen*, aus: Dies., Wisse die Wege - Scivias (dt.). © Otto Müller Verlag, Salzburg 1954, 309

[184] *Maria Petyt*, aus: Het Leven van de Weerdighe Moeder Maria a Sta. Teresia, I c 180, in: Maria Petyt, Leben aus dem Nichts. Hrsg. v. Elisabeth Hense. Vier-Türme-Verlag, Münsterschwarzach 1995, 30

[185] *Elisabeth von Schönau*, aus: Dies., Brief an Ekbert, in: Wolf Brixner, Die Mystiker, aaO. [177], 185

[186] *Gertrud die Große von Helfta*, aus: Dies., Gesandter der göttlichen Liebe 2,10, aaO. [128], 30

[187] *Starez Siluan*, in: Mönch vom hl. Berg Athos, aaO. [6], 222

[188] *Carl Albrecht*, aus: Ders., Das mystische Wort. Erleben und Sprechen in
Versunkenheit. Dargestellt und hrsg. v.
Hans A. Fischer-Barnicol. Matthias-Grünewald-Verlag, Mainz 1974

[189] *Heinrich Seuse*, aus: Ders., Deutsche
mystische Schriften. Hrsg. u. übertr. v.
Georg Hofmann. Nachdruck der 1. Auflage von 1966. Patmos Verlag, Düsseldorf
1986, 206

[190] *Johannes vom Kreuz*, aus: Ders.,
Prolog der Lebendigen Liebesflamme, in:
Ders., Verschlungen bin ich in deiner
Schönheit, aaO. [130], 60f

[191] *Johannes vom Kreuz*, ebd., 61f

[192] *Johannes vom Kreuz*, ebd., 62

[193] *Bernhard von Clairvaux*, aus: Ders.,
Sermones super Cantica Canticorum,
79.1, in: Weil mein Herz bewegt war, aaO.
[9], 124

[194] *Dag Hammarskjöld*, aus: Ders.,
Rede im Kanadischen Rundfunk 1954, in:
Merkstenen. Uitgeverij B. Gottmer, Nij-
megen 1983, 13f

[195] *Dag Hammarskjöld*, aus: Ders., Zeichen am Weg, aaO. [97], 56

[196] *Johannes vom Kreuz*, aus: Ders., Die
dunkle Nacht, aaO. [43], 27f

[197] *Gregor von Nyssa*, aus: Ders., Der
versiegelte Quell. Auslegung des Hohen
Liedes. Hrsg. v. Hans Urs von Balthasar.
Johannes Verlag, Einsiedeln 1984, 38f

Das Beten – oder:
Der wesentliche Dialog
mit Gott und den Menschen

[198] *Anthony Bloom*, aus: Ders., School
for prayer. © Verlag Darton, Longman
and Todd, London 1971, 23

[199] *Johannes Cassian*, aus: Ders., Collatio X,10, in: Ders., Aufstieg der Seele.

Übertr. u. eingel. v. Gertrude und Thomas Sartory. Verlag Herder, Freiburg
1982, 78-85

[200] *Angelus Silesius*, aus: Ders., Cherubinischer Wandersmann, aaO. [10], 61

[201] *Angelus Silesius*, ebd., 61

[202] *Angelus Silesius*, ebd., 61

[203] *Franz von Sales*, aus: Ders., Philothea. Paulusverlag/EchterVerlag, Fri-
bourg/Würz- burg 1988, 69

[204] *Aufrichtige Erzählungen eines russischen Pilgers*. Hrsg. v. Emmanuel Jung-
clausen. Verlag Herder, Freiburg 1974, 31

[205] *Juliana of Norwich*, aus: Dies.,
Offenbarungen von göttlicher Liebe,
aaO. [11], 79

[206] *Theophan der Einsiedler*, aus: Schule des Herzensgebetes. Die Weisheit des
Starez Theophan, aaO. [155], 40

[207] *Hesychios der Sinait*, aus: Ders.,
Über die Wachsamkeit und die Tugend,
in: Byzantinische Mystik, Bd. 1, aaO. [2],
141

[208] *Johann Arndt*, aus: Ders., Vier
Bücher vom wahren Christenthum. Ev.
Bücher-Verein, Berlin [8]1866, 419

[209] *Hesychios der Sinait*, aus: Ders., Über
die Wachsamkeit und die Tugend, in:
Byzantinische Mystik, Bd. 1, aaO. [2], 140

[210] *Marie de l'Incarnation*, aus: Dies.,
Correspondance, aaO. [166], 897

[211] *Madame J.M.B. de la Mothe Guyon*,
aus: Dies., Die Geistlichen Ströme. Die
Heimkehr der Menschen zu Gott. Oekumenischer Verlag Edel, Marburg a. d.
Lahn 1978, 102

[212] *Jausep Hazzaya*, aus: Ders., Briefe
über das geistliche Leben und verwandte
Schriften. Eingel. u. übers. v. Gabriel
Bunge. Paulinus-Verlag, Trier 1982, 247

[213] *Elias Ekdikos*, aus: Ders., Spruchsammlung, in: Byzantinische Mystik, Bd.
1, aaO. [2], 154

[214] *Teresa von Avila*, aus: Dies., Brief an P. Jerónimo Gracián, in: Obras Completas, aaO. [33], 1024

[215] *Pseudo-Makarios*, aus: Ders., Von der Liebe, in: Byzantinische Mystik, Bd. 1, aaO. [2], 53

[216] *Jausep Hazzaya*, aus: Ders., Briefe über das geistliche Leben und verwandte Schriften, aaO. [212], 257f

[217] *Juliana of Norwich*, aus: Dies., Offenbarungen von göttlicher Liebe, aaO. [11], 78

[218] *Niketas Stethatos*, aus: Ders., Dreihundert Sprüche von der Tugendübung, der Naturbetrachtung und der Gotteserkenntnis, in: Byzantinische Mystik, Bd 2, aaO. [24], 60

[219] *Ioann von Valamo*, aus: Ders., Der Herr möge euch schützen - Briefe an die geistlichen Kinder. Herder, Freiburg 1990, 77

[220] *Philotheos der Sinait*, aus: Ders., Vierzig Sprüche über die Wachsamkeit, in: Byzantinische Mystik, Bd. 1, aaO. [2], 148f

[221] *Henri J.M. Nouwen*, aus: Ders., Ich hörte auf die Stille, aaO. [112], 69f

[222] *Madeleine Delbrêl*, aus: Dies., Wir Nachbarn der Kommunisten, aaO. [159], 49-53

[223] *Leonardo Boff*, aus: Ders., Aus dem Tal der Tränen ins Gelobte Land. Patmos Verlag, Düsseldorf 1982, 219

[224] *Leonardo Boff*, ebd., 222

Der mystische Weg
Eine fundamentale Hinwendung

[225] *Hesychios der Sinait*, aus: Ders., Von Wachsamkeit und Tugend, in: Byzantinische Mystik, Bd. 1, aaO. [2], 139

[226] *Pseudo-Makarios*, aus: Ders., Von der Freiheit des Geistes, in: Byzantinische Mystik, Bd. 1, aaO. [2], 59

[227] *Angelus Silesius*, aus: Ders., Cherubinischer Wandersmann, aaO. [10], 37

[228] *Angelus Silesius*, ebd., 37

[229] *Dag Hammarskjöld*, aus: Ders., Zeichen am Weg, aaO. [97], 112

[230] *Anthony Bloom*, aus: Ders., School for Prayer, aaO. [198], 38

[231] *Anthony Bloom*, ebd., 38f

[232] *Augustinus*, aus: Ders., Conf. III, 6, in: Ders., Bekenntnisse, aaO. [96], 79

[233] *Origenes*, aus: Ders., Homilien zum Hohenlied, aaO. [8], 63

[234] *Johannes Baptist Metz*, aus: Ders., Armut im Geiste, aaO. [133], 31f

[235] *Origenes*, aus: Ders., Homilien zum Hohenlied, aaO. [8], 112

[236] *Angelus Silesius*, aus: Ders., Cherubinischer Wandersmann, aaO. [10], 141

[237] *The Book of Privy Counselling*, aaO. [111], 89f

[238] *Juliana of Norwich*, aus: Dies., Offenbarungen von göttlicher Liebe, aaO. [11], 91f

[239] *Mechthild von Magdeburg*, aus: Dies., Das fließende Licht der Gottheit I, 44, aaO. [48], 29f

[240] *Franz von Sales*, aus: Ders., Philothea, aaO. [203], 115-117

[241] *Theologia Deutsch*, aaO. [61], 84f

[242] *Theologia Deutsch*, ebd., 67f

[243] *Johannes vom Kreuz*, aus: Ders., Die dunkle Nacht, 2, 16.7-8, aaO. [43], 159-161

[244] *Johannes vom Kreuz*, aus: Ders., Aufstieg auf den Berg Karmel 2, 4.5, in: Ders., Verschlungen bin ich in deiner Schönheit, aaO. [130], 63

[245] *Angelus Silesius*, aus: Ders., Cherubinischer Wandersmann, aaO. [10], 253

[246] *Ramon Llull*, aus: Ders., Libre de contemplacío en Déu, 2, in: Ders., Die

Kunst, sich in Gott zu verlieben. Ausgew., übertr. u. erläutert v. Erika Lorenz. Verlag Herder, Freiburg 1985, 70

Eine wachsende Umformung

[247] *Dag Hammarskjöld,* aus: Ders., Zeichen am Weg, aaO. [94], 38

[248] *Franz von Assis,* aus: Die Dreige-fährtenlegende des heiligen Franziskus, aaO. [94], 186-189

[249] *Gregor von Nyssa,* aus: Ders., Der versiegelte Quell, aaO. [197], 94f

[250] *Origenes,* aus: Ders., Homilien zum Hohenlied, aaO. [8], 63

[251] *Juliana of Norwich,* aus: Dies., Offenbarungen von göttlicher Liebe, aaO. [11], 49f

[252] *Franciscus Amelry,* aus: Ders., Wat de liefde Gods vermag. Hrsg. v. L. Moe-reels. Verlag Lannoo, Tielt 1949, 50

[253] *Katharina von Genua,* aus: Dies., Biographie, Kap. 35, aaO. [106], 105

[254] *Maria Petyt,* in: Het Leven van de Weerdighe Moeder Maria a Sta. Teresia, aaO. [184], 26f

[255] *Antoine de Saint-Exupéry,* aus: Ders., Wind, Sand und Sterne. © Karl Rauch Verlag, Düsseldorf 1956

[256] *Jean de Saint-Samson,* aus: Ders., L'éguillon, in: Ders., Oeuvres complètes. Hrsg. v. H. Blommestijn. Institutum Carmelitanum, Rom 1987, 368f

[257] *Jean de Saint-Samson,* ebd., 376f

[258] *Dag Hammarskjöld,* aus: Ders., Zeichen am Weg, aaO. [97], 34

[259] *Meister Eckhart, aus:* Ders., Predigt 59, in: Deutsche Predigten und Traktate, aaO. [5], 435

[260] *The Book of Privy Counselling,* aaO. [111], 77

[261] *Meister Eckhart,* aus: Ders., Predigt

12, in: Deutsche Predigten und Traktate, aaO. [5], 211f

[262] *Agnes Blannbekin,* in: Leben und Offenbarungen der Wiener Begine Agnes Blannbekin, aaO. [101], 213

[263] *Ioann von Valamo,* aus: Ders., Der Herr möge euch schützen, aaO. [215], 39

[264] *Johannes Cassian,* aus: Ders., Spannkraft der Seele, Inst. XII,8. Übertr. u. eingel. v. Gertrude und Thomas Sar-tory. Verlag Herder, Freiburg ²1985, 90

[265] *Jan van Ruusbroec,* aus: Ders., Van-den blinckenden steen. Opera Omnia 10. Hrsg. v. G. de Baere. Uitgeverij Brepols, Turnhout 1991, 125-129

[266] *Jan van Ruusbroec,* ebd., 129-133

[267] *Jan van Ruusbroec,* ebd., 135-141

[268] *Jan van Ruusbroec,* ebd., 145

[269] *Jan van Ruusbroec,* aus: Ders., Van-den blinckenden steen, Opera Omnia 10, ed. G. de Baere, Uitgeverij Brépols, Turn-hout 1991, 145

Eine dauerhafte Überformung

[270] *Jacopone da Todi,* aus: Ders., Lau-den, aaO. [173], Nr. 92, 294-296

[271] *Dag Hammarskjöld,* aus: Ders., Zeichen am Weg, aaO. [229], 108f

[272] *Wilhelm von St. Thierry,* aus: Ders., Gott schauen, Gott lieben, aaO. [67], 87

[273] *Wilhelm von Saint-Thierry,* aus: Ders., Meditative Gebete, 3, 12, aaO. [31], 31

[274] *Wilhelm von Saint-Thierry,* aus: Ders., Auslegung des Hohenliedes, nr 94, aaO. [32], 128f

[275] *Katharina von Genua,* aus: Dies., Biographie, 2. Buch, 12. Kapitel. Verlag Georg Joseph Manz, Regensburg 1859, 108

[276] *Katharina von Genua,* ebd., 174f

[277] *Maria Petyt*, in: Het Leven van de Weerdighe Moeder Maria a Sta. Teresia, aaO. [184], 69

[278] *Michael vom hl. Augustinus*, aus: Ders., Inleydinghe in't landt van Carmelus, in: Mein Herz war wach, aaO. [103], 74

[279] *Jan van Ruusbroec*, aus: Ders., Spieghel der eeuwigher Salicheit, Werken III. Verlag Lannoo, Tielt 1947, 216f

[280] *Margarete Porete*, aus: Dies., Der Spiegel der einfachen Seelen. Wege der Frauenmystik. Aus dem Altfranz. übertr. u. mit einem Nachwort u. Anmerkungen v. Louise Gnädiger. © Artemis Verlag, Düsseldorf/ Zürich 1987/1997, 175f

[281] *Mechthild von Hackeborn*, aus: Dies., Revelationes Gertrudianae ac Mechtildianae II., in: Peter Sloterdijk (Hrsg.), Mystische Zeugnisse aller Zeiten und Völker, aaO. [3], 143

[282] *Johannes Tauler*, aus: Ders., 43. Predigt, in: Ders., Predigten, Band II. Johannes Verlag, Einsiedeln 1979, 331

[283] *Johannes Tauler*, aus: Ders., 37. Predigt, in: Ders., Predigten, Band I. Johannes Verlag, Einsiedeln 1979, 277

[284] *Marie de l'Incarnation*, aus: Dies., Correspondance, aaO. [210], 748f

[285] *Marie de l'Incarnation*, ebd., 888

[286] *Beatrijs van Nazareth*, aus: Dies., Van seuen manieren van heileger minnen, aaO. [49], 40f

[287] *Symeon der neue Theologe*, Aus den Liebesgesängen an Gott. Einundzwanzigste Hymne, zitiert nach: Peter Sloterdijk (Hrsg.), aaO. [3], 113

[288] *Symeon der neue Theologe*, Aus den Liebesgesängen an Gott. Fünfzehnte Hymne, ebd., 108f

[289] *Maximos der Bekenner*, aus: Ders., All-eins in Christus, aaO. [17], 48f

[290] *Angela von Foligno*, aus: Dies., Gesichte und Tröstungen. Hrsg. v. J. van den Arend. Matthias-Grünewald-Verlag, Mainz 1924, 86f

Die Einübung
Die geistlichen Sinne – oder:
Die Sensibilisierung für das Fühlen nach außen und innen

[291] *Origenes*, aus: Ders., Contra Celsum 1. I n. 48

[292] *Origenes*, aus: Ders., De principiis 1. I c. 1 n. 9

[293] *Origenes*, aus: Ders., In Cant. II

[294] *Augustinus*, aus: Ders., Bekenntnisse X, 6, in: Ders., Bekenntnisse. Übertr. u. eingel. v. Hermann Hefele. Wiesbaden 1958, 230

[295] *Bonaventura*, aus: Ders., Itinerarium mentis in Deum. Franziskus-Druckerei, Werl 1932, 51f

[296] *Bonaventura*, aus: Ders., Breviloquium V. 6.

[297] *Thomas von Aquin*, aus: Ders., In Phil 2 I 2

[298] *Ignatius von Loyola*, aus: Ders., Geistliche Übungen. Übertr. u. Erklärung v. Adolf Haas. Mit einem Vorwort v. Karl Rahner. Verlag Herder, Freiburg ⁴1978, 102f

[299] *Ignatius von Loyola*, Geistliche Übungen, ebd., 112, 114

[300] *Ignatius von Loyola*, ebd., 122-125

[301] *Ignatius von Loyola*, ebd., 248

[302] *Wilhelm von Saint-Thierry*, aus: Ders., Gott schauen, Gott lieben, aaO. [67], 40

[303] *Gerlach Peters*, aus: Ders., Brandende alleenspraak met God. Abdij Bethlehem, Bonheiden 1984, 23, 27f

[304] *Anthony Bloom*, aus: Ders., School for Prayer, aaO. [151], 24

[305] *Ludolf von Sachsen*, aus: Ders., Vita Jesu Christi. Hrsg. v. L.M. Rigollot. Palmé, Paris 1878, 7

[306] *Ignatius von Loyola*, aus: Ders., Geistliche Übungen, aaO. [298]

[307] *Johannes vom Kreuz*, aus: Ders., Geistlicher Gesang 38.4, in: Ders., Verschlungen bin ich in deiner Schönheit, aaO. [130], 104

Die Schule des Betens –oder:
Die Fähigkeit zum Gespräch und zur Beziehung

[308] *Margarete Porete*, aus: Dies., Der Spiegel der einfachen Seelen, aaO. [280], 171

[309] *Johannes Tauler*, aus: Ders., 80. Predigt, in: Ders., Predigten, Band II. Übertr. u. hrsg. v. Georg Hofmann, Einführung v. Alois M. Haas. Christliche Meister, Band 3. Johannes Verlag, Einsiedeln 1979, 613

[310] *Teresa von Avila*, aus: Dies., Vida 12,1, in: Das Leben der Hl. Theresia von Jesus. Sämtliche Schriften, Bd. 1. Hrsg. v. Aloysius Alkofer. Kösel/Pustet, Kempten 1933, 116

[311] *Franz von Sales*, aus: Ders., Philothea II,1, in: Ders. Philothea. Einführung in das Leben aus christlichem Glauben. Übers. u. erl. v. Franz Reisinger. Franz-Sales-Verlag, Eichstätt 1995, 66

[312] *Theophan der Einsiedler*, aus: Schule des Herzensgebetes. Die Weisheit des Starez Theophan, aaO. [155], 189f

[313] *Thérèse von Lisieux*, aus: Dies., Selbstbiographische Schriften. Johannes Verlag, Einsiedeln [13]1996, 254f

[314] *Thérèse von Lisieux*, ebd., 69

[315] *Thérèse von Lisieux*, ebd., 184f

[316] *Sören Kierkegaard*, Quelle leider unbekannt

[317] *Antoine de Saint-Exupéry*, aus: Ders., Die Stadt in der Wüste. © Karl Rauch Verlag, Düsseldorf 1956

Der Wegcharakter – oder:
Die Prozeßhaftigkeit der Nachfolge

[318] *Apophthegmata Patrum* [= Apo], 841, in: Weisung der Väter. Einl. v. Wilhelm Nyssen, Übers. v. Bonifaz Müller. Sophia Bd. 6. Paulinus, Trier [3]1986, 277

[319] *Bonaventura*, aus: Ders., Itinerarium mentis in Deum, aaO. [295], 10f

[320] *Teresa von Avila*, aus: Dies., Vida 11,7 u. 9, aaO. [310], 108-110

[321] *Franz von Sales*, aus: Ders., Philothea I,5, aaO. [311], 25-27

[322] *Thérèse von Lisieux*, aus: Dies., [313], Selbstbiographische Schriften, aaO. 214f

[323] *Karl Rahner*, aus: Ders., Frömmigkeit früher und heute, in: Ders., Schriften zur Theologie, Bd. VII. Benziger Verlag, Einsiedeln 1966, 21

[324] *Karl Rahner*, ebd., 23

[325] *Karl Rahner*, in: Handbuch der Pastoraltheologie, Band III. Hrsg. v. Franz Xaver Arnold/Ferdinand Klostermann (ab Bd. III)/Karl Rahner/Viktor Schurr/Leonhard M. Weber. Band III: Praxis der Sozialerziehung bei gestörten sozialen Beziehungen. Verlag Herder, Freiburg 1964, 522, 524f

Die Übung oder:
Die Unterscheidung von Weg und Ziel

[326] *Apo*, 191, aaO. [318], 80

[327] *Jausep Hazzaya*, aus: Ders., Briefe über das geistliche Leben und verwandte Schriften, aaO. [212], 120f

[328] *Jausep Hazzaya*, ebd., 123

[329] *Apo*, 199, aaO. [318], 83

[330] *Aufrichtige Erzählungen eines russischen Pilgers*, aaO. [204], 60

[331] *Johannes Tauler*, aus: Ders., 38. Predigt, in: Ders., Predigten, Band I, aaO. [283], 284

[332] *Pseudo-Makarios*, aus: Ders., Von der Freiheit des Geistes, in: Byzantinische Mystik, Bd. 1, aaO. [2], 61

[333] *Elias Ekdikos*, aus: Ders., Spruchsammlung, in: Byzantinische Mystik, Bd. 1, aaO. [2], 164

[334] *Teresa von Avila*, aus: Dies., Vida 39,13, aaO. [310], 403f

[335] *Teresa von Avila*, aus: Dies., Vida 39,15, ebd., 405

[336] *Teresa von Avila*, aus: Dies., Vida 39,12, ebd., 403

[337] *Franz von Sales*, aus: Ders., Philothea IV,13,3, aaO. [311], 307f

[338] *Beatrijs van Nazareth*, aaO. [49], 32f

Die geistliche Begleitung oder:
Die dialogische Gestalt
des christlichen Weges

[339] *Apo*, 602, aaO. [318], 216

[340] *Johannes Cassian*, aus: Ders., Inst. 5,21, in: Ders., Spannkraft der Seele, hrsg. v. Gertrude und Thomas Sartory. Herder, Texte zum Nachdenken, Freiburg 1981, 54

[341] *Apo*, 597, aaO. [318], 215

[342] *Anselm Grün*, aus: Ders., Geistliche Begleitung bei den Wüstenvätern. Münsterschwarzacher Kleinschriften 67, Vier-Türme-Verlag, Münsterschwarzach 1991, 61

[343] *Evagrios Pontikos*, aus: Ders., Brief 56, in: Ders., Briefe aus der Wüste. Übers. v. Gabriel Bunge. Sophia Bd.24. Paulinus, Trier 1986

[344] *Johannes Cassian*, aus: Ders., Spannkraft der Seele, Inst. XII,13, aaO. [264], 91

[345] *Johannes Cassian*, ebd., Inst X,25, aaO. [264], 82-85

[346] *Franz von Assisi*, aus: Ders., Spiegel der Vollkommenheit, in: Ders., Geliebte Armut. Texte vom u. über den Poverello. Ausgew. u. eingel. v. Gertrude u. Thomas Sartory. Verlag Herder, Freiburg [5]1979, 55

[347] *Ignatius von Loyola*, aus: Ders., Geistliche Übung, aaO. [298]

[348] *Ignatius von Loyola*, ebd.

[349] *Ignatius von Loyola*, ebd.

[350] *Ignatius von Loyola*, ebd.

[351] *Ignatius von Loyola*, ebd.

[352] *Ignatius von Loyola*, ebd.

[353] *Ioann von Valamo*, aus: Ders., Der Herr möge euch schützen, aaO. [219], 25

[354] *Ioann von Valamo*, ebd., 82

Die Lebensform
Ein persönlicher Lebensentwurf

[355] *Charles de Foucauld*, aus: Ders., Die Schriften. Benziger Verlag, Einsiedeln 1961

[356] *Franz von Assisi*, aus: Ders., Testament, zitiert nach: Die Schriften des heiligen Franziskus von Assisi. Einf., Übers. u. erl. v. Kajetan Eßer u. Lothar Hardick. Franziskanische Quellenschriften, Band 1. Coelde Verlag, Werl [9]1994, 95

[357] *Brigitta von Schweden*, aus: Dies., Regel 3, in: Der Berg der Liebe. Europäische Frauenmystik aus fünf Jahrhunderten. Hrsg. u. eingel. v. Helga Unger. Verlag Herder, Freiburg 1991, 216f

[358] *Maria Petyt*, in: Het Leven van de Weerdighe Moeder Maria a Sta. Teresia, I c 22-26, hrsg. v. Michael vom hl Augustinus. Jan vanden Kerchove, Gent 1683f, 277-282

[359] *Ioann von Valamo*, aus: Ders., Der Herr möge euch schützen, aaO. [219], 48

[360] *Lucie-Christine*, aus: Dies., Geistliches Tagebuch 1870-1908. aaO. [165]

[361] *Augustinus*, aus: Ders., Bon. conj. 3, in: Otto Karrer, Augustinus. Paulusverlag, Freiburg/CH 1987, 142f

[362] *Hildegard von Bingen*, aus: Dies., Heilkunde. Hrsg. v. H. Schipperges. Otto Müller Verlag, Salzburg ³1957, 204

[363] *Hildegard von Bingen*, ebd., 135

[364] *Wunibald Müller*, aus: Ders., Ekstase. Sexualität und Spiritualität. Matthias-Grünewald-Verlag, Mainz ²1993, 32

[365] *Simone Weil*, aus: Dies., Brief an Pater Jean-Marie Perrin, in: Dies., Zeugnis für das Gute, aaO. [14], 88f

[366] *Katharina von Siena*, aus: Dies., Gespräch von Gottes Vorsehung, zitiert nach: Helga Unger (Hrsg.), Der Berg der Liebe, aaO. [357], 241, 248

[367] *Madame J.M.B. de la Mothe Guyon*, zitiert aus: Ute Egner-Walter, Das innere Gebet der Madame J.M.B. de la Mothe Guyon. Vier-Türme-Verlag, Münsterschwarzach 1989, 8

[368] *Joachim von Fiore*, aus: Ders., Tract. super Evangelia, fol 14, zitiert nach: Alfons Rosenberg, Joachim von Fiore - Das Reich des Heiligen Geistes. Turm-Verlag, Bietigheim 1977, 146

[369] *Teresa von Avila*, aus: Dies., Autobiographie, in: Dies., Ich bin ein Weib und obendrein kein gutes, aaO. [47], 99

[370] *Thérèse von Lisieux*, aus: Dies., Geschichte einer Seele. Hrsg. v. Otto Karrer. Ars Sacra Verlag Josef Müller, München 1952, 127f

[371] *Ioann von Valamo*, aus: Ders., Der Herr möge euch schützen, aaO. [219], 21

Ein authentischer Lebensstil

[372] *Benedikt von Canfield*, aus: Ders., La règle de perfection, The Rule of Perfection, hrsg. v. J. Orcibal, Presses Universitaires de France, Paris 1982

[373] *Angelus Silesius*, aus: Ders., Cherubinischer Wandersmann, aaO. [10], 134

[374] *Beatrijs van Nazareth*, aus: Dies., Van seuen manieren van heileger minnen, aaO. [49], 47f

[375] *Kreszentia Höß*, in: P. Ignatius Jeiler, Die selige Kreszentia Höß. A. Laumann'-sche Verlag, Dülmen 1924, 147

[376] *Niketas Stethatos*, aus: Ders., Dreihundert Sprüche von der Tugendübung, der Naturbetrachtung und der Gotteserkenntnis, in: Byzantinische Mystik, Bd. 2, aaO. [24], 49

[377] *Hadewijch*, aus: Dies., 1. Vision, in: P. Mommaers, Hadewijch - Visioenen. Uitgeverij B. Gottmer, Nijmegen 1979, 22f

[378] *Katharina von Siena*, aus: Dies., Gespräch von Gottes Vorsehung, aaO. [357], 240

[379] *Franz von Assisi*, aus: Die Dreigefährtenlegende des heiligen Franziskus, aaO. [94], 208

[380] *Franz von Assisi*, aus: Ders., Admonitiones, zitiert nach: Franz von Assisi, Die Demut Gottes. Übers., komment. u. eingel. v. A. Rotzetter u. E. Hug. Benziger Verlag, Zürich/Einsiedeln/Köln ²1978, 93f

[381] *Gertrud die Große von Helfta*, aus: Dies., Gesandter der göttlichen Liebe 3,30, aaO. [128], 127

[382] *Madeleine Delbrêl*, aus: Dies., Der kleine Mönch, in: G. Greshake/J. Weismayer, Quellen geistlichen Lebens IV. Verlag Herder, Freiburg ¹⁰1995, 163f

[383] *Augustinus*, aus: Ders., Gegen den

Brief von Mani 2,2-3,3, in: PL 42,174-175. In: Patrologiae cursus completus. Series latina (ed. Migne), Paris 1844-1855, Vol. 42, 174f

[384] *Augustinus*, aus: Ders., Predigt 25,8,8, in: PL 38,170-171, aaO. [383]

[385] *Franz von Assisi*, aus: Ders., Testament, aaO. [356], 95

[386] *Franz von Assisi*, aus: Ders., Legenden und Laude, aaO. [346], 174

[387] *Johannes Chrysostomus*, aus: Ders., Matthäus-Kommentar, 6. Homilie zu Mt 2,1-3, Abschnitt 5 und 6, in: Bibliothek der Kirchenväter, Bd. 23. Kösel-Verlag, Kempten/München 1915, 108-111

[388] *Dorothee Sölle*, aus: Dies., Lob der Tränen, in: Rudolf Walter (Hrsg.), Lob der sieben Tröstungen. Verlag Herder, Freiburg [3]1984, 55-70, hier 66f

[389] *Margarete Porete*, aus: Dies., Der Spiegel der einfachen Seelen, aaO. [280], 130f

Das Zusammenleben mit anderen

[390] *Dag Hammarskjöld*, aus: Ders., Rede im Kanadischen Rundfunk 1954, in: Merkstenen. Uitgeverij B. Gottmer, Nijmegen 1983, 14

[391] *Jan van Ruusbroec*, aus: Ders., Vanden blinckenden steen, in: Opera Omnia 10, aaO. [265], 181f

[392] *Hadewijch*, aus: Dies., 29. Brief, in: De brieven van Hadewijch, aaO. [35], 239

[393] *Magdeleine von Jesus*, aus: Dies., Geistliches Testament, in: G. Greshake/J. Weismayer, Quellen geistlichen Lebens IV. Aus: Jesus Caritas 1 (1962) Heft 3,18-23 und 2 (1963) Heft 5, 15-18 (in Auswahl), 127

[394] *Magdeleine von Jesus*, in: Angelika Daiker, Kontemplativ mitten in der Welt.

Die Kleinen Schwestern Jesu. Frauen im Spannungsfeld von Mystik und Politik. Verlag Herder, Freiburg [2]1992, 121

[395] *Katharina von Genua*, in: Leben und Schiften der hl. Katharina von Genua (2. Buch, 5. Kapitel). Dt. bearb. v. Peter Lechner OSB. Verlag Georg Joseph Manz, Regensburg 1859, 80f

[396] *Claesinne van Nieuwlant*, aus: Dies., Samenspraak, aaO. [57], 73

[397] *Meister Eckhart*, aus: Ders., Predigt 28, in: Ders., Deutsche Predigten und Traktate, aaO. [5], 289

[398] *Brigitta von Schweden*, aus: Dies., Offenbarungen, aaO. [265], 196f

[399] *Franz von Assisi*, aus: Ders., Epistola II Ad Fideles, zitiert nach: Ders., Die Demut Gottes, aaO. [380], 49

[400] *Starez Siluan*, in: Mönch vom hl. Berg Athos. Leben - Lehre - Schriften, aaO. [6], 250

[401] *Franz von Assisi*, aus: Ders., Epistola I Ad fideles, aaO. [380], 95f

[402] *Theologia Deutsch*, aaO. [61], 89

[403] *Franz von Assisi*, aus: Ders., Admonitiones, in: Ders., Die Demut Gottes, aaO. [380], 95

[404] *Franz von Assisi*, ebd., 95

[405] *Gustavo Gutiérrez*, aus: Ders., Von Gott sprechen in Unrecht und Leid - Ijob. Matthias-Grünewald Verlag/ Christian Kaiser Verlag, München/Mainz 1988, 153

[406] *Johannes Chrysostomus*, aus: Ders., Kommentar zum Römerbrief, 23. Homilie, in: Bibliothek der Kirchenväter, Bd. 42. Kösel-Verlag/Verlag F. Pustet, Kempten/ München 1923, 152

[407] *Frère Roger Schutz*, aus: Frère Roger, Die Quellen von Taizé. Regel und Briefe. Dt. Übers.: Communauté von Taizé. 15., völlig überarb. Auflage, Verlag Herder, Freiburg 1987, 83-85

[408] *Titus Brandsma*, aus: Ders., Heldhaftigheid, in: Engagierte Mystik, aaO. [15], 107

[409] *Franz von Assisi*, aus: Ders., Regula bullata, zitiert nach: Ders., Die Demut Gottes, aaO. [380], 47

[410] *Ioann von Valamo*, aus: Ders., Der Herr möge euch schützen, aaO. [219], 18f

[411] *Katharina von Siena*, aus: Dies., Briefe zur Zeit Gregor XI., zitiert nach: Ferdinand Strobel, Engagiert aus Glauben. Benziger Verlag, Zürich ²1990, 56f

[412] *Franz von Assisi*, aus: Ders., Regel, zitiert nach: Die Schriften des heiligen Franziskus von Assisi, aaO. [356], 58f

[413] *Franz von Assisi*, aus: Die Dreigefährtenlegende des heiligen Franziskus, aaO. [94], 221-223

[414] *Franz von Sales*, aus: Ders., Philothea, aaO. [199], 131

[415] *Angela von Foligno*, aus: Dies., Zwischen den Abgründen. Hrsg. v. Berthe Widmer. Johannes Verlag, Einsiedeln 1955, 59

[416] *Agnes Blannbekin*, in: Leben und Offenbarungen der Wiener Begine Agnes Blannbekin, aaO. [101], 327

Den Lebensraum empfangen

[417] *Johannes vom Kreuz*, aus: Ders., Geistlicher Gesang, in: Ders., Verschlungen bin ich in deiner Schönheit, aaO. [130], 47f, 51f

[418] *Ernesto Cardenal*, aus: Ders., Das Buch von der Liebe. Peter Hammer Verlag, Wuppertal 1991.

[419] *Jakob Böhme*, aus: Ders., Mysterium magnum 2,6, in: Ders., Die Morgenröte bricht an, aaO. [152], 64

[420] *Jakob Böhme*, aus: Ders., De signatura rerum 16,1-5, ebd., 70f

[421] *Angelus Silesius*, aus: Ders., Cherubinischer Wandersmann, aaO. [10], 69

[422] *Franz von Assisi*, aus: Ders., Engel des Sechsten Siegels. In: Franziskus. Sein Leben nach den Schriften des heiligen Bonaventura. Einf., Übers. u. Anm. v. Sophronius Clasen. Franziskanische Quellenschriften, Band 7. Coelde Verlag, Werl 1962, 323

[423] *Franz von Assisi*, aus: Ders., Speculum perfectionis, Kap 118, in: Saint François d'Assise, Documents Ecrits et premières biographies. Editions franciscaines, Paris 1968, 1146

[424] *Franz von Assisi*, aus: Ders., Gesang des Bruders Sonne oder das Loblied der Geschöpfe, in: Otger Steggink, Der Sonnengesang des heiligen Franz von Assisi. Aurum, Braunschweig 1987, 7-9

[425] *Friederike Mayröcker*, aus: Dies., Rhapsodie, in: Die mystische Liebe zur Erde. Hrsg. v. J. Thiele. Kreuz Verlag, Stuttgart 1989, 260

[426] *Aufrichtige Erzählungen eines russischen Pilgers*, aaO. [204], 50

[427] *Niketas Stethatos*, aus: Ders., Dreihundert Sprüche von der Tugendübung, der Naturbetrachtung und der Gotteserkenntnis, in: Byzantinische Mystik, Bd. 2, aaO. [24], 51

[428] *Pierre Teilhard de Chardin*, aus: Ders., Christentum und Evolution, zitiert nach: Ders., Aufstieg zur Einheit. Hrsg. v. Lorenz Häfliger. Walter-Verlag, Olten und Freiburg 1974, 386, 389

[429] *Teilhard de Chardin*, ebd., 390f

[430] *Teilhard de Chardin*, aus: Ders., Die Zentrologie, zitiert nach: ebd., 335-337

[431] *Gertrud von Le Fort*, aus: Dies., Aber manchmal, in: Dies., Gedichte. Franz Ehrenwirth Verlag, München 1970, 29

[432] *Anonym*, aus: Carl Martin Edsmann, Mystik als Opposition in der

Wohlstandsgesellschaft, in: Antaios, Bd. 12. Klett, Stuttgart 1970, 285 © by Autor.

Die Liebe
Die Sehnsucht nach dem Geliebten

[433] *Thalassios der Libyer*, aus: Ders., Über die Liebe, die Enthaltsamkeit und die Geistesführung, in: Byzantinische Mystik, Bd. 1, aaO. [2], 128

[434] *Symeon der neue Theologe*, aus: Ders., Aus den Liebesgesängen an Gott. Erste Hymne, zitiert nach: Peter Sloterdijk (Hrsg.), aaO. [3], 105

[435] *Augustinus*, aus: Ders., Conf. I,1, in: Ders., Bekenntnisse, aaO. [96], 29

[436] *Johannes vom Kreuz*, aus: Ders., Lebendige Liebesflamme 3.18-22, in: Verschlungen bin ich in deiner Schönheit, aaO. [130], 70

[437] *Bernhard von Clairvaux*, aus: Ders., Sermones super Cantica Canticorum 9.2, in: Weil mein Herz bewegt war, aaO. [9], 55f

[438] *Johannes vom Kreuz*, aus: Ders., Geistlicher Gesang, in: Ders., Verschlungen bin ich in deiner Schönheit, aaO. [130], 45-47

[439] *Bernhard von Clairvaux*, aus: Ders., Sermones super Cantica Canticorum 32.2, in: Weil mein Herz bewegt war, aaO. [9], 73

[440] *Wolke des Nichtwissens*, aaO. [52], 75

[441] *Jean de Saint-Samson*, aus: Ders., L'éguillon, les flammes, les fleches, et le miroir de l'amour de Dieu, propres pour enamourer l'ame de Dieu en Dieu mesme, in: Ders., Oeuvres complètes 1. Institutum Carmelitanum, Roma 1987, 330-332

[442] *Katharina von Siena*, aus: Dies., Dialogo della Divina Provvidenza ovvero Libro della Divina Dottrina, in: Gotteserfahrung und Weg in die Welt. Hrsg. v. L. Gnädinger. Walter-Verlag, Olten 1980, 255f

[443] *Jan van Ruusbroec*, aus: Ders., Spieghel der eeuwigher salicheit, in: Ders., Werken III. Verlag Lannoo, Tielt 1947, 130f

[444] *Jan van Ruusbroec*, ebd., 134

[445] *Wilhelm von Saint-Thierry*, aus: Ders., Gott schauen, Gott lieben, aaO. [67], 24f

[446] *Mechthild von Magdeburg*, aus: Dies., Das fließende Licht der Gottheit I,4, aaO. [48], 14

[447] *Dietrich Bonhoeffer*, aus: Ders., Widerstand und Ergebung. (KT 100) Chr. Kaiser / Gütersloher Verlagshaus, Gütersloh [16]1997

Die Liebe – alles in Einem und Eins in allem

[448] *Theologia Deutsch*, aaO. [61], 159

[449] *Aelred von Rievaulx*, aus: Ders., Spiegel der Liebe. (Sammlung Christl. Meister 37) Johannes Verlag 1989, 181f

[450] *Bonaventura*, aus: Ders., Brief, enthaltend fünfundzwanzig Merkpunkte, in: Des Hl. Bonaventura mystisch-ascetische Schriften, Teil I. Theatiner Verlag, München 1923, 123

[451] *Thalassios der Libyer*, aus: Ders., Über die Liebe, die Enthaltsamkeit und die Geistesführung, in: Byzantinische Mystik, Bd. 1, aaO. [2], 128

[452] *Jacques-Bénigne Bossuet*, aus: Ders., Oeuvres, in: Walther Tritsch, Einführung in die Mystik. Pattloch Verlag, Augsburg. © 1990 Weltbild Verlag GmbH Augsburg, 306

[453] *Katharina von Siena,* aus: Dies., Briefe zur Zeit Gregor XI., zitiert nach: M. Barth, Meditative Gebete, aaO. [178], 87

[454] *Katharina von Siena,* aus: Dies., Dialogo della Divina Provvidenza ovvero Libro della Divina dottrina, in: G. Dolezich, Caterina von Siena. Caritas-Verlag, Freiburg 1947, 78ff

[455] *Hadewijch,* aus: Dies., 10. Brief, in: De brieven van Hadewijch, aaO. [35], 77

[456] *Maria Maddalena de Pazzi,* aus: Dies., Probatione II, in: Maria Maddalena de Pazzi, Tutte le opere. Centro internazionale del libro, Florenz 1980, 182

[457] *Klara und Franziskus,* aus: Anton Rotzetter, Klara und Franziskus. Paulusverlag, Freiburg/CH 1993, 49

[458] *Christina von Stommeln,* aus: Vita Christinae, in: Rolf Beyer, Die andere Offenbarung. Gustav Lübbe Verlag, Bergisch Gladbach 1989, 166

[459] *Katharina von Siena,* aus: Dies., Brief XX an Frater Raimondo von Capua, in: Gotteserfahrung und Weg in die Welt, aaO. [442], 115ff

[460] *Archimandrit Spiridon,* aus: Ders., Verstoßene Seelen. Ein Priesterleben im alten Rußland. Styria Verlag Graz-Wien-Köln 1994, 106f

[461] *Aelred von Rievaulx,* aus: Ders., Spiegel der Liebe, aaO. [449], 185-187

[462] *Aelred von Rievaulx,* ebd., 221

[463] *Augustinus,* aus: Ders., Mor. eccl. cath. 1,49; Joh. Ep. 7,8, in: Otto Karrer, Augustinus, aaO. [361], 138

[464] *Petros Damaskenos,* aus: Ders., Von der Liebe, in: Byzantinische Mystik, Bd. 1., aaO. [2], 171

[465] *Augustinus,* aus: Ders., Catech. 17, in: Otto Karrer, Augustinus, aaO. [361], 139f

[466] *Johannes vom Kreuz,* aus: Ders.,

Geistlicher Gesang 12.7, in: Ders., Verschlungen bin ich in deiner Schönheit, aaO. [130], 111

[467] *Johannes vom Kreuz,* aus: Ders., Geistlicher Gesang 36.5, ebd., 111f

[468] *Meister Eckhart,* aus: Ders., Predigt 13, in: Ders., Deutsche Predigten und Traktate, aaO. [5], 214

[469] *Meister Eckhart,* aus: Ders., Das Buch der göttlichen Tröstung, ebd., 125

[470] *Meister Eckhart,* aus: Ders., Predigt 16, ebd., 227

[471] *Bernhard von Clairvaux,* aus: Ders., De diligendo deo IX.26, in: Ders., Weil mein Herz bewegt war, aaO. [9], 108

[472] *Bernhard von Clairvaux,* aus: Ders., De diligendo deo VIII.23, ebd., 100f

Die Kunst des rechten Liebens

[473] *Wilhelm von Saint-Thierry,* aus: Ders., Gott schauen, Gott lieben, aaO. [67], 29

[474] *Ramon Llull,* aus: Ders., Libre de contemplació en Déu, 282, in: Ders., Die Kunst, sich in Gott zu verlieben, aaO. [246], 35

[475] *Hadewijch,* aus: Dies., 16. Brief, in: De brieven van Hadewijch, aaO. [35], 123

[476] *Meister Eckhart,* aus: Ders., Predigt 54, in: Deutsche Predigten und Traktate, aaO. [5], 407

[477] *Meister Eckhart,* aus: Ders., Predigt 10, ebd., 196

[478] *Bernhard von Clairvaux,* aus: Ders., Brief 11.3-4, in: Ders., Weil mein Herz bewegt war, aaO. [9], 111

[479] *Bernhard von Clairvaux,* aus: Ders., De diligendo deo I.1; VI.16, ebd., 82f

[480] *Adrienne von Speyr,* aus: Dies., Die Streitreden – Betrachtungen über das Johannes-Evangelium Kapitel 6-12.

Johannes Verlag, Einsiedeln 1949, 481f, 484, 490

[481] *Juliana of Norwich*, aus: Dies., Offenbarungen von göttlicher Liebe, aaO. [11], 75

[482] *Gertrud die Große von Helfta*, aus: Dies., Gesandter der göttlichen Liebe 3,30, aaO. [128], 127

[483] *Wilhelm von Saint-Thierry*, aus: Ders., Auslegung des Hohenliedes, nr 128, aaO. [32], 152

[484] *Evagrios Pontikos*, aus: Ders., Von der Wachsamkeit, in: Byzantinische Mystik, Bd. 1, aaO. [2], 26

[485] *Richard von Sankt-Victor*, aus: Ders., Die Dreieinigkeit. Johannes Verlag, Einsiedeln 1980, 203

[486] *Anthony de Mello*, aus: Ders., Die Fesseln lösen. Einübung in erfülltes Leben. Aus d. Portug. v. Irene L. Johna. Verlag Herder, Freiburg ²1995, 66

[487] *Petros Damaskenos*, aus: Ders., Von der Liebe, in: Byzantinische Mystik, Bd. 1, aaO. [2], 170

[488] *Michael vom Hl. Augustinus*, aus: Ders., Inleydinghe tot het Landt Carmelus. Teil II, Brüssel 1659, 288

[489] *Juliana of Norwich*, aus: Dies., Offenbarungen von göttlicher Liebe, aaO. [11], 97f

[490] *Dorothea von Montow*, aus: Leben der Heiligen Dorothea, in: Rolf Beyer, Die andere Offenbarung, aaO. [458], 289

[491] *Johannes Cassian*, aus: Ders., Collatio XVI,3, in: Ders., Ruhe der Seele. Übertr. u. eingel. v. Gertrude und Thomas Sartory. Verlag Herder, Freiburg 1984, 50f

[492] *Johannes Cassian*, ebd., 52f

[493] *Aelred von Rieval*, aus: Ders., Über die geistliche Freundschaft. Spee-Verlag, Trier 1978, 21-23

[494] *Aelred von Rieval*, ebd., 35

[495] *Aelred von Rieval*, ebd., 57

[496] *Aelred von Rieval*, ebd., 109

[497] *Franz von Sales*, aus: Ders., Philothea, aaO. [203], 140-143

Spiel und Genuß mit dem Geliebten

[498] *Christina Ebner*, in: P. Sloterdijk (Hrsg.), aaO. [3], 158

[499] *Thomas von Aquin*, aus: Ders., Exposito super Boethium De hebdomadibus, zitiert nach: Hugo Rahner, Der spielende Mensch. Johannes Verlag, Einsiedeln 1952, 7

[500] *Maria Petyt*, aus: Het Leven van de Weerdighe Moeder Maria a Sta. Teresia, aaO. [184], 214

[501] *Beda*, aus: Ders., Analecta Hymnica 50, zitiert nach: Hugo Rahner, Der spielende Mensch, aaO. [499], 51

[502] *Gertrud die Große von Helfta*, aus: Dies., Gesandter der göttlichen Liebe 2,21, aaO. [128], 48f

[503] *Maria Petyt*, aus: Het Leven van de Weerdighe Moeder Maria a Sta. Teresia, aaO. [184], 221

[504] *Luitgard von Aywière*, aus: Vita Lutgardis, in: Rolf Beyer, Die andere Offenbarung, aaO. [458], 147

[505] *Hadewijch*, aus: Dies., 9. Brief, in: De brieven van Hadewijch, aaO. [35], 75

[506] *Wilhelm von Saint-Thierry*, aus: Ders., Auslegung des Hohenliedes, nr 94, aaO. [32], 128

[507] *Jean de Saint-Samson*, aus: Ders., L'épithalame de l'époux divin et incarné et de l'épouse divine en l'union conjugale de son époux, in: Oeuvres Mystiques. O. E. I. L, Paris 1984, 143

[508] *Teresa von Avila*, aus: Dies., Meditaciones sobre los Cantares, 6.3, in: Santa Teresa de Jésus, Obras Completas, aaO. [33], 458f

[509] *Maria Petyt*, aus: Het Leven van de Weerdighe Moeder Maria a Sta. Teresia, aaO. [184], 263

[510] *Franciscus Amelry*, aus: Ders., De minnende Ziel, in: Tanz der göttlichen Liebe. Das Hohelied im Karmel. Hrsg. u. eingel. v. Elisabeth Hense. Verlag Herder, Freiburg 1991, 35

[511] *Franciscus Amelry*, aus: Ders., Wat de liefde Gods vermag, ebd., 35f

[512] *Jan van Ruusbroec*, aus: Ders., Boecsken der verclaringhe. Uitgeverij Lannoo, Tielt 1981, 147-149

[513] *Augustinus*, aus: Ders., Trin. 8,14; Conf. 4,11, in: Otto Karrer, Augustinus, aaO. [361], 145

Wir danken den oben aufgeführten Autoren und Verlagen für die freundliche Genehmigung der Abdrucke.

Leider ist es uns nicht in jedem Fall gelungen, die Originalquelle ausfindig zu machen. Von einigen Rechtsinhabern hat uns bis zum Erscheinen dieses Buches leider keine Antwort erreicht.

Wir bitten daher um Verständnis, wenn wir gegebenenfalls erst nachträglich eine Abdruckhonorierung vornehmen können.